笑いと嘲り

ユーモアのダークサイド

マイケル・ビリッグ
鈴木聡志 訳

新曜社

LAUGHTER AND RIDICULE

Towards a Social Critique of Humour
by Michael Billig

English language edition published by Sage Publications
of London, Thousand Oaks and New Delhi and Singapore

Japanese translation published by arrangement with Sage
Publications Ltd. through The English Agency（Japan）Ltd.

日本語版への序

ユーモアに関する私の著作が日本語版を得たことを嬉しく思う。著作家なら誰でも、自分の作品が新しい読者層へ向けて別の言語で世に出るなら喜ぶものだ。私も例外ではないのだが、同時に、少し心配している。ひどくではなく、少しということを強調しないといけないが。ユーモアに関する本ならジョークや面白おかしい言葉の例を入れないといけないが、学術的な著作もそうだ。ユーモアのヨーロッパ流の理論に焦点を当てた私の著作は、必然的にヨーロッパの例を、特にイギリスの例を入れていて、そうした例を使って理論的な核心部分を説明している。私が心配しているのは、そのようなジョークのいくつかはうまく日本まで届かないかもしれないことだ。

北爪佐知子・近畿大学教授は最近の論文で、日本人はユーモアのセンスを欠いているという、長きにわたって定評のある、しかしかなり間違っているヨーロッパ人の考えについてふれている（Kitazume, 2010）。私が心配しているのはそのことではない。実際、私の著作はユーモアは普遍的であると主張している。ユーモアの実践がない文化はないのである。日本がこの法則の例外かもしれないと考える理由はまったくない。ユーモアは普遍的かもしれないにもかかわらず、普遍的におかしいものはない。文化の異なる人びとの間では笑うものが異なることがよくあるし、笑うのに適切と考える場面も違う。そのような違いが、別の文化に属するメンバーはユーモアのセンスを欠くとの固定観念を生むのに貢献する。「私たち」が面白いと思うものを「彼ら」は笑わないようだということが、「私たち」の目に留まることがあり、そうして「彼ら」はユーモアのセンスを欠いていると「私たち」は結論する。百年前、多くのアメリカ人たちは、イングランド人にはユーモアがないという固定観念をもち、そう信じていた（Davies, 1990）。そして今日の多くのイギリス人は必ず、アメリカ人は優れたユーモアのセンスをもっていない、とりわけ皮肉のセンスをまったく欠いていると断言するものだ。彼らが言いたいのは、イギリス人が普通にしているような皮肉を多くのアメリカ人は高く評価しないし、分かりさえしないということだ。

もちろん、文化的な違いのあるなしにかかわらず、あらゆる皮肉には危険が伴う。同じ文化を共有するメンバーも、話者が皮肉を意図していることが分からないかもしれない。皮肉を使うとき、話者は一つのことを言いながらまったく逆のことを言おうと意図し、そして話者はそれを聞いた者が自分の皮肉な様子を分かり、言葉の文字通りの意味を逆転させることを期待する。皮肉はイギリス人の話者たちによってたくさん使われ、見知らぬ者同士の通りすがりの儀礼的な会話においてさえそうである。イギリスの島々でよくあるような、寒い、ひどい雨の日に、話者はよく「素敵な天気だね」と言う。このような状況で見知らぬ人に皮肉を言うことを勧めない文化から来た外国人は、戸惑うかもしれないし、ひょっとしたら、「というか、かなりひどい天気だと思いますけど」と応じるかもしれない。そしてイギリスの話者はこのことから、外国人は本当にユーモアのセンスがないという偏見を強める例を一つ集めることになるかもしれない。

私が本書で皮肉を使った際、そのことが分からない外国の読者がいるおそれがある。このことは本書の最初と最後で私自身をユーモアの敵と述べる際に、特に起こりそうだ。そのような表現を、事実を文字通り述べたものと読者が受け取る可能性が大いにある。けれども外国語への翻訳を心配するとき、イギリス人と外国人が皮肉に直面した際に起こり得る違いを強調しすぎてはならないだろう。そうするなら、北爪教授が当然のように警告する間違いを犯すことになる。それに加えて私には皮肉の問題を持ち出す秘めた動機がある。皮肉が分からないのは、国や文化の違いからではない場合がある。本書のオリジナル版を読んだイギリスの評論家の何人かは私の言ったことを真に受けて、私のことをユーモアの敵を自認する人物であると批判した。彼らは皮肉を解しなかったし、私が言ったことを面白いと思わなかったのである。

「アンチユーモア」的なことを言ったとき私は、ユーモアをそれ自体にポジティブな目的のあるものと無批判に評価し、ユーモアを素晴らしい何かであると感情的に信じる人たちに対して反論していた。オリジナルの英語版で私は、そのようにユーモアをポジティブに評価するイデオロギーを表現する用語を一つつくった。その用語は哲学においてかつてあった運動の一つ、論理実証主義にかけただじゃれを含んでいた。その運動の賛同者たちは、彼らが意味ありと認める命題についてとても厳格だったから、論理実証主義者は皮肉に対して寛大ではなかった。いずれにせよ、本書の日本語版訳者が私に知らせたことには、そのだじゃれはうまく日本語に訳すことができないそうだ。これは多くのだじゃれに伴う問題である。だじゃれは二つの意味をもつ特別な言葉がないとできない。しかし英語と日本語のような関連の乏しい言語の間では、対応する語が同じ意味の集まりを有することはなさそうで、そのためだじゃれが翻訳されるとあまり面白くない。

これが私が心配する理由である。たぶん私が本書で使った例は英語の偶然の特徴に基づいているし、おそらく日本の読者はそれらが訳されるとすぐには分からないかもしれない。7章で私はフロイトのジョーク理論を考察している。私の考えではフロイトの理論は、いまだにユーモアのあらゆる心理学理論の中でもっとも秀でている。彼は自分の理論を、彼自身が楽しんだ言葉遊びを使って説明した。フロイトはドイツ語と英語の例を使った。彼が分析したジョークのいくつかを私は本書で紹介した。それらは個々の言葉が二つの意味をもつか、似た響きをもつ二つの別の語を一緒にして新しい第三の語をつくるかすることで、ジョークが成り立っていた。後者の一例をフロイトは、年寄りは「アネクドーティジ」に陥っていると述べた、イングランドの作家ド・クインシーから引用した。この語は正しい言葉ではなく、二つの英単語「アネクドート」（逸話）と「ドーティジ」（もうろく）を一緒にしている。この言葉遊びの巧みさは、同じ音節を共有する二つの英単語が思いがけず一緒になったことから来ているので、日本語に翻訳できるとはとうてい思えない。

その一方で、フロイト理論を説明する同様の例が日本語にもある可能性を私は疑っていない。実際に北爪教授は日本語の文法上の複雑さのために、日本語のだじゃれが英語のだじゃれよりも（またフロイトがしばしば使ったドイツ語のだじゃれよりも）複雑になりがちなことを述べている。残念なことに私は日本語をまったく知らないため、フロイトが言いたいことをうまく説明するのに役立つ適当な日本語の言葉遊びを探す仕事に取りかかることができない。私にできるのは、日本の読者がこの欠陥に耐えてくれて、もしかしたらご自分で日本語の例を見つけて、この欠陥を埋め合わせてくれるのを祈ることだけである。私自身が理解し、本書に引用するだじゃれが非常に限定された言語からのものであることを申し訳なく思う。

いわゆる「ジョーク」に日本の読者がときどき戸惑うことがあるかもしれないが、それほど気になさらなくてもよい。私は歴史上の例を用いることを非常に重視した。このことは、心理学理論の分析はある程度は歴史的でないといけないという私の信念から来ている。つまり心理学的概念はそれがどこに由来するのかを知らない限り、正しく理解することができないのである。実はこのことが、『笑いと嘲り』の後に書いた著作の主要なテーマである（Billig, 2008）。ユーモア理論を説明する場合、昔の時代にユーモアの性質について書いた著作家からユーモアの例を提示することが伴う。その際、現代の読者はそうした例に戸惑うことがあり、ジョークとして受け取れない。フロイトの「傘ジョーク」はその好例である。どこが面白いのか説明されない限り、現代の読者がこのジョークを理解するのは、いかなる母語の読者でも疑わしい。そして理解したとしても、現代の読者が一カ所でもこれに面白いところを見つけるのはさらに疑わしい。この点で日本の読者が、今日のイギリスやアメリカやウィーンの読者と異なっているとは考えていない。ユーモアについて言うなら、過去はときどき異国のように思えることがある。

　これには理由がある。『笑いと嘲り』で論じるように、私たちが笑う対象は、しばしば私たちが生きる社会の規範に基づいている。時代とともに規範が変われば、笑う対象も変わる。日常生活を送るためにかつては非常に重要だった規範が、後の時代では理解しにくくなる。社会規範をばかにしたり出し抜いたり、またそれに固執したりすることからおかしさが生まれる類のジョークも同じである。これが、ジョークがすぐに時代遅れになる理由の一つである。

　私が本書を通して論じたことは、笑いは基本的に社会慣習を弱めたりそれに反逆したりするということではなく、深いところで笑いはこうした規範を強め、また規範違反を取り締まっているということだ。一般に世の人びとは日常的な慣習を破ると恥ずかしい思いをするので、それに従っている。この当惑を確固たるものとし、当惑に社会生活における強制力を授けるのが、笑いである、というか、笑われることの恐怖である。誰かの当惑はそれを見ている人を大喜びさせるかもしれないが、嘲笑の対象であるのは実に嫌なことだ。この意味で笑いは社交上の懲罰のための力になり得るのであり、このことはこの力が守ろうとしている文化がいかなるものであろうと関係ない。笑いをそれ自体でポジティブに評価する人たちは、いつもこの側面を見逃している。ユーモアの別の面、残酷なダークサイドを。

文化的・言語的な違いがあるにもかかわらず、ユーモアの普遍的機能についての私の主張が日本の状況にも適用できると思っているが、この版の読者は私の期待以上に理解してくれることだろう。さらに、日本の読者が私の文章を楽しみ、そしてユーモアの不思議さについて書いた過去の偉大な著作家に興味を抱いてくれることを私は望んでいる。特に私の念頭に浮かんでいるのは、ベルクソンとフロイト、それに一八世紀のイングランドの著作家シャフツベリー伯爵である。残念なことにシャフツベリーには本書で、彼が受けるべき賞賛を与えたとは思えない。その償いをするために次作 *The Hidden Roots of Critical Psychology* では、彼のオリジナリティをより正当に讃えたつもりである。いずれにせよ過去のこの著作家トリオ、ベルクソン、フロイト、シャフツベリーは、特にユーモアのトピックについては本当に読むに値する。人間の笑いの不思議さについての彼らの洞察は時代、場所、文化を越えたものである。特殊なユーモアの例ではなく、ユーモア自体がなぜ普遍的かもしれないのかを、彼らは理解させてくれる。

マイケル・ビリッグ
二〇一〇年十一月

謝辞

ユーモアについての本を書くのだから楽しいはずなのに、なぜかそうでもなかった。実際、心から楽しいと言える仕事を引き受けていたらよかったのに、と思う日々もかなりあった。だから私を励ましてくれた多くの友人たち、仲間たちに感謝したい。特に感謝したいのは、草稿を読んでくれたスティーブ・ブラウン、マイク・ゲイン、デイブ・ミドルトン、ヤール・ノイマン、トーマス・シェフ、ジョン・ショッターである。原稿整理を楽しみな作業にしてくれたスーザン・ダンズモアにも特に謝意を述べたい。

ラフバラ大学社会科学部で仕事をしていることには、とりわけ幸せを感じる。楽しい家庭的な雰囲気を提供してくれるし、さまざまなアイディアを議論し、はばからずこの世を笑いとばす仲間がいる。イギリスの学究生活にかなりの害悪を及ぼしている、意欲を減退させる圧力から私利私欲なくこの学部を守ってくれているピーター・ゴールディングには、ここでも賛辞を呈さねばなるまい。

最後にもちろん私の家族、妻シーラと、わが子ダニエル、ベッキー、レイチェル、ベンジャミンに感謝したい。普通、ユーモアのセンスには悪意の要素が必要だ。子どもたちと私は本当に、どの家族もそうだと思うが、互いにからかったり、ばかにしあったり、笑ったりしてきた。けれどもシーラは長い年月の中で、彼女の母親もそうであるように、ジョークを言う能力よりもっと大切でもっと重要な徳があることを教えてくれた。本書をシーラと、彼女の亡き母親の霊に捧げる。

目次

日本語版への序　i
謝辞　vii

1章　はじめに　1
本書のガイド　8

2章　ポジティブ・ユーモア批判　17
楽しいユーモアのセンス　20
真面目にユーモラス　26
いいところを見る　34
よくないところを見ない　39
ポジティブ心理学　49

第1部　歴史的見地から　61

3章　優越理論――ホッブズと他のミソジラスト　63

不信用と面目つぶし　65
ルーツはプラトンに　68
アリストテレスとさらなる優越性　74
嘲りと社会のヒエラルキー　78
ミソジラストさまざま　81
トーマス・ホッブズと笑いへの疑惑　86
疑惑に満ちた生涯と時代　92

4章　ズレ理論と紳士的な笑い　99

コーヒーとココアとウィット　101
ロックとズレ　107
ズレとロックの後継者たち　113
アディソンとコーヒーハウスのウィット　119
反論されたものの回帰　123

嘲りと理性　129
嘲りの対象と意図　133
客観的な嘲りから相対的な嘲りへ　138
理性と非理性　144

5章　ヴィクトリア朝時代の放出理論　149
ベインとスペンサーの経歴　151
生物学と機能　158
スペンサーと進化論　162
ベインと放出　165
スペンサーと放出　169
スペンサーと笑いの進化　175
多元的正統性へ向かって　178
帽子のコメディ　184

6章　ベルクソンとユーモアの機能　191
ベルクソンの経歴　192
経験と時間　198

ベルクソンが書かなかったこと 201
三つの観察 206
社会的機能 211
必要機能と剰余機能 217
滑稽なものとその機能 220
身体と笑いの精神 222
新奇なものを笑う、こわばりを笑う 226
快楽と無意識的意図 231
言葉なしに 235

7章 フロイトとジョークの隠れた秘密 241

精神分析理論の背景 243
『機知』の背景 246
反逆的な無意識 250
抑圧の理論 254
ジョークとウィット 260
ジョークの作業 263
無害なジョークと傾向的ジョーク 267

フロイトの三つの観察 274
どうぞ性なしで 283
人種の省略 287
懲罰的な笑いの忘却 296
ある結末 302

第2部 理論的見地から 305

8章 笑いと笑ワズ 307
あまり愉快でない逸話 311
笑いと生物学 317
ユーモアの発達 320
普遍性と特殊性 325
レトリックとしての笑い 333
笑ワズのレトリック 338
嘲ることを学ぶ 343

9章　当惑、ユーモアと社会秩序 353
議論の概要 356
懲罰的ユーモア 358
反逆的ユーモア 366
反逆的ユーモアの規律機能 373
社会秩序の力 379
ゴフマンと当惑 385
当惑を笑う 392
当惑する出来事と共感的反応 399
ハンス少年の当惑 403
後で笑える 409
規律と反逆のパラドックス 414

10章　おわりに二、三言 417

訳者解説 431
邦訳文献 (32)
参考文献 (9)

事項索引　(6)
人名索引　(1)

装幀＝虎尾　隆

1章 はじめに

　ユーモアへの批判的アプローチというものがあるとしたら、その考えはいくぶん罪深く聞こえる。そんなことをするのは傲慢なやつか、クレイジーなやつだろう。いずれにしてもあまり楽しそうではない。もし傲慢な批評家がいるなら、彼は、人が何を笑うべきで何を笑ってはいけないか、教えをたれるだろう。クレイジーな批評家のイメージはもっと物騒だ。そんな批評家がもしいるなら、彼は険しい目をして人をどぎまぎさせるほどクソ真面目に、何を笑っても危険だと警告するだろう。笑う際には、まず最初に許しを得なければならない。この二つの可能性の観点から言うなら、本書の探求は傲慢よりもクレイジーな方に傾いている。

　もちろん傲慢の誘惑には逆らえない。学者稼業の埋め合わせをする楽しみの一つが、少しばかりの聴衆の前で知ったかぶりをして傲慢に振る舞うことだから。しかしこの本の探求は、クレイジーな方への道を辿り始める。もっと正確に言うなら、その目的は傲慢な批評家が与える中途半端なユーモア批判を越えて行くことである。批判的な傲慢さは気高い著作家にはおなじみの特徴で、そこでは意図の真面目さが判断の基準だ。

トピックが喜劇なら、傲慢な批評家は笑いのレベルを引き上げようとする。このような傲慢さには左翼的なバージョンがあって、国家主義的な偏見、少数民族への偏見、性差別的な偏見の疑いのあるジョークは笑うべきではない、と私たちに説教する。傲慢な批評家は、巨大な娯楽産業が提供し、彼らの読者の多くも楽んでいるであろう娯楽番組をばかにしたりもする。そのメッセージは、私たちは笑いの質を洗練させるべきだ、というものである。ユーモアを求めるなら他を当たれと言うだろう。それは、あまり有名ではない前衛的なコメディアンかもしれないし、『ドン・キホーテ』や『トリストラム・シャンディ』〔イギリスの小説家ロレンス・スターンが書いた、脱線また脱線の荒唐無稽な小説。一七五九年から一七六七年にかけて五回に分けて出版された。邦訳に、朱牟田夏雄訳の岩波文庫全三冊がある。〕のような、今ではほとんど読まれない有名な昔の滑稽小説かもしれないし、ひょっとしたら気難しい批評家の発する思いがけないウィットが勧められるかもしれない。

その特段の勧めが何であれ、傲慢な批評家たちは、笑いとは良いものであるという常識的な格言を受け入れている。彼らの使命は、その良さを改良することだ。ところで、別の批評の方向性がある。ある種のユーモアを不適切であると批判して、必須要件を満たす別のものを勧めるのではなく、当然視されている笑いの良さを疑問に付すことも可能だ。これがクレイジーな方への道である。それにしても、一体どういうつもりでユーモアという貴重な贈り物を批判するのか。惨めよりも笑いの方が良いことは誰だって知っている。確かに、笑いに反対するなんて、笑われるだけだ。

非常識だと非難されるとか笑われるとかを、社会批評家はあまり気にしない。社会批評の課題の一つが、常識として通用しているものを疑うことだからだ。だから社会批評家は、何が良識で何がそうでないかを決める常識の基準とぶつかっても不思議ではない。このことを、一九三〇年代に批判的社会理論の考えをつくったフランクフルト学派と称する懐疑的なマルクス主義哲学者たちは、十分に認識していた。良識のもつイデオロギー的な基盤を理解するために、社会批評は、一般に良識的と考えられている事柄を越えて行かなければならないと彼らは気づいていた。このことはユーモアの批判的アプローチでも同じだ。それはユーモアについての常識的な見解を批判的に検討し、真実だと自明視されている信念を疑ってかかる。だからユーモアの批判的アプローチは、ユーモアの実際の楽しさではなく、ユーモアの望ましさについての常識的な前提を対象にするのである。この見方から考えるなら、そのクレイジーさは、実はまったくクレイジーではない。

ユーモアに関する常識的な信念と言っても単純ではない。「笑うことは良いことだ」とよく言われるが、そう言う時、私たちは明らかに平凡な何かを口にしているのだから、それ以上正当化する必要はないと考えている。しかし、ユーモアの良さに関する信念も歴史から自由ではない。ある時代に自然に思えるもの、そのため完全に常識のように思えるものが、別の時代では奇妙に見えるものである。これが、常識を分析する者が歴史的次元を必要とする理由だ。後で見るが、ユーモアに関する今日の常識はそれほどきっぱり正しく、歴史的パターンを超越したものではないのである。

なぜ私たちの常識的な信念が単純ではないのか、理由がもう一つある。常識的な信念は自己欺瞞におちいりやすい。笑いは良いものだと考えられているから、ついこの「笑い」という言葉のあらゆる面に「良い」ユーモアのセンスがあると考えたがる。その結果、家族や友人と一緒の時や、大勢の見物人に混じってよそ者を見る時に楽しむおかしさという、問題をはらむ側面を無視することがある。もしこの集団的な笑いに恥ずかしい、暗い一面があるなら、自分自身から隠したいものがたくさんある。批判の課題とは常識的な信念を疑問視することだから、常識的な信念が見過ごしているものがもしあるなら、それは何なのか、そのような信念をもっている人からすら隠されているものは何なのかも、問わなければならない。

何が無視されているかを探すのが本書の大きなテーマの一つだ。後で、ユーモアは社会生活の中心にある、と論じるつもりだが、しかしその論じ方は誰もが望むようなやり方ではないし、またこの話題について書かれた多くの一般書や学術書のようなやり方でもない。ユーモアはそれが発せられた純粋で創造的な瞬間に人びとを一つにまとめる、と言って褒め称えるのはたやすいことだ。しかしユーモアという社会的な核をつくるのはそのような種類の瞬間ではなく、嘲りという、どちらかというと暗く、あまり褒められない慣行なのである。この議論はベルクソンとフロイトの洞察の上にうち立てられた。彼らによると、社会生活の核心部には嘲りがある。なぜかというと、嘲笑される可能性があるから、社会のメンバーはいつも社会環境の習慣やしきたりに従うのだからだ。もちろんユーモアは反逆的であり、社会生活上のさまざまな命令に抵抗する働きをすることもある。社会理論家たちはしばしば規律的な側面そっちのけで、反逆的側面ばかりを取り上げてきた。笑いのもつ反逆性という良さと創造性を信じたい者たちは、嘲りという、もっと問題をはらむ側面から目を背けている。

本書で何をして何をしないつもりなのかをはっきりさせるため、少し前置きしておこう。本書が意図するのは、あらゆるユーモアがどのように生起するかを説明するための、練り上げられた完璧な理論をつくり上げることではない。本書の副題〔*Towards a Social Critique of Humour*〕がそのことを強調している。本書の探求は批判理論を目指しているのであって、それをつくり出すことに成功したわけではない。ユーモアに本来備わっている良さに関する、今日の理論的な仮定を疑問視する、ということにも前置きが必要だろう。もちろんどこかを目指して行くことは、どこかから立ち去ることでもある。もしこの研究が社会生活の中心に嘲りを置き、ユーモアを社会権力の操作に位置づけるという批評を目指して行くのなら、それはユーモアの性善説という、情緒的でさえある説からの立ち去りである。現在大勢を占めているのは性善説だから、これからの分析は、そのような説に反対する議論である。あらゆる滑稽な出来事を適切にカテゴライズし、ある体系的・理論的なカタログに当てはめるのを可能にするような、綿密につくられた定義集を提供しようとはしていない。だから読者は、皮肉とウィットを区別し、ものまねと当てこすりを区別し、善意のユーモアと悪意のユーモアを区別し、等々のための明確な方法を見つけることを期待しないでほしい。また研究者がそのような定義を明確にするのを可能にする、新しい方法論も期待しないでいただきたい。

ロバート・プロヴァインは興味深い著書『笑い』の中で、笑いを研究する際は観察と実験に基づいた科学的研究が採用されるべきだと言っている。前の方の章でプロヴァインは彼が「選ばなかった道」（Provine, 2000 : 11f）を述べている。プロヴァインが選ばなかったのは、基本的に哲学の道である。彼はユーモアの分野は推測が多すぎ、実験が不十分すぎると考えている。「笑いについての文献の多くは今なお、経験ではなく論理と逸話が支配する前科学的時代にどっぷりつかっている」。プロヴァインはベルクソンとフロイトを前科学的研究者に含めているが、彼らはそれぞれの「哲学的アームチェア」（ibid. : 11）からなんとか立ち上がろうとしたと言う。

実のところ、プロヴァインが選ばなかった道が本書で選ぶ道だ。社会科学にはデータそれ自体を蓄積する危険性がある。そこではデータが細かすぎて広範なパターンが見えにくくなってしまうため、その結果が混乱したものになる可能性がある。必要とされるのは、すべてを扱おうとはしない理論の単純さだという場合がある。その代わり、理論が意図するのは、主要なものとそうでないものの区別を可能とする、概念の秩序である。そうしなければ注意が向けられなかったかもしれない現象に、注意を向けさせようとするのだ。

ある意味、プロヴァインのような経験主義者はきわめて正しい。社会理論は純粋に理論的なアイディアから構成されるべきではない。理論は現象に光を当てるのに奉仕すべきであり、その逆であってはならない。だから理論家は、関連する知見に気づくよう努めるべきだ。文化理論家は今日プロヴァインが勧めるような種類の証拠を、特に心理学の研究となるとしばしば無視している。フロイトの理論を器用に使うことやラカンの概念で曲芸まがいのことができるからといって、心理学や社会学の研究を知ることの代用にはならない。他方で経験的な研究は、それ自体では批判的探求のためには不十分だ。後で示唆するように、アカデミックな心理学者は研究をデザインし結果を解釈する際に、しばしばユーモアの良さに関する非常に常識的な仮定に立っている。だがその仮定には批判的な問いかけが必要だ。ユーモアの批判的アプローチと理論の批判も含まなねばならない。

このアプローチが狭い経験的なものであってはならないもう一つの理由がある。現在のアカデミックな風潮の中で研究している研究者たちは、特定の領域の研究を選んで専門家になるよう圧力を感じることが多々ある。ユーモアもそういう特定の分野になりそうな兆しがあり、今後の大発展を示すよくある兆候が出始めている。ユーモアの学術研究を扱う専門誌がある。ユーモア研究者たちが定期的に集う国際大会がある。大学院生はこのテーマで博士号取得のための研究をし、その後ユーモア研究で訓練を受けた専門家として学究生活に入る。関連する方法論を将来の世代に指導する専門家養成コースもそのうちできるだろう。現在アカデミックな世界はユーモア専門家を生み出していて、その数はまだ少数だが増えつつある。

このような状況において、ラディカルな批評家C・L・R・ジェイムズの寸言を思い出すのは良いことだ。彼はクリケットの歴史について書いた著書をラドヤード・キプリングの言葉をもじった警句で始めた。「クリケットしか知らない者がクリケットの何を知るというのだ?」(James, 1964 : 11)。つまり、クリケットの専門家はおそらくそのゲームについてはよく知っているが、社会的・政治的な歴史を調べたことがないだろう。そのような人は、そのゲームを正しく理解しているとは言えない。クリケットの専門家が試合を見る時、彼らには気づくことができない事柄が非常にたくさんある。主に一つの研究分野しか知らない専門家は、その分野を正しく理解しているとは言えない。ユーモアも同じだ。ユーモアの社会的・心理的意味を理解するためには、専門的な研究による知識以上のものを必要とする。社会生活の真面目さを理解するよう努めなければならないし、そのためには、ユーモアに関する知識以上のものが必要だ。

アントン・ザイデルフェルド(Zijderveld, 1982)は、前近代の喜劇は日常世界の、つまり真面目な世界の、ひっくり返しだと言った。このひっくり返された世界を理解するためには、ひっくり返される世界を知らなければならない。したがってザイデルフェルドは喜劇についての考えをまとめ上げるため、中世と近代の社会生活に関するかなりの知識に頼る必要があった。同様にマイケル・マルケイ(Mulkay, 1988)は、ユーモアの世界は真面目さという世界から離れてはあり得ないと主張した。マルケイはユーモアに関心を向ける前に主に科学と科学的知識の主張の仕方を調べていたことからもわかるように、真面目な世界の社会学を分析するのに長い時間を費やした。ピーター・バーガー(Berger, 1997)も社会学者だが、社会生活の構成を研究した年月の後で、ユーモアについての洞察に溢れた著作を書くことができた。後で取り上げるが、歴史上ベルクソンやフロイトなど過去のユーモア理論家たちは、真面目さについての注目すべき理論家たちであった。

ユーモアしか知らない者が、ユーモアの何を知ることができるだろう？

けれどもこの格言は、ユーモア研究の重要性を示すためにひっくり返すことができる。真面目さしか知らない者が、真面目さの何を知ることができるだろう？　ユーモアの理解が真面目な社会生活の理解のために必要だと主張するのには、正当な理由がある。確かに、今日ユーモアは大衆文化における一つの大きな力だ。娯楽産業は何十億ドルも注ぎ込んで、人びとを何度も何度も夜ごと笑わせようとしている。莫大な経済力がいかにして、またなぜ、笑いに向けられるのかを理解することなしには、現代文化を理解することなどできようはずもない。けれどもユーモアを真面目さと結びつける、もっと一般的な理由がある。そしてこれが、本書の主張の基盤をなしている。ここでの重要な問いは、なぜ現代社会の諸条件がかくのごときユーモア産業を生み出したのかではなく、なぜユーモアがすべての文化に普遍的に見られるのかである。この問いへの答えの中で、ユーモアが社会生活において中核的で不可欠な部分を担っていることが示されるだろう。それは寒さから身を守るためにデザインされた衣服に施された刺繍のパターンのような、余計だが楽しい装飾品などではない。社会生活の中核なのである。真面目な社会生活は、笑いの可能性なしには維持できない。そしてこのことは、ユーモアの楽しさを知りたいだけの人には必ずしもハッピーな考えではない。

本書のガイド

本書は二つのパートに分かれている。まず、歴史的なパートで過去の主要な理論を再検討するが、特に大昔からの嘲りの理論的扱いに重点を置いている。その後で本書の理論的なパートが来るが、そこでは嘲りが、社会生活において中核的だがしばしば見過ごされている規律的役割を演じていることを論じる。ある意味、歴史的な章は、第Ⅱ部で描くアイディアの源流を追うためにある。

けれども歴史的な部分に入る前に、なぜユーモアの批判的アプローチが必要なのかを論じる章が一つ来る。2章は今日の大衆心理学とアカデミックな心理学に広がっているユーモアのポジティブな評価について考える。このポジティブな評価はより広い見解の一部であり、それをここでは「ポジティブ・イデオロギー」と呼ぶ［「ポジティブ・イデオロギー」の原語は'ideological positivism'で、直訳すれば「イデオロギー的肯定主義」となるが、これでは日本語として意味不明なので造語した］。ポジティブであることが常識的なので、批判の課題はネガティブなものになるか、少なくともポジティブな常識では見逃されているネガティブな事柄に注意を向けることになる。ユーモアの場合、これは、嘲りの重要性に注意を向けることを意味する。嘲りはポジティブ・イデオロギーに立つ心理学理論において、かなり無視されているネガティブな存在である。ユーモアを良いものと想定して情緒的に扱う流れの中にあって、そのような理論はこのネガティブな存在を見逃すか、抑圧すらしている。2章は心理学理論がそれをどのように見逃しているかを述べ、それにはイデオロギー的に理由のあることを論じる。

その後で過去へと向かう。フランクフルト学派の理論家たちは気づいていたことだが、イデオロギー批判は歴史的次元を伴う必要があり、将来の姿に確信がない場合は特にそうである。批判が現在を越えたものでなければならないのには、互いに関連した二つの理由がある。第一に、今日の常識がどこから来たのかを知る必要がある。第二に、批判的分析は歴史的視野をもつことで、単に過去に目を向ける以上のことをしようとする。それは私たちの常識が普遍的に良識的な、「自然な」見解であるとの仮定を崩そうとする。私たちにとって明白なものが、別の時代では奇妙でひどく不道徳ですらあるように見えることがあるかもしれないのだ。歴史は私たちに、自分たちの時代から距離を取らせ、そうすることでポジティブ・イデオロギーのもつ、いい感じに抵抗させる。

3・4・5章では、優越理論、ズレ理論、放出理論というユーモアを理解するための三つの主要な理論的伝統を順に検討する。これらの理論を、歴史的・理論的背景において検討する。このことは、これらの理論が別々の仮説の集まりに分割できないことを意味している。現代的な証拠の観点から、仮説をそれぞれ別々に評価するのではない。そうではなく、これらの古典的理論はより広い哲学、美学、政治の動向に属し、あるいはそれらから意味を得ているので、その背景の中に置いて検討するのである。

歴史的にこれらの理論のうち最初のものは優越理論で、この考えは古代まで遡ることができる。優越理論家はしばしば、笑いの敵と目されてきた。この事実は、彼らの考えを今日の雰囲気と合わなくさせている。確かに優越理論家に分類される思想家の中には、今日のポジティブ・イデオロギーではネガティブなものになってしまった嘲りを、そのように見なさない者がいた。十七世紀にトーマス・ホッブズは優越理論の中でもっとも有名な考えをまとめ上げた。古典的理論における祖先たちと同じように、ホッブズのユーモア理論は笑いの原因についての専門的な仮説などではなかった。それは英国革命の残虐な時代から生じた、恐怖に満ちた社会像の一部だった。

これとは対照的に、次の世紀に現れたズレ理論は、趣向と理由づけにおいてホッブズへの紳士的な反応を意味していた。社会階層、ジェンダー、社交的な理性人の理想がこの理論の物語に付随している。こうした背景において嘲りの問題が悩ましいものになり、現代の理論的ジレンマの前駆となった。紳士的理論家がホッブズの考えの価値をどれほど低下させようとしても、嘲りの問題が舞い戻ってきた。なぜ私たちは嘲る能力をもち、それはどのような目的に役立つのだろうか？

嘲りの問題は、十九世紀にベインとスペンサーによって再び取り上げられた。この理論はヴィクトリア朝時代の進化論革命に属すると理解されている。スペンサーとベインは二人とも生物学に基づくユーモアの科学的理解を求めていた。しかしその生物学はただの生物学ではなく、人間性と人間社会の発展という広い見解を含むものだった。また、面白い知的な問題よりも、笑いの分析にかなりの関心が向けられていた。

これらの古典的ユーモア理論がただのユーモア理論以上のものであるように、6章と7章で検討するベルクソンとフロイトの偉大な貢献もまたそうである。彼らの独特なユーモア理論は、膨大な全作品との関連で評価されなければならないし、その作品群はさらにその背景と関連している。ベルクソンからはユーモア理解のためのいくつかの重要なアイディアが生まれている。たとえば、懲罰的役割や残酷さ、それにユーモアが社会的機能を果たすといったアイディアである。フロイトは、ユーモアが、社交世界がそのメンバーに要求をすることから、少なくとも少しの間は逃れる方法であることを教えてくれる。だが何と言ってもフロイトは、ユーモアを信じてはならないというメッセージを伝えている。私たちの笑いは、必ずしも心の正直な反映ではないのだ。しかし奇妙にも、フロイト自身の分析は、それ自体が逃げと省略を含んでいる。これは、ユーモアの規律機能は社会的に重要であるし、同様に逃げの問題でもあることを示す証拠と解される。

第I部には注意書きをつけておかなければならない。第I部はユーモアの歴史というよりも、ユーモアの歴史的分析からなっている。完璧を期待しないでいただきたい。ホッブズ、ロック、シャフツベリー伯爵、ベイン、それにスペンサーが主な登場人物である。カントやキルケゴール、それにデカルトは無視されている。少なくともベルクソンとフロイトに至るまでは、フランスやドイツの理論家よりもイングランドとスコットランドの著作家に多くの紙面が割かれている。ユーモア理論の適切な歴史を期待する向きは、この取捨選択に寛大でいられないかもしれない。

しかしこれらの章の目的は、単に歴史的なものではない。理論的検討を決しておろそかにしていない。第一に、全般的に大事な点がある。ユーモア理論はユーモアだけの理論ではない。第二に、これらの章における理論はその強みと弱みとの関連で、特に嘲りの問題との関連で検討されている。古典的理論においては、嘲りは今日のような道徳的な問題を引き起こしていなかった。ところが、十八世紀に今日の現代心理学の多くのアプローチの基礎を定めたズレ理論が展開するとともに、嘲りの問題は論争のタネとなった。第三に、現代的なアイディアのいくつかの知的起源の考察に重点が置かれている。社会的機能のアイディアはハーバート・スペンサーに遡るが、面白いことに、彼はこれをユーモア理論では特別使わなかった。それをしたのはベルクソンである。このような考察における歴史的分析は、第Ⅱ部で展開する考えを先取りしている。

ユーモア理論がしばしば広いイデオロギー的問題から意味を得、そしてイデオロギーが何らかの重要な不在を含んでいるのなら、過去の理論の考察は、それらが述べていることと同様にふれていない重要なことも調べなければならない。たとえば、とりわけベルクソンはユーモアの過酷さと規律機能を指摘した現代的な理論家であるが、その洞察が含意するものを人間性の理解のために用いることに彼は尻込みした。フロイトはなぜ人がユーモアの本質について自分自身を欺かねばならないのかを分析するための理論的資源を提供したかもしれない。しかしながら彼は、彼に快楽を与えたジョークを分析する際に驚くべき無邪気さを示し、それは否認の痕跡とさえいえる。あたかも、楽しさという一見無邪気な世界のあまりの厳しさに耐えられなかったかのようである。これらの例は、今日のポジティブ・イデオロギーとよく似ている。

昔の話には飽きた読者や、本書の要点を効率よく知りたい読者は、2章からすぐに、本書の理論的主張が述べられている第Ⅱ部へ進むのがよいだろう。8章では、笑いとユーモアの関係を考える。笑いの社会的かつレトリカルな本質に考察の重点が置かれる。レトリカルに言うなら、ポジティブなものはネガティブなものが存在する可能性との関連でのみ、意味を得ることができる。したがって笑いが人間の相互作用において意味をもつのは、その反対、いわば「笑ワズ（unlaughter）」の可能性が存在するからである。これは、私たちが笑いを承認の表現として使うことができるのは、非承認を示すレトリカルな手段も所有しているからだということを意味する。哲学者たちは人間を「笑う動物」と呼んだ。しかし私たちが笑う動物であるのは、笑わない動物でもあるからだ。

嘲りの社会的重要性についての中心的な議論を、9章で行う。ユーモアの反逆機能と規律機能の理論的な区別をするが、実際には二つを区別するのは難しいかもしれない。その困難は理論的欠点のためではなく、ユーモアが本来的に、どちらとは簡単には決められない問題であり得るために生じる。ある人には無害なちょっとしたからかいが、別の人には過酷なものになる。この章では真面目さとユーモアの弁証法が、真面目さの探求に、少なくともユーモアの真面目な機能の探求に変わる。これによって議論は、真面目な社会理論の中心的な問題、すなわち社会秩序の本質、および行為者に及ぼす力へと至ることになる。

社会生活がどのようにして行為者に影響力を及ぼし続けるのかを説明するのに、社会理論家たちは困難を抱えてきたと指摘されている。フロイトでさえ、実際これをうまく説明したわけではない。アーヴィング・ゴフマンが社会的当惑の理論を使って、いいところまで行った。しかしゴフマンの理論には、重大な空白がある。そしてこの空白は、ユーモアの楽観的理論に全体的に見られる空白を反映している。当惑への恐怖がどこからその社会的力を引き出すのか、ゴフマンは何も言わない。それは社会的にも発達的にも、嘲りから来ることが示唆される。したがって嘲りは、社会生活の中心にある。このことは、ポジティブ・イデオロギーという楽観的理論から予想される結論ではない。

二つばかり注意書きを記しておかなければならない。まず、第Ⅱ部で示す理論的アイディアは、社会秩序とユーモアの一般的な結びつきを検討したものである。それはなぜユーモアがあらゆる文化に普遍的に見られるのかを説明することを意図しているが、現代文化におけるユーモアの役割を評価することは意図していない。もしこうしたアイディアに何か利点があるとするなら、それはうまくいけば、現状の理解に役立つかもしれないことだろう。この可能性は大変簡潔ながら、最終章で扱う。しかしそこでは、今日のユーモアの状況について体系的な分析をするわけではない。それは筆者の任ではない。本書はいわば、特殊なというよりも一般的な特徴という点からユーモアを理解しようとした、予備的な分析である。

二つ目の注意書きは、読者は本書に楽しさを期待してはならないということである。本書のトピックはユーモアだが、批判的アプローチを採用してそれを真面目に扱う。ユーモアを分析する者が読者を楽しませ、自分自身の善良さを示そうと繰り返しジョークを入れるのは、近代だけの現象であることを歴史的分析が教える。ユーモアに関する古い文献は、ジョークを扱ったとしても、それにはあまり余地を与えていない。現在のさまざまな仮定を横に置いておきたい批評家は、冗談を言う人にさせられるという圧力に抵抗しなければならない。批評家は、そのような強制力を真面目に問う必要があるのだ。しかし真面目さとユーモアの二つは、完全に別の反対のものに分けられるものではない。少し離れて立って、批判に必要な距離感をつくるのに役立つレトリカルな手段は、皮肉かもしれない。しかし、皮肉は冗談と同じではない。

一般的な要点を示す例として使われる場合を除き、本書にはジョークそのものはほとんどない。フロイトが気づいていたように、ユーモアに関しては個人的な好みと知的な好みとが分かちがたく絡み合う。そのため個人的な事柄を話しておくのがよいだろう。私が特段ジョークに気を配っていないことは認めざるを得ない。ジョークを思い出すことが私にとって大変難しいことは確かである。オチが発せられたらすぐに、ジョークはほとんど私の意識的な記憶から消える。したがって哲学者のテッド・コーエン（Cohen, 1999）が近年の著作でやったようなスタイルで、ジョークを誠実に集めて分析するのを期待する読者は、当てが外れるだろう。私がユーモアについての本を書いていると聞いて、あのビリッグがユーモアを理解するとはね、本にたくさん入れるんだろうね、とジョークを飛ばした友人や同僚も同じ目に遭うだろう。

友人や同僚たちが、私がユーモアを賞賛するに違いないと考えていたのは非常に面白い。その想定が、ユーモアについての現在のポジティブな見方について多くを語っている。しかし、批判は賞賛ではあり得ない。「私たちの側にいないなら、あなたは敵だ」とする政治的風潮が、今日ある。この主張が政治問題からユーモアについての考えに移されるなら、本書は確実に、本心からユーモアの徳を讃える人間の側に立っていない。ユーモアの賞賛者は本書をアンチユーモアの書と考えるかもしれない。けれども、アンチユーモアがなぜいけないのか？　この世には、もっと悪い罪悪がたくさんあるというのに。

2章 ポジティブ・ユーモア批判

ユーモア批判は科学的になされる場合にもっともよく達成されるだろう、と誰もが考えるかもしれない。常識的な考えを最新の科学的な証拠と比べてみればよい。そうすれば、適切な経験的吟味に耐えられるような仮定に常識が基づいているかどうか、わかるというわけだ。人間の笑いの原因と作用について、特に実験心理学がその神話と現実を区別するのに役立つだろうというのは、ある程度まで正しいだろう。けれども、それがどこまでかあらかじめ決められないが、程度を越えたら誤解を招きそうだ。批判理論の大事な点は、そしておそらくその重要な側面の一つは、専門家の理論がどのようにして常識のもつ広範な仮定を再生産してきたかを知るために、それを批判的に調べてきたことだ。これが意味するのは、批評家は、社会科学的理論を額面通り受け取るのには慎重でなければならないということだ。社会科学的理論も歴史の中にあるし、イデオロギーの潮流によって特徴づけられている。

この章では、ユーモアに関する現在の心理学的概念を検討することに集中する。心理学的分析が、常識的な価値観と常識的な省略を取り入れていることを主張するつもりである。この主張を支えるために、この章ではユーモアに関する各種の心理学書を検討する。それには、大衆向けのセルフヘルプ心理学、プロによる心理療法、それにユーモアのアカデミックな理論が含まれている。これらの異なったジャンルにまたがって、あるイデオロギー的なパターンが見つかることを主張する。つまりユーモアは「ポジティブなもの」と「ネガティブなもの」といった言い方で考えられ、心理学書の著作家たちは「ポジティブなもの」を強調している。ユーモアのあまり楽しくない面、これがいわゆるネガティブなものだが、それは脇へのけられる傾向にある。あまりに無視がはなはだしいので、「文章上の抑圧」とでも呼べそうな場合があるほどだ。

このパターンは、人生の「ポジティブなもの」を強調するという、より一般的な見方の重要な部分となっている。それが「ポジティブ・イデオロギー」である。これは、社会における楽観的でやる気に満ちた態度・見解のことで、社会の住人に絶え間ない、ポジティブな生産的な楽しさという夢を与える。批判的哲学者のハーバート・マルクーゼは『エロス的文明』の後書きで、以前彼の同僚だったエーリッヒ・フロムを含む新フロイト派を強烈に批判した。フロムの後期の仕事は批判的な鋭さを失い、彼の心理学は陳腐なアドバイスにすぎなくなった、とマルクーゼは言った。彼によると新フロイト派のメッセージは、特にフロムのそれは、「『いいところを見なさい』という順応主義的スローガンに等しい」(Marcuse, 1972 : 174)。

マルクーゼの言葉の要点は、「いいところを見なさい」という心理学的アドバイスは、かなりイデオロギー的だということだ。新フロイト派は、あらゆる社会がかなりの抑圧を必要とするといった考えを含む、フロイト理論のあまり穏やかでない側面を放棄してしまった。その代わり、浅はかで心安らかな楽観主義がある。「いいところを見なさい」というアドバイスは、人に、物事を十分生かしなさい、不満なことには自分のせいでそうなったのでなくても何とかしなさい、と教える。それは、その人に合わない社会条件を変えようとするよりも、それに順応することを勧める。マルクーゼによると、新フロイト派はこのようにして、ポジティブな、しかし欺瞞的な世界観をつくるために、フロイト理論から「よくないところ」を取り除いたのだ。このような状況では、社会批評はネガティブな道に沿って進む必要がある。

いいところを見てよくないところを見ないという同じパターンが、大衆作家であろうと学者であろうとプロの心理療法家であろうと、彼らの書く今日のユーモア心理学に見ることができる。ユーモアのもつ優しさをポジティブに賞賛する考えにおいては、嘲り、嫌み、嘲笑のもつネガティブさは取り除かれている。ポジティブ・シンキングがごく平凡な常識なら、批評家はネガティブなところを目指さざるを得ない。

フロイトは著作『機知――その無意識との関係』(Freud,［1905b］1911) の中で、死の床にあったハイネの物語を詳述している。死が間近に迫った作家に牧師が、彼の罪を神様が許してくださるだろう、と言った。ハイネはそれに答えて言った。もちろん神様は許してくださるだろうさ、それがあいつの仕事なんだから(ibid.：160)。批判的理論家の仕事はというと、批判的になるためにネガティブになることだ。トピックがユーモアの場合も、その仕事がなされなければならない。こういう批評家が嬉しい笑みや情緒的な慰めを与えてくれることは期待しないでいただきたい。思いやりと、たくさんのハグと、それから多少の笑いが世界を変える、というような考えを、批評家は検討しなければならない。しかしネガティブであれとの要求が、必ずしもユーモアの可能性を排除するわけではない。嘲りという楽しさがまだ残っているし、特にハイネの最期の時に残されていたような、ポジティブであれというイデオロギーを不愉快にさせる楽しさがある。

楽しいユーモアのセンス

今日では、ユーモアのセンスをもつことは望ましいことだと考えられている、と主張するのは難しいことではない。誰かさんはユーモアのセンスがない、と言うのは、批判を口にするのと同じだ。もっともそれは、言うことのできる批判の中で最悪な部類には入らないかもしれない。残酷だとか、思いやりがないとか、不道徳だとかと言う方が、おそらくもっとひどい非難だと受け止められるだろう。けれどもユーモアのセンスに欠けるのは、現代の望ましくないものの中で上位に位置している。ダニエル・ウィックバーグ（Wickberg, 1998）はユーモアのセンスの概念について述べた優れた歴史書の中で、道徳的次元に注意を向けている。ある人がユーモアのセンスがないと言われるなら、それが意味するのは、その人が退屈な人物であるかもしれないというだけではない。人間にとって不可欠な、何らかの性質を欠いていることを意味しているのである。

今日人びとが、ユーモアのセンスは性的パートナーを選ぶ際の重要な要因の一つだ、と考えていることを示す証拠がある。イギリスで行われたある世論調査では、九四パーセントの女性と九二パーセントの男性が、パートナーに真面目であるよりもユーモラスであることを望んでいた（オブザーバーマガジン誌、二〇〇三年十月二六日）。新聞の個人広告を眺めるなら、ユーモアのセンスが望ましいことであることを確信するだろう。アメリカの新聞における個人広告に関するある研究によると、パートナーを探している八人中一人が、自分のユーモアのセンスに言及するか、将来のパートナーにその特性を望むと言っていた（Provine, 2000）。新聞広告は一語ごとに課金されるから広告主たちは、慣用的な略語を使うことで文字数を節約している。自分のことを述べるのに広告主たちは、私はGSOH（a good sense of humour 楽しいユーモアのセンス）をもつ人とWLTM（would like to meet 知り合いたい）、と述べることがある。この略語は、「楽しいユーモアのセンス」が、もう誰もが理解している商品として扱われていることを示している（Coupland, 1996）。個人広告の文脈ではこの性質には望ましい反対語がないので、逆にはできない。「田舎生活」や「屋内での静かな夜」を楽しみたいと言う広告主がいて、反対に「都会生活」や「屋外での刺激的な夜」を好む広告主がいる。これとは対照的に、GSOHには価値ある反対語がない。誰も愛おしいNSOH（no sense of humour ユーモアのセンスなし）な人とWLTMしない。このような略語は存在しないのだ。人は他人を惹きつけるためには自分のことを、利己的だとか鈍感だとか犯罪的にまで非常識だとかと言わないように、ユーモアがないと述べたりしない。

かつてはこうではなかった。ウィックバーグが強調するように、「ユーモアのセンス」の概念は、少なくとも現代的な意味でのそれは短い歴史しかない。それは一八四〇年代に使われ始め、「個人の性格としてのユーモアのセンスという、すっかりありふれた概念」（1998 : 18）である現代的な意味で使われるようになったのは、一八七〇年代のことである。この概念が現れたのは、人間についての考え方の広範な変化と結びついていた。人間はもはや社会的地位や生理学的な構造体の観点では考えられなくなり、その代わり個性という永続的な特徴をもつ、自立的な個人として考えられるようになったのである。

人間がそれぞれ性格をもっているという考えは「自然な」ことのように思える。私たちは性格を表すたくさんの語彙をもち、それらをしょっちゅう使っている。この世には常に内向的な人や外向的な人、抑うつ的な人、強迫的な人、お気楽な人等々がいるかのようだ。けれども古い文献にちょっとでも当たってみるなら、他の時代にはこうした性格を表す語がなかったことがわかる。旧約聖書では人の本性はその行為を通して現れる。精神生活の類型を表す既成のレッテルで行為者を描く試みは一切ない。たとえばモーゼは特別な性格類型としては描かれていないし、ある種の性格をもつ者としてさえ描かれていない。彼は特に働き者であるとか気遣いするとか、勇敢であるとか、知的であるとか、真面目であるとかとカテゴライズされていないし、ましてや、内向的であるとか内部指向的であるとかポジティブ指向等々でもない。人物たちをそれとわかるような性格にする、個人を表す形容詞を山ほど与えることは、原文ではある重要な一節を除き、ない。モーゼが十戒を書き改めるために石の板二枚を背負ってシナイ山に二度目の登山をした時、彼の前を神が通り、こう語ったと言われている。「エホバ、エホバ、憐憫《あわれみ》あり、恩恵《めぐみ》あり、怒ることの遅く、恩恵と真実《まこと》の大いなる神」(『出エジプト記』)。この書物で人間の登場人物が、このような形容詞のリストを与えられたりそのように描かれたりすることはない。これは神のための何かであり、通常の人間の生を超越した瞬間に起こるのである。

「ユーモアのセンス」に関して言うなら、聖書はそのような性格そのものにまったく関心を払っていない。神の自己記述においても、人物の記述においてもそうである。後年のタルムードの物語に、律法を受けようとする人びとを探す神の話がある。この話は、「慈悲深く我慢強い神が長く関係をもてる特別な人びととWLTM」の形を取ったかもしれない。特別な人びとも神も、GSOHが要るとは言っていない。しかしテオドール・ライクが書いているように、ユダヤ人の民間伝承では、神との関係がユーモアの形で描かれるようになった(Reik, 1962)。聖書に関連する文献では、太祖や他の主要人物らはほとんど笑わなかったようだ。モーゼとアロンが沙漠のつらい放浪の後、くつろいで奇談を交わした宵には、笑い声が聞こえない。彼らは笑ったと誰もが考えたいだろう。少なくとも現代の読者ならそう考えたいだろう。私たちは楽しくあることが義務になり、ユーモアが完全な人間であるための必須の性質と見なされている社会に属しているのだから。

ユーモアに関しては、現代の生活の条件は他の時代と異なっている。社会的に公認された楽しみに関わるのに、もはやカーニバルの時間を待つ必要はない。今日の豊かな社会では、コメディはお湯と同じくらいいつでもある。コメディは多種多様な形となり、カーニバルをたまに味わえる、つらい生活からのつかの間の解放ではなく、巨大な必ず儲かる事業になっている。娯楽産業はいつでも誰にでも楽しみを確実に与えるために、莫大な投資をしている。テレビ局は笑いに満ちた娯楽番組を提供するのを競い合っている。番組を中断する広告は、しばしばユーモアで視聴者の注意を引こうとしている。コメディだけを一日中、毎日流している特別チャンネルがある。イギリスでコメディ映画は、アクションやドラマを抜いてもっとも成功したジャンルだ（ガーディアン誌、二〇〇三年六月六日）。どの社会集団も利益の上がる市場として認知されていて、その好みに向けたコメディがつくられている。過去に最高に権力をふるった支配者でさえ、今日西洋社会の普通の市民が享受しているほどたくさんの、そして多様な楽しみを思いのままに与えられはしなかった。誰も滑稽な見せ物、映画、雑誌の全部を好きになるとは期待されていないが、誰もが何か好きなものをもつことは期待されている。滑稽な番組を果てしなく見ても楽しめないのは、欠点か病的状態を示すことになる。

ダニエル・ウィックバーグが言うように、特にユーモアについての見解に関して、過去は外国に似ている。彼の優れた歴史研究があるので、ユーモアのセンスという現代的な概念がどのように展開したのかをここで詳述する必要はない。ここで意図するのは、現在を一瞬でも外国のように見えるようにするために過去を使うことだ。いくつかの簡潔な例が、かつては「自然」だったように考えられていたものが今ではばかげたもののように見えるという考えを、説得力あるものにするだろう。同様に私たちの常識は、過去か未来にはばかげたものに見えるかもしれない。

一八七七年、ヴィクトリア朝時代の小説家ジョージ・メレディスがロンドン協会で「コメディの概念」の題で講演を行った。この講演は同年に文学雑誌に掲載され、一八九七年に著作の形で再び出版された。メレディスの講演は、ちょうど「ユーモアのセンス」の概念が人間の望ましい性質になりつつある頃に行われたと言えよう。しかし彼は話を、まるでコメディが論争のテーマであるかのように始めた。彼の主張は概括すれば、まったく笑わない「アジラストたち（agelasts）」への攻撃である。彼はこの語を、数年前に笑いの敵に対して戦ったラブレーに捧げている。メレディスによると、アジラストは不動の勢力として今なお存在し、当時の社会生活を睨みつけている。「男どもが笑うたびに、岩山から谷への旅を終えたばかりの古い灰色の巨岩が、容易に再び転がり上がる」（Meredith, 1897：9）。「アジラスト」は典型的には笑わないだけではない。彼らは笑いを軽蔑する。そのためメレディスが新造した言葉であるが、「ミソジラストたち（misogelasts）」と呼ぶのがふさわしい。

「アジラスト」の語はメレディスの時代よりも今日の方が通用していない。彼の新語「ミソジラスト」は、『オックスフォード英語辞典』に載ることができなかった。これらの語はより生き生きした同義語によって地位を無理矢理奪われたのではなく、ただ消えてしまったのだ。ユーモアについての現代の著作家はそれらの語を使う必要性をほとんど感じていない。ユーモアを分析する者が、笑うのを拒否したりマンガを軽蔑したりする著名人を攻撃してその試みを正当化する必要はもうない。今日では誰もミソジラストと思われることを望んでいないし、ミソジラストをパートナーに選んだりしないのは確かだ。こうしたことに真面目に反論するのは非常識だ。

メレディスがアジラストやミソジラストの語を使う時に脳裏にあったに違いない人物たちは、ばかげたことを言っていたわけではないようだ。十八世紀のチェスターフィールド伯爵は息子に、紳士たる者笑いを避けねばならぬ、と忠告した。上品なウィットへ笑みを返すのは適切かもしれないが、大笑いは低い身分の者だけに許される下品な行動だった。今では、誰もこんな考えにわざわざ反論しようとしないだろう。

チェスターフィールドからおよそ百五十年前に、フランシス・ベーコンはエッセイ「言葉について」の中で、笑いの的から除かれるべきものがある、と書いた。それらは、「すなわち、宗教、国家の問題、偉人、個人の現在の重要な責務」（Bacon, ［1625］ 1902：102）だった。ベーコンが守ろうとしたトピックは、今日ではユーモアのターゲットとして適切と思われているものからなっている。大法官になろうとしていた男が、重要人物と国家の重要事項は笑いの的から外されるべきだと言明していたとは、なんと滑稽なことか。しかし嘲笑いやすいからといってそうするのは、フェアではない。この場合、ユーモアから除かれるべきもののリストにおける最後のアイテムを無視することによって、嘲笑の可能性が増したのだ。それは、「同情を誘ういかなるケースも」（ibid.：102）である。この最後のアイテムは、今日でも良いオチにならない。

チェスターフィールドとベーコンの例は、常識と笑いの関係を示している。私たちはチェスターフィールドの忠告を評価するのに躊躇する必要がない。学者であろうと学生であろうと思慮分別のある人びとであろうと、今日の聴衆に彼が述べたことを引用して話すなら、十中八九すぐに、常識を越えたものを嘲笑う笑みを誰もが浮かべることだろう。ポインシネット・デ・シヴリが十七世紀に書いたように、「笑いの噴出は非常に素早いので、その原因を遅い判断過程に帰すことは誰にもできない」（Piddington, 1933：176から引用）。

他人を見下す嘲笑の笑みは、常識へのいかなる挑戦も撃退するよう設計された、常に弾丸が込められた武器である。そのため批判的な社会理論家は、社会批評という考えそのものに容易に向けられる、その種の笑みに警戒しなければならない。

真面目にユーモラス

ユーモアのセンスが望ましいことが自明な時代では、ユーモアについて書く真面目な著作家はジレンマに直面する。何を書いても課題と合わないことを示す証拠と受け取られてしまう。ユーモアについてのよくできた著作でマイケル・マルケイ（1988）が指摘するように、分析という課題はユーモアとは正反対であるように見えるのだ。トピックがユーモアの場合でも、社会を分析する者は概ね真面目さという分を守っていかねばならない。しかしユーモアについてあまりに真面目な態度なら、おそらく嘲笑されるべき人物で終わる。ジョークの通じない学者さんじゃ、このトピックに向いてないね、というように。他方、トピックが何であっても、ふざけたたぐいの社会科学では真面目な仕事として信用されない。フランスの哲学者デュガは、笑いの心理に関する著作を、省察することは笑いを殺すことになるので笑いの原因を見つけるのは不可能かもしれない、との懸念を述べることから始めた（Dugas, 1902 : 1–2）。フロイトはこれに非常な感銘を受けたので、『機知――その無意識との関係』で引用したほどだった（［1905b］1991 : 197–8）。

ユーモアのセンスが義務的である場合、真面目な研究者は「エトス」という古いレトリカルな問題、つまりそれをするのにふさわしい人物として自分を示すにはどうすればよいのか、という問題に直面する。この場合、ユーモアの本質について真面目に書くことができる人物として自分をどう示すか、である。これは、ユーモアのセンスをもつことが必須の性質になる前では問題ではなかった。この後の章で考察される多くの歴史上の著作家たちは、わざわざ自分自身を喜劇の愛好家として示したりしなかった。ショーペンハウアーとスペンサーのように、自分はユーモアを著しく失っていると明かす者がいたし、ホッブズのように、ウィットで知られていたのに笑いについての著作からは楽しさのセンスをすべて排除した者もいた。ユーモアについて真面目に書いた主要な著作家で、読者とユーモアを分かち合ったのはフロイトだけである。しかしフロイトの場合、ユーモアが不快な小さな秘密を隠すかもしれないことを示唆しているので、いささか変わっている。

以前の時代にはユーモア理論家は、個人的なユーモアのセンスがそのトピックについて書くための専門的知識の担保になるとは考えなかったので、それを示せとの強制力を感じなかった。十八世紀のスコットランドの哲学者であり詩人のジェイムズ・ビーティのアプローチが典型的だ。彼の著作『笑いについてのエッセイ』の始まりで、彼は注意深い二重否定を用いてこのトピックを選んだことを正当化した。彼は、笑いが「人間を下等な動物から」区別するゆえに、「哲学者の注目に値しないものではないものとして許されるべきである」(Beattie, 1779 : 299) と書いた。前書きでの正当化にビーティが書き落としたものは重要である。ジョークを言わない人だからといって、個人としてユーモアを分析する課題に値しないものではない、とは言っていない。このトピックに関する十八世紀の他の著作家のように、ビーティの課題は今日のユーモアにとって真面目な注意を向けるに値する。彼がその課題のために必要としたのは、自分の笑いの能力ではなく、目的の真面目さを示すことだったのだ。

今日ではこれとは対照的に、ユーモアについて書く真面目な著作家たちは、しばしば編集者に勧められてだが、自分自身のユーモラスな性格を自己呈示する。このことはアカデミックでない読者向けで、読者の生活の質を向上させる手段として笑いを勧める大衆心理学の本に、特に当てはまる。そのような本はセルフヘルプ本という大雑把なジャンル内に一つの小ジャンルをつくっている。客の注意を引くようにタイトルがつけられているが、その長いサブタイトルが売り出し中のヘルプの情報を客に告げている。『笑いどころ——恋愛と広告におけるポジティブなユーモアの技術と心理学』（Hageseth, 1988）、『リラックス　わずか数分でいい——生活と仕事におけるストレスに打ち克つユーモアの力を使う』（LaRoche, 1988）、『ユーモアの治癒力——喪失、挫折、混乱、落胆、困難、試練、苦難、その他のあらゆる面白くないことを切り抜ける技術』（Klein, 1989 邦題『笑いの治癒力』）、『勇気をもって笑う——死と臨終に直面するときのユーモアと希望と癒し』（Klein, 1998 邦題『笑いの治癒力Ⅱ——ユーモアと死と癒し』）、『まじめな笑い——より楽しく健康で生産的な人生を生きる』（Conte, 1998）、『ユーモア存在になる——より良い道を選ぶ力』（Rizzo, 2000）。

これらの本の著者たちには、自分自身を真面目で楽しいやつと見せることが要求されている。著者が尊大で楽しくない教授だとわかったら、笑いという生活を向上させるポジティブなものを勧める本を誰が買うだろう？　他方で、ユーモアは生活をより良くする手段であるとのメッセージをジョークと受け取られてはいけない。著者が望ましいエトスを達成するつもりなら、ユーモアと真面目さ両方の保証書が示されなければならないのだ。

アレン・クラインは『勇気をもって笑う』で自分自身を「愉快学者（jollytologist）」と呼んでいるが、この語は著者のレトリカルなジレンマという相反する感情をうまく捉えている。最後の三つの音節（トロジスト）が意図の真面目さを示しているのに対し、最初の二つの音節（ジョリ）はくだけた楽しさを意味している。クラインは個人的な説明から始めている。彼の愉快学者としての経歴は、妻の死後に始まった。彼はユーモアのセンスのおかげでこの喪失にうまく対処することができた。「本書でいくつもの心温まる話や、時には吹き出したくなる話を読み進めていくうちに、耐え難い状況をユーモアのセンスに助けられて耐えてきたたくさんの人がいることを、きっとわかっていただけると思う」（Klein, 1998：5）。こうして最初の方のページをめくる読者は、クラインがユーモアのセンスと専門的な資格を有する、思いやりのある男性であると紹介される。彼は言うべき真面目な忠告をもっているし、読者と共有できる個人的な悲しい経験をもっている。何といっても話すべきおもしろい話をもっている。クラインが以前出した『ユーモアの治癒力』（1989）の裏表紙には、この本が「的を射たユーモラスなお話と笑いのツボを教えるテクニックであふれている」との宣伝文が載っている。たんに知恵と治療の期待だけでなく、楽しみの期待からも、将来の読者の購入を誘おうとしている。

クリスチャン・ヘイゲセス三世もクラインと同様に医師資格をもっていて、そのことは『笑いどころ』（Hageseth, 1988）の表紙にはっきり示されている。裏表紙の宣伝文は著者を、有資格の精神科医、人気の講演者、革新的なユーモア理論家と紹介している。そして、「彼はコンサルティングルームから抜け出した、楽しい『もっとも正常な精神科医』と言われてきた」とつけ加えている。この記述は、ネクタイもジャケットも身につけていない、ほのかな笑みを浮かべた著者の写真の横に置かれている。この本のはじめの方で、著者は自分がユーモアのセンスをもっている証を示す。謝辞で彼は、父親と兄弟姉妹の上品なユーモアを賞賛する。「私たちは素敵な笑いを一緒に楽しんだ」（ibid.：9）。それから子どもたち。「笑いをシェアするのは喜びだった」（ibid.：10）。最後に予想通り、ユーモア理論家の妻。「私という存在を完全に開花させてくれた。そのおかげで私の創造性は歌い始めた」（ibid.：10）。これはジョークではない。これはシェアすることの価値を知っていると主張する男によって要約された、愛のしるしとしての誇りの言葉である。

『笑いどころ』の最初の章は、著者が、ジョークを言うことも受け取ることもできる楽しいやつだと示している。ヘイゲセスはユーモアについてテレビで公開の講演をしようとした時のことを語っている。講演が始まる前、男性控え室で彼はズボンのチャックが壊れていることに気づく。どうしても閉まらない。彼は安全ピンを借りて十分遅れて演台に行き、チャックが壊れたので、と言って話を始める。助手がピンを指さす。聴衆が笑う。テレビはその瞬間を捉える。著者はその本を始めるべき話をもっていた。彼はユーモアは災難を切り抜けるのを助けるという教訓を引き出すことができただけでなく、個人としても当惑を笑いに変えることができることを示したのである。この話は読者を楽しませるためにつくられている。シェアすべき素敵な笑いである。

著者自身をユーモアのセンスのある人物として呈示するのは、大衆向けのセルフヘルプ本のジャンルに限らず、もっとアカデミックな著作にも見られる。ユーモアを治療的道具として使うプロの心理士たちは、彼らの手法の利点についてアカデミックに書く際に、しばしば自身がユーモアを評価していることを示そうとする。ウィリアム・フライは心理療法においてユーモアの使用を提唱する指導的な人物の一人である。ワリード・サラミと共に編集した『ユーモアと心理療法ハンドブック』の前書きで、彼は短い自伝の概略を書き、若い頃いかに「思慮の浅い人間」（Fry & Salameh, 1987：xiv）だったかを述べている。精神科の臨床セラピストとして専門的経歴を始めた時、彼はこの思慮の浅さを専門用語を生真面目に口にすることで克服しようとした。しかし年を取るにつれ、この生真面目さのもつ思慮の浅さに気づいた。彼は若い頃の思慮の浅さに再び戻り、心理療法にユーモアを導入するようになった。これが示唆するのは、まったく思慮の浅いことは大変なことであるのと同じように、生真面目なことは笑われるべきことだ、ということだ。

この『ハンドブック』の後に出版された『ユーモアと心理療法の進歩』(Fry & Salameh, 1993)の寄稿者たちは、ユーモアがいかに治療の助けになったかを示す実例を書くように求められた。そのため、ユーモアの適用について率直に主張した著者がいる。たとえばシメルは、「私のユーモアの使用は、人生の多くの災難には不条理なものがあることを理解している私の気質と能力に本来的に備わっている、と確信している」(Schimel, 1993 : 49)と言う。笑うセラピストのユーモアのセンスは公然と主張されるのではなく、実例の中で頻繁に示される。これらの例でセラピストは、患者がどのようにセラピストのジョークを笑い、そして今度はセラピストがどのように患者のウィットを理解したのかを詳しく述べている。

ユーモア使用を仲間に勧める開業セラピストたちには、必要とされている技術を自分がもっていることを示す必要がある。けれどもアカデミックな研究者や理論家にはそのような義務がない。ユーモアのテーマを調べているアカデミックな心理学者にユーモアのセンスを示す義務を感じる理由がないのは、犯罪心理学の専門家に万引きの技の熟練が要求されないのと同じである。しかしながらそのような示唆が、はっきりとであれさりげなくであれ、しばしばなされる。

グルナー(Gruner, 1997)はユーモアの心理学的研究の著作に、わざわざジョークのリストを入れた。確かに一、二のジョークは理論の核心を突いているが、そのページは端から端まで読者を楽しませようとしている。ハーバート・レフコートの『ユーモア——イキイキと生きる心理学』(Lefcourt, 2001)には教えられるものが多く、これは後で詳しく検討しよう。レフコートは膨大な業績を有する著名な社会心理学者である。彼の著作は心理学における学術的な量的研究にしっかり基づいている。確かにサブタイトルはセルフヘルプ本のジャンルの用語を模しているが、「イキイキと」の語も「イキイキ性」の一般的概念も、彼の実質的な理論的枠組みに大きな役割を演じていない。

レフコートは前書きで家族への謝辞を述べている。「私が成長した環境にはユーモアと笑いが満ちていた」(ibid.：v)。彼はこうコメントする。「笑いに満ちた子ども時代だった」(ibid.：vi)。この前書きはその後、個人生活と職業生活とを結びつける。ユーモアは研究に値するトピックであるだけでなく、「われわれが行っている研究に、そしてわれわれが話す話に見つかる楽しさのため、それは本来的に魅力的なテーマである」(ibid.：vii)。最初の章はヘイゲセスと同じように、ユーモア使用についての個人的な話を詳述している。レフコートはユーモア研究に「私の個人的遍歴」をつけ加えている。彼は暗い状況でもジョークを言うのを好んだ父親の話をする（男性のユーモア理論家による謝辞において、母親はあまり重要な人物ではない傾向がある)。父親の葬儀の際、レフコートと会葬者たちは死者が生前にしたように冗談を言いあった。「親戚たちはユーモアを楽しんだので、誰にとっても良い感情を互いに与え合う儀式となった」(ibid. 6）と彼はコメントする。これはアレン・クラインのユーモアと耐え難い事についての「心温まる、吹き出したくなる」逸話のストックによく合う話である。ハッピーエンドの逸話である。

レフコートの本は別の個人的な逸話で閉じられる。妻と息子、義理の娘、それから三人の孫と行ったオーストラリア熱帯地方での休日のことを彼は述べる。ハエと、糞をまき散らす鳥でいっぱいの中、過酷な気温の中で彼らはキャンプをした。ある時、息子がユーモラスなおどけた一言を発した。この一言は、「息子との親しさという素敵な感情を引き起こした。息子には常に感謝している」。このささいなジョークが「一緒の時間を過ごしているという喜びを増大させ、より健康な、より楽しい気持ちにさせてくれた」（ibid. 172）。

自分が楽しいユーモアのセンスの持ち主であると主張したがるのは、心理学者と個人広告でパートナーを探している人たちだけではない。ユーモアについて書く他の分野の学者も、編集者にかなり促されてではあるが、同様の傾向を示す場合がある。ピーター・バーガーの素晴らしい社会学的研究である『癒しとしての笑い』（1997）は、この著作をたんなる真面目な学術的研究によって生み出された真面目な分析ではない、と位置づけている。前書きでバーガーは読者に、この専門書は「ジョーク本」ではないと断言しているが、「読者がときどき笑うことを著者は切望する」（ibid. x）とつけ加える。ジェイムズ・ビーティは読者に、この書物はジョーク本ではないと宣伝する必要がなかった。彼が読者に笑いを期待していなかったことは確かだ。

レフコートと同じようにバーガーは、父親からの影響についてふれている。彼の父親は「ジョーク常習者」で、幼い彼に真似させた（1997：x）。バーガーはまた、彼の言によれば、彼のジョークに何年も耐えてくれた旧友を讃えている。この本は上品にも、四頁の短いプロローグで始まる。このプロローグの中でバーガーは四つのジョークを話そうとする。本の裏表紙には著名な政治学者による推薦文が載っていて、それによると、「私の知人の中で最高のジョークを言うのがピーター・バーガーである」。この推薦文は、『癒しとしての笑い』は人生における喜劇的要素の位置付けを分析するだけでなく、「有名なジョークもいくつか含んでいる」と述べて終わる。

ジェイムズ・ビーティが笑いの分析の中に有名なジョークを入れたからといって、誰も彼に賛辞を述べなかったろう。あの時代には、個人のたしなみと自己呈示について今とは異なる感覚があった。やっかいな出来事をビーティが笑い飛ばしたのかどうかを著者は知らない。哲学者たちがズボンのチャック問題を読者と共有することなどなかった。心温まる家族の出来事も、『笑いについてのエッセイ』の後の年月にビーティの家庭生活の運命を襲った悲劇的な状況も、知られていないわけではない。このエッセイが後に再版された時ビーティは、彼の妻の精神異常と息子の死に笑って対処することができたと脚注をつけはしなかった。ビーティは読者に対して自分自身を超然とした理性的な観察者として呈示しようとしたが、今日の著作家たちはハッピーエンドの逸話を示したり、笑いに満ちた幼少時代に謝意を述べたりすることで、彼らの意図の良さを読者に見せる。そのようにユーモアを分析する者は、研究するトピックから自身を引き離していない。自分自身をユーモアの側に置いている。もし笑いに隠れた秘密があるなら、こうした分析には共謀のサインがついている。

いいところを見る

ユーモアについての著作の始まりに置かれる著者の前書きと裏表紙に書かれた宣伝文は、ユーモアの価値がその著作の内実に影響を及ぼしていることを証明しない。前書きと裏表紙の間を見ることが必要だ。これにはまず、今日の理論家がユーモアについて検討する際に典型的に使う言葉を調べることが含まれる。「いいところ・ポジティブ」と「よくないところ・ネガティブ」の語が顕著な特徴であり、理論家たちは「いいところを見てよくないところを見ないように」〔accentuating the positives & eliminating the negatives. 直訳すれば、肯定的なものを強調して否定的なものを除く〕という、ありふれた格言に従っている。この格言は、マルクーゼが主張するように、かなりイデオロギー的なので、たんに良い意味をもつという以上のものである。このイデオロギー的観点を「ポジティヴィズム」と呼ぶなら、これは「論理実証主義（logical positivism）」ではなく、「イデオロギー的ポジティヴィズム（ideological positivism）」である。

「ポジティブ」と「ネガティブ」の二語は、特に注目に値する。というのは、ユーモアの心理について書く著作家はこの二語をいつの間にか安易に使うからで、それは著者が大衆心理学者であろうとアカデミックな心理学者であろうと臨床心理士であろうと違いがない。いくつか例を示そう。『ユーモアと心理療法の進歩』の編者の一人であるサラミは、心理療法におけるユーモアの使用が徐々に受け入れられるようになったことについて書いている。サラミによると、ユーモアはセラピストだけでなく患者にも「歓迎されるポジティブな様式として」（1993：xxxii）認められつつある。このことをこの本の他の寄稿者が展開する。学生との関わりを専門にしているジェラルド・アマダは、楽しいジョークを聞いた時の「ポジティブな経験」（Amada, 1993：158）について書く。ある寄稿者は笑いが「ネガティブな感情」（Surkis, 1993：126）をブロックすると書き、別の寄稿者は「分別あるユーモアの使用」が、治療中の「ポジティブな雰囲気」（Heuscher, 1993：218）を発展させるのに役立つと書く。

こうした例や他の例において著者らは、「ポジティブ」「ネガティブ」の語がすでに理解されていると前提しているので、それらが何を意味するのか定義しない。ポジティブな経験とは良い何かであり、「ネガティブな感情」は除かれるべき悪い感情である。「ポジティブ」「ネガティブ」の語の使用は、意味的に「良い」「悪い」の語の道徳的な意味内容を避けている。「ネガティブな感情」は「悪い」感情や「邪悪な」感情よりも、客観的な何かを意味しているようである。そのネガティブさは、観察者の道徳上の個人的な好みに依拠しない。感情のポジティブさとネガティブさには電気のプラス（positive）とマイナス（negative）のような、客観的な基礎があるのだとそのレトリックがほのめかすのだが、はっきり断言していているわけではない。

ポジティブなものの語は心理学の著作のジャンルを超えて現れる。それは読者に、「ユーモアをポジティブで有益な技術に変える」ためのエクササイズを提供する「ポジティブ・ユーモア」（1988, 22）開発のための、ヘイゲセスの大衆向けの著作に顕著である。ポジティブ・ユーモアは「ストレスを減少させ、コミュニケーションを増加させる」、そして「ポジティブ・ユーモアの使用は心身の健康の味方」（ibid.：22）なので、ポジティブ・ユーモアがたくさん人に与えられなければならない。この陳述が確信的なので、客観性の意味合いを伝えている。ポジティブ・ユーモアのポジティブさは著者の主観的な好みを反映しているのではなく、世界のどこかに存在していると想定されている。

ヘイゲセスによると、私たちの世界はポジティブ・ユーモアの欠如に苦しんでいる。「世界の指導者たちがポジティブ・ユーモアを学び、実践してくれるといいのに」（ibid.：24）。自身の状況の限界に気づいているので、ヘイゲセスはこうつけ加える。「私は世界の指導者たちへの影響力をもっていない」が、「人が変わるのを助ける方法は知っている」（ibid.：24）。世界を変える方法は「一度に一人教えること」（ibid.：24）かもしれない。おそらく読者は「一種のユーモアサポートグループに参加」（ibid.：141）したいと思うだろう。読者がそうしたいと思うなら、注意深く注を読む必要がある。「ユーモアサポートグループ」は商標登録されているからだ（ibid.：45n）。もしプロの心理士がユーモアによって世界を変えようとするなら、著作権という厳格な法によって守られる必要があるのだ。

　レフコートの学術的な著作『ユーモア』（2001）にもポジティブ・イデオロギーが見られる。彼によるとユーモア研究は、「ポジティブな過程」、特に「ポジティブ感情」（ibid.：168）に関する心理研究の一部である。大衆向けの著作家と同様に、レフコートはユーモアが問題の対処とストレスの克服の助けになることを強調する。彼はユーモアが、「ネガティブな出来事に直面した際に人にポジティブな感情を保たせる」（ibid.：120）ことを示す研究の概要を述べる。調査協力者のユーモアのセンスが肯定的ライフイベント尺度および、肯定的・否定的感情スケジュール（ＰＡＮＡＳ）の肯定的感情下位尺度への反応と関連していることを心理学者が示した、と彼は述べる。レフコートによるとその結果は、ユーモアを高く評価する人は「ポジティブな経験からポジティブな感情を引き出しやすい」（ibid.：120）。言い換えるなら、ユーモアをポジティブに評価しているなら、さまざまなポジティブさがうまく調和する。

　ユーモアと健康の関係は興味深い。大衆向けの著作家は、ユーモアがポジティブな作用を示すことを言うのにためらいを示さない。ヘイゲセスは、「たんに病気から守るだけでなく、ユーモアは健康を増大させる」（1988：22）と主張する。『ユーモアの治癒力』でクラインは、ユーモアのセンスと「ポジティブな態度」が身体の病気への抵抗を助けることを、医学研究と科学的研究が証明したと言っている（1989：８）。その本の裏表紙には、「ユーモアが最良の薬であることは誰もがずっと知っていたが、科学がそれを証明した」とある。実のところ科学的研究の結果は、それほど明白ではない。関連する証拠に関する最近のある展望論文は、ユーモアが健康状態を改善させるとの確証を見つけることができなかったと言う。その論文の著者は、「ユーモアと笑いが健康のために大きく役立つとの考えが流行しているのにもかかわらず、現在の経験的な証拠は概して弱く、結論が出せる状態ではない」(Martin, 2001：516)と結論づける。このことは、「概して、楽しいユーモアのセンスが高い健康状態と特に関係しているわけではない」(Boyle & Joss-Reid, 2004：62)ことを見出した最近の別の研究でも、支持されている。

しかし、ユーモアにポジティブな働きがあることを信じさせる圧力が存在する。笑いの医学的価値に懐疑的なロバート・プロヴァインは、ユーモアが免疫系の力を増大させることを示したとされる三つの小規模な研究への、広く信じられている評判について書いている。この三つの研究はいずれも方法論上の欠点があるし、詳細な報告ではなく要約しか公表されていない(Martin, 2001も参照)。それにもかかわらずこれらは公認された事実として引用されてきた。プロヴァインによると、「この三つの要約が、免疫機能に及ぼす笑いの肯定的作用についての多くの民間伝承の基礎であるとは、考えさせられる」(2000：198)。プロヴァインは、しばしば彼を訪ねて笑いと健康の関係についてコメントを求めるメディアについて詳述している。笑いが実際に健康状態を改善することを示す証拠はほとんどない、というのが彼のメッセージなのだが、これはメディアが聞きたいものではない。そのように説明すると、彼の見解は、「ピクニックでスカンクに会ったような歓迎を受けた」(ibid.：190)。

私たちは明らかにイデオロギーの王国の中にいる。笑いのポジティブな力を信じたいという文化的風潮がある。すでにこのメッセージは、懐疑主義のメッセージよりも広い範囲に広がっている。大衆への普及の過程で、あいまいな科学的証拠は文字通り、そして比喩的な意味でも、「ポジティブ」な知見に変容する。しかし、少なくとも心理学に関係している者なら、科学とイデオロギーを区別せよという主張に注意を向けるべきだ。後で見るように、科学的であると自負しているアカデミックな心理学の中心部にも、例のイデオロギーが達しているのだから。

よくないところを見ない

しかしながら、ポジティブな世界の蒼天に一個の雲が浮かんでいる。世界中のあらゆるポジティブなものがきれいに並ぶ、とは限らないかもしれない。ネガティブなものがポジティブな結果を有することがあるし、逆も然り。そうしたことを考えないのは非現実的に楽観的というものだ。これはポジティブ・イデオロギーに大きな問題をもたらす。ユーモアに関して言うなら、嘲りという問題がある。人はユーモアをポジティブなものの側に置きたいかもしれない。しかしユーモアの一形式としての嘲りは、心理学者がネガティブなものと分類したがる多くの事柄に関連している。それはその犠牲者を傷つけ、苦しみを引き起こし、屈辱を与える。どうしてこのような残酷さが人生のポジティブなものに数えられようか？　それへの簡単な答えは、ユーモアのカテゴリーをポジティブなものとネガティブなものへ、つまり良いユーモアと悪いユーモアに分けることだろう。そうすれば嘲りを嫌みや、わからず屋に対する笑いとともに、悪い、ネガティブな側に分類することができる。

社会理論家にとって、ユーモアをこのようにポジティブなものとネガティブなものとに分けるのには正当化を必要とするだろう。それとは対照的に、大衆向け心理学者は理論的要請にほとんど煩わされない。彼らの仕事は厳密な定義を与えたり、厳密な理論的枠組みに区別の根拠を置いたりすることではない。彼らは概して常識的価値とともに仕事をしていて、それらに反対しない。彼らは共有された常識的価値観で自分自身を正当化しながら、非難したり、承認の笑みを浮かべたり、ひどいしかめっ面をしたりする。

ヘイゲセスはユーモアを、未分化なポジティブなものとしては扱わない。「それはポジティブ（愛すべき、治癒的）・ユーモアと、ネガティブ（攻撃的、破壊的）・ユーモアに区別する必要がある」（1988：12）。彼が言うには、ポジティブ・ユーモアは楽観主義と関係しているが、「ユーモアにおける悲観主義は、皮肉、風刺、嫌み、他の民族をこき下ろすエスニック・ユーモアに表現される」（ibid.：60）。ポジティブ・ユーモアとネガティブ・ユーモアの区別が主張されているが、議論の余地のあるものとはされていない。予想されるように、ヘイゲセスはポジティブ・ユーモアはポジティブなものを増やすと言う。「健康、快調さ、生産性、これらはみなポジティブ・ユーモアを使用することで増加する」。ネガティブ・ユーモアは「害をもたらす」が、ポジティブ・ユーモアは「愛情、癒し、創造性を促進する」（ibid.：24）。非常に良識のある、誰をも安心させるおなじみの内容である。だからこの区別からヘイゲセスが得た道徳が続く。「人はこの違いを知ることができるし、それができたなら、いいところを見てよくないところを見ないようにすることができる」（ibid.：22）。

ユーモアのポジティブな形とネガティブな形とを区別するのは、大衆向けの心理学書を書く著作家に限らない。その分野では最高のアカデミックな研究者も同じ道を辿る。たとえばレフコートは、「集団の連帯感を促進させるポジティブなユーモア」と「集団を隔て、分け、排除するネガティブな、あるいは攻撃的ユーモア」（2001：72）を区別する。これは「おそらくユーモアを評価するもっとも重い次元である」（ibid.：72）。その重さにもかかわらず、レフコートはこの区別を詳しく論じていない。実際彼はほとんど気軽に、「純粋に楽しいユーモア」と「敵意のあるユーモア」（ibid.：72）というさらなる区別に移る。この区別によると、嘲りと嘲笑は笑いを引き起こしても、純粋に楽しいものであるはずがない。

レフコートがこのように仮定したのはそれより前のことで、「純粋に楽しい」ジョークは「誹謗」(ibid.：63)に基づかないと言った時だ。この嘲りと「純粋に楽しい」ものとの区別は、心理学的なものというより道徳的なもののように思える。ある種の人たちが(おそらく多くの人たちが)敵意のあるユーモアを楽しむことをレフコートは否定しない。彼が否定するのは、どれほど多くの人たちに楽しまれていても、この種のユーモアに「ユーモア」の名を与えることだ。アカデミックな著作という文脈では、この区別はその重さの自認にかかわらず、素早く、気軽に行われなければならない。分析的に注目しすぎることは、純粋な楽しみを見かけ上の楽しみと区別する確固とした理論的基盤を確立するのに問題を生じさせるだろう。

この問題は心理学者に限らない。社会学者ピーター・バーガーは、ユーモアが「社会肯定的に(sociopositively)」作用する時、それは集団を一体化させると主張する。しかしそれは「社会否定的(socionegative)側面」ももち、その場合人びとを分け隔てる(1997：57)。それからバーガーは社会肯定的ユーモアは人を病気から回復させると続ける。しかしすべてのユーモアが健康増進的とは限らない。「健康的でない笑いがある。おそらくそれは社会否定的ユーモアに関係している」(ibid.：59)。バーガーが前提としているものは明らかだ。それはヘイゲセスのあまり洗練されていないポジティブ・ユーモアとネガティブ・ユーモアの区別、それからレフコートの純粋に楽しいユーモアと敵意あるユーモアの区別と一致している。これらすべての例において、良い、ポジティブなユーモアと、悪い、ネガティブなユーモアの区別がある。そしてポジティブなユーモアは健康のようなポジティブな結果を生むが、ネガティブなユーモアはネガティブな結果をもたらす、という前提がある。レフコートの場合、この前提は防衛のためのある工夫を伴っている。彼が言うには、ネガティブなユーモアはユーモアの特徴を共有していないから、ユーモアと呼ぶのは適切ではない。

ポジティブなユーモアとネガティブなユーモアはまったく異なる現象であり、それらは非常に異なる作用をもたらすと主張することで、黒雲が一掃される。嘲りは正しいユーモアでないからポジティブなものをもたらさないが、しかし嘲りをする人には多大な楽しみをもたらしている。嘲る人に、その法悦は真の喜びにあらずと説いたとしたら、嘲笑が倍になって返ってくるだけだろう。たぶんいつの日にか、心理学者の誰かが方法論的に完全な研究をして、そのような倍返しの笑いは免疫系にとって有害であることを示すことだろう。

とはいっても、心理学者がそのようなプロジェクトを実行する可能性は高くない。ユーモアに関する経験的研究のパターンは無原則ではない。ユーモアが潜在的にもつポジティブな有益性のような、他のものよりも注目を集めるトピックがある。レフコートは著作『ユーモア』に、「残酷で敵意のあるユーモア」についての比較的短い一節を入れている（2000：64-72）。彼はこの節をこのように始めている。「敵意と攻撃性は心理学において主要なトピックだったのに、攻撃的なユーモアや敵意のあるユーモアは詳しく調べられていない」（ibid.：64）。彼はこのアンバランスについてコメントするどころか、説明すらしようとしない。

ポジティブ・イデオロギーの文脈では、この敵意あるユーモアやネガティブなユーモアに関する研究の欠如は偶然とは考えられない。それはユーモアのいいところを見てよくないところを軽視する、イデオロギー的なパターンに合致している。ユーモアが概してネガティブな作用をもつことを示そうとしている、との評判を得たい研究者がいるだろうか？　嘲りのユーモアを楽しむことから生活上のポジティブな有益さが生じるのを示すことに、職業生活を捧げている研究者を想像してもらいたい。国際シンポジウムへの招待状はすぐに来なくなるだろう。性差別者、同性愛嫌悪者、人種差別者ではないかとの疑いが広まることだろう。ポジティブなユーモアについてポジティブでいる方がずっと安全だ。

ユーモアのネガティブなものを軽視するのは、心理学における研究プログラムの選択に限らない。アカデミックな心理学者やプロの心理士が書くものにもレトリカルに反映されている。ポジティブなものが強調される一方で、ネガティブなものにはほとんど駆け足で言及されがちで、ポジティブなものとネガティブなもののレトリック上のこのアンバランスは、前者を断固支持という結果になっている。

『ユーモアと心理療法の進歩』の寄稿文はすべて基本的に同じ構成だが、前書である『ユーモアと心理療法ハンドブック』の各章も同じである。「技法」の節があり、そこで著者は心理療法においてユーモアを使用する臨床上の技法の概要を述べる。これに「適切な使用」の節が続き、そこで著者はユーモアをいつどのように使うとうまくゆくのかを考察する。これにしばしば次の節「臨床事例提示」が続き、著者は自身の実践から実例を使用する。実例はうまくいった事例を説明していて、そこではユーモラスなやり取りに続いて改善が生じる。この逸話はハッピーエンドで終わり、あらゆる点で微笑ましい。

このフォーマットには、「不適切な使用」や「不適当な使用」の節が与えられていない。不適切なユーモアの問題は完全に無視されているわけではない。典型的には、それは考慮に入れられ、時には暗に示されるだけで、そしてただそれだけで終わる。ほぼ全員の著者が、セラピストがユーモアを適切に使うことが大切であると述べている。たとえば、ユーモアは「思慮深く使われる時、患者の生活を豊かにし心理療法過程を促進する」(Mosak & Maniacci, 1993 : 16)。これが意味するのは、ユーモアは不適切にも思慮浅くも使われ得ることである。心理療法の場面で思慮浅いユーモアが使われた例は与えられていない。

マイケル・マハールは、ユーモア使用の危険性について述べている点で、他の寄稿者よりも独特である。彼は脆い自我をもつ患者にユーモアを使うことを勧めない。「ユーモアは、無神経に使われる時や他の誰かをだしにして使われる時、有益な価値をもたない」(Maher, 1993 : 90)。彼はこのことを支持する例を出していない。「適切な使用」での事例史はすべて、適切なユーモア使用(つまり、嘲笑しないユーモア)を述べている。これらにおいてユーモアはうまくゆき、良い結果をもたらしている。

ある寄稿者はセラピストとしてジョークを言った時の、後味の悪い結果になりそうになった出来事について詳しく述べている。それは彼の言によると、「ほとんど『致命的』な出来事」だった。彼は想像上の過ちのために強迫的に謝罪するのを常としている女性患者を扱っていた。ある治療セッションの後、外で彼女を見かけた時だった。彼女は「最高に親しく、かつ防衛的なやり方で」たくさん詫びの言葉を言った。その時セラピストは、「数年以内に許してやってもいいという意味の『からかい』の一言を、ほぼ同程度の親しさで」(Heuscher, 1993 : 222) 言った。この一言に患者は怒った。しかし幸いなことに、彼女は後でこの怒りについて話すことができた。その結果、「私たちは、彼女の強迫的な謝罪とそれが人間関係に及ぼす否定的な影響について一緒に探求する機会を得た」(ibid. : 222)。このように、「ほとんど致命的」な話もハッピーエンドになるのだ。

ハウシャーのこの話は興味深い。ネガティブなものがポジティブなものに変質している。怒りが心理療法のうまくいった処置に変わっている。しかし、この怒りは一方的だ。セラピストは彼の一言を、患者に対する恨みにつき動かされた嘲笑とは述べていないが、患者はそのように受け取ったようである。彼はこの一言を、親しみ、からかいと呼んでいる。「からかい」の語は「嘲り」や「嘲笑」よりもかなり穏やかな語である（Terasahjo & Salmivalli, 2003）。「親しみのあるからかい」は、敵意や無神経さやネガティブな感情を否定しているように思える。ものの述べ方におけるこうしたレトリックが、ネガティブなものを消散させるのに使われることがある。まるでトイレの臭いを消すエアスプレイのように。

読者はこのようなレトリカルな動きに、本書の他のところでも出会うだろう。便宜的にこれを、「からかいスプレイ」と呼ぶことにしよう。自分自身のユーモラスな話に撒くだけで、自分の善良な性質を見せることができる。不快で批判的な他の名称が見つからない。このスプレイにはハンディなサイズのものもあり、痛みを緩和する別名がつけられることがある。たとえば「ただのジョークさ」スプレイがある。人間の本性全体にスプレイされる、専門的なアカデミック版もある。アテナ・ドゥ・プレの著作『ユーモアと癒しの技』には、ユーモアの誹謗理論についての小さな節がある。レフコートの対応する節と同様に、これは短く一ページに満たない。彼女はこの種のユーモアを述べるのに、「誹謗」より「解放」の語がよいと言う（Du Pré, 1998 : 56）。撒き散らせ、ユーモアにフレッシュな親しみの香りがするまで撒き散らせ。

しかし、ユーモアの一見ポジティブな使用だけが言及されている場合は、このレトリカル・スプレイを使う必要がない。『ユーモアと心理療法の進歩』の心理療法家たちは、『ユーモアと心理療法ハンドブック』の著者たちと同様に、自身の適切な使用例を提供するだけである。読者は問題がユーモアによって救われる患者のことを聞く。「ほとんど致命的な」ジョークさえこのパターンに合致する。ジョークを連発する心理療法家に患者が席を蹴って出て行き二度と戻らないとか、セラピー中のユーモアが状態を悪化させたといったようなアンハッピーに終わった話は載っていない。もちろん、心理療法家が自分の失敗について詳しく書くのを期待するのは不合理なことだろう。著作が心理療法におけるユーモアの使用の擁護に偏っている場合は特に、寄稿者が書きすぎるのは危険だ。患者は脆い自我の持ち主だけではない。

ネガティブなものがほとんど除かれるのは、著者がユーモア使用を正当化する個人的な利害関係のない他のアカデミックな著作にも見られる。ドゥ・プレの『ユーモアと癒しの技』は、保健機関におけるユーモア使用を調べている。記録された会話を分析することで彼女は、患者と介護者が、当惑を最小化する、共感と同情を示す、一体感を与える、コミュニケーションを促進する、などといったさまざまな目的を達成するために、どのようにユーモアが使われるのかを示した。録音された実例の詳細なトランスクリプトは全部がポジティブなものを説明している。彼女の著作のほとんど最後の方に「二、三の注意」と題された章があり、そこで彼女は「ユーモアの潜在的にネガティブな作用」(ibid.: 186) について少し書いている。「二、三の」というのは過小評価ではない。この章はたった三ページである。興味深いことに、そこにはデータからの実例が一切ない。常識的な一般論があるだけだ。曰く、保健の専門家は嫌みや嘲笑や下品な笑いを避けるべきだ、介護者は敏感であるべきだ、等々。調査で集めたであろうネガティブなものは文章から除かれている。理論上、「誹謗」は「解放」として、すでに再スプレイされていた。

レフコートはネガティブなものが文章から見落とされるやり方の、注目すべき一例を示している。『ユーモア』の最初の章で彼は、ユーモアの話題を学生にどのように紹介するかを述べている。彼は教室の学生に、これまでの人生で起こった楽しい出来事を詳しく述べるよう求める。彼はカナダ人の一学生が話したある話を詳細に提示する。それはある惨事からそれほど経っていない頃、クリスマスのお祝いに家族が集まった時のことである。通常のクリスマスのお祝いとまったく違う、憂鬱で緊張した雰囲気だった。その学生が語るには、いとこの新しいフィアンセはその大家族と会うのは初めてだったというのに、きわどいジョークを言ったのだった。オチは、その若者がズボンを下ろすというものだった。誰もがぎょっとしたようだったが、年老いた祖母がくっくっと笑い始めた。それから皆が笑った。レフコートはこの話の明白な特徴を指摘し、学生と討論する。それには、緊張解放、ジョークを言う人のパーソナリティ、尊敬される老いた親戚と生意気な若者のズレ、ユーモアが人びとを一体化させること、等が含まれる。このように、この話はユーモアのポジティブな作用の例示として現れている。

しかし、誰の目にも明らかなものが省略されている。それはジョークそれ自体の性質である。レフコートはこのジョークのポジティブな機能について検討しているのだが、これがエスニック・ジョークであるという事実には注意を払わない。「ニューフィ〔カナダ東部のニューファウンドランド島出身者〕はどうやって靴下を引っ張り上げるか?」。若者はこう質問してからズボンを下ろし、靴下を引っ張り上げるふりをしたのである。家族はニューファウンドランド州出身者の間抜けさを皆で嘲笑しているである。レフコートは「残酷で敵意のあるユーモア」についての短い節でエスニック・ジョークを検討しているのだから、この省略はまったく驚くべきことだ。卑劣な民族的ステレオタイプはジョークによって強められる、と彼は言う。これだけでなく、彼は「ニューフィ」ジョークを検討している研究を二つ引用して、この種のジョークに特に関心を向けている。ニューファウンドランド州出身者はカナダの他の州の住民と比べて教育水準と読み書きの水準が低い「脆弱な集団」なので、カナダでは「ニューフィ」ジョークの犠牲者である、と彼は書いている(2001 : 68)。このように、「ニューフィ」ジョークはニューファウンドランド州出身者への卑劣なステレオタイプを強め、彼らの脆弱性をもたらしている。

レフコートは自身の「ニューフィ」ジョークの実例を、後の残酷なユーモアの考察に結びつけない。この二つは完全に離れたままだ。最初の章でクリスマスの話が語られる時、そのジョークを「ニューフィ」ジョークとして確認しない。ポジティブな結果だけが考察される。後の考察ではネガティブなユーモアのネガティブな結果が検討されるが、先の例で検討されたポジティブな結果は考察されない。ここでは、先に検討された「ニューフィ」ジョークを語ることのポジティブな利益の可能性が省略されている。抑圧が動機づけられた無意識の忘却と回避の一形式であること（Billig, 1999）は、誰でも理解できる。もしそうなら、レフコートがポジティブなものとネガティブなものを切り離したことは、「文章上の抑圧」の一形式と見なすことができる。彼はわざと何かを隠している、と言っているのではない。けれども、ある家族の出来事について書きながら彼は、見ると不快になりそうなものを見過ごす思考パターンに従っている。

見過ごしているのは個人的な事情からだけでもない。レフコートは学生との討論について書いている。その話が話された時グループ全体がそのジョークを笑い、それからレフコートが説明するやり方でポジティブな利益について皆で討論する、という場面が想像される。そうする時彼らは、そのジョークの性質を、故意に、意識的にではないが、習慣のような反応として、皆で忘れることだろう。注目することと注目しないことのこうした決まり切った手順は、イデオロギーのパターンである。そのような注意の向け方の違いを使ってイデオロギーは、いいところが見られ、よくないところが意識から除かれる抑圧の一形式を、集団的に再生産することができるのだ。こうして常識的な格言が共通の経験によって証明されるのである。

ポジティブ心理学

近年アメリカ合衆国では、多数のアカデミックな心理学者があるアプローチを発展させていて、彼らはそれを「ポジティブ心理学」と呼んでいる。それは有名な経験主義的心理学者の支持を得ている。マーチン・セリグマンは一九九八年のアメリカ心理学会（APA）会長時代に、ポジティブ心理学をとりわけ活性化させた。彼は同じ意見をもつ著名な心理学者の集団をつくり、ポジティブ心理学ネットワークを発足させた。二〇〇〇年にセリグマンとミハイ・チクセントミハイは共同で、APAの機関誌である『アメリカン・サイコロジスト』のポジティブ心理学特集号を編集した。

セリグマンによると心理学は伝統的に、精神疾患や偏見、社会問題といった「ネガティブな過程」に関わってきた。心理学者たちはこれらのネガティブな現象の除去に貢献することを望んできた。そのようなネガティブ心理学の一例としてセリグマンは、「学習された無力感」の一種である抑うつに関する彼自身の有名な研究を挙げた。彼は抑うつの原因を理解しようとしただけでなく、その理解を通して抑うつという学習された無力感を治す行動的プログラムを開発しようとした。このようにネガティブ心理学は、そのトピックを除去しようとする。これとは対照的に、ポジティブ心理学はポジティブな過程を扱い、病気よりも健康、心理的な弱さよりも強さに目を向ける（たとえば Seligman & Csikszentmihalyi, 2000 ; Seligman, 2002a, 2002b 参照）。ポジティブ心理学者は、知識によって人びとがこうしたポジティブな現象を増大させることを期待する。こうしたポジティブなものの中にユーモアの占める位置がある。ポジティブ心理学ネットワークグループが最初に取りかかった仕事の一つが、人間のポジティブな強さの分類法を作成することだった。「ユーモアと楽しさ」は「人間関係と市民の強さ」のタイトル下に挙げられている（Seligman, 2002b）。

ポジティブ心理学が提唱するのは、ポジティブな心理状態がポジティブな結果をもたらす傾向があるというテーマである。ポジティブな結果には、たとえば身体の健康（Salovey et al., 2000）や長寿（Danner et al., 2001）が含まれる。バーバラ・フレドリクソンは感情のモデルを開発し、「ポジティブ感情の生活向上効果」（Fredrickson, 2003：330）を示している。論文「健康と幸福を最大にするためのポジティブ感情の育成」で彼女は、ポジティブ感情はネガティブ感情とは異なる働きをすると主張する（Fredrickson, 2000）。怒りや恐怖といったネガティブ感情は人間の焦点を狭くするのに対して、ポジティブ感情はそれを「拡大・形成する」。ポジティブ感情としてフレドリクソンは、喜び、興味、満足感を挙げる。これらの感情は人のその瞬間の思考と行動を拡大させ、人生の長期的なポジティブな意味を発展させる方法を与える。笑いとユーモアは喜びの拡大作用を高め、「絆と対処資源」（Fredrickson, 2000：16）を発展させるので、ポジティブ感情の中に数えられている。こうして、実験状況で映画を見て楽しんだ人の拡大した思考パターンが示される（Fredrickson & Branigan, 2005）。この理論は、ポジティブ感情を定期的に経験する人はポジティブな心理的成長の「スパイラルを上に」上って行くと主張する（Fredrickson, 2003；Fredrickson & Joiner, 2002）。

フレドリクソンの拡大形成理論がセリグマンの分類法と同じように、ポジティブな結果を生む傾向によってポジティブ感情を確認しているのではないことには注意しなければならない。さもなければこの理論は循環論に陥る。ユーモアのセンスがポジティブな結果をもっと主張する経験的知見をレフコートが引用するのと同じように、ポジティブ感情がポジティブな結果を生むことを経験的知見が示すと、ポジティブ心理学者は主張する。しかしフレドリクソンは、喜び、満足感、楽しさ、興味をポジティブ感情に、恐怖、怒り、攻撃性をネガティブ感情に分類する基準を明確に述べていない。最近の研究では性欲をポジティブ感情のリストにつけ加えた (Fredrickson et al., 2003)。マルクーゼがフロムに向けた非難がここで関係する。フロムは生産的性格と破壊的性格、ないしポジティブな性格とネガティブな性格の区別を主張した。マルクーゼによるとこの区別は、「理論的原理から引き出されたのではなく、世間に広まっているイデオロギーから得たにすぎない」(1972：174)。このように常識が、喜びは良い、攻撃性は良くない、ユーモアは良い、怒りはダメ、と教えているのである。

ポジティブなもの同士は調和しているはずとのイメージを脅かす可能性を、フレドリクソンは追求しない。たとえば人種差別や殺人も厭わない政治運動は、その支持者たちに「喜びを通した強さ」というポジティブ感情をもたらすかもしれないというのに、このような仮想例を彼女は検討しない。支持者たちが憎しみに基づく政治運動を拡大し形成すればするほど、彼らは内的な喜びや、自分についての良い感情を経験するかもしれない。おそらくそのような例を検討した場合は、レフコートが「純粋な楽しさ」から嘲りのユーモアを分けたように、「純粋にポジティブな喜び」と「ネガティブな喜び」を区別する必要が生じることだろう。

ポジティブ心理学は、さまざまな感情の働き方についての公平な理論以上のものを含んでいる。それは、世界中のポジティブなものが人類の連帯をもたらすことができるし、そうすべきだとの信念を含んでいる。この点で、ポジティブ心理学は客観的に研究しようとしている現象から自分自身を切り離していない。古いネガティブ心理学は人間行動からネガティブなものを除外することを目的にしていたが、ポジティブ心理学は人生のポジティブなものを促進、ないし「拡大し形成する」ことを目的にしている。フレドリクソンが書いているように、「ポジティブ心理学の力を役立たせるために、私たちは『良いもの』がどのように、そしてなぜ重要なのかを理解する必要がある」（2003：330）。この目的のために、ポジティブ心理学は楽観主義というポジティブな心理を勧めている。

楽観主義の概念は、ポジティブ心理学においてきわめて目立っている。セリグマンは自身の研究の焦点を、「学習された無力感」を防ぐ試みから、彼の言葉によると、心理的健康を促進する「学習された楽観主義」を教えることに切り替えた（Seligman, 1990）。楽観的であることがポジティブな結果をもたらすことを示す研究が行われた（たとえばCarver et al., 2003；Peterson, 2000）。ユーモアを楽しむことと希望に満ちていることには関係があると主張された（Vilaythong et al., 2003）。楽観的な人がポジティブ感情を経験することを示す証拠をフレドリクソン（2000）が概観している。セリグマンによると、彼女が提唱するのは、「ポジティブな再評価」を実践することができるようになるために、人は人生におけるポジティブな意味を見出すのを援助されなければならない、ということである。これが意味するのは、「意に沿わない出来事をポジティブな見方で」（ibid.：14）再解釈する力を身につけるということだ。非現実的な楽観主義や「ポジティブな幻想」をもつことでさえ、心理的に有益であると言われている（Taylor, 1991；Taylor & Brown, 1994）。このように、現実的であるよりは楽観的な方が良いのだ。

この生活を向上させる、楽観的でポジティブな態度において、ユーモアは重要な役割を演じる。アテナ・ドゥ・プレは保健機関におけるユーモアの研究において、介護者が「ポジティブなものの見方・考え方を積極的に促すために」（1998：138-9）ユーモアを使って同情を示すことを示している。これにはクラインやヘイゲセスのような大衆向けの著作家も同意するだろう。ヘイゲセスはポジティブ・ユーモアと楽観主義をはっきりと関係づけている。「ポジティブ・ユーモアは楽観主義を必要とするが、他方でユーモアにおける悲観主義は、皮肉、風刺、嫌み、侮蔑的なエスニック・ユーモアとして現れる」（1988：60）。またもやポジティブなものとネガティブなものがきれいに別の山に積み上げられている。

「ものの見方・考え方」や楽観的センスについて語る時、心理学者は刹那的な何かを語っているのではない。それは、世界の経験の仕方、人生の経験の仕方のすべてを表しているのである。ジェラルド・アマダは治療におけるユーモアの「ポジティブな」作用について書く中で、ユーモアは「態度と存在の仕方を表す」（1993：160）と主張する。アメリカ治療的ユーモア協会が発行する雑誌『治療的ユーモア』の「会長コラム」で、ステファン・スルタノフは同様のことを書いている。彼は、「私たちの治療的ユーモアの使用は時間的に隔絶されたものではなく、ライフスタイルであり、おそらく人生の哲学なのです」（Sultanoff, 1999：2）と主張する。ポジティブな態度をもつとは偶然の出来事への反応の仕方以上のものであり、ポジティブな人間としての存在の仕方なのである。

なぜポジティブ心理学がアカデミックな運動として、ある時代に、ある場所で生じたのだろうと考える人がいるかもしれない。セリグマンはポジティブ心理学を、新世紀のアメリカ合衆国にはっきりと位置づけている。彼はこう書いた。「この国、豊かで平和で安定したこの国は、世界に」、ネガティブなものからポジティブなものへの変化として認識することができる「歴史的なチャンスを、与えている」（Seligman & Csikszentmihalyi, 2000）。ポジティブ心理学の背景についてのこの記述には、ポジティブな、ないしは無批判な語が使われていることに気づく。社会は、富、平和、安定といった語で記述される。それは誰もが怒りと不満ではなく喜びと満足を感じるのが当然という背景として、提示される。まるでポジティブな外部世界が成功裏に達成されたから、今必要とされるのは内部世界が社会的現実のポジティブな条件に足並みをそろえることだ、と言っているようだ。

ポジティブ心理学の背景についてのセリグマンの説明が書かれたのは、二〇〇一年のテロリストによるニューヨーク世界貿易センターの攻撃と、その後のアメリカによるアフガニスタンとイラクへの侵攻の前だ。合衆国政府はテロへの世界戦争に関わっているのだから、政治的背景はもはや平和そうには見えない。ところがこうした平和でない状況で、ポジティブ心理学の理論家たちはポジティブであることの有益さが高まったと考えている。ニューヨークの人びとはポジティブ感情を経験しポジティブ・シンキングをすることができるなら、テロの危機によりうまく対処できる、と説かれる（Fredrickson et al., 2003）。フレドリクソン（2003）が書くように、逆境の時には「ポジティブな意味を見つけること」によってポジティブ感情を養うことが重要だ。彼女は続けてこう言う。「あなたの内側、他者の内側に新発見する強さと不屈さに注意を集中することで、あなたは残酷な世界にも有益なものを見つけることができる」（ibid.：335）。

大衆的なセルフヘルプのイデオロギーとしての「ポジティブ・シンキング」の起源は、アカデミックなポジティブ心理学よりも長い歴史を持っている。ノーマン・ヴィンセント・ピールが『ポジティブ・シンキングの力』（Peale, 1996b 邦題『積極的考え方の力』）を最初に出版してから今日まで五〇年以上経った。この本は四千万冊以上の売れ行きを示し、二〇以上の言語に訳された。この本と後の著作でピールは、気分を高揚させる逸話を語るのと道徳を説くのをうまく組み合わせた。彼の基本的なメッセージは、ポジティブに考えるなら失敗者にはならない、だった。ポジティブ・シンキングは経済的な成功と心理的な実現という二つの約束をした。人生に失敗する者は外的な状況に負けるのではなく、内的な「どこかおかしいところ」があるためだ（『できると思えばあなたはできる』1987：9）。「必要とされるものをもって」いて、「神の助けを借りて」人生のあらゆる難問と互角に戦うことのできるタイプの人がいる。それが「タフな心をもつ楽観主義者」（1996a：viii）である。マルクーゼは茶目っ気を出して、ピールと新フロイト派の記述スタイルを並べた。彼はフロムや他のフロイト理論修正者たちが哲学的思考を放棄し、それを説教やソーシャルワーカーのスタイルに置き換えていると批判した。そしてフロムの後期の書き方は、「修正的批評が屈したポジティブ・シンキングの力を思い起こさせる」（1972：181）とマルクーゼは続けた。

ピールのインスピレーションによるメッセージは楽観的であり、同時にかなり保守的だった。成功であっても失敗であっても、個人の力を強調した。言い訳は聞かない。『勝者になるための六つの態度』でピールは、「解決できないほど大きな問題はない」（1990：5）と宣言する。表面的にはこのメッセージは民主的である。人が成功するのに生まれつきの素質や受け継いだ地位は要らないのだから。誰もが勝者になれる。そして、敗者が負けたのは自分が撒いた種のせいである。これは、ヴィクトリア朝時代の資本主義全盛期に同様の成功を収めた、サミュエル・スマイルズの古典的な『自助論』（Smiles, 1882）に見られるメッセージの過酷さに匹敵する。実際、ピールはスマイルズと同じく、資本主義は、それに必然的とされている苦しみをつくってはいない、と言う。社会システムが勝者をもつし敗者を必要としても、貧者と弱者はその犠牲者ではない。そうではなく、自身の苦悩が不成功を招いたのである。彼らもポジティブ・シンキングを適用していれば、成功したはずだ。マレイ・イーデルマン（Edelman, 1977）は貧困についての政治思想の明晰な分析において、現代のイデオロギーでは非難の言葉は同情と共存することができるし、またそうなっているのが典型的なので、残酷である必要がないことを示した。人は貧者に同情し、他方で同時に非難することに痛痒を感じない。後者の考えが、物事を変えるために何かに関与しようとする気持ちを中和するのだ。

後期資本主義のこのようなポジティブ・イデオロギーにおいて、たくさんの心理学的テーマが顕著となる。後期またはポスト産業化時代の資本主義は初期の形態と異なっていて、その社会の住人に以前とは違った問題を引き起こしていることを、多くの評者が指摘している。今日の絶え間ない変化の過程は、人びとにとって社会にもう安全な場所がなく、そしてそれゆえ安定したアイデンティティをもてないという状況をもたらした。祖父母たちや曾祖父母たちとは違い、今日の大人たちは、あるジェンダーや階層の人がどう振る舞うべきか、また個々人がどう振る舞うべきかについての厳密な決め事に拘束されない。生涯にわたる職業や人間関係の保証は消滅した。男性は生きるために職業と妻をもつことをもう期待されない。逆に女性は経済力のある男性に支えられることに慣れていない。不変なのは不断の変化だけのようである。

こうした状況で、男も女も自分の自己を絶えずつくり、そしてつくり直さなければならず、そうすることで前の世代なら当然だったことをなんとか切り抜けている（たとえば Bauman, 1995；Beck, 1992；Gergen, 1991；Giddens, 1991）。アイデンティティづくりが個人のプロジェクトなら、今日のセルフヘルプ本のメッセージによれば、ポジティブなアイデンティティとポジティブな自己が目標となる。それには、ポジティブ感情を経験しネガティブ感情を取り除くだけでは不十分だ。人はそうするのと同じくらい、そうあらねばならない。したがって課題は、喜び、満足等々を高く評価する類の人間になることである。要するに、どのようなアイデンティティづくりをしていようと、誰もがポジティブな人間になる義務をもつのである。

心理学はこの雰囲気をうまく捉えている。心理学の著作家たちはいいところを見るための技術を提供すると主張するだけでなく、ポジティブさという「ものの見方・考え方」それ自体を賞賛する。彼らはいかにしてポジティブになるかを教える。この心理学的ポジティブさの全体的パターンの中に、ユーモアの居場所がある。それは、ユーモアにはポジティブな有益性があることを繰り返し強調する。それは、健康、創造性、適応等を達成させる。経営の道具として生産性にも役立つ（たとえばBarsoux, 1993；Morreall, 1997）。セルフヘルプ本の著者はユーモアの奨励において真面目である。しかし時折ユーモアを使うだけでは不十分だ。人は良いユーモアのセンスの持ち主にならなければならないのだ。

個人主義というものが、ポジティブ・イデオロギーの中に保守的な力として一定の力を保っている。それは昔の情け容赦ないピールのイデオロギーでも、後期資本主義の笑みを浮かべたイデオロギーでも、変わりない。マルクーゼはフロムと新フロイト派を、個人に危害を与える社会を変化させようとするのではなく、ダメージを受けた個人を保守的に鎮めようとする哲学を擁護していると非難した。ポジティブ・イデオロギーにおいては、失敗の非難と成功の約束は、個人を形成する社会過程よりも個人の方に置かれる。今日の批評家は、「ポジティブであれ」というアドバイスが抑圧的になり得ることに言及しなければならない。たとえば、女性の癌患者は期待されているポジティブな態度を保てない場合、自分を責めることがある（Kitzinger, 2000；Willkinson & Kitzinger, 2000）。このように、ポジティブ・イデオロギーが耐え難い責務として経験されることがある。誰もがパスしそうな試験が絶えず課されているようなものだ。失敗した者は、内面が弱かった、ネガティブなものの見方・考え方をしていた、微笑みをつくるのが足りなかった、と自分を責めるだけだ。

おそらく大衆向けに書く著作家に、保守的な内容がはっきり見られる。ヘイゲセスによると、ポジティブ・ユーモアが世界を変えようとするなら、まず一人一人を変えることによってそれができる。個人個人が正しいポジティブなものの見方・考え方を得ようとする時、社会変化は一方の側に置かれる。プロの心理療法家と商品登録されたサポートグループは意のままに救いを与える。ポジティブなものの見方・考え方は、社会の変化ではなく個人の内的変化の方へ向けられている。ポジティブになるためには、人は生活上のネガティブなものにポジティブに適応することを学ぶ必要がある。クラインの言葉によると、人は生活上の耐え難いことに耐えることも学ぶものである。これ自体がポジティブな再評価である。定義上、耐え難いものがもはや耐え難いものではなくなっている。ネガティブなものをポジティブなものに再解釈することを学ぶだけで、世界中の何もかもが耐えられるものになる。変える必要があるのは自分自身のものの見方・考え方なのである。ユーモアは役に立つ道具だ。それはポジティブなものの見方・考え方の一部である。これがポジティブ・イデオロギーの、潜在的にポジティブな世界の陽気な見方だ。これが私たち皆にとってのお手本である。

このような状況で批評家はネガティブな道を、または蔓延しているポジティブ・イデオロギーの見地からはネガティブと見える道を選ばなければならない。これは、ポジティブ・シンキングの力、楽観主義の力、陽気なユーモアの力に抵抗することを意味する。ネガティブなものを健忘症から救わねばならない。新フロイト派はフロイト理論が含意する穏かでない意味合いを消したいと望み、その理論から破壊性というネガティブな力を取り除いた、とマルクーゼは言った。嘲りも同様で、ポジティブ・イデオロギーはそれを、ポジティブさが不十分な人格の不幸な副産物として楽観的に扱っている。これとは対照的に、批評家は、嘲りの概念を真面目に考える覚悟をしなければならない。おそらく嘲りは、学習された楽観主義によって覆されるような人格特性ではなく、社会過程に深く、必然的に根差している。

こうした可能性を検討するために、言い換えるなら何が笑い飛ばされるのかを真面目に考えるために、批評家は、ポジティブ・イデオロギーとそれに関連する片面しか見ない心理学に焦点を当てるだけではいけない。批評家は時を遡り、このイデオロギーを社会背景の中に置く必要がある。そして現在の慣れ親しんだ前提を一時でも、よそよそしいものにするために、過去のユーモア理論とその嘲りの扱いも検討しなければならない。これをするならユーモア批評家は間違いなく、無益だとか、ユーモアがないとか、さらに悪いことにネガティブだと非難されそうだ。でも、それがこいつの仕事なんだから。

第Ⅰ部　歴史的見地から

3章
優越理論――ホッブズと他のミソジラスト

ユーモアを批判的に見るということがそのポジティブな想定を疑問視することなら、笑いの敵と目される者たちに愛想笑いをして近づくだけでは済まない。ジョージ・メレディスが「ミソジラスト」と呼んで退けた者たち、またはいわゆる笑いの嫌悪者たちの見解を、批評家は真面目に受け取る必要がある。ミソジラストを嘲笑するなら、それは笑いが望ましいのは当然だとの想定を無批判に受け入れるのと等しい。そこで本章では、流行遅れの観のあるミソジラストの理論を考察する。「ミソジラスト」は便利な概念だが、後に見るようにそれは単純化しすぎだ。概して、いわゆるミソジラストたちは笑いに関する嫌悪を明確に系統立てて述べたのではなく、むしろ真面目な哲学や神学の展開の中で軽薄さを減じたいとの希望を表現していた。ミソジラストの理論を真面目に受け取るということは、とても魅惑的な想定を放棄することを意味する。

今日の私たちは人間の本性について一般に、笑いについては特に、以前の思想家たちよりも優れた洞察をもっていると考えがちだ。確かに、心理学や社会学や人類学で蓄積された証拠を手に入れているのだから、以前の時代なら見過ごされていたかもしれない人間行動のさまざまな事柄に注意を向けることができる、と考えるのが疑問の余地がないほど正しい場合がある。たとえば記録装置を使うことで、会話中笑いがどのように使われるかを、以前よりもはるかに詳細に調べることが可能だ。私たちが自分自身の行動についてより進んだ理解をもっていると確信するのは、ユーモアがそれ自体望ましい何かであると価値づける時代の暮らしと合致している。ユーモアについての理解が進むことはユーモアの評価を高めることと関係すると考え、あの魅惑的な想定がこの二つの考えを結びつける。こうして笑いを信用しなかった以前の思想家たちは人間についての無知を表現していたにすぎない、と私たちは考える。

あたかも人類の歴史は自己理解と笑いの前進の物語であるかのように、過去の時代の思想家たちは無知の塊によって思考が阻止されていたが、現在では縮小し、片手に乗るほどでしかないと考えるのは単純すぎる。人間には人間性を考える時、イデオロギー的な偏向と盲点がある。ポジティブ・イデオロギーはその楽観的な善意で、ユーモアに対して否認と不注意というパターンをもたらしている。心理学者でさえ、自分の「ネガティブなもの」に注意を向けたくないものだ。自己欺瞞は個人的な弱い性格の結果ではなく、イデオロギーの命令に従って働いている。

ミソジラストの見解が重要なのは、現代的態度を映す鏡になる可能性があるからだ。その奥に、ポジティブなものをネガティブに、ネガティブなものをポジティブに映す。概してミソジラストたちは笑いを情緒的に扱おうとする欲求を共有しなかったし、生活を向上させるユーモアのセンスの持ち主であるとの証明書をひけらかさなかった。したがってミソジラストたちは、今日なら隠される事柄を否認するイデオロギー的な欲求をほとんどもたなかったが、しばしば自分に隠す別の秘密があった。後に見るように、懲罰的な嘲りが公然と認められていたし、今日では不快に思うやり方で賞賛すらされていた。

けれども、それ以上のものがある。ミソジラスト理論は現代的理解の下地も与えた。もっともよくできたミソジラスト理論をつくったトーマス・ホッブズがとりわけそうである。ホッブズは、二つのやり方で現代的理論の下地をつくった。第一に、彼のユーモアに関する見解は後の世代の理論家に反発を引き起こし、彼らは現代的アプローチの先駆けとなる、ユーモアに関する感じの良い、楽観的な見解をつくり出した。第二に、深淵さ、恐怖、誇張の入り混じったホッブズの洞察は、ユーモラスな活動を含む人間の活動の中心部に自己欺瞞を置いた、フロイト的見解への道を用意した。

これには、ある理論対その反対理論の運動以上のものがある。そうした運動はより広い政治的・社会的な出来事を背景に生じるものだ。しかしその背景はただの背景であるだけではない。ユーモア理論は当時の道徳的、美学的、政治的テーマを表現している。このようにユーモアの哲学は、笑いと不承認、反抗、拒否という広範なパターンに属していて、それは規律と反逆の複雑な弁証法でもある。

不信用と面目つぶし

ユーモア理論を大きく、優越理論、ズレ理論、放出理論の三つにカテゴライズするのが慣例になっている。優越理論は、面目つぶし理論としても知られている。この三分類を使う理論家は普通、歴史的な順序をつけて優越理論を最初に置く。ジョン・モリオール（Morreall, 1983, 1987）はユーモアの哲学史を概観し、プラトンとアリストテレスの両名を優越理論の信奉者に数えている。ズレ理論がつくられるまで、優越理論は「二千年以上にわたってこの分野を占拠していた」（1983：4）、とモリオールは言う。サイモン・クリチュリイも、優越理論は古代ギリシア哲学に起源があると言う。「一八世紀までの哲学的伝統を支配していたのは優越理論である」（Critchley, 2002：3）と彼は述べる。この支配を終わらせたズレ理論は次章で扱う。そして一八世紀のズレ理論の後、放出理論がやってくる。

実のところ、クリチュリイもモリオールも優越理論の支配をやや過大評価している。この特定の理論が一八世紀までこの「分野」を支配していたとか、哲学的伝統だったとか言うのは単純すぎる。この理論は、初期の形では理論ではなかった。プラトンもアリストテレスも、自身のユーモアに関する見解を「理論」とは述べなかった。彼らが提示したのは、教育やレトリックや社会道徳といった広い問題を議論する際の、いくぶん断片的な意見である。さらに、そのような「分野」が存在しなかったのだから、これらの意見がこの分野を支配していたとは言えない。笑いは古代や中世のカリキュラムで教えられる特別なトピックではなかった。またそれは、一七・一八世紀以前の哲学者の関心を大きくひいた問題でもなかった。

「笑いの理論」および専門化された一分野が実際に発見されたのは、現代的な心理学的思考の発達と同時である。ホッブズは人間の動機の体系的な説明の一部として笑いに関する見解を述べたから、公平に見て、彼はそのような最初の理論家と呼べる。しかし彼でさえ、自分の見解が「笑いの理論」になっているとは主張しなかった。後の著作家たちがホッブズに反対した時、彼らはしばしばそれを笑いの「優越理論」と呼んだ。彼らはホッブズの立場と彼ら自身の立場を区別するためにそうしたのである。このように、優越理論は何世紀にもわたって他の理論に勝利した支配的な理論だったのではなく、挑戦を受けた時に、そのようなものとして理解されるようになっただけである。

とはいうものの、「優越理論」の用語は、特にユーモアを研究するさまざまなアプローチを区別しようとする時に便利だ。このラベルの正確さについての細かい点は脇に置くことにしよう。この伝統的な用語を使って、優越理論ないし面目つぶし理論が三タイプの理論の中でもっとも古いと主張するクリチュリイとモリオールのような理論家とともに、先に進もう。それはポジティブ心理学の楽観主義ともっとも合わないものだ。優越理論は、笑いは軽蔑や侮辱から生じると言うので、基本的には嘲笑の理論である。イギリスの初期の心理学者で、『笑いに関するエッセイ』を一九〇二年に出版したジェイムズ・サリーが述べるところによると、優越理論とは、「笑いの機能には、人における見下しの衝動と呼ばれるもの、すなわち劣ることや威厳のないことを探して喜ぶ傾向が伴い、そして笑いの機能とはそうしたことを口にすることである」（Sully, 1902 : 119–20）とするものである。

優越理論によると笑いは決して健全とは言えないので、今日の理論家はしばしば優越理論を疑念とともに扱う。ジョン・モリオールは、優越理論は笑いを基本的にさげすみとして描く、と言っている。その結果、この理論はユーモアを「汚れ仕事」として見、「ユーモアを倫理上疑わしいものにしている」（1987 : 3）。アテナ・ドゥ・プレによると優越理論は、「笑いは、自分とつながりのないものや考えや人への中傷に対する勝利の反応である」（1998 : 56）。2章で見たように、彼女はこの理論の名称が間違っていると考えている。「現象学的分析」によると人は笑う際優越感を感じないので、優越よりも解放の語の方が望ましい、と彼女は主張する。

しかし、優越理論をより使い勝手のよい別の用語で再スプレイすべきではない。この理論は、規律的ユーモアという形で社会秩序の根源にあるユーモアの諸側面を主題にしているのだ。このためポジティブ・イデオロギーと合わないように見えるこの優越理論は、笑いの良さを無条件で受け入れるのを思いとどまらせるのと同じく、権力や秩序、イデオロギー的自己欺瞞の維持についての手がかりを提供してくれるかもしれない。

ルーツはプラトンに

優越理論は、今日と非常に異なった社会条件において生まれた。昔、多くのユーモアが粗野なものであったことが、今では広く知られている。それほど啓蒙されていない時代では、他人が苦しむのを見るのは大きな喜びだった。身体的に苦しむ者が嘲笑されたが、今日ではそのような笑いは不快だ。ロバート・プロヴァインはこう指摘する。「笑いを愚弄する見解に関してホッブズと彼の先行者たちに取り組む時、『上品さ』『行儀の良さ』『礼儀良さ』が今日と非常に異なる基準に基づいている時代を振り返っていることを思い出すのが役立つ」(2000：14)。優越理論は、「拷問と処刑さえ、スナックや軽食を食べながら見るカーニバル的雰囲気の中でしばしば執行される」(ibid.：14–15) 時代からやって来た、とプロヴァインは続ける。

これはまったく正しいが、優越理論を粗野な時代にだけ適合する粗野な理論として描いており、単純化しすぎている。確かにプラトンとアリストテレスは今日の人びとに馴染まないやり方で笑いを論じた。しかし、ユーモアが疑いなく望ましいものと考えられている今日でさえ、とがめられるべきタイプのユーモアがある。すべての笑いが有益でポジティブなものであるとは限らない。嘲笑の笑いがそうしたネガティブなものの一つだ。プラトンとアリストテレスが現代的な感性と異なる点は、世界には笑いが多すぎると主張したことだ。

しかし彼らの目的は、嘲笑の笑いを減らすことではなかった。もし彼らが「良い」笑いと「悪い」笑いを区別したなら、嘲りを間違いなく悪いものと考えたとは限らない。実際、嘲笑はある状況では勧められるタイプの笑いだった。

プラトンの対話編『ピレボス』で、ソクラテスは笑いへの疑いを語っている。ソクラテスはプロタークスに、喜劇を観て楽しむ時、われわれの魂は快と苦が混合する、と話す。われわれは自分自身について誤った見解をもつ人間を笑って喜ぶのだ。われわれは、実際よりも金持ちである、賢い、顔が美しいと考える人間を笑うのだ。ソクラテスが言うように、人はそのような無知をおかしく思い、それゆえ娯楽には悪意がある。こう主張する中でソクラテスは、ユーモアの優越理論の基本仮定に沿って進み、笑いの背後にある動機を疑う。ピーター・バーガーは『ピレボス』のこの一節の背景にある含意を指摘する。「悪意は尊敬されるべき性質ではないから、それには倫理的問題も生じる。しかし喜劇を観て笑うのに、とがめられるべきことがあるだろうか?」(1997 : 18)。

ソクラテスは別の点でも笑いの道徳性を疑問視している。彼は笑いを虚偽と結びつけた。「無知は邪悪だ」と彼は主張した。われわれは「友人の誤ったうぬぼれを笑い」、無知を喜ぶのだから、邪悪を喜んでいる(Plato, 1925 edn : 337)。ソクラテスにとって無知は笑うべきものではない。ソクラテスはこれに続けて、そのような嘲笑は実際には真実の側にある、と言ってもよかった。それは誤った考えを正すのに役立つのだから。人は実際よりも優れていると考えているのを嘲笑されそうなら、そう考えるのをやめるだろう。ソクラテスはそう言ってもよかったのだが、そうしなかった。

よく知られているように、プラトンはソクラテスの口を通して理想国家についての彼自身の見解を表現した。『国家』の有名な一節でソクラテスは、どのようにして笑いが秩序をもたらすのかを簡潔に論じている。理想国家は哲学王たちによって運営されるヒエラルキー的な共同体で、哲学王たちは真理の追求に献身していて、彼らに反対することは許されない。この国は楽しいことがたくさんあるところではなさそうだ。将来の国守りたちが雄大な義務を引き受けるよう教育することに、多くの注意が払われる。セルフコントロールがモットーだ。「食べる、飲む、セックスすることの快楽」が律せられる必要がある。国守りたちに期待されるセルフコントロールは、一般大衆にはできそうにない。そのため一般大衆は、劣った者たちが線からはみ出ないようにする義務を負うという、「支配者たちへの従順さ」を示さなければならない。笑い、特に権威を嘲笑う不作法な笑いは、厳しく統制されるべき快楽の一つだ。このように、権威における「縦と横の序列に対する不作法」は厳しく禁じられることになる（Plato, 1974 edn : 145）。

笑いを禁止する力は、低いランクの者が高い者を嘲笑うのをやめさせるだけでは終わらない。高いランクの者が非常に軽薄なのは望ましくない。「われわれは国守りたちが笑いを好みすぎるのを望まない」と、アデイマントスはソクラテスの言を明らかに承認して言った（ibid. : 144）。若者は「笑いに征服される評判の人物」を描く書物にさらされるべきではない。この国の支配者たちは、世話している若者たちが、笑いを抑えられない神々の物語を読むのを防ぐべきだ。「われわれはそれを許してはならない」とソクラテスは同意する（ibid. : 144）。そのため理想国家においては、笑いを縮小するために検閲が不可欠になる。

恐ろしく響く話である。トラブルにも笑みを浮かべ、他者に楽しく共感してポジティブに笑う今日の理想的な暮らしと、いかに違うことだろう。しかしプラトンの笑い批判の条件を考えなければならない。彼は国守りたちが決して笑ってはならない、とは言っていない。われわれは彼らが笑いを好みすぎるのを望まない、とだけ言っている。状況によっては笑いが許されるのだ。ソクラテスは、ロマンチックな詩が、特にため息をついて嘆く人についての詩を詩人が詠み続ける時、ことに健康に悪いと言った。彼はたくましい若い国守りにそのようなことをしてほしくなかった。彼は不適当なロマンチックな詩の例を挙げ、アデイマントスに言った。「もしわれわれの若者がこのような一節一節を真剣に聞いて価値なしとして笑うことをしなかったとしたら、彼らがこの種の行為を人として無価値なことであると考えるとはとうてい考えられない」(ibid.: 143)。国守りたちは嘲笑されるべきものを嘲笑しなければならないだけでなく、若者にそれを教えることもしなければならない。要するに、この国の国守りたちは、道徳、真実、規律といった真面目なことのために、笑うことができるし、笑うべきなのだ。

さてここに一つパラドックスがある。プラトンはしばしば、理想国家における笑いを減じようとする第一級のミソジラストとして描かれる。しかし他の哲学者よりもプラトンの著作には喜劇的な要素が含まれている。彼は抽象的で無味乾燥な論文ではなく、ソクラテスが友人や仲間の哲学者と語らう寸劇を書いた。彼らは常に気高く真剣に、大問題を議論するわけではない。あの国守りたちとはまったく反対の陽気さで、主張し、不平を口にし、嘲笑することもある。それにプラトンは意地悪く、狡猾に嘲笑することがある。『メノン』でソクラテスは、アテネ人ではないソフィストの説く永遠を信じるアニュトスを嘲笑う。ソフィストの誰かが君に危害を与えたかね？　いえ、彼らと関わりをもったことはありません。それなら君は何も知らないのではないかね？　まったくそうです、これからも関わりたくありません、とアニュトスは答えるが、どうも彼の先入観が笑われたことに気づいていないようだ(Plato, 1982 edn: 147)。

明らかなことが一つある。低い身分の者たちが真実や美といった哲学的概念を嘲笑するカーニバル的なユーモアを、ソクラテスとプラトンは承認しなかった。ソクラテスが残念ながら個人的経験からよく知ることになったこの種の笑いは、間違いなく落胆させる種類のものだった。アリストファネスがソクラテスと他の哲学者たちを舞台で嘲笑したのだ。『雲』で、高尚な哲学的概念を自由に操るソクラテスが喜劇的人物として描かれている。ある場面で一人の生徒が、ソクラテスがカエレフォンとノミがどのようにして跳ぶのかを議論しているのを聞いたことがある、と話す。その時ノミがソクラテスのはげたつぎ布に跳び乗る。夜遅く、この有名な男は月を調べていて、口を開けながら月を見つめている。その時生徒が言う。屋根の上にいるヤモリの糞がかかりますよ。あっはっは。観衆は、この大哲学者を嘲笑するのが好きだった（Aristophanes, 1973：4．1：1）。

ソクラテスは下品な楽しさを評価しなかった。彼はそれには超然としようとした。ディオゲネス・ラエルティオスによると、彼は「彼を嘲笑する者を見下すことができる」（Laertius, 1972, XI：27）男だった。嘲笑する者を見下すことには、嘲笑に対してただ真顔をして不同意を返す以上のものが含まれる。優越感が伝えられるはずであり、そのため嘲笑する者は嘲笑された者の目には劣った者のように見える。そのためソクラテスは、アリストファネスのパロディ劇を観に行って笑う人たちに、彼らを見下す姿を見せたのだった。彼は劇場に出かけ実際にそうした。良い見本を示すために観客が必要だったのだ。

ソクラテスはアニュトスの考えを嘲笑う時でさえ、彼と会話した。彼らは互いに会話し、からかいもする社会的に対等な人間だった。しかしこの対等な対話の境界の外部に生きている他者がいる。『メノン』の有名な箇所で、ソクラテスは身をかがめて砂に三角形と四角形を描き、知識が生得的であることを示す。彼は奴隷の少年に直線の長さを尋ね、巧みな質問によって少年を導いて四角形の対角線の正しい長さを言わせる。

この奴隷の少年に話しかける時、ソクラテスはからかいの言葉をまったく使わないし、ジョークも言わない。ただ質問するだけだ。「さあ少年よ、四角形とはこのような形であることを知っているかね?」(Plato, 1982 edn : 130)。ソクラテスがこの少年について話す時、この少年はたんなる物体であるかのようだ。「メノンよ、見なさい。彼は想起の段階に達したのだよ」(ibid. : 135)。ソクラテスがこのデモンストレーションを終えた時、この少年は感謝もされなければさよならも言われない。彼は役を終え、対話中に存在するのをやめる。

ソクラテスが生きた社会と彼がもくろんだ理想社会の両方に、社会階層についての固定的な感覚が染み渡っている。前者に無駄な嘲笑が多すぎるなら、後者ではそれが排除される。育ちの良い自由民は道徳的に優れた者を尊敬するものとされ、自分自身の笑いをコントロールすることを学ぶことになる。奴隷に関して言うなら、彼らもまた規律と尊敬を示すのがよい。彼らはおそらく強制的にそうさせられる。彼らのユーモアは尊敬に値しない。自由民は彼らをからかいはしなかった。自由民は奴隷に命令し、質問し、当面の服従を期待していた。

あばら屋に住む貧民たちはおそらく、小粋に話すはげ頭の哲学者たちを嘲笑していた。あの奴隷の少年は友人に、ソクラテスが身をかがめて線を引いたこと、彼がばかな質問をしそれから得意になってメノンに微笑みかけたことを、大笑いしながら話したことだろう。しかしそのようなことを気にすることはない。ソクラテスならそのような嘲笑を気にしなかっただろう。奴隷を見下すのは日常だった。上流社会の観客から喝采を受ける名人芸的な喜劇作家となると手強いが、それでも見下した。喜劇や悪意、優越性についてのプラトンの考えは、ヒエラルキーと規律を背景にしたものと理解される。自由民についての各節では、自由民たちは互いに嘲り見下そうとする。同時に彼らは疑いなく劣っているように思える人びとを見下す。劣りすぎているので上品に嘲ることができないのだが。

アリストテレスとさらなる優越性

アリストテレスの笑いについての考えは、プラトンのそれと比べてそれほど手厳しくなかった。アリストテレスは、国民の欲求や思考や読書習慣を見回るような未来国家の青写真を出さなかった。彼はそれよりも、現在の慣習や政治を正しくすることを問題にした。しかしながらユーモアについてのアリストテレスの考えは、悪い種類の笑いは制限する必要ありとするプラトンと似たものを含んでいる。

プラトンと同じく、アリストテレスは嘲りの有用性を擁護するのと同様に、笑いを面目つぶしと結びつけた。『詩学』で彼は、後の注釈者たちに彼を優越理論家と分類させることになった、たくさんの見解を述べた。喜劇の本質を考察する中で彼は、喜劇において人は通常「平均より下と描かれ、喜劇的人物は醜いものの亜種である」(Aristotle, 1963 edn：10) と主張した。そして滑稽なものは、「他人に苦痛や奇形を与えることのない間違いや奇形として定義される」(ibid.：11) かもしれないと続ける。サリーはこの一節を、アリストテレスの考えが優越理論である証拠として引用し、「もちろんここにあるのは、本テーマについての適切な理論ではない」(1902：120) とつけ加える。バーガー (1997) もこの一節を引用して、アリストテレスが優越理論家であることを示す。バーガーの見解では、悲劇とは対照的に喜劇は、人生の矛盾する諸側面を人に「苦痛なしに」(ibid.：18) 凝視させることを、アリストテレスは知っていた。

喜劇に苦痛が存在しないことにアリストテレスがふれる時、彼は嘲笑の対象ではなく嘲笑する方が経験する苦痛を考えていた。悲劇を観る観衆は登場人物の苦痛を共有する。これと対照的に、喜劇を観る観衆は登場人物が逆境に陥ったり不幸な目に遭ったりすると、泣かずに笑う。非常に短い言葉でアリストテレスは、アンリ・ベルクソンが二千年以上後に、心情の瞬間的な麻痺状態と呼んだことを書いた。『詩学』の言葉がアリストテレスを優越理論家に分類させた理由を知るのは難しくない。喜劇的な人物が醜く、奇形に描かれる時、平均的な聴衆はこうした平均以下の楽しい人物に優越感を感じることができるからだ。

ユーモアに関するアリストテレスの考えには別の側面がある。『修辞学』で彼は、さまざまなレトリカルな策略のもつ説得力を検討した。彼はその著作に、嘲りが説得に役立ち得ると述べる短い一節を入れている。彼はゴルギアスの格言「敵の真面目さには嘲笑で、嘲笑には真面目さで負かさねばならない」(『修辞学』1909 edn : 197)に同意して引用している。ゴルギアスの教義はもちろん、レトリック上の成功を保証しない。ホワトリイ司教は後年、嘲りは常に敵からの真面目さの一発で逆襲されるし、その逆もあると指摘した(Whately, 1860 : 147f.)。ゴルギアスを引用してからアリストテレスは、大事な注意をつけ加えた。すべてのタイプのユーモアが等しく適切とは限らない。ある種のは「自由市民にふさわしいが、別のはそうではない」。そして人は適切な種類のユーモアを選択しないといけない(『修辞学』1909 edn : 197)。自由市民は皮肉を使い、おどけは避けるべきである。

この一節は、古典的な修辞学の中心的ジレンマを代表している。修辞学者は公共の場での説得の技術を教えていた。アリストテレスが引用するゴルギアスは、説得的に主張することを、また弱い主張を強い主張より説得力があるようにすら思わせることを、誰にでも教えることができると自慢したことで知られていた。これはソクラテスやプラトンが憤慨した主張で、彼らに言わせれば、修辞学者は言葉巧みな詐欺師にすぎなかった。しかしゴルギアスのような修辞学者は、自分たちをそのようには考えていなかった。高級な職業に就いているのだと言っていた。典型的には、われわれは生徒にもっとも道徳的で美的な会話法を教えているのだ、と彼らは言うのだった。ソクラテスの姿を借りてプラトンは、修辞学者は聴衆の考えをぐらつかせるのと真理を探究するのとの両方を主張している、どちらなのだ、と何度も酷評した。妥協点はなかった。

『修辞学』におけるユーモアについてのアリストテレスのコメントは、聴衆に影響を及ぼすための実践的な一つのアドバイスだった。もしライバルが真剣すぎるなら、ユーモアを試みよ。これが説得の方法である。彼は自由市民の演説者にこう注意する。高い社会的地位にいる紳士に要求されているユーモアの基準に従いなさい、おどけないように。どんなことをしても議論に勝つのは大したことではなく、議論する者は品良く美意識と階級の基準を満たさねばならない。しかし問題がある。聴衆は、特にライバルが真面目で退屈な時それをだしにして、ちょっとしたおどけを見たかったのかもしれない。聴衆は気高い皮肉を評価しなかったかもしれない。もしそうなら、実践と美学が対立する。演説者は、説得へ通じる下品な道を選ぶビジネスライクなプロの説得者になるのか、演説としては効果が低いかもしれない上品な紳士になるのかを、選択しなければならなかったろう。しかしアリストテレスはそのようなジレンマを述べない。そのことに注意を向けることもしない。彼は、実践と美学の間に、いわば有用さと上品さの間に、調和があるかのように書いている。修辞学について書いたキケロやクインティリアヌスのようなローマ時代の著作家も、ほとんど同じだった。

『ニコマコス倫理学』(1926, Book IV, Capter 8)でアリストテレスは、ユーモアと上品さの問題を考察した。笑いすぎる「おどけ者、ないし粗野な者」、「礼儀正しさの境界を守り、ひやかしの対象へ苦痛を与えるのを避けるよりも、笑い声を上げることの方に関わっている者」（1926 edn：245）がいる。同様に、面白いことを決して言わないし、「そのようなことをする者に腹を立てる」（ibid.：247）者がいる。アリストテレスは彼の道徳へのアプローチに典型的なように、笑うおどけ者と気難しいミソジラストの中庸の道を探した。つまり、ウィットを示すがおどけはせず、「高潔な人や紳士にふさわしいことしか言わない中間の性質」（ibid.：247）を彼は勧めた。紳士なら、人を傷つける暴言を吐いてはいけない場面や、軽率な行為をしても適切な場面がわかるだろう。アリストテレスは紳士的なウィットが中庸の道であるとは言っていないが、彼の本当のターゲットが悪ふざけだったことは明らかである。ミソジラストについては比較的短い記述だが、他方でアテネの紳士たちが一般にひどい悪ふざけをしすぎることについては詳しい。「嘲りの理由は常に与えられる用意ができているし、たいていの人間は楽しいこととひやかしだけを好みすぎるので、おどけ者すら機知があると言われ、利口なやつとして通っている」（ibid.：247）。

アリストテレスはおどけとウィットを区別するものを明確に述べていないが、ウィットのある紳士なら礼儀正しさを尊重し、如才なさを示し、みだらな振る舞いには当てこすりを言うのを好む、と言う。徳の高い女性なら紳士より礼儀正しく、そして頻繁に笑わない、と考えてもおかしくない。アリストテレスは『修辞学』でウィットと皮肉を結びつけたが、『ニコマコス倫理学』ではこのテーマを展開しなかった。しかしおどけと嘲笑は結びつけた。からかいは中傷の一種であり、ある種の中傷は法にふれるので、おそらくある種の嘲笑もまた法にふれる、と彼は主張した（ibid.：249）。たぶんアリストテレスは冗談を言ったのだ。プラトンへの当てこすりで、自由民の紳士の皮肉のことを言ったのだろう。今となってはこれ以上知ることができない。紳士的なウィットはどたばた喜劇やズボンを下ろすおどけよりも、かなり微妙なウィットを目指しているのだから。

嘲りと社会のヒエラルキー

アリストテレスのおどけ批判は、社会の低い身分の者へは向けられていない。低い身分の者たちのマナーや行動やユーモアが粗野なのは当然と彼は考えていた。しかし彼は、自由民の紳士たちが、ことに知人の紳士たちすら、おどけることで社会秩序を弱めていることに悩まされていた。ここに今日の笑いのイデオロギーとの違いがある。今日の理論家は良い（ポジティブな）笑いと悪い（ネガティブな）笑いを区別する。彼らは、悪い笑いがその犠牲者に苦痛をもたらすとするアリストテレスの主張に共鳴するだろう。けれども現代のユーモア理論家は、良い笑いをアテネの自由民のような特定の社会階級に属するものとし、それによって社会的に下位の集団のユーモアのことをそれとなく忘れてしまうようなことはない。今日ではユーモアの才が、ある階層や国やジェンダーに限られることはあってはならない。理論上、ポジティブ・ユーモアは皆のものである。

古代アテネと現代社会の相違は、ヒエラルキーのある社会秩序と平等性のある社会秩序の違いではない。それはヒエラルキーが明確な社会と、社会が平等であるかのようにヒエラルキーが現れなければならない社会の相違である。古代アテネでは、自由民のエリートは大衆の無教養な振る舞いを見下すのに戸惑いを感じなかった。しかし今日では、不平等な条件での平等という価値が、イデオロギー的なジレンマを生じさせている（Billig et al., 1988）。非公式なコードが公的な生活にしみ渡っている。メノンとソクラテスは奴隷の少年にはっきり命令を下し、礼を言わずに彼に命じて去らせることができたが、このようなことは今日では適切ではない。丁寧さという複雑な規範を伴う必要がある。現代のメノンは、今日的な丁寧さを伝える間接的な統語法を使い、手下になるのは選択の問題だという含みをもたせて（Brown & Levinson, 1987）、「すまないが面倒をかけるよ、よかったらここに来てしばらくの間手伝ってくれないかな」、と言うことだろう。

このような状況でユーモアは、ヒエラルキーが明確な状況では必要とされない実用的な機能をもつかもしれない。ユーモアの有用性に関するアリストテレスの著作は主に公的な、競争的なレトリックに限定されている。彼は仲間を結びつけたり使用人の士気を高めたりするユーモアの機能については検討しない。今日、経営の専門家は経営者に、取引で上手く扱わないといけない関係者にユーモアを言うことを勧める（たとえばBarsoux, 1993；Caudron, 1992）。ユーモアは規律をつくるための月並みな手段になっている。ジャネット・ホームズ（Holmes, 2000）は職場におけるジョークの使用を研究し、ユーモアのヒエラルキー的なパターンを確認した。すなわち、上位の者が下位の者へジョークを言うというように、ユーモアは下に流れ、逆はめったにない。ホームズの言によると、このタイプのユーモアが「抑圧的」な場合がある。さまざまな職場でジョークがさまざまに使われるが、経営者はしばしば命令をジョークで、特に皮肉を使って言いたがる（Holmes & Marra, 2002）。

録音されたある例では、秘書と雑談しているアシスタントに経営者がこう言う。「オーケイ、マリオン、大問題は放っておけないかな。些細なことだけど注意が要るんだ」（Holmes, 2000：172）。マリオンはこの皮肉を理解する。彼女はボスが文字通りのことと反対のことを言っているのを知っている。これが、会話における皮肉の働きなのだから（Kotthoff, 2003）。この経営者は、部下のおしゃべりは些細なことだということ、自分の仕事が大事だということを伝えている。これを直接言うのは、侮辱を引き起こすことなしにはできなかった。そのため彼は形容詞の属性を逆転させる。もちろんこの逆転が理解されることを知っている。この一言を受けた側は、おしゃべりが上司の目に些細なものと映っていることを理解する。この経営者の一言は、この世の仕組みを高いところから見れば社交的な会話より仕事が重要でないこともあるという曖昧な可能性を含んではいるが、仕事をし金を稼がねばならないこの俗世間では、この間接的な皮肉の一言は命令である。メノンが奴隷の少年に命じたように、マリオンも命じられている。彼女はそれに従わなければならない。

けれどもマリオンは、奴隷の少年がしたこと以上のことをする必要がある。彼女はその命令を楽しんでいるのを示すかのように、笑わなければならない。笑いと服従が結びついている。彼女は一緒に笑うことのできる「ボス」をもったことに感謝することだろう。それは職場に良い雰囲気を与えている。マリオンはまた、彼女の上司が別の上役とおしゃべりしていたら、まったく同じ皮肉の一言で邪魔することがただの「アシスタント」として許されないことにも知っている。彼女はボスに、大問題を放っておけと言えない。このように、堅苦しくない言葉の使用、名前を呼べるほどの親しさ、笑いの共有、ジョークに従うこと、これらは力のヒエラルキーを一掃しているのではなく、それを再生産するのに役立っている。

古代ギリシアでは、上司は規律的ユーモアという間接的なコードを使う必要性をあまり感じていなかったのではないか、彼らは今日では不適切と思われる直接的なやり方で命令を発していたのではないか、と考える人がいるかもしれない。それは推測である。確かめるために必要な証拠がない。プラトンの対話篇はドラマティックなフィクションであり、録音された会話のトランスクリプトではない。けれども、プラトンとアリストテレスの優越理論は何かを示唆する。彼らが前提としたものに、過去のユーモアの習慣を一瞥することができる。「おどけ者たち」が醜い者と奇形の者を不作法に笑うことで、品のなさを示しているのが見える。紳士たちがこの不作法な笑いを軽蔑し、超然とした皮肉を好むのが見える。ジャン・スワリンゲン（Swearingen, 1991）が言ったように、古代世界で皮肉は、地位のある者のユーモアであり、男性的な秩序だった。

この優越性は、たとえば特に醜い人物が偶然現れたとか、誰かが規範に小さく違反した振る舞いをしたといったような滑稽な場面が見えた時に、突然出現する感情ではなかった。この優越性はもっと根深い。それはある種の生き方である。奴隷制を許し、公的生活から女性を排除した限定的な民主制において皮肉を使って内省するアテネの紳士は、自分が生まれた時から優れた人間であることを固く信じていたことだろう。しかしながらこうした初期の優越理論は、笑いの心理を説明する際簡潔だが、ユーモアが社会秩序のイデオロギーや上品さや優越性とどのように結びつくのかを示すのに成功している。

ミソジラストさまざま

哲学者たちが笑いの量を減らそうとしていたのは古代ギリシアだけではなかった。西洋の歴史には現代まですっと、仲間の笑いが道徳やエチケットや神意に反していると警告を発するミソジラストが見つかる。ローマ時代ではストア派が軽薄さに厳しかった。エピクテトスは、大志をもつ哲学者は「たちの悪い楽しみ」を避けるようにと警告した。「笑いをたくさんしないように、多くの場面でしないように、気前よくしないように」（Epictetus, 1910 edn：267）というように、上品さは笑いの節約を命じた。会話では笑いの楽しみのために笑いを喚起するのを避けるべきである。「というのは、これが君をたちの悪い人間にさせる分岐点だからだ」（ibid.：268)。これには慎重な留保条件を記しておくのがよいようだ。笑いが多すぎるとの批判は、少なくとも高い目的のためなら許される笑いがある、との可能性を容認している。多すぎる肉体的快楽を自分自身から取り上げたストア派の人たちは、傲慢な嘲りをときどき楽しんでいたかもしれない。

問題はそのような笑いではなかったし、もちろん嘲りそれ自体でもなく、粗野な笑いと粗暴な嘲笑だった。ミハイル・バフチンによると、嘲りの「さまざまな壮大な世界」が古代世界から中世のカーニバルまでの伝統の中に途切れなく続いた（Bakhtin, 1981：52)。公的文書、宗教実践、高尚な哲学、これらはみな大衆から品悪く嘲笑された。もちろん気高い者たちは、嘲笑者たちを軽蔑的に非難するだけでなく、報復もした。この問題においては中世のキリスト教神学者はプラトンとエピクテトスの伝統を続け、カーニバルというキリスト教と反対の伝統を横柄に見下した。

バーガー（1997）によると、笑いという救いの力に断固反対した「厳格な神学者たち」の長い伝統がキリスト教にあった。バーガーが言うには、問題の一部は、古代の神聖な文書に良い性質を有する寛大な笑いが書かれていないことだった。スクリークはその学術的な著作『十字架の足下にある笑い』（Screech, 1997）で、笑いに対する中世のキリスト教徒のアプローチを考察している。問題となった事柄は、良い振る舞いや上品な哲学よりもはるかに荒々しいことだった。それは天罰の可能性だった。エラスムスの時代までのほとんどの神学者と後の多くの神学者は、神はその被創造物が精神において真面目、肉体において律せられていることを望んでいると確信していた。農民たちのたちの悪いカーニバルは、その両方の点において神が承認しない恐れがあった。

ここでも笑いが制限され、取り締まりを受けることすらあったが、かといって笑いが徹底的に撲滅されることになったわけではない。信者のカレンダーに笑える日がたくさんあったわけではなかったが、承認された笑いの仕方があった。キリスト教とユダヤ教の神学者たちは、しばしば聖書にあるアブラハムとサラの話に言及した。二人は天使から、老齢にもかかわらず息子が授かるだろうと告げられた。聖書によると二人はこの知らせを笑って迎えた。この時の夫の承認される笑いと、妻の承認されない、おかしさをこらえきれない笑いを、神学者たちが区別することがよくあった。彼らによるとアブラハムの笑いは喜びの笑いであるが、年取った体の状態をよく知っているサラは、子を授かるという考えを嘲笑した。神を嘲笑うのは、特に女性の場合は、疑いなく勧められるものではなかった。敬虔な信徒の思いやりのある、楽しく、そして基本的に抑制された笑いが模範だった。サラの笑いで問題になったのは、それが嘲笑の笑いだったことではなく、この女性の笑いの的が神だったことだった。ただし、サラがアブラハムを笑ったのは彼が夫としての義務を果たすには年取りすぎていることを意味する、とのユダヤ教律法学の伝統もある。

旧約聖書は笑いに満ちた文章ではないが、天上の神がよく大笑いすることを、特に嘲笑の笑いをすることを示す引用を見ることができる。詩篇では、偶像崇拝者たちが内容のない話をしているのを神が見ているのが描かれている。「天上に座られている神はお笑いになることだろう。主は彼らを嘲笑するだろう」(『詩篇』2:iv)。神は偶像崇拝者たちが当然の報いを受ける時、特に嘲りという無慈悲な喜びを楽しまれるようだ。タルムードではあるラビが、詩篇のこの行は神の敵の最終的な滅亡を意味する、と説明している。その日のみ神は「真に笑われる」(Feuer, 1977:68)。このように真の笑いとは、気持ちの良い人間的なものではない。

キリスト教の厳格さは、中世の終わりとともに消滅しなかった。清教主義とともに新たに、政治的にも精神的にもその程度が増した。しかしバーガー（1997）が指摘するように、マルチン・ルターのユーモアのセンスはすさまじく、俗悪ですらあった。彼のレトリックは抑制されておらず、愚弄が彼の神学の一部分だった。スクリーク（1997）によると、ルターはガラテヤ書のラテン語の文章を、イエスは告発者に「愚弄的な嘲笑」で応じている、と解釈した。そしてルターはこの解釈を使って、教皇は、「神の全能さ、神聖なる愚弄を受けるに値する」とのキャンペーンをさらに進めた（ibid.：55）。

ルターは俗悪だったかもしれないが、彼の後継者のいく人かは笑いの救済的な性質（愚弄であろうとなかろうと）を縮小させる、より抑制されたタイプの信心を推奨した。清教主義の精神は一七世紀の政治力の高まり以降も長く生き続けた。その支持者たちは当時の人びとの振る舞いを批判し続け、特に周囲のどこからも聞こえる笑いの気儘さに腹を立てていた。その後の真面目な清教主義に伴う聖人ぶった精神をよく示す典型例が、アメリカ低教会派〔英国国教会の一派。福音主義を強調する〕の牧師だったジョージ・ウィンフレッド・ハーヴェイが書いた本にある。

ハーヴェイの著作は、孤立した小さな町々で敬虔な会衆がキリスト教徒としてふさわしい行状についてのガイドを求めていた合衆国で、よく売れた。『会話のレトリック』でハーヴェイは、読者に適切に会話する方法を教えた。彼は、当時あまりにも軽率な行為が多すぎ、人びとのマナーが憂慮すべきことになっているのに気がついた。年長の清教徒たちは少し厳しすぎるほどの厳格さを示していたにしても、ハーヴェイが言うには、誰もその真剣さは疑えなかった。今や「概して軽率と軽薄の方へ逆戻りしているから」（Hervey, 1854：258）、すべてが反対の方向へ行ってしまった。ハーヴェイは無駄な笑いと「楽しむための絶え間ない努力」（ibid.：260）をあまりにもたくさん見た。穏やかな喜びは適切だが、しかし（そして「しかし」は、このような楽しみへの譲歩に続くのが典型だ）「騒々しい笑いがキリスト教の厳粛さにふさわしくないということは、ほとんど言うまでもない」（ibid.：267）。ハーヴェイは使用人に向かってジョークを言うのを認めなかった。「彼らには確固とした、穏やかな口調で言うべきである」（ibid.：38）。このように真面目さが当時の秩序だった。

清教主義をアリストテレスやプラトンに結びつけて、信仰のおおまかなパターンの要点を述べることができる。まず真面目な生活の仕方の擁護があり、それはプラトンの国守りだろうがストア派の哲学者だろうが、敬虔なキリスト教徒であろうが変わりない。真面目さが楽しさよりも重んじられるが、笑い自体は禁止されない。問題なのは、笑いに置かれる目的である。非常に多くの人間が悪いものを笑い、俗悪なものを下品に笑うので、笑いの範囲が制限される必要がある。目的のない笑い、あるいは笑いそれ自体が非難される。嘲りを含む正当な目的のための笑いは適切な場合がある。敬虔さやストア派的高潔さが支配するところでは真面目さのための時間が増大し、その一方で笑いのための時間がそれに対応して縮小する。不信仰者を嘲笑う独善的な笑いは部外者には楽しいものに聞こえないかもしれないが、それも笑いである。

概してミソジラストは笑いの原因を理解することよりも、笑いを批判することに関心があった。彼らは、劣った生まれ、人格の弱さ、悪魔の手先を口にしたかもしれない。しかし詳細な心理学的説明とともに批判を述べようとはしなかった。目的のない笑いに反対したからといって、それが必然的に優越理論への支持を伴うものではない。しかし他者の笑いに心理学的疑念をかける優れた批評家がいた。彼らは時に、優越理論の教義の近くまで来る場合があった。ハーヴェイはこう書いた。「もし習慣的な笑いを分析したなら、残念ながらそれらが主にうぬぼれと軽蔑と偽りから成っているのを見つけるのではなかろうか」(1854：267)。ハーヴェイが世俗的な文章を広く読んでいたなら、この診断を支持するものを見つけることができただろう。けれども、もちろんハーヴェイは清教主義の精神と伝統の外部で始まった考えに大きな信頼を置いて、後戻りするのを望まなかった。彼は笑いについての批判を深い心理分析で補う必要をほとんど感じなかった。彼はすでにそのような分析がどのような結果になるのか知っていた。いずれにせよ緊急の仕事があった。会話にくだらない笑いの響きが聞こえた時は、いつでも彼は自分の天職の緊急性を思い出すのだった。幸いにも、彼の著作がはっきり示すように、日常生活はそれを思い出させてくれるものをいつも与えてくれていた。

トーマス・ホッブズと笑いへの疑惑

優越理論はたいてい、イギリス・ウィルトシャー州マームズベリーで生まれた一七世紀のイングランドの哲学者、トーマス・ホッブズに結びつけられる。笑いについての彼の考えは人間性に関する広範な心理学的説明の一部をなしており、まさしく「理論」と呼ぶに値する。ホッブズの笑いの理論はユーモアの心理的中核に嘲りを置くので、特に興味深いものである。重要な点において、彼の理論は笑いについての以前のアプローチを離脱している。プラトンもストア派もキリスト教神学も、笑いを制限しようとしたが、規律機能を果たすある種真面目さのための笑いを正当化し、また讃えもする理論的な余地を残していた。これとは対照的にホッブズは、あらゆる笑いを疑う単一の心理学的アイディアを追求した。ホッブズはユーモア理論自体については考案しなかったが、笑いについての見解は人間の情念について疑う理論の一部だった。こうした全般的な疑惑は、彼が生きた状況を反映していた。

人間の笑いは優越感によって引き起こされる、とホッブズは言った。奇形の者、弱い者を見て、彼らに優越感を感じ、それゆえ笑う。アリストテレスは『詩学』で同様のことを言ったが、彼の場合、人間が何を笑うのか記述することを試みたのに対し、ホッブズは人間がなぜ笑うのかを説明しようと試みた。彼は一六四〇年に書いた『人間本性』で、人間心理について概要を述べた。ホッブズは、どのようにして感覚が概念を形成するかを記述することから人間性の条件の説明を始める。いつでも彼は、概念と体感の関係を強調する。私たちの概念は「実のところ、頭の内部のなんらかの物質の運動にすぎない」(1999 edn : 43)。この運動が心臓へ達し、そこで快感や苦痛といった感情をつくり出す。快感はこの感情を引き起こしたものの近くへ人を赴かせ、他方で苦痛は人を「不快にさせたものから退けさせる」(ibid. : 43)。こう主張することでホッブズは、生体は快を最大にし不快を最小にする身体的衝動によって動かされるとする、初期の功利主義心理学ないし唯物論心理学の概要を記述したのだった。

そのような唯物論心理学は、人間とその動機についてのシニカルな見解に向かう傾向がある。それは、人間が道徳性を示すのは、快を得て不快を避けようとする利己的な動機からだと言う。人間性に関するホッブズの考えは、一七世紀中頃のイギリスにおける熱烈な宗教的雰囲気においては非常にショッキングだった。おそらく神の姿に似せて創造されたはずの人間を、ホッブズは利己的な身体的欲求をもつ物質的な被創造物として描いた。さらに悪いことに、彼は人間の道徳的信念が、実際には利己的で物質的な欲求の表れにすぎないことを詳細に説明した。

『人間本性』でホッブズは、完全な善というものはないが、「誰もが自分に関する限り、快感を与えるもの、彼にとってうれしいものを『善』と呼ぶのである」（1999 edn：44）と書いた。彼はさまざまな高尚な徳を、つぎつぎと同様に扱った。誰かに「名誉」を与えるとはその力を認識することに他ならず、「後悔」とは選んだ道が望んでいた場所へ連れて行かないことに気づくことであり、誰かを「憐れむ」とは自分に同じ不幸が起こるのを想像することに基づく、等々。人間の一般的な善を反映しているように思える明らかに非利己的な動機が、取り上げられる度ごとに根本的に利己的であることが暴露された。何よりももっとも危険だったのは、ホッブズが神への信仰を同様に暴露的に扱ったことだった。「われわれが神の全能さに起因すると考える善でさえ、われわれにとっての善である」（ibid.：44）。

ホッブズは人生を、「一番になる以外何の目的も名誉もない」（ibid.：59）と考えることのできる競争にたとえた。したがって人生とは本来、誰もが自身の優位性を確立しようと競う競争だった。そしてこの利己性と競争のカタログの中に、笑いの位置があった。笑いが示す情念は、「名前をもたない」何かだとホッブズは言う。笑う時に経験するものを誰も正確に述べたことがない。その情念がウィットからなっているとか、それが「しゃれの中に」のあると言うのは単純すぎる。というのは、「ウィットもしゃれもない、災難や不作法にも人は笑う」（ibid.：54）からだ。また、「新鮮味がなくなったりありふれたものになったりすると」笑わなくなるから、人が笑うのは新しいもの、予想しなかったものに違いない。ホッブズは、人は何よりも「他人の欠陥を笑う。これによって自分の能力が引き立たせられ、はっきり示されるのである」。またしゃれを笑う。そのウィットは、「他者のばからしさをわれわれの心にみごとに発見させ、知らせることからなる」（ibid. 54）と言った。

心理学的に言うなら、ホッブズは知覚と認知の前提に基づいた笑いの動機づけ理論を提唱している。ホッブズはまず、人間が他人の不運や奇形を見たり聞いたりすると仮定する。これが自分自身との認知的比較を誘発する。この比較が優越感を生み出し、これが快の経験であり、そして笑いの反応を引き起こす。

ホッブズは人がときどき自分を笑うことを認めているが、これが、笑いは自身の優越性についての比較判断に基づくという彼の基本的前提に矛盾するとは考えなかった。彼は自嘲を、他者を笑うのと基本的に同じ過程として扱った。人は以前の欠陥を現在の優越性と比較して笑う傾向がある。「人は笑われたりばかにされるのを憎むものだから」(ibid.：54)、現在の自分自身を他人が笑うのと同じようには笑わない。こうしてホッブズは、長年にわたって数多く引用され続けた結論に達した。「それゆえこのように結論づける。笑いの情念とは、他者の欠陥やわれわれ自身の以前の姿と比較することにより、われわれ自身の内に起こる突然の卓越の概念より生じる、突然の栄光にほかならない」(ibid.：54-5)。

ホッブズは嘲りをユーモアの中心に置き、そうすることで笑いの良さを疑問に付す。微笑みとしゃれの後ろ側を見るように、とホッブズは私たちに告げる。そうするなら、あまり楽しくないものが見えるだろう。ホッブズは笑いの社会的側面を無視しなかったが、それを二次的なものと考えた。仲間内で一人が笑う時、他の者たちは妬む。彼らは笑いに加わることでこの妬みを克服する。「一人の者の笑いは残りの全員を妬ませ、彼ら自身を吟味させる」(ibid.：55)。このように、笑いの共同体は他人の欠陥を嘲笑う利己的な快楽から生じ、基本的なのは後者の方だった。

笑いについてのホッブズの記述は短く、いくぶん残忍で確かに不愉快な含意がある。『人間本性』で彼は、「侮辱のない笑いは、ささいな例から引き出された不合理であり欠陥であるに違いない」(ibid.：55) と漠然と言う以外は、明白な反証例を考察しなかった。耳障りな笑いによって侮辱されていたアリストテレス、プラトン、キリスト教の神学者その他とは違い、ホッブズは良い笑いと悪い笑いや、高級なユーモアと低級なユーモア、ポジティブなウィットとネガティブなウィットを区別しなかった。彼はあらゆるタイプのユーモアを民主的に疑惑の下に置く、嘲りの理論を提唱した。彼の言い方は自信に満ち、徹底的だった。善とは利己的なものに他ならないのと同様、笑いは突然の栄光に「ほかならな」かった。彼は例外に一切余地を与えなかった。

ホッブズの理論の明らかな弱さは、その強さと密接に関連している。彼は多様性や微妙な違いや難しい例を排して、大胆ではっきりとした言い方をした。後の批評家たちが指摘したように、すべてのタイプのウィットが必ずしも他者のばからしさを発見することにかかわるわけではない。犠牲者のいないユーモアとしては、言葉遊びやだじゃれを考える者がいるかもしれない。だが、何人かの評者が言うように、犠牲者のいないウィットの範囲はホッブズの後の批評家たちが考えるほどには大きくもないし、問題がないわけではない（Norrick, 2003）。同じく、笑いの社会的側面についてのホッブズの扱いも不十分である。一人が笑い、その後で他の者たちが妬みを逃れようと笑いに加わる、というように、このモデルは基本的に個人主義的だ。笑いはもともと社会的なものである可能性があること、一人の時はめったに笑いが生じないことを、このモデルは無視している。この点では、ホッブズは笑いを内的な感情状態の、基本的に意味のない外への現れとだけ見ていて、笑いを意味のあるレトリカルなコミュニケーションとしては見ていない。

ユーモアについて書く現代のほとんどの著作家と違ってホッブズは、ジョークや逸話を織り交ぜ、彼自身が陽気なことが好きだということを示す義務を感じなかった。そうすることは彼の意図に反しただろう。ミソジラストの先祖たちのように、彼は笑いを増やそうとはしなかった。彼は『人間本性』における笑いの考察をこう締めくくった。「彼の勝利の、他の、十分な理由を考えるのは、むなしい栄光であり、価値のない主張である」（1999 edn：55）。彼は続けて「軽率」を「心の欠陥」（ibid.：62）と述べる。彼はこうした諸テーマを偉大な著作『リヴァイアサン』で取り上げ、大笑いするのは小心のしるしと言った。大笑いする者たちは常に他人の欠点から喜びを得ている。そうすることで彼らは自分の弱さを見せている。なぜなら、「他人の不完全さを観察することで自分の有利さを保つしかない」（1996 edn：43）からだ。道徳的に優れた者や知的に優れた者と比較する方がずっとよいのだ。

明らかにホッブズは、私的な仲間内ではすぐにウィットが出てくる人物だった。ジョン・オーブリは将来発表予定の伝記のために編集した覚え書きの中で、ホッブズをウィットを言う能力において優れ、会話において悪意のない反応をする人と述べている（Aubrey, 1999：237–8）。またオーブリは、ホッブズがいわゆるチャールズ二世の宮廷ウィットによってひどくいじめられていたと述べている。ホッブズが宮廷にやって来ると、王は「クマがいじめられに来た！」と叫ぶのだった。オーブリによると、老年期のホッブズは完全にはげていた。彼は座り、つるつる頭をなでるのが常だった。「彼の大問題は、はげ頭の上にハエが飛び込んでくるのを追い払うことだった」（ibid.：239）。アリストファネスが知っていたように、哲学者のはげ頭にヤモリやハエが止まるシーンには滑稽なものがある。偉大な精神も格好悪い頭の内部にあってはどうすることもできない。笑みを浮かべられるのは非哲学的な傍観者である。

疑惑に満ちた生涯と時代

笑いについてのホッブズの説明は、政治学的主張の一部であった。『人間本性』は『法の原論』と題された原稿の前半部分だった。後半部分の『政治体について』は、とりわけ市民社会と統治の諸問題に取り組んでいた。ホッブズは心理学と政治学の原理の問題を『リヴァイアサン』で再度やり直そうとした。人間の利己的な本能をコントロールするのに本人を信用することはできない、と彼は主張した。人間の情念が抑制されないまま放っておかれたなら、それは社会秩序を脅かすだろう。それゆえ人間は、その利己的で破壊的な衝動が暴れ回るのを防ぐために外的なコントロールを必要とする。彼の笑いについての意見は、この憂うつで恐ろしい説明に合致する。笑いの一見したところ無邪気に見える楽しさは、実のところそれほど無邪気なものではない。それは社会関係を攻撃する不快感を表している。だから笑いに満ちた社会は楽しいところではない。そこは人生という競争で、それぞれが互いを負かそうとしている嘲笑の場である。言い換えれば、人の姿をしたクマが無慈悲にいじめられるところだ。

ホッブズは暴力に満ちた危険な時代を生きていた。彼は国内戦争が勃発する直前に『人間本性』を書き上げ、それを内密に配布した。信仰と善についての唯物論的分析を評価しないに違いない清教徒の革命家たちの情熱を、彼は恐れた。たいしたことのない神学上の誤りのために、多くの人びとが火炙りの刑に処された。ホッブズはフランスへ逃げ、国内戦争からその後のクロムウェルの共和制までを比較的安全に暮らした。フランスでさえ、彼は嫌疑から逃れてはいなかった。イギリスの清教徒たちが彼を危険な教皇制礼賛者と考えたのと同じように、彼は反カトリック的見解の持ち主なのでは、と疑うフランスのカトリック教徒がいた。王政復古の後、ホッブズはイギリスへ帰国した。新しい王であるチャールズ二世との関係は良かった。事実、フランスにいた時ホッブズはチャールズの家庭教師をしていた。それにもかかわらず危険は続いた。ホッブズは異端者として火炙りにされるべき、といく人かの主教がつぶやいていた。

人間性に関するホッブズの見解は、大胆なシニシズムと恐怖の奇妙な混合だった。彼はシニカルに、笑いを含む人間のほとんどの行為の背後に利己心があると主張した。しかし彼は、最大の自己利益についての人間の判断力を信頼する、自由市場支持者ではなかった。人間の本性は危険である。人間は権力を尊重する契約を結ぶ必要がある。社会秩序を確立するため、人間の反社会的な本能をコントロールするのに役立つ装置が、宗教と王だった。権力機関と宗教を彼が正当化するのは、もともとそれらを尊敬していたからではなく、実用的な理由からだった。人びとが宗教的権威を必要とするのは神の威厳のためではなく、権威が人びとにとって役に立つからだ。老いたクマを綱でつないで火をつけたい、とつぶやいた主教がいたのも不思議ではない。

ホッブズには宗教的情熱の両極端を恐れる理由があった。第三代シャフツベリー伯爵は祖父がホッブズの時代の政治活動家で、五〇年後に彼の人間性に関する一般的見解を批判した。シャフツベリーは当時の出来事がこの哲学者に影響を与えたことを理解していた。「人民の権力を公平に考えなかった彼が政治権力の光景に抱いた恐怖が、人民政府と自由という概念への嫌悪を彼に与えた」(Shaftesbury, 1999 edn：42)。人間性についてのホッブズの説明には特段の省略が一つあったが、それは当時にあっては危険なものであった。しかしそのことが彼の心理学に現代的な新鮮さをもたらしている。情念が上から、神の力の見地からではなく、下から、身体状態の見地から説明された。人間の動機についてのこの実に唯物論的な説明には、神の行為を説明するための余地が与えられていない。

ホッブズは笑いについて、特に宗教的、美学的、ことに政治学的背景に基づいた批判をしなかった。彼の主張は、笑いは基礎的な何かを、つまり利己的な動機を反映していて、その動機は律せられる必要があるということだった。神が笑いの騒々しさに立腹するかどうかは彼の議論には関係ない。神はむしろ人間の欲求のために必要だ。人間は情念を抑制するために権力を必要とする。厳格な宗教的権威がこの目的のために大変役立つ。こうして神は信仰として有用だ。真の敬虔な信仰に基づいて国家を建設しようとしたクロムウェルの支持者たちが、神に有用性という脇役を与えた哲学を好意的に眺めることはありそうになかった。

ユーモアの問題を考察した後の著作家たちは、ホッブズが優越感の役割を過大評価していると主張した。彼らは彼のモデルに合いそうにないユーモアの例を出した。人は笑う時優越感を経験するとホッブズは言ったが、批判者たちは自分の笑いを引用して、笑う時そのような感情を個人的には経験しないと言う。この点、フランシス・ハチソンは著書『笑い論』(Hutcheson, 1758) で特に酷評した。ホッブズのような哲学者は厠に駆け込み、「われわれの行為の原理についてご立派な推量をするのに長々と時間をかける。その行為中に彼に生じる原理を意識する者など誰もいない」、と彼は書いた。ハチソンによると、明白な優越感は、「友人との陽気な会話の最中にわれわれの心中に生じることはめったにない。互いを高く尊重する気持ちはしばしばある」。他人の不幸から得ると考えられている喜びは実は、とハチソンは続ける。「思いやりのある心が決して自覚しない秘密のもの、非常に秘密にしているものであるに違いない」(1758 : 17)。ハチソンの言っていることは現代的な感じがする。ポジティブ・イデオロギー支持者たちも、自分が笑う時他人への優越感は感じないと主張する。前章で述べたように、アテナ・ドゥ・プレ（1998）によると、笑う時優越感がないと調査対象者が報告するのであるから、優越理論はラベルを貼り替えるべきだ。

こうした批判者たちが述べているのは、笑いの経験というものは回りくどいものではないし、そのようであるべきだということだ。人は素直に笑い、自分の感情を素直に経験する。だからホッブズの説を確証するためであってもしないためであっても、自分自身の反応を確かめるだけでよい。自分の笑いが、ホッブズが暴いたと主張した残酷で無愛想な優越感に基づいているのを認めようとする者はほとんどいないだろう。ホッブズは自己欺瞞の心理学を展開しなかったが、彼の心理学の主張は自己欺瞞の性質を理解する必要性を指摘していた。人は利己的な動機を高貴で愛他的な名称で呼んでいる、とホッブズは言った。そうすることで人は個人的にも集団的にも、自分の欲求の本質を自分自身から隠す。こうして人は、毎日自分自身を欺く。もし笑う時優越感を報告しないなら、それは道徳的に良い人間であると言う際に利己心を報告しないのと同じように、予想通りのことなのだ。

ホッブズには既存の自己欺瞞の心理学がなかった。もしあったなら、批判者たちは彼の主張の欠点を指摘しているのではなく、人間性の欠点を指摘しているのである、と主張するのに使えただろう。フロイトが精神分析理論を考案するまでの二世紀半の間、自己欺瞞についての体系的な心理学はなかった。多くの点でホッブズとフロイトには類似点がある。フロイトと同じくホッブズは、疑惑の心理学を提唱した。両者とも基本的には、人が自分の欲求について言ったことをそのまま受け入れるな、容認できない動機を探せ、と言った。快楽の欲求と苦痛の回避についてのホッブズの説明は、フロイトの著作、特に『快楽原則の彼岸』のような後期のメタ心理学的作品に再現されることになる。そしてもちろん、ユーモアは価値ある感情で満たされてはいないこと、それからウィットの質は、それ自体では笑いの量を説明できないことをフロイトは言おうとした。

社会観においてホッブズとフロイトは両者とも、個人の欲求と社会秩序の間に基本的な葛藤があることを確信していた。人間は利己的だが、社会的に生きる必要がある。もしエゴイスティックな欲求が縮小しないなら、社会は崩壊する。このように両思想家は、情念のもつ反社会的な力に不信の念を抱いていた。ホッブズの『リヴァイアサン』とフロイトの『文化の中の居心地悪さ』は、この問題に取り組んだものだった。人びとが自己をコントロールするのに信を置くことはできないから、個人の利己的な情念を取り締まるのに外的な政治権力が必要だ、とホッブズは考えた。一方フロイトは、理性的な自己認識と自己訓練の力を信じた。しかしホッブズもフロイトも、潜在的に破壊的な欲求に規律的な力を行使する役割を笑いが果たす、と主張するユーモア理論を発展させなかった。両者とも、笑いを潜在的に反逆的な要素をもつものとして捉えたが、フロイトの場合はホッブズと違い、危険な心理的動機をユーモアの快楽に変えるという有用性をもつと考えた。

ホッブズとフロイトにはまだ類似点がある。社会秩序についての類似した見解が、両者の似た経験と結びついていることだ。二人とも危険な社会状況を知っていたし、大衆の情念を恐れるのに十分な理由をもっていた。ホッブズは既存の君主制権力が大衆的な宗教的熱狂のうねりによってくつがえされるのを見た。フロイトはナチズムの成功と反ユダヤ主義的メッセージの流行を目撃した。フロイトもホッブズも、故郷で暮らすのは命が危ないと悟り、こうした新奇な大衆運動を恐れて故郷から逃れた。フロイトは安全な地と考えたイギリスへ逃れ、対照的にホッブズは安全を求めてイギリス海峡を逆方向に旅した。ホッブズは生まれた国に帰ることになったが、フロイトは亡命したまま亡くなった。

もちろんフロイトの心理学はホッブズのそれより非常に複雑で、人間行動の微妙で多義的な性質に合ったものだった。フロイトではなくホッブズの手にかかると、あらゆるユーモアにはっきり有罪判決が下される。神がときどき勝利の笑みを浮かべることやアブラハムが神に承認された仕方で笑ったことを知っていた清教徒たちでさえ、ユーモアにこれほど厳しくなかった。彼らは、神の掟にかなった行いを非妥協的に実施していると主張していたから、ときどき笑うのを正当化することができた。けれどもそれは問題の一部分だった。ホッブズには、清教徒たちの笑いを信用しない十分な理由があった。

4章 ズレ理論と紳士的な笑い

ユーモア理解のための二つ目の主要な伝統がズレ理論である。その基本的なアプローチは、笑いについてのホッブズの見解に対する反動として、一八世紀に発展した。ズレ理論は笑う人の動機に笑いの原因を探すのではなく、笑いを引き起こす世界のズレた特徴を特定しようとした。こうすることでこの理論は笑いを疑惑から救い出し、ユーモア研究の近代的アプローチの基礎の構築へ向けた、決定的な一歩を進めた。確かに、各種のズレ理論はユーモアの心理学的研究を支配してきたと指摘されている（Raskin, 1985）。ピーター・バーガーによると、「ユーモアのセンスがまず第一にズレやくい違いの知覚とつながっていることは、広く合意されている」（1997：208 強調原文）。

本章は一八世紀におけるズレ理論の登場を検討するが、その全史を説明するつもりはない。主にイングランドとスコットランドの理論家の検討に専念する。一八世紀のイギリスの主要な哲学者と文学者は、ユーモアと笑いというトピックを真面目に考えた。多くの点で、この時代はユーモア哲学の黄金期だった。このトピックは以前の時代より哲学的に重要だったし、こう言ってしまうのは議論の余地があるかもしれないが、その後の時代よりもそうだった。この時代にイギリスの哲学者だけがユーモアについて思索をしていたと言うのは間違いだろう。カントは『判断力批判』で重要な意見を述べたし、一九世紀初頭にはショーペンハウアーが大きな影響を与えたズレ理論をつくった。本章はカントを素通りするが、ショーペンハウアーの説にふれるためにイギリス海峡を渡る短い旅をする。彼のユーモアの扱いは、高尚な外観をした哲学にも程度の低い想定が見つかることを示しているので、この旅の機会を失するのが惜しいのである。

高さの喩えが適切だ。今日のズレ理論の専門的な理論家たちの先祖たちは、笑いについての興味深い心理学をつくり上げる以上のことをしていた。一八世紀の思想家は、当時の社会的に上位の者たちや下位の者たちとは無縁の、純粋な思索の世界に暮らしていたのではなかった。アリストテレスのように、笑いについてのイギリスの哲学者は、紳士的なウィットという高みと下品な笑いという底辺を区別しようとするのが通常だった。道徳、政治、美学の問題が笑いについての彼らの思索に影響していた。

ポジティブ・イデオロギーが消し去りたいネガティブなものは、理論上また舞い戻ってくるという癖がある。一八世紀も同じだった。哲学者たちはホッブズが非難した後で笑いに良い評判を取り戻そうとしたかもしれないが、ホッブズの精神は容易に消え去らなかった。後で見るように、嘲りの問題が紳士的な笑いのイメージにつきまとった。シャフツベリー伯爵が特にそうだったが、ズレ理論の理論家たちは時おりホッブズの悪霊と対決した。その時彼らは、嘲笑は上品さや礼儀や神のための規律的な目的に奉仕するかもしれないという考えと格闘していた、と考えることができる。

コーヒーとココアとウィット

一八世紀のイギリスのズレ理論家たちは、ホッブズとは異なった政治状況に生きていた。二つの革命と一つの王政復古が、マームズベリーの憂うつな賢者が笑いは突然の優越感に他ならないとの考えを最初に打ち出した時代から彼らを隔てた。ホッブズは、イギリスの唯一の共和制期を制定したあの激しい清教徒革命の直前に書いていた。それは恐ろしい厳格さの支配する時代だった。ホッブズは王政に戻った時に、イギリスへ帰ることができると感じた。カトリックの高教会派〔英国国教会で、カトリック教会の伝統を重んじる派〕に権力が戻り、ミソジラスト的な清教徒は退却した。上流階級の人びとは恐怖することなく快楽を追求することができるようになった。ロンドンの劇場では俗悪な喜劇が流行したが、これはズレ理論の背景ではなかった。もう一つの革命が起こらねばならなかった。

それが一六八八年の名誉革命、ないしはクーデターだった。ジェイムズ二世はカトリック教徒ではないか、独裁的傾向があるのではないかとの疑いがかけられ、ウィリアムとメアリーの共同統治に取って替えられた。この新しい二人の君主は議会からその地位を得ていて、議会には新しく得た権力を君主に差し出す雰囲気がなかった。この第二革命の哲学的設計者がジョン・ロックだった。知識に関する彼の理論は挑発的なくらい民主的だった。生まれた時の心は白紙である。すべての知識は知覚に基づいてつくられる。神は国王の頭脳に、王たるにふさわしい生来の性質を植えつけはしなかった。このように、幼少の君主は身分の低い臣下と同じように無知だ。市民を結びつけるのは社会契約ないし相互の同意だけだ。もし君主が愚かにも色香に酔いしれたり不適切にもローマ風の崇拝を勧めたりしてその責務を果たさないなら、市民が社会契約を解消するのは正当とされる。その時市民は、よりふさわしい君主と、新しい社会契約を結ぶために自由に交渉することだろう。

この新しい民主的哲学は、実際には人口のわずかの割合にしか社会契約を行使することが許されていなかったものの、政治形態についてのホッブズの陰気なイメージとは非常に異なっていた。人間は、絶え間ない厳格な懲罰を必要とする、危険で利己的な情念によって動かされる生き物としては描かれなかった。ロックの哲学は人間を、少なくとも理論上は、理性的であると信頼した。人間は感覚から明確な概念を受け取る、世界の知覚者だった。感情を疑う心理学から認識を信頼する心理学へのこうした変化は、ホッブズとロックそれぞれの政治形態のイメージに反映されただけではなかった。それは後で見るように、非常に異なるユーモア観にもつながっていた。

ホッブズの百年後にイギリスで生きる者にとっては、ユーモアについての彼の説明はすっかり無関係なものになったようだ。スコットランドの哲学者で『笑い論』の著者であるフランシス・ハチソンは、グラスゴー大学で一七二九年から一七四六年に亡くなるまで教授をしていた。『道徳哲学大系』でハチソンは、人間の本質がホッブズが主張するように完全に利己的なら、「人生はわれわれが毎日感じていることとはまったく異なる、狡猾と疑惑に満ちた喜びのない、愛情のない、冷たい、不機嫌な状態になるであろう」(Vol. 1 : 88-9 強調原文)と書いた。人生とはホッブズが述べたように喜びのない、疑惑に満ちたものではない、というのは、彼にとって当然のことだった。けれどもイギリス市民たちが隣人を信用せず、政治権力者たちが容赦のない残虐な命令を発していた時代には、ホッブズの心理学がふさわしかった。ホッブズが毎日恐れた噂話や自制を欠いた笑いを、ハチソンと同時代の者たちが恐れることはなかった。政治が変わっただけでなく、社会の中流から上流の階級の人びとの生活も物質的に変わった。世界貿易とともに、奴隷制からの収益と植民地化が国益と外国産の贅沢品をもたらした。そうした贅沢品には、新しい種類の木材や野菜、染料はいうまでもなく、絹や香辛料、タバコが含まれていたが、なかでもコーヒーとチョコレートの輸入は社会生活に大きな影響を与えた。大都市の中心部にコーヒーハウスとココアハウスが建てられた。これらはがさつな労働者が集う伝統的なエールハウス（居酒屋）とまったく違っていた。そこは紳士が新しい飲み物を飲み、最近の芸術や貿易や政治について気持ち良く話をするために集まる場所だった。知的な者たちは科学クラブや哲学クラブをつくった。それは、陰うつに仕事に専念するのではなく、社交し会話する時代だった。

こうした新しい集いの場は、完全に公的な空間でも私的な空間でもなかった。会話のためのマナーの新しい規則が求められた。会話の内容や場所、マナーはまったく新しかった。この問題は、イギリスのクラブとコーヒーハウスに限らなかった。フランスやヨーロッパの他のところで発展していたサロンでも、新しい規則が求められていた（Burk, 1993）。笑いは現実的な問題になった。サロンとコーヒーハウスの愛好家たちは、騒々しい下層階級のようにならずに陽気さを高める、適当な種類の笑いとは何かを定める必要があった。

当時の人びとが、ウィット、品の良し悪し、それに社会階層に心を奪われていたことを、イギリスにおけるコーヒーハウス文化の有名な解説者かつプロモーターだったジョゼフ・アディソンの著作に見ることができる。アディソンとリチャード・スティールが創刊した『スペクテイター』は、コーヒーハウスの客という新しい読者に向けられた雑誌だった。その著者らは自身を、彼らの好きなロンドンのコーヒーハウスに登場するキャストを観る観客《スペクテイター》であると自称した。初期の記事の一つでアディソンは、新しいクラブではメンバーが「交際好きの気持ち」によって動機づけられ、「無邪気で陽気な会話によって日中の仕事から自分を解放するために」（スペクテイター、九号。Addison, 1965 edn：42）集まっている、と賞賛した。

しかし陽気な会話はどうすれば可能になるのだろう？　それが問題だった。どの時代でももっとも才能のある哲学者は、その時代の緊急の現実的問題に取り組んだものである。そのため一八世紀では、文学者と哲学者はウィットの本質について言葉を紡ぎ、アリストテレスがおどけと不機嫌の中庸の道を勧めた『ニコマコス倫理学』で考察したのと同じ問題に取り組んだ。哲学者たちは、自分たちの哲学クラブでこの問題を討論した。スコットランドの主要な哲学者のうちいく人かが、一七五八年にアバディーンにワイズクラブをつくった。毎月第二・四水曜日に彼らは食事をしにパブに集まって哲学の議論をし、それから「ちょっとした高くない軽食を取った」（Forbes, 1824：16）。懇親的な雰囲気の中で、彼らはとりわけ懇親の哲学について語り合った。ジェイムズ・ビーティは『笑いについてのエッセイ』の初期の草稿をワイズクラブで発表したし、ジョージ・キャンベルもウィットとユーモアの広範な考察を含む『レトリックの哲学』で同じことをした。

コーヒーハウスの常連が集うところは、絶え間ない上質のウィットで満たされていた、との彼らの主張を文字通りに受け止める理由はほとんどない。当事者は、自分が見たものとつき合っている仲間を誇張するのが常である。ジェイムズ・ボズウェルの『ロンドン・ジャーナル』は、ファッショナブルなコーヒーハウスで楽しまれたウィットを垣間見させてくれる。彼の行きつけはセントポール大聖堂の中庭にあるチャイルズだった。それはボズウェルによると、「薄暗く、暖かく、心地よい」（Boswell, 1950 edn：74）場所だった。ボズウェルは土曜に訪れた時の断片を見せてくれている。彼は文芸評論家ジョゼフ・ウォートンについての対話を詳しく記した。ある話者が、詩人トンプソンには「偉大な力」があるとのウォートンの見解を報告した。別の話者が、「彼は大きな間違いを犯した」と応答する。最初の話者が、「ああ、だけど偉大な力だよ、これも」と繰り返す。これに相手が、「彼とビーフステーキを食べたんだ」と応じる。第三の話者がしゃべり出す。「僕も食べたよ」（一七六三年一月一日号。Boswell, 1950 edn : 115）。ボズウェルが訪問した時に記したやり取りはたったこれだけだった。だからこの午前の残りの会話もウィットがあるとは思えない、と考えるべきだ。公平に言うなら、この日記作家にはその日気になっていることがあった。彼は友人であるミセス・ルイーザ・ルイスと今度こそ彼の情熱を共にすべく、説得することを考えながらチャイルズを後にしたのだった。

一八世紀にユーモアの本質について論じた著作家の多くは、スコットランド人だった。ロックの後継者の中でもっとも創造的な者たちがイングランドとスコットランドの国境の北にいて、ヒュームはその有名な一例にすぎなかった。ビーティとキャンベルはすでにふれたので、本章ではケイムズ長官、ドゥガルド・スチュアート、デイヴィッド・ハートレイ、それにフランシス・ハチソンといったスコットランドの文芸批評家と哲学者を引用する機会が出てくるだろう。これはいく分、スコットランド啓蒙主義の影響力を反映している。その頃アバディーンは言うまでもなく、エディンバラは芸術や科学や哲学の中心地としてロンドンと競っていたのである。スコットランドには会話と笑いといったトピックを取り上げるのに特に都合の良い、特別な環境もあった。

スコットランドをイングランドとウェールズに合併させる統一令が一七〇七年に可決された。スコットランドの有識階級の多くがこれを、広い舞台で活躍する好機と見た（Colley, 1992）。これには英語を取り入れることが伴った。詩人でありアバディーンで哲学教授を務めていたジェイムズ・ビーティは笑いについてのエッセイで、同僚の中で「学識があり教養のある者は」ほとんどがスコットランド語を捨て、「その代わり英語を採用した」（1779：382）と書いた。彼が言うには、英語を選んだのは、「まさにこの優秀な言語のもつ優れた特質と、グレートブリテン島の現状の自然作用による」（ibid.：382）。スコットランド啓蒙主義の知的な人物たちは、イングランドの啓蒙主義者たちと同じように、自分の考えを議論する新しい形の会合を楽しんでいたが、それに加えてスコットランドの思想家たちは、祖父母らがめったに使わなかった言語でこれをした（父母らは使っていたが）。アダム・ファーガソンが『市民社会史』（Ferguson,［1767］1966）に記したような、厳格で無口な暮らし方を受け継いでいた祖父母たちは、この世から消えつつあった。祖父母たちはユーモアを真面目に議論する孫たちを、また彼らが発する笑いを、疑わしそうに見ていたことだろう。

クラブやコーヒーハウスに集う紳士たちにはジレンマがあった。また食卓での会話に参加し、社交的なホステスとして振る舞う淑女たちにもジレンマがあった。それは、どうやって気心知れた感じであっても不作法でなく、ウィットがあっても見苦しくなく、真面目であっても真剣過ぎないように見せるかだった。「心地よいユーモア」が道徳的な問題であり、節度がその解決策だった（優れた歴史的説明としては、Tave, 1960参照）。ズレ理論はこうした背景の中で発展した。その提唱者たちは、笑いにわずかの価値も認めない見解を取った清教徒的狂信から距離をおこうとした。彼らはまた、笑い過ぎるのは育ちの良い貴族にはふさわしくないと考えたチェスターフィールド伯爵やモンボド卿のような、時代遅れの高貴な身分の者たちを拒否した。モンボド卿は事実上の社会的排除を受け、遠いスコットランドの屋敷で生涯のほとんどの時間を過ごし、先祖代々の薄暗い場所で孤独なプライドを保っている間、新しい都会的なマナーを必要としなかった。その一方でコーヒーハウスの新しい笑いの理論家たちは、王政復古期の俗悪な快楽主義に浸る時間がほとんどなかった。一八世紀中頃にスコットランドの判事で美学哲学者だったケイムズ長官はこう書いた。「多くの無秩序の中でもチャールズ二世の不道徳な宮廷は悪疫を生じさせ、それは今日まで存在している毒である」(Kames, 1854 edn : 36)。

このため紳士的なウィットへの道は過度の禁欲主義と快楽主義の間にあった。それは粗野な大衆の快楽にも怠惰な貴族の快楽にもつながってはならなかった。アリストテレスが勧めたウィットへの中庸の道が再発見された。それは哲学と同様に、社会階級とジェンダーの問題でもあった。適切なマナーでウィットのある者になることは重要な問題であり、哲学的関心を惹くにも十分だった。

ロックとズレ

まず述語の問題に注意を向ける必要がある。「ユーモア」の語は過去二百年の間に意味を変えた。今日のそれは、人を笑わせると考えられる広範な事柄を述べる一般的な用語だ。しかし一八世紀では、もっと限定的な意味だった。当時の著作家は、ウィットとユーモアをはっきり違う現象として扱うのが慣例だった。ウィットは観念や言葉で遊ぶことを伴い、一方ユーモアは笑いの対象が人である時に生じた。「ユーモア」の語はその当時の心理的述語学に由来している。「ユーモラス」なものとは体液であり、その混合物が人にそれぞれの体質・気質を与えるとされていた。「ユーモリスト」はもともと喜劇作家ではなく、さまざまなユーモアのバランスが取れておらず、一つのユーモアでできているように見える極端な性格の人のことだった。

一七世紀後半から一八世紀初めに、極端な気質をもつばかげた登場人物を登場させた大衆的なタイプの喜劇が発展した。観客は、騙されやすいうぬぼれた夫、偽善者の聖職者、不器用な立身出世主義者といった月並みな人物を笑った。こうした登場人物が語った言葉は、それ自体はウィットに富んだものではなかったが、その気質の滑稽さをあらわにした。こうして、「ユーモリスト」をだしにして楽しみが得られたのだった。舞台上のことは実生活でも同じだった。周囲の者に笑いをこみ上げさせる風変わりな振る舞いをする人びとがいた。アリストテレスが書いたように、人は自分たちの性質において平均より下の者を笑うものだ。そのうちに「ユーモリスト」の語は、滑稽な「ユーモラス」な人物を発明する創作者を言うようになったのである。

現代の読者は、一八世紀の理論家が「ウィット」と「ユーモア」をはっきりと異なる現象と考えていたことを知るべきである。ウィットは言葉で賢いことを言うことを意味していたのに対し、「ユーモア」は笑われるべき性格を意味していた。もし一八世紀の著作家たちが笑いを引き起こすものの一般的なカテゴリーを述べようとするなら、彼らは「嘲笑に値するもの《ザ・リディキュラス》」か「ばかげたもの《ザ・ルーダクラス》」の語を使おうとしただろう。これらの語は、いずれも今日より広い意味をもっていた。このことは、後の考察のために心に留めておく必要がある。ここの分析では「ユーモア」の語を、現代的な、一般的な意味で使うが、一八世紀の著作家からの引用では、この語はもちろん特殊な意味をもっている。実際現代の英語には、適切な同義語がない。

最初、ズレ理論は「ユーモア」ではなくウィットの理論だったが、当時「ユーモア」と呼ばれていたものに、しばしばぎこちなく適用されるようになった。ズレ理論は笑いの感情の力学ではなく、認知過程に目を向けた。そのことは、一六九〇年に出版された有名な『人間知性論』でロックがウィットを考察した一節に明らかである。ロックの考察は簡潔で、彼の主要な認識論的テーマの本筋から離れるものだったが、笑いに関する次世紀のイギリスの著作家たちに頻繁に引用されることになった。

ロックは『人間知性論』の第二巻で、知識の知覚的基礎を論じた。心は明瞭な印象を受けると、何を知覚しているのかを判断することができるに違いない。心は現在の知覚が過去の印象と似ているのか異なっているのかを識別するために、両者を比べるに違いない。正しい判断は「二つの観念が同じか違うかを知覚する心の明瞭な識別能力」（ibid.：123 強調原文）に基づいている、とロックは主張した。二つの観念に本当に違いがあるなら、外観の類似は誤りを招くことがある。こうして注意深い判断は、「互いに注意深く分けられた諸観念の中に存在し、そうして最小限の違いを見つけることができ、よって似たものによる誤りを避ける」（ibid.：123 強調原文）。

もし判断が、同じように見えるが実際は異なる諸事物を注意深く区別することを伴うなら、ウィットは逆の過程である。ウィットは異なる諸観念を寄せ集め、それらを同じであるかのように扱う。したがってウィットは、「諸観念を集めることによって作動する。ウィットはこれらを素早く多様なまままとめ上げる。そこには類似性ないしは一致が見つかり、それによって愉快なイメージと空想内での快い光景をつくり上げる」（ibid.：123 強調原文）。この点でウィットは、隠喩やメタファーの詩的な使用に似ている。ロックのウィットと判断の簡潔な比較は、完全に後者の側に立っている。ウィットは詩のメタファーのように、「空想世界に非常に生き生きとした印象を」（ibid.：124）刻むかもしれないが、知識という深いレベルと比べるなら、それは取るに足らないものだ。ウィットは素早さと空想によって成功するが、それは時間をかけた注には、「非常にウィットに富み、かつ記憶を引き出す人が、常にもっとも明確な判断をするとは限らないし、またもっとも深い理性をもっているとも限らない」（ibid.：123）。

ロックの意図はウィットという軽口を勧めることではなく、明確な判断の基礎を解明することにあった。前者を望む人たちといえども、彼の主張の基本的な点に同意できたはずだ。コーヒーハウスの楽しみは、この哲学者の思索における真剣な判断と比較にならないことを、認めることができたはずだった。しかしウィットはその内在的な不完全さにもかかわらず、却下されることはなかった。他の者が違いしかわからない時に類似性や一致を見つけるのは、このような類似性が科学が物質世界の中に発見しつつあった微細な違いを反映しているのではなく、空想世界に印象を刻むものであるとしても、かなりの感受性を必要とする。ドゥガルド・スチュアートは一七九二年に出版された『人間精神の哲学の原理』の第一巻で、ウィットに関する節をロックの定義に賛同して引用することから始めた（Stewart, 1814 edn：301）。スチュアートはまた、ウィットのある人間は聞いている人が予想しなかった異なる観念を一緒にするから、意外性の役割を強調した。「われわれはウィットを知的巧妙さという一種の芸当やトリックと考える。いくつかの点で、ウィットはジャグラーや綱渡り芸人の非凡なパフォーマンスに似ている」（ibid.：305）、と彼は結論した。スチュアートはこの一節を哲学的に意外な綱渡り芸人とつなげて終えることで、判断力と同様に彼自身のウィット能力を示したのだ。

一見したところロックは、「ズレ」ではなく「一致性」に基づいたウィットの考え方を提唱したようである。ウィットは「類似性ないしは一致」が見つかる諸観念をまとめ上げることからなる、と彼は言った。しかし真面目な判断とウィットの違いは、さらなる仮定に基づいていた。ウィットのある人と詩人は、空想世界での印象をつくるために類似性に注意を向ける。この類似性は、実際にはまったく存在しないものだ。類似していないものを一緒にすることで、ウィットはズレた何かを生み出す。ある詩人はサミュエル・ジョンソンの面前で、ジョンソンの詩をまるで園芸家のように育てた、と賞賛された。このイングランドのウィットに富む人物は、そう、私の詩はでかいキュウリのようなものさ、と答えた。ジョンソンは自分の詩が本物のキュウリだと言ったのではない。この類似性を文字通りに受け取ってはいけない。詩とキュウリという二つのズレた概念をジョンソンが一致させたことから、このウィットが成立する。想像力というこのウィットに満ちた活動によって、詩をキュウリとするばかげた空想が生まれるのだ。

ズレ理論の基本的アイディアは、二つの異なった観念が突然つながると滑稽な効果を生むということだった。フランシス・ハチソンの『笑い論』(1758)によると、ウィットは「基本的な観念は似ているが、正反対の付加的観念をもつ諸イメージ」(ibid.：24)からなる。シドニー・スミスは美学についての講義の中で、笑いの原因はホッブズが言ったような優越感ではない、と主張した。そうではなく、「際だった原因はズレ、または通常は結びつかない事物や状況の結合である」(Smith, 1864 edn：132)。ジョージ・キャンベルは『レトリックの哲学』(Campbell, 1776)で、「ズレた類縁性」が「笑いの適切な原因」であることに同意し、ウィットとユーモアは「一見したところもっとも似ておらず異質なもの」(1856 edn：41–2)をつなげることによってその目的を達成するとした。ケイムズ長官もロックに同意して引用し、ウィットのより簡潔な定義を提唱した。ウィットは、「縁遠い、かつ空想上の関係による事物の結合。それは予想されないために意外性を与える」(1854 edn：185)。デイヴィッド・ハートレイは『人間論』で、成人の笑いには「日常的な程度を越えた対照や不一致」（Hartley,［1749］1834：276）から生ずる意外性が示される、と言った。

ウィットに関して「ズレ（incongruity）」の語を使った最初の著作家は、マーク・アケンサイドだと言われている（Tave, 1960）。アケンサイドの著作『想像力の喜び』は一七四四年の初版から大変な人気となり、数回改訂版が出された。笑いに関する一八世紀の多くの著作家とは違い、アケンサイドは貴族でも聖職者でもスコットランド人でもなかった。彼はニューカッスルの肉屋の息子で、長じて詩人および医師になった。『想像力の喜び』は哲学的な注釈と説明のための注釈がついた教訓詩だった。ジャンルとしての教訓詩はとっくの昔に流行遅れになった知的スタイルである。今日の文化理論家は、その学術用語を弱強五歩格〔詩型の一つ。一行の中に、強勢のない音節と、強勢のある音節の組が五つ含まれている詩行をいう。英詩でもっともよく用いられる〕に適用しようとはしないだろう。しかし一八世紀では、真面目な主張をするのに教訓詩が適していると考えられていた。それは特に想像することの喜びについての学術論文にふさわしかった。形式が内容にとてもよく合っていたのだ。

アケンサイドは、嘲りの笑いをズレの知覚と結びつけた。詩の本論で彼はこう書いた。

嘲りの力の誇示するところどこでも
彼女の狡猾な目つき、ズレた形
どうにもならない不和の事物がつなげられ
利口な観察者に印象を刻む

（Akenside, 1810 edn：100）

アケンサイドはこの考えを注釈で拡張し、「ズレた特性はものそれ自体の中にも、それらがつなぎ合わされる人の理解力の中にもあるかもしれない」(ibid.：151)と言った。

ロックはウィットに富む一言をつくる人の心的過程についておおまかに述べた。アケンサイドと他の著作家たちは彼の洞察を拡張して、ウィットを聞く人の心理を述べた。ウィットのある人が突然ズレに注意を向ける場合、それを聞く人は笑いで反応するよう期待される。この拡張は情動的ではなく認知的であるという基本的な特徴をもっている。ロック、アケンサイド、ケイムズ、スチュアートらはみな、知覚と判断がどのようにウィットとユーモアをもたらすのか説明した。それは、刺激が結合され、ズレが知覚される、というように冷静沈着な過程である。二〇世紀初頭にジェイムズ・サリーは、ズレ理論に「特有の特徴」は、ばかげたことを楽しむことの背後に感情があることを言わないことである、と書いた。その代わりそれは純粋に知的な態度、つまり「思考活動の調整」を事実と仮定する。そのため「われわれの知的メカニズム」(1902：125)から笑いが生じるのである。ホッブズが述べた恥の感情はない。ウィットのある紳士は利口で、賢く、陽気である。決して人を辱めるいじめっ子ではない。

ズレとロックの後継者たち

ロックは判断と関連させてウィットを格下げしたかもしれないが、彼の後継者たちは認知的側面を強調することでウィットの長期にわたる名誉回復への道を用意した。つまりウィットがあるということは創造的なのだ。何年も後にアーサー・ケストラー(Koestler, 1964)は、ウィットと科学的創造性の認知的な類似性を述べた際、バイソシエーションの理論でこれを強調した。どちらも異種の、一見したところ一致しない諸観念を一緒にする。これが示唆するのは、ユーモアを認めるのには心的柔軟性を必要とするということだ。まっすぐに考え、異なったものは別々の箱に入れることでこの世のごたごたを片付ける人は、科学的なオリジナリティのもととなる真の創造性を示すことも、ウィットを認めることもないだろう。どちらにも、空想世界への逃避というリスクが必要なのである。ハンス・スパイアーは完全に真面目ともふざけともつかない余談の中で、心理学者はいつの日か、詩や絵画にあきれかえっている人は常にジョークのオチを理解しなかったりだじゃれを嫌ったりすることを証明する実験をするだろう、と言う（Speier, 1998：1365）。

感情から認知的柔軟性への変化は、健康という清潔な広告をユーモアに与える道を用意する。しゃれが利己的な情念のサインではなく創造的な知性の賢い行使なら、それはホッブズの言うような健康上の注意書きを伴いはしない。今日ではジョークが認知的変化を伴うと研究者が主張するのは一般的である（たとえばMulkay, 1988；Morreall, 1983；Raskin, 1985）。ユーモアのセンスをもっていることを、認知的枠組みをさまざまに変える能力に関連づけた心理学者もいる（たとえばMcGhee, 1983；Lefcourt, 2001）。オリング（Oring, 1989）が指摘するように、ジョークのオチはズレの知覚を引き起こし、聞いている人に急な認知的再体制化を要求する。ジョークは聞いている人をある方向へ引っ張るようである。したがって突然のオチが来ると、聞いている人は語句や場面を通常と違うように解釈させられていることに気づく。ジョークを言う人は、観客をだましてて特定のカップの下にボールを置いたのを見たと思わせるマジシャンのようなものだ。ジョークを聞く人は話されたことを聞いたけれど、だまされて違う解釈の枠組みに陥るのだ。

言語学者はジョークの構造を調べてきた。レイチェル・ジオラ（Giora, 1991）は自身の仕事をズレ理論の伝統に位置づけていて、よくできたジョークは二つの一致しない解釈を伝えると主張している。オチが言われたとき、それを聞いた人は一つの解釈を取り消し、「正しい」ものに代えなければならない（この過程の実験による証明としてVaid et al., 2003参照）。ジオラはいくつかのジョークを使ってこの主張を説明している。たとえば「肥満体のマックス」のジョークがある。マックスはレストランへ行きホールケーキを注文する。ウェイトレスがケーキをテーブルにもって来て、四つか八つに切りましょうかと尋ねる。するとマックスはこう答える。「四つに。ダイエット中だから」。ジオラは別の言い方を考える。もしマックスが「四つに。その方が食べやすいから」と言ったなら、ジョークは台なしになるだろう。ジオラによると、後の言い方の構成要素は、ジョークを引き起こす典型的な解釈から十分に「縁遠く」ない。「縁遠い」とは、ウィットが結びつける要素を述べるのにケイムズが使ったのと同じ語である。

ジョークをこのように分析することで、ジオラや他の言語学者はロック的な方向へ歩みを進めている。そうした研究者は、ロックが使えた技術よりもかなり巧妙な武器を使って、ロックと同じ疑問に答えようとしている。すなわちしゃれを理解するのに、またはロックの場合はしゃれをつくるのに、どのような心的過程が必要とされるのかである。ジオラのような現代の多くの言語学者は、ジョークの言語的構造を調べることで認知過程を推測する。したがってジョークは二つの異なった、ズレた、縁遠い概念をオチで突然結びつけることであると主張され、こうして彼らは、大まかにはウィットについてのロックの歴史的定義の範囲内にいる。

ジオラ（1991）が用いるような認知的アプローチは、ユーモアを冷静沈着なウィットの構造にする。したがってジョークが話される社会的背景が捨象されるので、笑いの社会的性質を探求しようとする試みがほとんどない（ジョークのこの捨象的アプローチの批判的検討については、Norrick, 1993, 2003 参照）。この認知的アプローチはジョークを話す動機についても、受け取る側の感情状態についても何も想定しない。この点にも、ロックとの類似性がある。後で一八世紀の理論家を検討する際にわかるように、研究者がウィットの想定された清純さから「ユーモア」のもつ嘲りへ目を転ずると、ホッブズ的な感情が忍び込む。

ロックと現代の認知主義者とが多くの点で類似しているにもかかわらず、一八世紀の著作家とテクニカルに分析する今日の研究者の間には大きな違いがあり、それはイデオロギー的な隔たりを示している。今日のズレ理論家は、ジョークの分析を通してこのトピックに取り組む。ジオラは他の意味論研究者と同じように、ズレとそれが派生する認知をジョークがどのようにして具体化するかを示している（たとえば Attardo, 1993 ; Attardo & Rskin, 1991 ; Raskin, 1985, 1988 も参照）。ユーモアという一般的なトピックを研究する他の研究者も、「ジョークを分析単位として扱っている」（Davies, 1998 : 295）。通常の会話では、ジョークは何気ない一言や実際にあったおかしな話よりも笑いに占める割合が少ない（Norrick, 1993）。だが、ジョークの形式的な特徴に注目してユーモアを研究することが現代の研究者にはあまりにも当然のことのようで、そのことを特に正当化する必要がないほどだ。哲学者のテッド・コーエン（1999）が書いたのはジョークについての百ページに満たない短い本なのに、彼は百五十以上のジョークを載せている。

一八世紀のまともな哲学者が印刷物の中でそれほどたくさんのジョークを繰り返すなど考えられなかった。ウィットについての彼らの考察に、彼らの間で話されたジョークが含まれることはなかった。ロックの『人間知性論』における節はユーモアの例を入れるには短かったかもしれない。他方、ケイムズ、ビーティ、ハチソン、スチュアートらは一章や一冊まるごとをこのテーマに捧げたが、今日ならジョークと認められる実例を一切入れなかった。著者たちは自身の理論的主張をするために、有名な詩人や劇作家から引用した。シェイクスピアやポープが特に好まれた。バトラーの詩『ヒュディブラス』もそうで、特に朝の空が暗闇から「ゆでたロブスターのような」赤に変わると書いた一節がそうだった。太った男がチャイルズに行ってホールケーキを注文した、といったような話とは全然違う。

ジョークは例として不在なだけでなく、こうしたウィットについての一八世紀の研究は、お決まりのジョークを言うことについてすら考察しなかった。それらはジョーク自体ではなく、逸話や洒脱な文句を考察する。この不在は次の世紀とその後少しまで続くことになった。ジェイムズ・サリーの『笑いに関するエッセイ』(1902)はこのトピックに関する概観的な説明を与えようとするもので、これはジョークを省略している。今日の研究者におけるジョークの存在と過去の不在は、ジョークが現代的な発明品であるとの理由では説明がつかない。今日のジョークの多くは長い歴史をもっている。一八世紀の著作家たちはジョークを知っていたはずだった。彼らがジョークを言わなかったとしても、他の人がジョークを言うのに気づいていたはずである。『ジョー・ミラーの冗談』は英語で書かれた本の中でおそらくもっとも長く読み継がれた有名なジョーク本であるが、これは一七三九年に初版が出版された。この作者不明のジョーク集は、ユーモアがないことで有名で、最近亡くなった俳優ジョー・ミラーの作とされていた。『ジョー・ミラーの冗談』は非常に人気があったので、初年の内に第三版が出版された。最初の出版からわずか六年後に第八版が出た。このためビーティが笑いについての研究書を用意していた時に、当時のベストセラーの一つがジョークを編集したものであったことに気づかなかったはずがない。しかし、彼や仲間の理論家たちは、ジョークという形式が存在しないかのように書いている。

この省略の理由は明らかである。『ジョー・ミラーの冗談』は程度の低い、くだらない話ばかりである。それには放屁やセックスのジョークが含まれていた。ジョークのターゲットには著名な貴族がいて、彼らはかなり淫らな環境にいるとされた。身分の低い者たちはこのような嘲り笑いが好きだったことだろう。けれどもこれは紳士のためのものではないし、淑女のためのものであるはずもない。ウィットの本質について読者を啓蒙するために書かれた著作で、紳士の妻がそのような下品なものと出くわすなんて滅相もないことだ。笑いについて書いていた聖職者や判事や教授は、彼らが『ジョー・ミラーの冗談』を読んだことがあるかもしれないなどと思われたくなかった。それは科学上の興味の対象ですらなかった。その頃は、スカトロ趣味を研究する科学がなかった。ビーティやハチソンのような名士には、そのような科学をつくる意図がなかった。

こうした事情ゆえ現代人の目には、ユーモアについて書かれた一八世紀の書物にははなはだしい省略があるように映る。理論的観点からは、この省略は重大な意味をもつ。もしもきわどいユーモアが視界から消えれば、問題はズレをつくって解消する賢さであると示唆するようなやり方でウィットを描くのに何の障害もない。これは、『ジョー・ミラーの冗談』の淫らさを抜いた版が出版された次の世紀ではカマトトだったにしても、この時代にあってはそうではなかった。これは階級と美意識の問題だった。ビーティやハチソンは愚者ではなかった。彼らは下層階級の者たちが目上の者を嘲笑うのが好きで、主人や淑女が放屁やもっとひどいことをするジョークを楽しむのを知っていた。彼らの使用人はおそらくこうしたジョークを言っていた。けれどもこれはウィットではなかったし、そうであるはずもなかった。それはウィットとは別な何かであり、哲学的関心を惹くに値しなかった。この点で、一八世紀の笑いの哲学におけるジョークの不在は、今日の研究書においてそれがあるのとまさに同じように、ユーモアの分析が生まれるイデオロギー的な背景について多くを語っている。ズレ理論はドライで非人格的で技術的な分析のように見えるかもしれないが、認知のズレ以上のものに関わっている。この理論は、ある階級とジェンダー、ある美意識と道徳性の内部に存在し、またそれらから意味を得ている。

アディソンとコーヒーハウスのウィット

一八世紀のイギリスの理論家は、反論という緊急の課題に直面していた。対処すべき存在、ホッブズがいた。この前世紀の有名な哲学者を、理論的に劣位に置く必要があった。これは純粋な哲学にとっての課題だっただけでなく、コーヒーハウスでの会話に哲学的正当性を与えたいすべての人たちにとっても課題だった。ジョゼフ・アディソンの著作以上にこのことが明白だったものはない。彼の皮肉と、身につけた心地よい学識は、その後多くの年月にわたってイギリス文学のスタイルに影響を与えることになった。アディソンは自身をアカデミックな哲学者であると主張しなかった。『スペクテイター』十号で彼は、哲学を「物置と図書館と大学から出し、クラブと集会とティーテーブルに、それからコーヒーハウスに住まわす」(1965 edn：44）のが彼の夢であると書いた。その実現のためにはアディソンが認めたように、ホッブズが与えたのとは違う、良質のユーモアとウィットのための哲学的基礎が必要だった。

『スペクテイター』の初期の二つの論文が、それぞれロックとホッブズの見解を検討している。ホッブズについてのアディソンのエッセイが一七一一年四月二四日の四七号に登場した。ホッブズ氏は彼の『人性論』（「卑見ではこれは、彼の著作の中でもっとも素晴らしい」）で、笑いについて大変に関心をそそる観察をしている、とアディソンは始めた。これにホッブズへの反論が続くことが期待されるだろう。ところがアディソンは続けて、ホッブズの見解には賞賛すべきものがたくさんある、と述べる。「誰もが愚かさという彼より劣った状態にある人を笑う」。彼はさまざまな国の「普通の人びと」が愚者を笑うのが好きなことを示す例を挙げる。それからエイプリルフールの日に人びとが行う悪ふざけがあるが、「毎日エイプリルフールをやっている」人がいることは言うまでもない。この時点で、このエッセイはホッブズの擁護のように読める。アディソンはこう明言する。「一般に笑いと呼ばれる密やかな上機嫌、心中の誇りは、彼より低いものと比べることから彼に生じる」。

最終段落に入るところでも、まだアディソンはホッブズの線に沿って議論しているように見える。彼は、常に他人の陽気さの「的」になる人がいると言う。他人の「ウィットとからかい」にさらされるメンバーなしに、「クラブや結婚式は不可能である」。確かにこれは、コーヒーハウスの楽しい雰囲気に映されたホッブズの精神である。そのコーヒーハウスとは、おそらくコベントガーデンにあるトムズコーヒーハウスであり、この紙面の下にある注によると、そこでも『スペクテイター』が購入できた。アディソンの読者はこれに同意し、にやりとしたことだろう。彼らの仲間には、あの神話的な観客《スペクテイター》の仲間やその友人たちと同じように、ウィットのあるやつがいたし、その的になるやつもいたことだろう。

読者が満帆を揚げて波荒いホッブズの海を航海していたと思われるちょうどその時、アディソンは巧妙にも最終段落の真ん中で議論を変える。からかいの的になる者のほとんどは性格が奇妙である、とアディソンは言う。主題の帆はまだホッブズのコース上で風を受けている。風向きが不意に変わる。からかいの的になる者にはウィットとセンスのある者がいて、彼らはジョークを他の仲間に返すことができる、と彼は書く。「愚かな的は普通の人びとの会話に適するだけである。ウィットのある者たちは彼らに戯れを与えてくれる人を必要とする」。

ここがポイントである。ホッブズは鋭い心理学者として描かれているが、彼の考えは遊園地に行って道化師を笑う普通の人びととの類にだけ適用される。高級な人間は違う。彼らの的になるのは優れたタイプの人間である。この記事の冒頭に置かれたマルティアリスの警句の意味が最後に明らかになる。それは翻訳されずにこう載っていた。*Ride si sapis*（賢ければ笑え）。アディソンの読者は最新の『スペクテイター』の周りに集まり、わざと他人に聞こえるように笑ったことだろう。そうすることで彼らは仲間たちに自分たちの育ちの良さ、賢さ、古典的な教養を示したのだ。こうして優しい風が心地よいコーヒーハウスという暖かい港へ連れ戻してくれるのだった。

ホッブズに関するエッセイを書いて一月と経たないうちに、アディソンは『スペクテイター』でロックを賞賛した。これまで読んだ中でロックはウィットについて「最良でもっとも哲学的な説明」（1965 edn：16）をした、と彼は書いた。アディソンはウィットの基準を確立するためにロックを使った。彼はコーヒーハウスの笑いをカーニバルのレベルまで落としたくなかったので、ウィットの良さを判断するための哲学的基準を探していた。こうしてロックから真のウィットと偽りのウィットの区別を探し当てようとした。アディソンは、ウィットは異なる観念間の類似性を突然発見することに基づく、というロックの考えを得て、さらにある要素をつけ加えた。アディソンが主張するには、「真のウィットは観念の類似性からなり、偽のウィットは語の類似性からなる」（ibid.：17）。

だじゃれはその語が示す観念ではなく、語の類似性と戯れるので、偽のウィットの例だった。真のウィットはこれとは対照的に観念を伴い、詩的なメタファーに似ている。恋人の胸は白いだけでなく冷たい、まるで雪のようだ、と詩人なら言うだろう。このような喩えは本質的に異なる事物間の、見かけ上の類似性を伴っている。この場合、雪と（ヨーロッパ人の）女性の胸の見かけと温度である。アディソンは、概念による真のウィットと語による劣ったウィットを区別する方法論を提唱した。真のウィットは外国語に翻訳されても成立するはずだ。翻訳の過程でウィットが消えるなら、「それはだじゃれだったと結論されるだろう」（ibid.：15）。

後の著作家たちはアディソンの区別を受け入れることになった。シドニー・スミスはだじゃれへの同様な敵意を口にし、「語によるウィットは観念によるウィットよりも哀れなほど劣る」（1864 edn：126–7）と明言した。ケイムズは、未来はだじゃれのない時代だろう、と楽観的だった。明確な観念に明確なラベルがつけられるよう、哲学は言語をつくり直すのに成功するだろう、とのロックの考えに彼は賛同していた。「言語が体系になる時」、もはやダブルミーニングをもつ言葉はなくなるだろう（1854 edn：189–90）。その時には、むかつくだじゃれ好きたちの根拠が一掃されるだろう。

このような著作家たちは、真のウィットは嘲りへの欲求のような基礎的な動機なしに成立するかのように述べている。ウィットは人を楽しませる賢さとして、純粋な形で現れる。けれども、この純粋さが完全ではないかもしれないことを、その例が示している。ウィットに富んだやり方で胸を雪に喩えられた当の若い女性は、このズレを楽しみ、この男性向けの笑いに加わっただろうか？　この喩えになぜそのような快感があったのだろう？　ロックは異なる観念間の見かけ上の類似性に含まれる快感の起源について何も語らなかった。重要だったのは、観念間の縁遠さとそれらが結びつく意外性だった。しかし、他よりも陽気な気分を引き起こしやすい観念やズレのタイプはないのか？　なぜ手や額や鼻でなく、胸だったのだろう？　なぜ今日の私たちは太ったマックスを笑い、同じジョークを痩せたマックス用につくり直したりしないのか？　なぜ研究レポートで想像上の人物は、丁寧さを増し語呂を悪くして「肥満体のマックス」と呼ばれなければならないのか？　純粋なウィットの世界の裏には、感情を動かす何かが、基礎的な何かがある。

反論されたものの回帰

ウィットに関する一八世紀の理論家は、ホッブズを始末しなければならなかった。彼の理論は、笑いの社交性というヴィジョンにつきまとう悩ましい存在だった。アディソンの解決法は、望ましくない感情を社会的に劣位の者たちに投影し、真のウィットにかけられた責めを免責するものだった。他の著作家たちは、ホッブズは全面的に誤っているとする直接的なアプローチを採り、彼の笑いの理論の怪しさを嘲笑った。しかし反論されればされるほど、最初はユーモアの考察に、続いて純粋なウィットと考えられた例に、ホッブズ的なテーマが戻ってきた。それは皮肉と呼ぶのにふさわしかった。ホッブズを嘲ることは、嘲りのないウィットの理論を生み出さなかった。

多くの一八世紀のイギリスの著作家は、ホッブズを攻撃するところから笑いとウィットの議論を始めた。これはフランシス・ハチソンが『笑い論』で採った戦略で、文章は初め一七二六年に『ダブリン・ジャーナル』誌に三つのエッセイとして書かれ、後に書物として出版された。ハチソンが、最初のエッセイでほっほっほといったほとんど浮かれた調子で言うには、ホッブズ氏は「彼の哲学者としての特徴を彼の傲慢で自信たっぷりの重々しい態度にかなり負っている。明らかな不合理を主張する際に彼はこれをもっとも用いるのである」（1758：2）。ビーティも『笑いについてのエッセイ』の最初のページでホッブズを非難した。彼は上手にこきおろした。「アディソンがスペクテイター誌の四七ページでホッブズ氏の理論について語らなかったら、それは注目に値するものにならなかっただろう」（1779：307）。

ジョージ・キャンベルの著作『レトリックの哲学』は、一七七六年の最初の出版から百年以上にわたって広く読まれた。アリストテレスは『修辞学』で笑いに通りいっぺんの言及をしたかもしれないが、キャンベルはこの古代の学問をロック流の心理学の原理で最新のものにすることを試みた。最初の二章がウィットとユーモアに関するものだった。この試みは彼にホッブズへの長い非難に着手させることとなった。ホッブズの見解は「ある点で部分的であり、ある点で誤っている」（1856 edn：51）、と彼は断言した。キャンベルはホッブズに長くふれることを読者に詫び、そうするのは彼の探求の「根本原理」を示すもっとも良い方法を与えるからである、と読者に弁明した（ibid.：54）。

キャンベル、ビーティ、ハチソンは皆、笑いと優越感を結びつけるホッブズへの反論にあたって、常識に訴えた。経験から主張するハチソンの議論はすでに前章でふれている。われわれは笑う時に優越感を感じないからホッブズは間違っているに違いない、というものだった。車に乗った紳士が旅の途上で見るぼろ服を着た物乞いに優越感を感じるとしても、大笑いして体を折り曲げるのに旅の時間を費やすわけではない、ともハチソンは言った。ビーティは、もし笑いが優越感から生じるなら、「賢い者、美しい者、強い者、健康な者、そして裕福な者は、人生のかなりの部分くすくす笑い続けなければならない」（1779：310）と述べた。

キャンベルは同じテーマについて別な言い方をした。「誇り高い人は笑うと威厳が傷つけられるので笑うのを潔しとしない、としばしば言われている」のだが、軽薄な人は「傲慢で他人を軽蔑していると疑われることがほとんどない」(1856 edn : 53-4)。これらはすべて、ホッブズが間違っていると述べているのである。けれどもホッブズをすっかり片付けることはできなかった。キャンベルが「笑いのない軽蔑、軽蔑のない笑いがあり得るし、しばしばある」(ibid. : 52) と強調したのにもかかわらず、軽蔑的な嘲りやからかいが起こるのは事実だった。キャンベルが笑いの性質をウィットと対照させて論じる時、ホッブズ的原理を入り江につなぎ止めておくことができないのは明らかだった。彼は一八世紀の慣習的な用語法を使って、「ユーモアの問題とは常に性格である」、特に「嫉妬、子どもっぽい嗜好、生意気、うぬぼれや見栄」(ibid. : 38) といった性格の欠点である、と主張した。ユーモアは他者の弱点を笑うことを伴うので、その結果「からかいを含まないわけにはいかない」(ibid. : 47)。したがって一般にユーモアの笑いは、「疑いなくある程度の軽蔑を伴う」(ibid. : 51)。ホッブズを葬ることから始めたキャンベルは、ユーモアの残酷な笑いというホッブズ的見解と似たところに戻るのだ。

ハチソンは「笑いの原因」を「威厳と卑しさという正反対の概念」(1758 : 28) という観点から説明した。彼が言うには、「大変に真面目で、有能で、威厳のある人物に起きた些細なアクシデントが笑いの元となる」(ibid. : 27)。たとえば、厳粛な人の着ている服が泥で汚れると、おかしい。われわれが視界から隠そうとする「生理現象」も同じで、「高い見識を有するとわれわれが考えている人物にそれが生じたように見えると」(ibid. : 27)、おかしい。こうした対照的なものの結合をハチソンが述べる時、高さと低さ、優れたものと劣ったもののメタファーが容易に心に浮かぶのに気づく。笑いを生むのはズレではなく、非常な厳粛さと基礎的な身体的アクシデントの結合である。それは禿頭に止まったハエをぴしゃりと打つホッブズや、頭上からソクラテスにウンチをするヤモリのイメージである。よろよろ歩く威厳のある人物を笑う人は自分自身をその人物より優れていると想像していないので、優越感はないとハチソンは言う。しかしそこには、優れた人物がやり込められるのを見るのと同じ喜びがある。シドニー・スミスが『道徳哲学講義』で書くことになったように、「笑いを引き起こすズレは一般に、笑われる人への軽蔑の感情を生む」(1864 : 138)。

ビーティは、多くのユーモラスな笑いは威厳と卑しさの結合によって引き起こされるというハチソンのアイディアに取り組んだ。笑いは、「二つかそれ以上の、一致しない、適さない、ズレた部分や状況が、一つの複雑なものや集まりと考えられることによって」(1779 : 320) 引き起こされる、と彼は書いた。ビーティは威厳と卑しさの結合をこの一般原理の例と考えた。しかし彼は、笑いが特に起きやすいのは、「重要な、または真面目な、偉大な事物が、卑しい、または浅はかな、粗野な事物に、面白おかしく喩えられた時である」(ibid. : 344)、と書いた。ズレの一般原理を説明する時、彼は時を遡ってまたあの威厳と卑しさの混合にたどり着き、それは「大量の面白おかしい結合の出所を提供する」(ibid. : 353) と書く。笑いの基本はズレたものの並置であるが、「卑しさと威厳が偶然混合される場合も、ジョークの効果が高まる」(ibid. : 331) ことを彼は認める。

このようにすることで笑いが高ずる理由を、ビーティははっきり述べない。純粋な並置と縁遠さ以外に、付加的な何かがあるはずである。笑いを引き起こす卑しさと威厳の結合は、卑しさを威厳のレベルにまで引き上げるのではなく、威厳を卑しさのレベルに引きずり落とすように働く。ジョンソンは詩をキュウリに喩えたが、これは後者を賞賛したのではなく前者を嘲笑している。こうした並置は優れた人物や、優れたふりをしている人物が当然の報いを受けるのを知らしめる。これが、滑稽なこととして発見されるものなのだ。これはホッブズが考えたようなそのままの優越感ではないが、単純なズレの知覚でもない。

これが示唆することは、すべてのズレが等しくおかしいわけではないのだから、ズレの純粋な知覚理論だけでは不十分だということである。傲慢な人物に泥がかけられるのがなぜそれほどおかしいのかを、要素間の縁遠さとそれらが結びつけられる速さでは説明できない。著名な画家かつ風刺画家だったウィリアム・ホガースは、その著書『美の分析』(Hogarth, 1753) でこの問題にふれた。彼は喜劇のもたらす作用を考察したが、これは彼が全時代を通してもっとも有名な漫画家の一人であることを考えれば、簡潔すぎるものだった。ホガースの基本的な説明は、ズレ説の一種だった。「不適切な、あるいは両立しない超過物が一堂に会すると常に笑いを生む」(1955 edn : 48 強調原文)。ホガースは視覚的な解説をつけ加えた。バーソロミュー祭の市で子ども服を着た太った男のように野暮な場合に、両立しないものが特に笑いを引き起こしやすい。けれども視覚的に両立しないものすべてが笑えるとは限らない。優美でしなやかな線で両立しない形が構成される場合、それは笑いをもたらさない。画家は天上の場面を絵にする時、幼児の頭とアヒルの羽をもつ生き物を描くことだろう。「雲の周りを飛び、雲上に腰かける、こうした矛盾した小物体の群れ」(ibid. : 50) を見る時、鑑賞者が笑いで反応することはない。

キャンベルはユーモアに軽蔑が含まれることを認めたかもしれないが、それでも彼は、ウィットの動機の純粋さに固執した。しかし彼がもち出すウィットの例は、嘲笑の精神のサインを示している。これは個人的な落ち度ではなかった。というのは、ハチソンもビーティも同じ例を使っているからである。ウィットの例として、キャンベルは無神論を嘲笑うエドワード・ヤングの詩を、彼に賛同して引用した。彼はまたアレグザンダー・ポープの『髪の毛盗み』からの抜粋を引いた。これは女性が化粧品を使う時の真剣さを笑うのに、英雄的な言葉を使うというズレのあるものだった。ここでも威厳と卑しさの結合（この場合はむしろ高尚な言葉使いと些細なことと言った方がいい）が、嘲笑のために使われている。紳士たちは女性たちが没頭していることの程度の低さを知り、笑った。ハチソンのウィットの例には、ホメロスやウェリギリウスのような古代の作家についてのサミュエル・バトラーの風刺が含まれていた。ハチソンはホッブズへの独特な攻撃をつけ加えた。このような詩を読む読者は自分がホメロスやウェリギリウスより優れているなどと考えたりしない、と（1758 : 26）。もちろんその通りだ。しかし読者は、畏敬の念が捧げられている有名な古代の人物が、一段も二段も引きずり下ろされているのを見るのが楽しいのかもしれない。

キャンベルとハチソンとビーティは、嘲りというウィットに富む喜びを無視するという仕方で、ほとんど故意に目をつむる様を見せてくれる。キャンベルはもっとも印象的な例の一つを与えている。彼はホッブズを非難する中で、軽蔑はユーモアなしで生じ得ると言う。それから彼はこれを証明するために、スウィフトの「上品さ」に関するエッセイから一節を引く。スウィフトは議会が決闘を禁止するのではないかとの懸念を表明して言う。「耐え難いごろつき、詐欺師、放蕩人たちが自分の方法で互いにこの世から除去し合うことに、政治的な害悪を発見することができない。法律はそれ以外の得策を見つけることができないできたから」（Campbell, 1856 edn : 40 による引用）。キャンベルによると、こうした感情は軽蔑を表しているかもしれないが、「英語を理解する者なら、これがユーモラスだと言わないだろう」（ibid. : 40）。「ユーモア」の語の一八世紀的な意味に従ってであっても、この言い方はスウィフトよりもキャンベルについて多くを語っている。彼はスウィフトの散文の皮肉を理解しなかったようだ。

ウィットの社交性を描こうとする望みにもかかわらず、そのパーティには嘲笑が乱入し続ける。嘲笑がやって来る時、私たちには、拒否されたはずのホッブズの精神が戻って来るのが見える。しばらく後のフロイトなら、抑圧されたものが意識に浮かぶと言い、私たちが賢く無垢であると考えがちであることを示す特別な表現をジョークに見つけることだろう。キャンベルやビーティやハチソンのような著作家は、ウィットを疑惑の下に置くホッブズ的な考えを、理論上は文章から除こうとした。しかしこの疑惑は戻って来て、ユーモアの全領土を襲い、密かにウィットの王国に侵入する。反論されたものの回帰だった。

嘲りと理性

一八世紀のズレ理論には、認知的・心理学的テーマと社会学的・美学的テーマという二つのテーマを区別することができる。心理学的テーマは、笑いという反応を生み出すものを突き止めることを目指す。それは、個人がズレを知覚し反応すると述べる。これに対して笑いの社会的背景はほとんど描かれない。実質的な活動は、異種の観念を結びつける心の認知過程内で進行する、と想定されている。これはまさしくウィットについてのロックの説明にも当てはまる。

しかし笑いは社会的に共有されるべきものなので、一八世紀の理論家たちは笑いが心理学的なものであるのと同様に社会的なものであることを認識していた。フランシス・ハチソンが書いたように、笑いは「非常に伝染しやすい。なぜかというと、われわれの気分は全体的に非常に社会的なので、一人の陽気な顔つきが多くの者へ愉快を撒き散らすからである」(1758:38)。問題は笑いの原因をつきとめることだけではなく、

「われわれの本性に埋め込まれている笑いの作用と目標を検討する」（ibid.：35）ことでもあった。

笑いの作用の検討には嘲りの問題があった。一見したところ嘲りは、ホッブズが述べたある種の不快な感情を伴っていて、それは優しい上品な会話にとって非常に有害なように思える。しかしアディソンのエッセイが言うように、ある種の嘲りは他のものより歓迎されることがある。一八世紀の著作家たちが嘲りの社会的意図を検討する時、彼らは心理学的検討から今日では社会学的と呼ばれる問題に話題を変えるのだった。そうすることで、イギリスのズレ理論家たちは現代の多くの認知論的末裔とは違い、社会的一致を促進する嘲りの規律機能についての問題を提起したのである。この点で当時の笑いのズレ理論は常に、陽気さを説明するだけの理論などではなかった。

第三代シャフツベリー伯爵、別名アンソニー・アシュリー・クーパーの、非凡な、しかし不当にも見過ごされている著作以外に、これを見事に行ったものが見当たらない。アディソンが『スペクテイター』でホッブズの理論について書いたのと同年に、シャフツベリーは論文集『人間、習俗、意見、時代の諸特徴』（Shaftesbury, 1711）を出版した。ロックは彼の家庭教師を務め、彼の教育を指導した。ロックの理性と自由への傾倒をシャフツベリーは共有したが、両者の間には大きな哲学上の違いがあった。ロックは、心が観念を形成する仕方を分析する明確な心理学が、真実と偽りを区別するために重要であると考えた。シャフツベリーはそのような体系的な哲学を拒絶した。知識とは社会生活の一部であり、したがって理性とは分別のある社会行為を定める条件次第だった。

シャフツベリーの『人間、習俗、意見、時代の諸特徴』は、知識の起源の体系化というロック的な意味の哲学ではなかった。その目的とするものは、個人が自身の観念と外的世界の知覚をもっとも良く秩序づける方法を検討することではなかった。その代わり、共同体がそれ自体をもっとも良く秩序づける方法と、良く秩序づけられた共同体にはどのような信念がふさわしいかを考えることが目標だった。シャフツベリーは、道徳、政治、美意識、分別のある行為、これらが分けられない世界という考えを述べた。シャフツベリーによると道徳的な事柄について、「哲学や深い思索によって」得るものはほとんどない。なぜならそれは概して「常識とともにあり、それを越えないのが最良」(1999 edn : 61) だからだ。したがって哲学者は理論から引き出すのではなく、共同体に共有されている常識に目を向けるべきなのだ。

シャフツベリーがしたように社会生活の中心部に嘲りを置いた一八世紀の著作家は、他にいなかった。彼の考えでは、嘲りやからかいは理性的な常識の維持にとってきわめて重要だ。彼は、陽気さと嘲りと自由の間に繋がりがあるのを見た。彼の時代のイギリス人はかつてないほどの自由を楽しみ、そして「あらゆる種類のばかげたことと浪費が抜け目なく調べられ、ウィット豊かに嘲られる」(ibid. : 8) 時代もかつてなかった、と彼は言った。これは偶然の一致ではなかった。自由を脅かす危険な宗教的熱狂に対抗するために使われるのが嘲りだった。非理性的な熱狂は「厳粛な悲しみ」によって保持され、嘲りによって脅かされる (ibid. : 8)。狂信者は自分の考えを嘲りという検査にかけられるのを恐れ、それゆえ「威厳は詐欺の必要不可欠な要素」(ibid. : 9) なのだ。宗教的熱狂とあらゆる極端論者は嘲りの自由を制限しようとし、それゆえ思想の自由を危険にさらそうとする。

シャフツベリーの嘲りの擁護は、理性のレトリカルな理解に基づいていた。真実は抽象的な哲学によってではなく、会話の厳密さによって発見される。観念は、もしそれに利点があるとしても、「嘲りという検査にびくともしない」(ibid. : 8) ようでなければならない。この点で、また他の点でも、シャフツベリーは対話によって哲学的に重要な問題を検討した、古代のギリシア・ローマの偉大な思想家から発想を得ていた。プラトンの対話篇に登場する人物たちはウィットとユーモアで互いの立場を吟味し、嘲りという批判に耐える概念に達しようとした。理性が働くのはこの方法によってであるべきだった。「ウィットとユーモアなしでは理性はその証拠を得たり、何かを感知したりすることができない」(ibid.：35)。そのような巨大な仕事をユーモアとウィットに与えた思想家は珍しかった。

嘲りが理性にとって必要かもしれないという考えは、シャフツベリーの同時代人の多くを当惑させた。誤解されがちなことを彼は認識していた。多くの者にとって、嘲りは不愉快で嫌なことだった。嘲りとは、子ども服を着た男を分別なく笑うバーソロミュー祭の市の庶民のことを意味していた。シャフツベリーは、そのような種類の嘲りを考えているのではないことを強調するのに苦労した。彼は一般大衆が目上の者たちを嘲笑する自由を正当化したのではなかった。彼の嘲りの擁護には、階級とジェンダーの感覚が伴っていた。「クラブの自由と、互いに完全によく知っている紳士たちと友人たちの間にある自由を弁護するためだけに、私はあなた方に向けて書いている」(ibid.：36)。彼の理想は紳士的な精神で上品に行われる会話であり、そこでは仲間たちが「楽しく陽気に」(ibid.：62) 話すことだろう。プラトン的な対話の理想と、下品さと気難しさの間というアリストテレス的な中庸の理想が、貴族のテーブルと紳士のクラブと上質のコーヒーハウスに運ばれていた。

後の一八世紀の笑いについて書いた著作家たちは、シャフツベリーの名をほとんど引用しなかった。しかしビーティやスチュアートやキャンベルのような哲学者は、常識に関する彼の考えの影響を受けた。常識の擁護はヒュームという危険な懐疑論への対抗策を与えるので、それは彼らにとって重要なことだった。キャンベルの『レトリックの哲学』はシャフツベリーに従い、高度な形の嘲りと低度な形のそれ、あるいはバンター（banter）とからかい（raillery）を区別した。現代の読者は、バンターは親しくかつ楽しい言い方を意味し、からかいは不作法で残酷な形の嘲りを意味すると思うことだろうが、一八世紀ではこれらの語は違った意味を帯びていた。キャンベルによると、バンターは粗野な言い方で、他方でからかいは「より洗練された種類の嘲り」（1856 edn：48）だった。彼は社会的な判断を無視してこの区別を述べることができなかった。「前者は低い階級の人びとの間に、後者は育ちの良い人びとの間に広く存在する」（ibid.：48）。

バンターをからかいからはっきり区別することのできる明確な基準を、キャンベルは示さなかった。シャフツベリーは、育ちの良い嘲りと悪い嘲りを分けることに問題があることを理解する、十分な洞察力を備えていた。「誰もが自分のことを育ちが良いと考えているし、もっとも型にはまった衒学者は、品の良さとユーモアで応酬することができると思っている」（ibid.：31）。もしそうなら、紳士クラブのメンバーはバンターをしていることを認めないだろうし、誰もが自分のユーモアは、ボズウェルがチャイルズでの会話がそうであると考えたように、品良くウィットに富むと想像したことだろう。ポジティブな（良い）ユーモアとネガティブな（悪い）ユーモアの現代的な区別と同じように、自分自身のユーモア行動の話となれば、自己正当化と自己欺瞞の範囲が広いのだ。

嘲りの対象と意図

ズレの知覚が快感と笑いをもたらすのはなぜなのかを、ズレ理論それ自体は説明しない。ロックはこの問題をわざわざ追求したりしなかった。後のイギリスの理論家は、ハチソンのように笑いの原因ではなくその効果と意図を探求した場合特に、その問題を追及した。現代の社会学者ならこれを、笑いの「機能」の検討と呼ぶだろう。ハチソンおよび彼と同時代の者たちの分析上の語彙に、この語はなかった。このような意味で使われる用語「機能」は、次世紀のハーバート・スペンサーを待たねばならなかった。

一八世紀の理論家の心理学上の思索には広い背景があった。この時代の美学的雰囲気は一致と均衡を高く評価し、ズレは美意識の欠如と文明化の低い段階と等しかった。シャフツベリーはこの美学を明確に表現した。芸術や哲学、美意識についての彼の理想は、古代ローマとギリシアのそれだった。教養のある紳士は古典芸術の調和を求め、ゴシック様式や野蛮さを連想させる「下手で奇怪な意匠」(1711 : 53) を避けるべきだった。シャフツベリーは画家ジョン・クロスターマンに、トーガをまとった古代の哲学者のポーズを取った自身の姿を描くよう注文したほどだった (Uglow, 1997 : 74)。

古典的な調和と秩序の美意識を発達させた育ちの良い紳士は、人間性を十全に開発させることだろう。シャフツベリーによると、人間の心は物事の調和を感じるようにできている。「秩序と均衡の観念ないしセンス以上に、われわれの心に強く埋め込まれているもの、ないしわれわれの魂に緊密に編み込まれているものがないのは、確かである」(1711 : 273)。道徳的センスと美的センスは結びついていた。他者の性格であれ物体であれ「音楽会の演目」であれ、心は調和と均衡を好むため、自然にその一致とズレ、均衡と変形を知覚するのである (ibid. : 172ff.)。

これが意味するのは、人の諸感覚は、ズレによって美的にも道徳的にも嫌悪を感じさせられるということである。嘲りのセンスはこの嫌悪感を表現している。シャフツベリーがアリストテレスに共感して書いたように、「変形したもの以外に嘲笑に値するものはないし、均整がとれ正しいもの以外にからかいに抵抗するものはない」(ibid.：59)。ホガースは『美の分析』でこの考えの視覚的なバージョンをつくろうとした。心は対称的な曲線を美しいとするが、尖った線は醜いと知覚される。尖った図形はおかしく見られがちなので、コミカルかグロテスクな効果をもたらそうとする画家は曲線を避け、人物を直線で描く。ケイムズ長官も同様の趣旨で、人間は一致した関係や適切な関係を喜び、「一致しない関係や不適切な関係を発見すると落胆するように、自然が形づくった」(1854 edn：165) と言った。彼は、美しいものは調和しているので、少しも嘲られることがないと主張した (ibid.：184)。

これは大胆な美学だった。調和したものは客観的に喜ばしく、他方ズレたもの、調和しないものは、客観的に変形したものであり嘲笑に値する。これが意味するのは、均衡のとれているものは嘲笑に値しないのでそれを嘲笑することができない、ということである。一八世紀の著作家たちは、嘲る能力に対する信頼を繰り返し表現した。この能力は嘲笑に値するものだけを嘲笑する。シャフツベリーによると、「考えられる限りのウィットで知恵を嘲笑したり誠実さや上品さを笑う者は、十分に嘲笑に値すると言わねばならない」(1711：60)。アケンサイドは、われわれには「嘲りという自然なセンスや感情」があり、神にはそれを贈った理由があったと考えるべきだと言った (1810 edn：153 強調原文)。嘲りの能力はわれわれに言ったことと実際のズレを発見させ、そして心に「笑いと軽蔑で」(ibid.：154) 言ったことを拒絶するよう迫る。この能力は神によって贈られたものだから、「嘲りのセンスは常に正しい判断」をし、嘲笑を受けるに値するものを嘲笑する (ibid.：155)。

ドゥガルド・スチュアートは著書『道徳哲学概論』(1793) で嘲りのセンスを考察した。「嘲りの自然かつ適当な対象は性格と振る舞いにおける取るに足らない不適当さであり、それはわれわれの道徳的な憤りを引き起こしはしないし、人間の堕落という憂うつな考えをわれわれに印象づけるものでもない」（1808 edn：160）と彼は言った。嘲りのセンスは有益な意図をもっている。それは「大したことのない不完全さを近くにいる者たちの楽しみの元にするので、個々人にこうした不完全さを矯正するという難事に取りかからせる」（ibid.：160）。嘲りのセンスは些細な能力のように見えるかもしれないが、それは「人間の条件の中でもっとも際立った特性の一つ」であり、「人間のもっとも高貴で高尚な原理と本質的な関係をもつ」（ibid.：161）。

ハチソンも『笑い論』で同様に、「取るに足らぬ悪徳」（1758：51）を嘲りの対象と考えた。取るに足らぬ悪徳は、基本的にズレたものでできている。威厳のある人物がその高い地位にふさわしくない、美意識や行為や判断のふとした過ちを犯す。このズレは嘲りのセンスによって知覚され、その結果が笑いである。これが意味するのは、道徳のセンスは正しい判断をするので、主観的にではなく客観的に働き、実際に不適切な事柄を嘲笑するということである。嘲りのセンスは感情に左右されないし、不調和な行動をやめさせるという目的にかなっている。ハチソンは、取るに足らぬ悪徳は「厳かな忠告によってではなく嘲りによって効果的に正される」（ibid.：51）と言った。また、嘲りは「乱暴な見解」（ibid.：46）をもたらす危険な狂信を鎮めることができる。

このように嘲りのセンスは、人間の行動を道徳性というもっとも高い基準に一致させるよう統制するための、必須の要素と考えられている。シャフツベリーはからかいを、「悪徳の緩和剤、そして迷信と憂うつな信念に対する一種の特効薬」（1711：59）だと述べた。彼のメタファーは医学的である。「特効薬」は治療を意味し、「緩和剤」は症状を和らげるものだ。このようなメタファーを使ってシャフツベリーは、精神を高揚させ信念の正当性を吟味するからかいの力をほのめかしただけではなかった。彼はその抑止力に言及した。人は悪徳をする前と、嘲笑されるのではと感じる時の、二度考える。もちろん完全な悪人は嘲笑されることを何とも思わないし、完全な善人も別の理由で同様である。しかし両者の間にいて、「ちょっとした悪行をしたり一度は裏切ったりする」気になることがある人は、嘲笑に値する人物である（ibid.：61）。この場合、嘲られるという予想が、良い社会をつくるための規律機能を果たしている。

こうした議論はロックから遠くまで来ている。ズレの知覚は判断力より劣った、さほど重要とは言えない認知能力などではない。それは社会生活にとって不可欠な、道徳的・美的センスと結びついている。さらに嘲りは、道徳、美意識、良い振る舞いを保つのに重要な社会的役割を果たす。倫理を大きく犯した場合には極端な憤りが必要とされるかもしれないが、日常的な行動の基準を保つためには嘲りが必要であり、シャフツベリーはこれを共同生活にとって、それから常識の良いセンスにとって、きわめて重要であると考えた。

一九世紀の初期におけるシャフツベリーの影響とズレ理論の広範なイデオロギーを、シドニー・スミスの講演に聞くことができる。ここでもウィットとユーモアは彼の諸テーマにおいて突出したものだった。これらの形式の笑いは二つとも突然のズレの産物である、と彼は論じた。年寄りの聖職者が着る衣装を着た若者の姿はずれていて、「皆を笑わせるだろう」（1864 edn：132）。派手な青豆色のコートを着た商人が泥道で優雅に転ぶのも、同じ効果をもつだろう。

こう論じた後スミスは、笑いの懲罰的作用を論じ始める。多くの人びとにとって笑われるのは死より悪いことだ。笑われること、つまり「嘲笑されることへの不安は、洗練された社会ではすべての言葉と仕草を品良くする」（ibid.：139）。シャフツベリーの名を挙げたり、嘲りが信念を検証する方法を与えるという彼の異論の多い見解を引いたりすることはしなかったが、スミスは行為についてのこの第三代伯爵の哲学に沿う形で嘲りの規律機能を大まかに述べたのだった。スミスによると嘲りは、「浪費、愚行、無礼の主要な矯正法である。それは奇行の噴出を抑え、人間の意識に物事の道理という一定の基準そして常識を思い起こさせる」（ibid.：139）。シャフツベリーと同様にスミスは、嘲りは些細なものでも倫理的に疑わしいものでもない、と言った。それとは正反対に、嘲りは人間性のもつ道徳的センスの中心部にあるのだった。

客観的な嘲りから相対的な嘲りへ

笑われることへの不安がすべての言葉と仕草を品良くすると主張したシドニー・スミスは、嘲りが人に集団規範を強制するように働く作用の仕方についての一般法則を述べたのではなかった。彼の意図は先達であるシャフツベリーと同じく、現代の社会学理論とは異なっていた。スミスは社会生活についての一般理論をつくろうとしたのではなく、物事の道理という客観的なセンスを高めようとしたのである。笑いはすべての人の言葉と仕草を品良くする、とは言わなかった。彼は品の良さを特に「洗練された社会」に置いた。そう論じた後で彼は、笑われることの不安が「他者の感情と意見への鋭い意識」（1864：139）も生み出すと主張した。彼はイギリスの上流社会を忘れていなかった。そのメンバーは自分たちが鋭い感受性をもっていると信じたがっていた。その一方でスミスは、毎日彼の食事をつくったり彼の沐浴用の水を運んだり彼のブーツを磨いたりする下層階級のメンバーも、そのような感受性をもっていることについては言わなかった。

スミスもシャフツベリーも、相対的な社会学的流儀で主張したのではない。すなわち道理があり社会的に受け入られると認めるものを確立するのにあらゆる社会が嘲りを使うのであり、このようにして嘲りは全社会集団にとってその道徳的コードが何であれ有用な機能をもつ。シャフツベリーの見解では、嘲りは、美意識と品の良さについての客観的基準に沿った行動を生み出す。なぜなら嘲りのセンス（むしろ嘲りの「正しい」センス）は、本当にばかげたものに対してのみ正しく向けられるからだ。これと同様にスミスは、笑われることへの不安は道理と常識という普遍的な基準を確立するのに役立っている、と言った。これは、たまたま一八世紀のイギリス紳士に共有されたマナーと一致する、完全な、普遍的な良いセンスだった。

アディソンが真のウィットと偽のウィットを区別したように、シャフツベリーは真のからかいと偽のからかいがあると主張した。真のからかいは良いセンスの役に立つが、偽のからかいはそうではない。このレトリカルな運動は、ポジティブ・ユーモアとネガティブ・ユーモアを区別しようとする今日の著作に見られるように、お馴染みのものだ。ウィットであろうとユーモアであろうと嘲りであろうと、行動上の一般的カテゴリーが守られている。一般的カテゴリーから嫌な臭いを消すレトリカル・スプレイが効いている。シャフツベリーは嘲りのカテゴリーを彼の意図と階級に沿うようにつくり直し、それにバラの香りがするよう願ったのだ。

シャフツベリーによると真のからかいは、「良い仲間づき合いにおいて非常に不快な思いをさせるような粗野な種類のからかい」（1864：31）とはまったく異なるものだった。哲学と芸術について快活に対等の議論をする紳士のからかいと、文字通りばかにするだけの大衆のからかいを別のものとする世界がそこにあった。何が正しい種類の嘲りか述べることは可能ではない、とシャフツベリーは付言した。「真のからかいを説明することは育ちの良さを定義するのと同じくらい難しいことであり、また要領を得ないだろう」（ibid.：31）。しかしそれは、育ちの良い紳士ならすぐに良いマナーと真のからかいがどういうものかわかるだろうから、不要なことだった。育ちの悪い人は自分の欠陥に気づかないだろうから、そのことが教養のなさのサインなのだ。

驚くことではないが、誰もがシャフツベリーの見解を受け入れたわけではなかった。伯爵なら誰もが嘲りの優れたセンスをもっているとの考えは、上流階級からいくらか離れた人たちからの嘲りに対して開かれていた。シャフツベリーの死から約四十年後に出版された著作で彼が受けた攻撃の根拠は、本質的にこのことだった。ジョン・ブラウンはカーライルの主教のそばで牧師を務めていたが、ロンドンの劇場というあまりまともでない世界に引き寄せられた。彼は聖職者たちを憤慨させるようなやり方で戯曲を書き、俳優や女優とつき合った。一七五一年に彼は『諸特性についてのエッセイ』を出版した。この書物はたくさんの注目を集め、出版された最初の年に数度増刷された。

ブラウンはシャフツベリーの追随者たちに対して、特に当時『想像力の喜び』が人のうらやむほどの成功を収めていたアケンサイドに対して書いた。ブラウンはアケンサイドをシャフツベリーの「もっとも熱狂的な追随者」（Brown, 1751：88）の一人と述べた。ブラウンのエッセイの要点は、シャフツベリーを直接的で無礼なやり方で攻撃することだった。嘲りは、少なくとも真の嘲りは、真実を発見するためにさまざまな意見を検証する手段である、とシャフツベリーは言った。この見解の怪しさを、ブラウンは実に楽しそうに示すのだった。

ブラウンが言うには、嘲りはレトリックの道具である。他のレトリックの道具と同じように、それは「真実を友にするためにも偽りを友とするためにも」(ibid.：46) 使うことができる。論争においてどちらの側も嘲りを使うことができ、「清教主義の不機嫌さでさえ、それどころかクエーカー教の気難しさでさえ、時にはくつろいでジョークに身を任せた」(ibid.：50)。さまざまな人たちが互いに嘲笑うものだ。「哲学者よりもだて男の方が嘲笑うに値するのか、それともだて男よりも哲学者の方か?」(ibid.：48)。ブラウンは、真のウィットは高い美意識をもつ育ちの良い男性にのみ見られるとするシャフツベリーの考えに挑んだ。ブラウンは田舎の定期市での人びとの注意は、かなりが「道化師の下品ないたずら」に占められているかもしれないことを認めたが、「誤った印象に影響されやすいのは小作人と地主で等しい」(ibid.：67)。

人はひどく変形したものだけを笑うとするシャフツベリーの考えに関してブラウンは、「本当に立派なもの、本物は、しばしば狂ったもの、醜いものとされ、それゆえ実際に軽蔑と嘲笑に値するものになる」(ibid.：56 強調原文) と言った。その顕著な例が、ソクラテスを嘲笑うアリストファネスだった。この偉大な哲学者は確かに尊敬すべき存在だったかもしれないが、たやすく嘲笑の的になった。彼にふれてブラウンは、「ワッピング〔ロンドン東部の地区。当時貧民街〕での優れたユーモアは、シティ〔ロンドンの金融街〕ではむかつくものとして拒絶される」(ibid.：54) と言った。本当に嘲笑に値するものだけが嘲られるとシャフツベリーが考えたなら、ブラウンは「この高貴な著者が話すところを見られたら嬉しかったろう」(ibid.：55) とコメントした。

このような考えが相対主義へ向かう変化のように聞こえるなら、それは間違いだ。ワッピングにとっての真実とシティにとっての真実があり、どちらが正しいのかを誰も決められない、とブラウンは言っていない。彼は、紳士的な会話で実践される嘲りが真実を発見する方法であるとの考えに反対したのだ。彼は「嘲りではなく理性が偽りの検出器、真実の検証だった」(ibid.：41 強調原文) と断言した。理性のもつ真実がどのようにして発見されるのかを彼は言わなかった。彼はただ理性のもつセンスを信頼した。彼のエッセイは、明確で曖昧さのない真実があるとの仮定に満ちていた。冒頭でブラウンは、「真実とキリスト教のために」(ibid.: ii) シャフツベリーに反対すると宣言している。シャフツベリーは良きキリスト教徒ではなく理神論者であるとの古い風評を、ブラウンは扇動していた。

ブラウンは奇妙な男だった。聖職者として彼はシャフツベリーの考えを恐れたかもしれないが、彼自身はさまざまな教会職を続けることができなかった。彼は、乱暴な口をきく人、悪態をつく人として知られていた。彼の演劇趣味は職業として適当とは思えなかった。シャフツベリーの「丁寧さ、快活さ、上質のユーモアの勧め」(ibid.: 5) に同意したかもしれないのだが、そうした振る舞い方では理論と実践との間に断絶があった。生涯を通してブラウンは突然の逆上の期間と、それに代わってやってくる抑うつの時期に悩まされた。友人たちは彼を見放した。一七六六年に、彼は喉を切って自殺を図った。

ブラウンのシャフツベリーに対する攻撃はしばらくの間、人気のある理論の痛いところを突くものだった。そのことは、一八世紀イギリスのズレ理論の理論家全員に一致したところがなかったことを思い出させてくれる。彼らは一つの路線に従う統一された集団ではなかった。ロック流のテーマは哲学上の一つの方向へ向かわせたが、他方で常識の哲学は別の方向へ引っ張った。ユーモア哲学の黄金時代のこうした著作を読む現代の研究者は、パッケージ全部を受け取るのではなく、自分の意図にとって役立つ部分を借用しようとしている。もっとも顕著なのは、人間は突然のズレを笑うというロック流のテーマが彼らに特にアピールしていることだ。研究者たちは細かな技術を使ってこの基本的なアイディアを洗練させた。そうすることで彼らは、もともとのイデオロギー的な背景からズレのアイディアだけを取り出している。

また、シャフツベリーとスミスの規律に関する仮定はブラウンの反エリート主義に結びつけられたが、両者に共通する確かさという文脈は除かれた。その結果は、より相対的な嘲りの社会学的見解への変化だった。常識《センスス・コムニス》は絶対的な良いセンスを示すものではなく、各社会集団ごとに認められる良いセンスになった。現代の理論家にとってこれの利点は、なぜユーモアがすべての社会に見られるのかという問題に取り組ませることだ。これはシャフツベリーやスミスらのような思想家を悩ませる問題ではなかった。彼らはユーモアを全人類に均一に存在する共通した要因と考えようとはしなかった。彼らはユーモアの諸タイプを区別して、紳士的な笑いと下品な笑いを分けようとした。真のウィットと偽のウィットは別の世間に属するだろうと考えた。こうした理論家たちは人類学以前の時代にいた。彼らがイギリス国内の同じ町における、定期市での笑いと知的なクラブでの笑いの途方もないギャップを思い浮かべていたのなら、イギリス紳士のウィットと世界のどこかの部族民の笑いとのギャップは、彼らにとって文字通り想像を絶していた。

役に立つ要素をあれこれ選ぼうとさせる誘惑は、こうした著作が今日の私たちにお馴染みのテーマを表していることを示している。近代初期の哲学は近代後期に生きる人びとにとってまったく無縁ではない。社会的な、そしてジェンダー的エリート主義を伴う紳士クラブという考えは、もはやアピールしない。しかし笑いの良さという仮定を共有することや、ホッブズや他のミソジラストの憂うつな伝統を消し去りたい気持ちに共感するのは、私たちにとって簡単なことだ。そして私たちは、会話という社会的背景の中に笑いを置く思想家の洞察に注目することができる。そうすれば批評家たちも、ポジティブなものを強調するのは時代の習わしに従っているのだと気づくだろう。

ズレ理論の理論家たちが統一された集団でなかったのなら、このことはユーモア理論がユーモアの実践を反映する仕方について何かを語っている。ユーモアが共有されていても、誰もが同じ美意識を共有しているわけではない。社会的な違いもあり、これは目に止まりやすい。紳士的な理論家にとって自分のウィットの美意識が、田舎の定期市での農民のそれとは異なっていることは間違いなかった。しかしこうした違いのすべてが、階級や文化の間の亀裂を反映していたわけではない。ジョン・ブラウンはシャフツベリーのユーモアを、この伯爵の追随者たちの神経に触るようなやり方で嘲笑うことができた。繰り返しやってくる暗い気分の時、ブラウンに笑いをもたらすものはほとんどなかった。ビーティのユーモアの分析は重々しく厳粛で、アディソンやシドニー・スミスの軽快さに欠ける。こうした違いは気質の違いではないか、少なくともユーモアを楽しむ気質に関係しているのではないかと考える人がいるだろう。実際、ビーティにはワイズクラブの会合で一緒に笑う仲間がいなかったようだ（Forbes, 1824）。

ユーモア理論は知らぬ間にこうした美意識の違いを表現することがあるし、それはしばしば単なる美意識の好み以上のものを示す。何かが笑われ別の何かが笑われない時、そこには必然的に道徳性が伴う。ユーモア理論は一般的な考えを含んでいるだけではない。その理論が提唱するアイディアが何であれ、理論家は理論を書き、例を選ばねばならない。そこにはレトリックの力の及ばぬ隠れ家はない。例を挙げるのを避けても、美意識という道徳性を表現してしまう。このことをショーペンハウアーの例に見ることができる。

一八一九年に世に出たショーペンハウアーの『意志と表象としての世界』は、ヨーロッパ哲学における画期的な著作である。その著作の中で彼は前世紀の認知的アプローチを越えようとし、哲学に感情の心理学を導入した。ロックやカントや他の合理論者は人間性の一部を扱っているだけだ、と彼は論じた。世界についてのわれわれの観念を述べるにあたり、彼らは理性的な要因だけを検討している。理性は人間性のもつ強力な力の一つ、すなわち感覚的感情の力と絶えず相争っている、とショーペンハウアーは主張した。このように意志は絶えず観念と闘っている。こうして彼は、合理論から離れようとする哲学的動向の先駆けとなった。フロイトはショーペンハウアーの哲学を、精神分析の中心的アイディアの先鞭をつけたものとして認めることになった。ショーペンハウアーは「感情の支配と性の最大の重要性を主張しただけでなく、抑圧のメカニズムにさえ気づいていた」(Freud, 1925a, 244) と、フロイトは明言した。

『意志と表象としての世界』に、ショーペンハウアーはユーモアについての短い節を入れた。驚くべきことに、感情の力に基づいてユーモアを理解する彼はフロイトの先駆者ではなかった。実は彼の説明は、ロックと同じように沈着冷静な認知的なものだった。ロックや、特にカントとまったく同じように、ショーペンハウアーはユーモアをズレの知覚という観点で説明した。「笑いの原因はあらゆる例において、概念と現実のものとの間にあるズレのたんなる突然の知覚であり、それを通して両者に何らかの関係があったことが認識され、そして笑いそのものはこのズレのたんなる表出である」(Shopenhauer, 1987 : 52)。

この主張の自信のほどは明らかである。あらゆる例において笑いとは、世界についてのわれわれの観念と現実のものの知覚との間の、たんなる知覚されたズレである。情動は一切関係ない。『意志と表象としての世界』第一版では、彼は例を挙げる必要を感じなかった。「ここで話を中断して私の理論を説明する例として逸話を述べるつもりはない。非常に単純でわかりやすいのでそうする必要がないからだ」(ibid.：52)。しかし第二版では、例を挙げる必要性を確信するようになった。彼はいやいや譲歩した。「常に受け身の状態を好む読者の精神的他力性を助けるために」(ibid.：55)、例を挙げるのだった。これほど露骨に読者を侮辱するのは、著述上の戦術ではめったにない。

ショーペンハウアーが挙げた例のうちのいくつかは、彼の理論を説明していないためではなく、うまく説明しすぎてこの理論家の道徳的な美意識を顕わにしたため、不適当なものだった。最初の笑えるものの例として、ショーペンハウアーは円に一点で接する線を挙げている。線が円と接する時、実際には線は円と平行なのだが、あたかも線と円の間に角度があるように見える。そこにズレがあり、「もしそのような角度がわれわれの眼前の紙の上に見える場合、容易に笑みをもたらすであろう」(ibid.：55)。ショーペンハウアーはそのような円と線を誰もが面白がると確信しているようだ。ユーモアのセンスがなく、また遊びのセンスもない高尚な哲学者だけが、そのような奇妙なことを書けるものだ。おそらくショーペンハウアーには、哲学的な文章の草稿を読んでもらって反応を見るためのワイズクラブを欠いていた。ワイズクラブの陽気な人物なら、円と線のズレが必ずしも笑いを引き起こさないことを、少なくともショーペンハウアーが目論んだようには引き起こさないことを、紳士的に、如才なく教えたことだろう。机の上に描いた図形を見て大きな独り笑いをしている哲学者を想像して、思わずにやりとしそうになる。

ショーペンハウアーはウィットと愚言を区別した。人が異なるものを同じ概念の下に意図的に結びつけるのがウィットだが、明らかに異なる二つのものを一つの概念によって本当に同じであるかのようにしてしまうのが愚言である。彼は愚言を、知ったかぶりの例で説明した。知ったかぶりとは、「理性によって導かれようとする人である。すなわち、彼は常に一般概念、規則、原理から発しようとする」(ibid.：53)。知ったかぶりの考えることは抽象的すぎて、現実世界の複雑さにおいては道標として役に立たない。その結果、「概念と現実の間のズレがそこで顕わになり」(ibid.：53)、知ったかぶりは愚かに見えるのだ。ショーペンハウアーは例を出さなければよかった。ここは、円と接線とユーモア理論家が良い実例になったかもしれない箇所である。

しかし事態は悪化し、にやりが止まる。ショーペンハウアーは「誰にも」笑いを招くと考えるズレの例をもう一つ挙げた。彼はアメリカで解放された一人の「ニグロ」が顔を白く塗って白人のふりをしたのを挙げた。その男の子どもが最近亡くなり、彼は墓碑銘に「愛する、若くして折れた百合」(ibid.：57)と掘ることにした。おお、残された父親が亡くしたわが子を、美しい、折れた花に喩えるとは何と滑稽なことか！　百合の青白さと、亡くなった子どもの黒い肌の間のズレはとてもおかしいではないか！

このズレによるショーペンハウアーの浮かれた様子はショッキングだ。いったい誰が、当然哲学者でさえ、悲嘆に暮れる父親を肌の色のせいで笑うことができるだろうか？　どのような道徳的な無知と優越感がこれを可能にするというのか？　こうした笑い方はあの時代のものだ、と言うのはたやすい。ショーペンハウアーはこの例が誰にとってもおかしいはずだと考えた。そして彼は想像上の誰もから、悲嘆に暮れる父親を暗に排除した。平等政策に関わっていたビーティが同じように考えたとは考えにくいし、サミュエル・ジョンソンはなおさらである。ジョンソンは奴隷制反対において、また元奴隷の市民権擁護において妥協しなかった人物である。ボズウェルはジョンソンがスコットランド人を嘲笑うジョークを言ったことを記録しているが、アフリカ人や奴隷にはそうしてくれる人がいない。彼が不用意なジョークを言ったなら、ボズウェルによると使用人というよりも友人だったという従者のフランク・バーバーが、すぐにたしなめたことだろう。そしてもしバーバーが突然の深い悲しみに襲われたなら、ジョンソンが彼の肌の色について無慈悲な冗談を言うのは想像しがたい。

ショーペンハウアーが語ったことは、非情な心にある特殊なタイプの笑いが伴うことを示している。必ずしも誰もが同じターゲットに対して同時に非情になるというわけではない。そこには単なるズレの知覚以上のものが含まれている。笑うことのできない人は、ショーペンハウアーが考えたように必ずしもズレを知覚できなかったわけではないし、知覚の誤りが修正されたら笑いが単純に、必然的に生じるというわけでもない。

ショーペンハウアーの哲学はユーモアの複雑さについて私たちに教えるものが、許容し得るものの言い方の道徳性について議論したイギリスの笑い理論家たちよりも少ないかもしれない。しかし彼は例の選び方を示すことで、ある重要な教訓を提供してくれた。強い偏見と冷酷さをもって笑うのは庶民だけ、無教養で非哲学的なルンペンの庶民だけ、とのインテリの言葉を誰も信じてはならないのだ。

5章
ヴィクトリア朝時代の放出理論

一九〇二年、フランスの若い哲学者ルドヴィク・デュガは、「笑いの理論はすべて、哲学の刻印を帯びている」（Dugas, 1902：138）と言った。ユーモアについての主要な理論はすべて笑い予報をするだけではないから、それは賢明な意見だった。笑いの理論がおかしさを説明しようとするなら、真面目さとは何かを理解する必要がある。確かに、優越理論やズレ理論に哲学的刻印を見つけるのは難しいことではなかった。これらの理論は、ホッブズやロックのような人物と関連する哲学的栄光の雰囲気を漂わせる世界にあった。これと同様にデュガが魅力を感じた放出理論も、「笑いが圧力を解放するでしょう」と予報するだけのものではなかった。それもまた、哲学的刻印とともにやって来たのである。

放出理論の起源は十九世紀の唯物論哲学にある。正確に言うなら、この理論の起源は二人のイギリス人思想家、ハーバート・スペンサーとアレグザンダー・ベインの論争まで辿ることができる。人間の心を生理学的用語で説明しようとする中で、スペンサーとベインはそれぞれの放出理論を打ち立てた。ベインは一八五九年に出版された『情動と意志』で、笑いについて考察した。このベインの著作の批評を、スペンサーは一八六〇年の一月に発表した。その二ヶ月後にスペンサーの笑いの生理学に関する論文が発表された。ユーモアについてのスペンサーの見解にベインは、『情動と意志』の後の版で応答した。

この論争が生じた時代と場所が意味深い。ベインの著作が出版された同年に、ダーウィンの『種の起源』も現れた。この本は教養のあるイギリス人たちにショックを与え、彼らを論争の渦の中に投げ入れ、確実に、人間性についての思索を以前と同じものではあり得なくした。一見したところ、笑いについてベインとスペンサーが非常に些細な論争をしたタイミングは、ヴィクトリア朝時代のイギリスにとってジョークだったように見える。ほお髭のスペンサーとあご髭のベインが、彼らの周りで起きている思想上の大変革におかまいなしに、笑いの原因について真剣に論じているとつい想像してしまう。しかし、実はそのようなものではなかった。スペンサーはダーウィン革命の中心人物だった。ベインにも、彼が演じる役割があった。それからわずか数年後に、ダーウィンは『人及び動物の表情について』（1872）でスペンサーとベインの両者を引用して、笑いについての論争に加わった。

このように、放出理論は知的歴史の決定的瞬間に形成された。したがって、他の二つの主要な理論的伝統を理解するために用いた歴史的な焦点から離れないことが適切だ。放出理論はさまざまなアイディアの刻印を帯びていて、それらは後に生理学と進化心理学の発展にとってきわめて重要となった。今日の生理心理学において中心的な考えである「ニューラルネットワーク」のアイディアが、ベインに発するとした心理学者もいる（Wilkes & Wade, 1997；Wade, 2001）。スペンサーは進化論的な考えを心理学に導入したことで賞賛されていたし（Young, 1990）、彼はまた現代心理学の知的創始者であるとも目されている（Andreski, 1971）。スペンサーとベインの論争は心理学の新しいアイディアの先鞭をつけただけでなく、優越理論とズレ理論の古い争いに新しい形を与えもした。

ベインとスペンサーの経歴

笑いの理論が哲学の刻印を帯びているという考えは話の半分にすぎない。というのは、哲学もまた、その時代の痕跡を帯びているからだ。さりげなくであれはっきりとであれ、哲学はそれが形成された時代の希望と恐れを表現するものだ。そしてその語彙と表現スタイルは、さらに時代の刻印を帯びるものである。哲学はその歴史的刻印を、文字通り直接帯びることがある。図書館で過去三百年の間に出版された哲学的著作のオリジナル版を載せている棚を眺める人には、そのことが明らかだ。ざっと見るだけで、十八世紀のズレ理論の時代と十九世紀の放出理論の時代の違いが伝わる。笑いについて書いた十八世紀の著作家たちは、当時の作家として時おり、薄い革製の本をつくる傾向があった。これに対してベインとスペンサーの場合、布でカバーされた膨大な著作集を見ることになる。本の並びには著者の名がつけられている。彼らの大作の二版や三版は大幅に改訂され、良心的な図書館に購入を強いる。こうした本の物質的な堅固さは、読むのにかなりの気力を要することを伝えている。このような本は机の上で開かれるべきものであり、コーヒーハウスにもち込んで、飲み物をすすりながら片手で読むような本ではない。

ベインは一八一八年生まれで、スペンサーより二歳年上だ。彼らは生産的な長い生涯を過ごし、どちらも一九〇三年に亡くなった。両者とも自伝を書き、死の翌年に出版された。ベインは著名な学者で、長年にわたりアバディーン大学の教授職にあり、退職後はその大学の名誉総長に任命された。最初彼は修辞学と言語学を講義したが、専門家としての関心は哲学と心理学に移っていった。これと対照的に、スペンサーは大学の職に就くことはなかった。彼は著述業で生計を立てようとし、生涯独身で、貸しアパートで暮らした。二人の思想家のこうした環境は、それぞれの性格に合っていた。ベインは社交好きで、大学の談話室での噂話やたくらみ事を楽しんだ。スペンサーは孤独な人物で、しばしば健康状態を言い訳にして人づき合いを避けた。下宿屋で食事時の会話が思考の脈絡を乱す時は、彼は耳栓をした。身体の健康状態とエネルギーの枯渇にいつも悩まされていたので、神経の過度の興奮という危険を避けるために耳栓が必要なのだ、と彼は言うのだった。実際、ほとんど興味のないことを人から話しかけられると、彼は耳栓に頼った。スペンサーにとって重大なアイディアと些細な会話は別だった。

彼らが生きていた当時、二人とも重要な独創的思想家として知られていた。ベインはジョン・スチュアート・ミルのような仲間の哲学者から尊敬されていて、人間の思考操作についての伝統的な問題を再検討するのに彼が生理学における新発見を用いたことを、ミルは評価した。ベインは雑誌『マインド』を創刊したが、これは当時の主要な哲学者からたくさんの原稿を引き寄せた専門誌だった。スペンサーの評判の規模は全然違っていた。彼の名はダーウィンの名と同じくらい知られていて、しばしばダーウィンと結びつけられた。スペンサーは彼の世代のもっとも偉大な哲学者と呼ばれ、崇拝者たちには「当代のアリストテレス」（Bowne, 1912：217）として知られるようになった。この古代の祖先と同じように、このヴィクトリア朝時代のアリストテレスは、特定の学問分野における専門家であることに満足しなかった。彼の著作の範囲には限界がないようだった。太陽系の歴史、社会組織、生物学の原理、地質学、道徳、鉄道の時刻表の作成法というように、スペンサーの哲学的思索の及ばないものはなかった。すべては巨大プロジェクトの一部であり、彼はこれに四十年以上の歳月を捧げた。彼の目的は、現存するあらゆる知識を説明する単一の枠組みを生み出すことだった。この真面目な統合理論の中に、他のあらゆるものとともに、笑いの理論が占める十分な場所ができることになる。

スペンサーは強力な論客だったが、彼が笑いについて書く哲学者としてはもっとも資格のない一人であったと断言する良い例がある。彼の賞賛者でさえ、当代のアリストテレスがその知的才能にもかかわらず、ユーモアのセンスに欠けるのを認めていた。スペンサーと同席するのはあまりに堅苦しいので、主人と家族は高名な客を応接室に残したまま自分の家なのに裏口から逃げ出したことが一度あるという（Sully, 1918：292）。この真面目な男は意図しないで楽しさを撒き散らし、人をかなり楽しませた。スペンサーのことを書く時ほどウィリアム・ジェイムズが楽しそうに意地悪かったことはない。スペンサーの死後に出版された自伝の書評で、ジェイムズは彼に、「小さな過ちの発見者、些事にうるさい人」（James, 1911：111）とのあだ名をつけた。スペンサーは、「まるで小さな事も大きな事も、視野の同じ場所で等しく彼の注意を引くかのような、感情的パースペクティブのない奇妙な感覚」（ibid.：112）を与える、とジェイムズは書いた。これはスペンサーについての俗物的な物言いだ。スペンサーが見せたのは、グロスミスの有名な小説『ダイアリー・オブ・ア・ノバディ』の登場人物プーターのような、頑固でユーモアのない人物像だし、それは人に蔭で忍び笑いをさせる。けれども彼の自伝は名もない人の日記ではなかった。スペンサーは、プーターの地に住む偉大な哲学者だった。

ベインもスペンサーも、シャフツベリー伯爵やケイムズ長官のようなイギリス社会の伝統的エリートに属していなかった。スペンサーはダービーで私立学校の教師の息子として育った。父親は彼に自助努力と勤勉と宗教的懐疑主義の徳を教え、また洗練された高級な美的感受性よりも実践的知識を重視した。学校を出てからスペンサーは、ロンドン・バーミンガム鉄道の技師として働いた。二十代の時、紙を安全にまとめるピンや速度から汽車が着く時間を計算する装置といった道具を発明した。彼はまた、さまざまなテーマで雑誌に論文を寄稿し始め、二十代のうちに技師の職を離れてジャーナリズムの仕事に就いたが、後に哲学的な執筆に専念するためこれをやめることになった。だが生計を立てるのは容易ではなかった。彼の最初の著作は彼に金銭面での犠牲を強い、十分な収入を得て専業作家を続けるのをあきらめることになった。

『総合哲学大系』という壮大な著作を書くために、スペンサーはあらかじめ資金を集めることにし、予約購読者に年四回刊行の著書を送ると約束した。定期的に規定の字数の文章を出版することで生活していたヴィクトリア朝時代の他の作家たちと同じように、スペンサーの経済状況は簡潔に書くだけでは満たされなかった。あの壮大な哲学大系のほぼ四分の三が完成した時、彼は、純粋に社会学的厳密さのために書いたと読者に約束する『社会学研究』の中で、聖職者の三十パーセント以上、ほぼ全員英国国教会所属が、年四回支払いの約束を破っている（1897 edn：439–40）、と報告せずにいられなかった。

スペンサーの初期の経歴は、ベインのそれと比べるなら楽なものだった。ベインはスコットランド高地の極端に貧しい環境で育った。十一歳で学校を出てから、彼は父親と同じように織工として働きはじめた。周囲の者にわかるほどの鋭い知性、ひたむきさ、そして貧しい者たちに教育を与える施策のおかげで、彼は出自よりも上へ昇ることができた。青年の頃、夜学へ通った。スペンサーと同様に、彼はロンドンと季刊雑誌の世界に引き寄せられた。このような状況で彼はミルと出会った。何年もの間ベインはアカデミックな職を得ようとしたが、うまくいかなかった。スコットランドの自由教会派のメンバーたちと同様、高い地位にある国教会支持者らが、彼の採用に反対したのだ。一八六〇年、彼はついにアバディーン大学の論理学教授の職を得た。彼は大学からの収入を、雑誌の記事とさまざまなコースのための教科書を書くことで補おうとした。心理学に関する彼の大著『情動と意志』と『感覚と知性』は、学部生の教育という目的にとっては専門的すぎたが、哲学コースのための教科書になった。

ベインとスペンサーは今日では典型的なヴィクトリア朝時代の人物のように見えるが、こうした経歴と彼らの見解を考慮するなら、二人はアウトサイダーである。彼らはヴィクトリア朝時代の急進主義者であり、伝統的な保守性から自由であることを誇っていた。二人とも宗教ではなく、科学の側にいた。スペンサーは生涯を通して徐々に宗教に反対するようになったし、ベインは自分の葬式の際に宗教的儀式をしないようにとはっきり頼んだ（Bain, 1904：415）。二人とも高等教育機関に支配的だった古典と神学の授業を受けなかった。そして二人とも科学教育を支持する文章を熱心に書いた（Bain, 1879；Spencer, 1861）。ジョン・スチュアート・ミルがラテン語とギリシア語の勉強に愛着を抱いていることに、ベインは賛同しなかった（Bain, 1882）。二人は、道徳的センスは紳士的教養と古典芸術の美意識によるとする、シャフツベリーの考えを共有するような男たちではなかった。身分や宗教的正統性ではなく、達成と発見を尊重していた。

笑いについてのスペンサーのエッセイの第一段落が、古い美意識への関心がまったくないことを示している。スペンサーはホッブズ流の理論を疑問視し、「われわれがよくできただじゃれを笑う時」（1864a：105）、誰の尊厳も傷つけられることはない、と言った。アディソン、シャフツベリー、ケイムズの亡霊たちが震え上がったことだろう。彼らの紳士的な感受性には、よくできただじゃれの可能性の余地はなかった。スペンサーとベインは、技師と科学者という新しい世界の象徴だった。ダーウィンがもたらした大騒動の中では、誰の側に立つのか疑いの余地がなかった。

今日スペンサーを、残酷な社会哲学をもつ超保守主義者と呼ぶのはたやすいことだ。彼の断固とした社会ダーウィニズムは、彼の著作を無視する現在の傾向をつくるのに貢献した。「最適者生存」の語を流行らせたのはダーウィンではなくスペンサーであり、彼はその語を政治哲学として提唱した。チャリティや救貧法のような方法は弱者と生物的不適者の生存を許すという考えを基にして、それらに反対することを書いた人物への尊敬の念を表明するなら、やっかいなことになるだろう。ダーウィンは個人的にも政治的にも、スペンサーより寛大だった。

『種の起源』の八年前に、スペンサーは『社会静学』(1851)で「ダーウィニズム」的なテーマを公表した。人間性が改善される可能性があるが、それは種の発展を支配する厳密な法則に従うことによってのみである、と彼は主張した。より弱いメンバーは、より強いメンバーが生存することができるように、絶滅されねばならない。こうして弱者の個人的な不幸は、より大きな集団的善のためになる。

病気のために肉体的に強靱な仲間との競争ができなくなった労働者が、その結果、困窮に耐えねばならないというのは非情なことのように思える。寡婦と孤児が生きるための努力を強いられ、さもなくば死なねばならないというのも非情なことのように思える。しかし、個別にではなく全人類の利益との関連で考える場合、こうした過酷な災難は最高の恩恵に満ちていると考えられる。病気の両親をもつ子どもを早く墓に送るのも、生気のない者、不摂生な者、流行病の犠牲者となって衰弱した者を選び出すのも、同じ恩恵である（Spencer, 1851：323）。

合理的な科学的思考が不合理な感傷性に取って代わるべきだ、とスペンサーは主張した。宗教や教育といった話題では多くの場合、いわゆる科学的原理というのは急進主義の側にあった。『社会静学』には、女性の権利の賛成論や、帝国主義への反対論、伝統の擁護、特に聖職者の権威の擁護への反対論といった主張が含まれていた。君主制が大衆にアピールするのは、人類がその人間性を改善するのにはるかな道程を要することを示している、とスペンサーは論じた。晩年、君主制についての彼の見解はいく分穏やかなものになった。それでも彼はその不合理性を信じていたのだが、即座に廃止するのは困難だと考えていた。「人びとの平均的な感情は毎日示されている通りなのだが、彼らから国王を取り上げるのは子どもから人形を取り上げるより適切なわけではないようだ」（1904, Vol. II：465）。彼に爵位を与えることが提議されることはありそうになかったし、もしあったとしても、このイングランドのアリストテレスは断っただろう。

スペンサーは些事にうるさい人だったかもしれないが、世の中の習わしにはうるさくなかった。スペンサーにとってとても大切な友情の一つが、小説家ジョージ・エリオットことマリオン・エヴァンスとの友情だった。二人はともに有名になる前に出会い、それぞれの野望を互いに励まし合った。スペンサーが尻込みしそうなロマンチックな感情を彼女が望んでいたことは、あり得る。ジョージ・エリオットが既婚者である文芸批評家のジョージ・ヘンリー・ルイスと暮らす家を建てた時、彼女は上流社会から追放された。スペンサーは彼女の誠実な友人、賞賛者であり続けた。自伝で彼は、彼女とルイスは「友好の不変性という点で、私が知っているいかなる既婚のペアをも凌いでいた」（1904, Vol. II：319）、と的確にコメントした。

スペンサーは世の中の習わしを軽視していたかもしれないが、嘲笑という慣習的な楽しみを追い求めもしなかった。実際、ごくたまに彼は屋外で釣りを楽しむことがあった。楽しみを得るときも彼は真面目だった。釣りもそうだった。彼は釣りざおの新しいジョイントをデザインし、そのテーマで論文を発表した。自伝で彼は自分の興味の多様さを、「科学の分類から釣りざおのジョイントの改良まで、進化の一般法則からズボンのチャックの改良モードまで」と書いた。「この大きなものと小さなもの、重要な事柄と些細な事柄の対比にはおかしいと言っていい何かがある」(Vol. II : 436)、と彼はコメントした。彼にはこのおかしさを説明する理論があった。

生物学と機能

エッセイのタイトルをスペンサーが「笑いの生理学」としたのは偶然ではない。笑いに関する彼の理論はベインのそれと同じように、神経エネルギーの興奮と放出についての生理学的なアイディアに基づいていた。実のところ、ベインもスペンサーも生理学者ではなかった。彼らは人間の思考と経験の本質という大問題を理解するために、生理学的知識を使っていたのだ。表向きはベインもスペンサーも、前世紀のイギリス経験論哲学者が関わったのと同じ問題を扱っていた。特にベインは、心が知識を生み出すために諸感覚をつなげるやり方に関心を抱いていた。この点で彼は、ホッブズやロック、それから一八世紀の連合主義者であるデイヴィッド・ヒュームやドゥガルド・スチュアートらと同じ領域にいる。ところが彼のアプローチもスペンサーのアプローチも、非常に異なっていた。

どちらも一八五五年に初版が出版されたベインの『感覚と知性』とスペンサーの『心理学原理』に、生理学的アプローチをはっきり見ることができる（引用はどちらも第三版から）。二冊とも生理学から始まる。『感覚と知性』は、定義を説明する前書きの九ページが済むと神経系の詳しい解説に取りかかり、その後に続く章では筋肉運動の解説に移る。生理学についての約三百ページが終わってようやく、ロックやヒュームやスチュアートらの出発点だったもの、すなわち心による諸感覚と諸観念の連合を、ベインは一気に論じる。もちろんベインは、身体と心が密接につながっていることを漠然と語った最初の思想家ではない。デイヴィッド・ハートレイは『人間論』で同様のことを言ったが、詳しい知識を伴っていなかった。解剖学的に詳細な記述を研究のまさに出発点に置くことで、ベインは心の生物学的理解の重要性を主張したのだ。

そのことはスペンサーの『心理学原理』も同じで、その著作は神経系の長い解説で始まる。冒頭の一文は、ショッキングなほど静かな調子だ。「もっとも低次の動物ともっとも高次の動物には、一方の小さな自己移動性（self-mobility）と他方の大きな自己移動性以外に顕著な違いはない」（Spencer, 1881, Vol. I : 3）。人間は特有の心的能力を有する、そしておそらく魂も有する、との主張に基づく人間と他の動物との大きな区別を、この新しい心理学はしなかった。動き回る能力が大きな違いを与える。生物学的衝撃によって人間はただちに降格させられる。ヴィクトリア朝時代のイギリスの状況で、『心理学原理』の最初の一言は、ダーウィンが書くあらゆる文章と同じくらい挑発的だった。

スペンサーの冒頭の主張は、ロックの『人間知性論』の冒頭の一文と非常に異なっていた。「人間を、感覚を有する他の諸存在の上に立たせ、彼に彼らに対する優位性と支配力を与えるのは、知性である」（Locke, [1690] 1964 : I, 1 : i 強調原文）、とロックは宣言した。著名な唯物論者ホッブズでさえ、同様の考えを共有していた。彼は『人性論』を、「心の能力」と「身体の能力」を区別することから始めた。彼は、身体の三つの主要な能力とは「栄養供給力、動機力、生殖力」であると述べた。これらの身体的な力は「心の力」の分析には関係ないので、したがって「身体の力の詳細な分析は、当の目的のためには必要ない」（Hobbes, 1999：22）。

これとは対照的にベインとスペンサーは、身体の力を心的な力から分けることができないと主張した。ホッブズが「動機力」と名づけたものは、認知と感情がどのように働くかをベインが解明する時、中心に位置していた。以前の哲学者らがたいしたものでないと退けた筋肉運動に、ベインは重要な心理学的意義を与えた。他の筋肉反射とともに笑いの筋肉反応が、哲学的冷遇の世界から温かく迎え入れられようとしていた。『感覚と知性』と『心理学原理』は両者とも、最初の数章で神経系の解剖学的特質の概略を説明する。どちらも神経細胞および神経中枢間の結合について述べるが、スペンサーの説明は高次の動物から低次の動物までにわたり、他方ベインは人間の心理学に集中する。神経系の説明の下に横たわるのは機能に関する疑問である。スペンサーは技師のように、神経系のさまざまな部分がどのようにして一緒に働くのかを理解したいと言う。神経系はどのように機能するのか？　構造の問題を機能の問題から上手に切り離すことはできない、とスペンサーは言った。「われわれの考えでは構造と機能は緊密に関係しているので、一方をそれとなく参照することなしに他方を合理的に説明することは、たぶん不可能だ」（Spencer, 1881, Vol. I：46）。

スペンサーによると、神経系はエネルギーを受け取り、そして運ぶ（ibid.：49）。神経系は撹乱要因を受け取るとそれによって動き始め、そして「動きの解放者」として、また「解放された動きの配給者ないし配分者として」（ibid.：47）活発に働く。たとえば知覚の働きは、神経系内に複雑で多様な興奮を引き起こす。べインは拡散の法則（Low of Diffusion）を認めてこれを提唱し、感覚によって引き起こされた興奮が全身に拡散すると言った。最初の刺激が強いほど拡散が大きくなる（Bain, 1865：6–7 参照）。しがたって知覚は、手を握ったり頭を回したり目を動かしたりといった、二次的な筋肉活動を伴うことがある。内臓器官でさえ知覚刺激の処理とともに興奮し、拡散し、拡張するエネルギーのこうした過程によって動かされることがある。

この新しい心理学的な見方は、人間の経験を権威ある地位から引きずり下ろした。人間心理の多くは意識性を越えたところで起きているので、意識だけでは話が不十分だった。ベインは『情動と意志』で習慣と反射の重要性を強調し、それらは「ほぼ無意識に遂行される」（Bain, 1865：6）と述べた。スペンサーによると神経系の撹乱は、触感覚の圧力感、筋の緊張、温度、音などから生じ、いつでも起こっているので、絶えず「無数の不明瞭な波があり、二次的な波、三次的な波が発生し、あらゆる方向に動き回り、不明瞭な効果をもたらす」（Spencer, 1881, Vol. I：93）。

人は今この瞬間の感覚と感情に気づくことがあるかもしれないが、それは神経学的氷山の先端部にすぎない。全身を巡り、姿勢と反射を引き起こし、内臓器官の反応をもたらす等をする神経エネルギーのとめどない旅に、人は気づくことがない。ウィリアム・カーペンターはイギリスの生理学者で、その仕事をスペンサーもベインも引用したが、彼はそのような神経の過程を「無意識の大脳作用」（Carpenter, 1879）と呼ぼうとした。人間精神のこのイメージによると、人は自分自身の心理状態を適切に知ることが決してできないのだ。無意識の心理学への決定的な動きが起きようとしていた。

スペンサーと進化論

スペンサーはベインよりも、きわめて重要な点で先に進んでいた。彼の心理学理論は、進化の原理の周りに全科学的知識を統合するという壮大なプロジェクトの一部だった。彼は自伝でこの巨大な図式の起源をこう語った。「一八五八年の最初の日々が、私の生涯の残りを捧げる事業の始まりだった」(1904, Vol. II : 18)。この正確な日付が重要だった。彼は自分の網羅的な進化論哲学のプロジェクトがダーウィンに先行していたことを示すのに、頭がいっぱいになっていたのだ。後の著作にスペンサーは、彼の進化論的アイディアは『社会静学』や『心理学原理』第一版や他の雑誌記事に見られ、すべて『種の起源』に偶然出会った決定的な日の前に書かれた、と主張する詳しい脚注を入れた。

確かに『社会静学』(1851)には進化のおおまかなアイディアがあった。その著作でスペンサーは、社会と有機体は、同じ進化ないし発展の原則に従う、と言った。もともと社会は粗雑で未分化であり、全成員が同じ活動に参加していた。長い年月の間に社会は、有機体が解剖学的により複雑になることによって進化するのとまったく同じように、専門的な役割を開発して成員に与えることによって適応性を向上させる。有機体は分化するが、各部分はしだいに結びつけられる。「これと同じ、似た部分の融合と、似ていない部分の分離が(機能の分割の進展と同様に)、社会の発展においても生じる」(ibid. : 453)、とスペンサーは述べた。

これは巨大なアイディアになりそうだった。有機体、社会、そして物理的宇宙も、未分化で単純なシステムからより分化した統合した構造になるよう発展する。ダーウィンの「自然選択」の概念を欠いていたが、これは進化論だった。もっとも、スペンサーは後に自然選択に誤りを見つけることになるが（Spencer, 1893）。彼によるとそれまでの哲学者は、人間には確固たる性質が備わっていると考えていた。しかし人間性は発展の渦中にある。政治はこの発展を助けることを目指すべきである。しかしスペンサーは生物学的進化の理論以上のことを言った。自然であれ生物であれ社会であれ、あらゆるシステムは同じ原則に従って発展する。二十世紀にこの考えは「システム論」として知られることになる。笑いについてのスペンサーの理論は、こうした発展の一般原則の例を与えることを意図していた。

総合的知識のための多数の巻からなるプロジェクトをスペンサーが練っていた時と、一八六二年の第一巻『第一原理』の出版の間に、ダーウィンの『種の起源』が出た。それは決定的なタイミングだった。世間の人びとには、ダーウィンの追随者というスペンサー像が確立されることになった。『自伝』でスペンサーは、ウォレスとダーウィンがリンネ協会に提出した論文を初めて聞いた時を正確に記録しようと骨折っている。彼は一八五八年のエッセイのコピーをダーウィンに送り、彼が成し遂げたことをダーウィンが賞賛する返事を報告している。スペンサーが言うには、その手紙が「ダーウィン氏の見解と私の見解の関係に関して流布している間違いを、他の何よりも効果的に追い払う」。彼はその手紙を引用しようとする。読者はページをめくる。そこには手紙がない。ダーウィンの賞賛を繰り返すのは「趣味に合わない」、というスペンサーのコメントがあるだけだ（1904, Vol. II : 27–8. 手紙の文面については Duncan, 1908 : 87 参照）。スペンサーは、自慢するのははしたないことだということに気づいていると言うが、自慢することがたくさんあるとも言う。俗物が姿を見せる瞬間である。

スペンサーはダーウィンの『種の起源』を初めて読んだ時の反応を述べている。正確に言うと（正確にと言うのがまったくふさわしい）、スペンサーは彼の反応がどのようなものだったはずかを述べている。彼は腹を立てたとか、いら立ったとかしたのかどうか思い出せなかった。「しかし、もしそのような感情が起きたのなら、有機体の進化を正当化する理論を知って感じた喜びに圧倒されたものと信ずる」（1904, Vol. II : 50）。彼は自分の思想の独自性を強調して、もし有機体の進化がダーウィンによって正当化されたなら、彼自身のものであることが疑えない有機体以外の進化の理論はそれに対応して強められる、とつけ加える。したがって彼は、喜んだと考えたのだ。

たくさんの些細な事柄をこだわって記録するスペンサーが、あの重要な著作を読んだ時に感じたことを思い出せないとは奇妙に思えるかもしれない。彼には嫉妬を感じていたかもしれないことに気づく、十分な自意識がある。おそらく最初のショックの後、彼は心から全感情を閉め出した。これは耳栓をするのと心理的に同じことである。しかしまだ、彼の神経エネルギーは解放されねばならなかった。彼は机に戻らなければならなかった。常になすべき仕事があった。ダーウィン氏への手紙は、一人の進化論者が別の進化論者へ書くように書かれなければならなかった。

スペンサーの自伝が出版された頃、フロイトはジョークに関する本の最後の仕上げをしていたところで、すでに夢解釈と記憶違いに関する著作を数冊出版していた。晩年のスペンサーが無意識的動機という新しい考えを知っていたとは考えにくい。確かに、スペンサーが初めてダーウィンを読んだ頃は、嫌な考えや嫉妬心が意識から抑圧されることを述べる一般的な語彙がなかった。フロイト以前の世界では、俗物たちは自身の気品のある意図を無邪気に信じることができた。そしてそれを見た傍観者は愛想笑いをするものだった。高潔な哲学者がつまらないことで引き下ろされるイメージはいつでも楽しませてくれる。空を見つめるソクラテスも、ホッブズのはげ頭の周りを飛ぶハエも、耳栓をするスペンサーも。スペンサーには不合理なところがあり、それが後に進化という大テーマから離れてベインと交戦状態に入らせた。そうすることでオリジナルな理論を生み出した。彼が認めようとしなかった彼自身の一貫しない行動が、必然的に、そして生物学的に非常におかしい理由を、その理論がはっきり説明するかもしれない。

ベインと放出

笑いについてのベインの理論は多くの要素からなり、ホッブズ流の仮定、生理学的推測、いたずらをする時のユーモアにおける個人的な快感を含んでいた。快と苦の全般的な生理学的説明をする『感覚と知性』で、ベインは笑いの生理学的作用について予備的なコメントをした。彼は、快は「生命機能」の増加と関連し、苦はその減少と関連する、と主張した（1868a edn : 283）。これに例外があることを彼は認めたが、一般にこの原理は正しいと主張した。笑いは活力を高め、「生命力を高める」（ibid. : 291）ので、この原理に合っていた。だがこの主張は、とりわけ主要術語があいまいなためにやや弱かった。

『情動と意志』でベインは笑いのテーマをかなり長く扱い、関心を笑いの作用から原因に変えた。その著作で彼は一八世紀のズレ理論の理論家たちに反逆し、彼らの敵であるホッブズの優越理論に戻った。彼はズレ理論の怪しさを指摘した。笑い以外のものを引き起こすズレたものがたくさんある。「重荷を背負った老いぼれ、人込みの中にある五個のミートローフと二匹の魚、調子外れの楽器、軟膏に入ったハエ、五月の雪」等々である（1865 edn : 247–8）。

ズレが笑いの原因でないなら、何が原因なのだろう？　ホッブズは嘲笑の陰に優越感があると言ったが、必ずしも笑われる人に対して優越感を感じるわけではないので、彼は間違っていた。しかしホッブズは正解に近かった。大事なのは優越感ではなく、面目つぶしの感じだった。人や観念の面目がつぶれることによって、快感がもたらされる。「滑稽さが起こるのは、他の強い感情を引き起こさないような状況で、威厳を備えた人や関心事の面目がつぶれた時である」(1865：248)。ベインはこの定義を『精神・道徳科学』にも入れた(1868b：315)。ベインは一八六六年に初版が刊行された教科書『英作文と修辞』でこの基本的なアイディアをさらに詳しく述べた。作文における滑稽なものの主要素は、「力、威厳、真面目さと関連する人や関心事が、直接または間接的に、面目をつぶされることによって与えられる」(1877 edn：74)、と彼は言った。学生が文やパラグラフをつくる練習として、ベインはホッブズの笑いについての記述を附録に載せた(ibid.：274–7)。

『情動と意志』でベインは、一八世紀の理論家たちがホッブズの反論としてつくったウィットの例に、面目つぶしの要素があることを示して楽んだ。彼が言うには、一八世紀の著作家たちは悪意の次元を見落としていた。もっとも「温和なユーモア」でさえ面目つぶしの要素を伴っているが、「品位の失墜は、あたかも優しい煎じ薬によって緩和されるかのように、隠される」(Bain, 1865：249)。たとえば、ジョージ・キャンベルが挙げる例をかなり詳しく調べるなら、それらがある動機の痕跡を帯びていることを知ることができるが、その動機を彼は猛烈に否定するだろう。それらには、高貴な人物の面目をつぶすのを楽しむという、見えない悪意が含まれている。その例としてベインは、アン女王についてのアレグザンダー・ポープの詩を引用した。

三つの王国を従える、ここに御座します偉大なるアン女王
時おり助言をし、時おりお茶をする

(Bain, 1865：252nに引用)

ベインの引用の仕方には、反抗的なことに面白さを見出す彼のセンスが示されている。ベインが書いていた頃、別の高貴な女王〔ヴィクトリア女王〕が王座に就いていたのだから。ジェイムズ・サリーは、ベインが「陽気なファルセットの笑い声と小柄な体を揺らすのを伴奏にして、ミルや他の有名人についての滑稽な話をするのが」(Sully, 1918：183) 好きだったと回想している。

笑いによる快すべてが賞賛に値するわけではない、とベインは言った。後の著作『科学としての教育』で彼は、ユーモアを「反社会的感情と悪意」の大見出しの下で考察し、子どもの遊びと笑いは「悪意という心地よい刺激」(Bain, 1879：76) を含んでいる、と述べた。『英作文と修辞』で彼は、他者の面目をつぶすことによる歓喜は、さまざまなレトリカルな手段によって減少する、と書いた。たとえば、面目つぶしがお世辞といっしょになされることがある。その例は評論家ド・クインシーで、彼はカントを偉大な人物だと述べながら、言葉の精妙さに鈍感なので文章を大工に測ってもらわなければならないくらいだ、「時には二フィート八インチ掛ける六インチになるのもある」(Bain, 1877：76) と批判した。ベインが漠然と述べたのは、一見紳士的なユーモアのように見えるものにも悪意の性質があるということだ。「われわれはしばしば無邪気なからかいや無害なジョークを耳にする」が、そこにはたいてい面目つぶしという中心的な要素がある、とベインは書いた (ibid.：76)。面目つぶしは、「一般に、人間の公平な共感性の受け入れるものではない」

(ibid.：76) と言ったのを除いて、ベインは悪意の要素が隠される理由を考察しなかった。

『情動と意志』におけるベインの例の多くは面目つぶしを直接扱わず、別の主要な理論的主張、すなわち笑いがしばしば拘束からの解放を伴うことを例証するのに使われた。彼が言うには、もしわれわれが厳粛な姿勢から急に解放されたなら、「学校から解放された子どものように、続いて浮かれた気分の快復が起こる」(1865：250)。これは、快の感情は通常、神経エネルギーの増加と関連しているとする、彼の全般的な生理学的法則と合っていた。拘束からの解放は神経エネルギーの増加と快をもたらし、それらが笑いという結果を生む。ベインは拘束からの解放に続いて起こる笑いを、面目つぶしのアイディアと結びつけた。普通、人は、「品位、厳粛さ、威厳のある属性をもつ物事」(ibid.：250) の前では拘束された姿勢を保たなければならない。もしその品位、厳粛さ、威厳の面目がつぶされたら、人は慣習的な拘束から瞬間的に解放されて喜ぶ。校門から駆け出す学童のように自由になったエネルギーのうねりが全身を巡り、そして人は笑う。

これが意味するのは、嘲笑は瞬間的な自由感を与えるということである。ベインによると、真面目さと陽気さは「永遠に対照的」(ibid.：251) だ。通常、真面目さが生活上の諸条件を支配している。学童が校門から駆け出す時に示す「自由、気まま、元気」の感覚は、「仕事、難事、困苦、それから立場が要求するもの」(ibid.：251) によって抑止されている。これはヴィクトリア朝時代の生活と理想の古典的な記述である。規律と自己コントロールが必要とされ、勤勉さが時代の風潮だった。社会と道徳性の全基盤が拘束にあった。「真面目さ」は、仕事、難事、勤勉に伴うとベインが説明した時、彼はそのようなものが、「政府、法律、道徳性、教育その他の、厳格で人を拘束する社会制度を生み出す」(ibid.：251) とつけ加えた。

けれども、「見せかけだけで中身のないもの、気どり、傲慢、自惚れ、虚栄、横柄、おめかし」(ibid.：

251）を嘲笑して楽しむ時、快楽がはじける。これらはみな嘲るに値するターゲットである。この点でベインは前世紀のズレ理論の理論家たちの後追いをしていた。そしてベインは彼を現代的な心理学に引き入れる一言を加える。「われわれは本気で感じている自尊感情すら控えたり、位が落ちた人を満面の笑顔で迎えたりする傾向が時おりある。だがそうするのはわれわれの良き本性に反している」（ibid.：251）。要するに、人は嘲笑ってはいけないものを嘲笑って大喜びすることがある。笑いは秩序への反逆である。それは社会的拘束という真面目な要請を混乱させる、危険な瞬間への誘惑だ。

このような言い方のあちこちに、笑いのフロイト理論の基本要素が散らばっている。快楽と社会生活が要請するものとの間に、基本的な葛藤がある。笑いには攻撃的要素があり、それは社会生活に必須の拘束も含む何らかの拘束に対する反抗の中にほとばしり出る。さらに偽装の要素もある。攻撃感情は愛想の良い感情として現れ、受け入れがたい動機は受け入れられやすい動機に偽装される。人間は楽しんではいけないものを楽しみ、その楽しみの本質を偽るようにされている。ベインはこうした問題を追及しなかった。彼はいたずらっ子のように反抗のそぶりをちらりと見せた。彼はお茶をする女王を笑う。彼の小柄な体が揺れる。それから真面目な厳しい仕事に戻る。貧困という過酷な暮らしから彼を救ったのは、笑いではなく勉強だった。

スペンサーと放出

一八五九年に『情動と意志』が出版されて間もなく、スペンサーはその書評を『内科・外科評論』誌に書くよう頼まれた。彼はその仕事を引き受けたが、何年も後に言うには、その理由はベインが進化の問題に十分な注意を払っていないと感じたためだった。うるさい人の名の通り、スペンサーはできる限り正確にベインとの関係を記した。「ベインと私は、友情というのは正しくないとしても、親しい関係にあった。……後に私たちはもっと親しくなり、ついに心底からの関係を確立した」（Spencer, 1904, Vol. II : 46）。その書評に続いて、スペンサーが彼自身の理論を展開した笑いに関する論文が出た。

心的状態における身体器官の重要性をベインは認めている、と賞賛することからスペンサーは書評を始めた。スペンサーの評の主要な点は、ベインが十分にそれを行っていないことへの批判だった。ベインのアプローチは心理学研究の古いやり方より先に進んでいるが、まだ完全に科学的なものではないので、「基本的に過渡期のものである」（1864b : 122 引用はスペンサーの『エッセイ集』第二集から。これにはベインの書評と笑いについてのエッセイが再録されている）。ベインは、感情を外面的な特徴で分類する古い形而上学者に追随した。スペンサーによるとこれは、クジラを魚に分類した古代人のようなものだった。自然科学の手続きが採用されるべきだ。大事なことは、神経系との関連で感情の構造と機能を検討し、それから「動物王国のさまざまな階級の端から端まで、感情の進化を調べつくす」（ibid. : 129）ことだった。

笑いに関して言うなら、自然科学の手続きはベインの面目つぶし理論への反論を余儀なくさせた。こうしてスペンサーは彼のエッセイの最初の段落で、良くできただじゃれについて書いた。すべての面目つぶしが笑いを生むわけではないし、すべての笑いが（すなわちよくできただじゃれを笑う笑いも）面目つぶしによって引き起こされるわけではない、と彼はベインの理論に「致命的な反論」を行った。これは一八世紀の思想家たちがホッブズに向けてした古い議論の最新版だった。スペンサーが目指していたのは、「予期していなかった観念の対比」が笑みと笑いという反応をもたらすのを示して、ズレ理論を神経エネルギーについての理論として再度練り上げることだった（1864a：105）。

笑いは感情によってつくられる「筋肉の興奮」が表に出ることである、との仮定からスペンサーは始めた。ベインと同じようにスペンサーは、「ある程度を越える感情は習慣的に身体行動に表出されるという一般法則」（ibid.：110–11）に同意した。意図的な身体行動を生む感情状態もあれば、意図しない身体行動を生む感情状態もある、と彼は主張した。恐怖は典型的には逃避という意図的な反応を生む。これとは対照的に、「笑う際にする胸郭と手足の動きは目的をもたない」から、笑いは意図しない反応である（ibid.：111）。笑いの行動は外部のいかなる有益な用途にも向けられていないので、その機能は神経エネルギーの調整にあるに違いない。スペンサーのアプローチは生理的であって社会的ではない。人びとをまとめたり楽しさを伝えたりといった社会的な用途を笑いが満たすかもしれないことを、彼は考慮しない。浮かれた笑いで身体が揺れることがめったになかったスペンサーにとって、蓄積された神経エネルギーを消費するという生理的機能に役立つことを除けば、笑いに用途はなかった。

もしそうなら問題は、笑いという身体運動によって消費される「神経力の過剰」を何が引き起こすのかである（ibid.：111）。軟膏に入ったハエや五月の雪についてのベインの指摘を知って、ズレ自体が過剰な神経エネルギーを引き起こすと言うのは不適当なことをスペンサーは認めた。さらに、拘束からの解放が笑いの原因であると言うのは単純すぎる、と彼は述べた。スペンサーの解決策は巧妙である。「意識がそれと知らずに大きなものから小さなものに移る時のみ、すなわちわれわれが下向きのズレと呼ぶものがある時のみ、笑いはその結果として自然に生じる」（ibid.：116 強調原文）。

この主張を説明するためにスペンサーが使った一例はいささか奇妙なものだ。彼はある演劇を想像する。

そこでは観客が、ヒーローとヒロインが仲直りするのを、楽しそうに、そして同情しながら待っている。突然上演が中断される。子ヤギが舞台のそでから舞台の上に入ったのだ。この動物はあちこちで鼻をクンクンさせる。観客は笑う。観客は舞台上の登場人物に感情移入しているので、この笑いは彼らに恥をかかせようとする欲求を意味するのではない。それとは別の原因があるはずだ。観客は劇に集中していた。神経エネルギーは劇の終盤を期待して蓄積されていた。劇の中断のため、このエネルギーは別の解放を必要とした。これが下向きのズレである。観客の注意はドラマの大きな場面からヤギという小さなズレへ引き寄せられた。よって笑いの爆発が起きた。

下向きのズレの他のもっと分かりやすい例を挙げる方が容易だろう。女王が時おり助言をし時おりお茶をするというポープの二行連句の平凡さが、このパターンに合致する。高尚な哲学者がハエを打ったり食卓で耳栓をしたりするイメージも同様である。畏敬すべきものから嘲笑すべきものへ、高貴なものから些細なものへ、哲学者の偉大な思考からその堅い文章を測る大工へといった、下降である。何人かの現代の心理学者はこの下向きのズレという考えを取り上げて、なぜ面白いズレとそうでないズレがあるのかを説明しようとした（Apter, 1982；Wyer & Collins, 1992）。スペンサーの主眼は滑稽なズレの例を示すことではなく、笑いの機能を過剰エネルギーを発散させる手段として理解することだった。上向きのズレは、解放されていない神経エネルギーの増強にならない。というのは、エネルギーがその上昇に吸収されるからである。突然の下向きのズレはエネルギーを余分なものにする。人は、神経エネルギーを必要とする大きな出来事に集中する。突然その大きな出来事が中断され、そして蓄積されたエネルギーは他のはけ口を見つけなければならなくなる。突

スペンサーの理論は大きな単位から小さな単位へ行き、その逆ではないという点で、それ自体が下向き理

論である。笑いは大きな社会という単位の観点で上向きにではなく、個人の神経系の観点で説明される。このようにスペンサーは、社会生活における陽気さと真面目さとの永遠の対立についてのベインのヒントを受け入れない。たとえば、笑いは社会で必要な拘束の結果として蓄積される緊張を排出するので、「社会的有機体」をうまく機能させると主張することができたはずだ。学童が校門から駆け出し、過剰エネルギーを消費する。このエネルギーの解放は無害なので、子どもたちは翌朝すなおに学校に戻ることだろう。スペンサーがこのように笑いの社会的機能を説明していたら、なぜ笑いの共有がよくあるのかを考察したかもしれない。このように、彼の下向きのズレの理論は笑いの社会的性質を見落としている。

さらにスペンサーは下向きのズレという自身のアイディアを、ベインの面目つぶしの考えと結びつけることができたかもしれない。畏敬すべきものを嘲りと結びつけることで、人は嘲笑する。君主が助言もするしお茶もすると考える下向きのズレによって、彼女の威厳が傷つけられる。もしお茶と助言の順序を逆にしたなら、このジョークは台なしになってしまう。スペンサーのヤギの例も、この見地から解釈することができるかもしれない。上演中、観客は拘束された姿勢をとらねばならず、動いたり話したり咳をすることは許されない。観劇中の緊張の中断が、この拘束から解放させる。さらに、観客はそのような拘束を強いていた役者をたねにして快感を覚えることがある。このようにヤギへの笑いは、役者が不愉快な顔をしていたり芝居が台なしになったりしたのを見ての面白さでもある。

スペンサーがベインの面目つぶしの考えを論破するのに成功した、との意見をベインが受け入れなかったのは間違いない。『情動と意志』の第三版でベインは、だじゃれは他者の面目つぶしなしでもなされるとのスペンサーの主張を取り上げた。ベインが言うには、「私はそのようなだじゃれを一つとして聞いたことがないので、彼（スペンサー）がそうした種類のものをつくることを心より望む」（1899 edn：263n）。彼はスペンサーに、無害で面目をつぶさないだじゃれをつくるよう挑発した。これには、挑発したことでベインは満足したとの印象を受ける。友情とまでいかない親しい仲だったので、ベインは論敵が機転の利くジョークを言う人ではないことを知っていたのだろう。

日常会話で人がだじゃれをどのように使うかを分析した近年の研究者は、ベインが喜びそうな証拠をもたらした。ノーリック（Norrick, 1993）によると、だじゃれはそれを聞いた人が分かるかどうか試すため、「互いの攻撃性をもたらし、話題になっている会話を乱す」（ibid.：25；Norrick 2003 も参照）。面目つぶしが必ずしも特定の個人に向けられる必要はないが、そうであってもなくても、話者たちを拘束する会話のルールには向けられる。だじゃれはこのルールから解放される瞬間を知らせる信号だが、他方でこのルールに従っている他の話者の会話の流れを乱す。したがってだじゃれを言うことは、他者の会話を乱す攻撃的な行為でもある。

要するにベインの面目つぶしおよび拘束からの解放という考えは、真面目な会話を嘲笑う反逆的ユーモアという社会理論に拡張することができたはずだ。そこから拡張して、社会コードを乱す者に規律を守らせるよう嘲笑が使われるとの理論までは、比較的短い道のりだった。社会学への関心に限界があったベインはこの道のりを歩まなかった。これと対照的に、哲学的検討事項に他のものと一緒に社会学を含めたスペンサーは、嘲笑にそのような重要性を与えなかった。

スペンサーと笑いの進化

スペンサーが笑いの社会的機能を分析するように理論的に上向きの方向へ行かなかった理由のひとつは、彼が笑いのトピックを、進化の法則を説明するために使ったためである。下向きのズレは彼の議論の一部をなすにすぎない。次のステップは、下向きのズレに続いて起こる神経エネルギーの増大が、なぜ笑いという結果をもたらすのかを説明することだった。笑いは、最少抵抗の法則（Law of Least Resistance）と彼が呼ぶ進化の一般法則に従う、と彼は考えた。この法則が言うには、システムはもっとも行いやすい運動のパターンを確立することによって順応する。なぜなら、システムが出会う抵抗が最少だからだ。有機体であろうと非有機体であろうと、システムが規則正しく生み出すあらゆる動きを、この進化の法則が保証するとスペンサーは予想した。

スペンサーの法則によると、神経エネルギーは筋肉抵抗なしになされる身体運動で使い果たされる傾向がある。顔面筋肉は非常に頻繁に使われるので、鬱積したエネルギーへの抵抗がほとんどない。これらの筋肉は下向きのズレによって生まれたエネルギーを発散させる必要がある時、すぐに利用される。その結果生まれた神経経路がしだいに確立され、その種の生物学的構造の一部として世代から世代へ伝わるようになる。このようにして人類は、下向きのズレの知覚への反応として、微笑みと笑いという生理学的メカニズムを受け継ぐ。ダーウィンと同様にスペンサーは、獲得された性質が受け継がれると信じていた。

後にスペンサーは笑いの分析について言及する時、「最少抵抗の法則」の起源を注意深く記した。『心理学原理』の後の版の脚注は読者に、その法則がこの著作の初版に登場したこと、それどころかそれ以前の論文にも登場していると告げていて（1881, Vol. 2：539–60）、『第一原理』（1864c：300）の脚注でも同じことをしている。この法則の起源はスペンサーにとって特に重要だった。ダーウィンの考えから発展したのではなかったからだ。

『第一原理』における議論は、スペンサーが笑いのトピックをどれほど真面目に受け止めていたかを示している。それは笑いが彼にとって本質的に重要だったからではなく、進化の原理を説明する別の例を与えてくれるからだった。笑いの考察が現れるのは『第一原理』の十章で、そこでスペンサーは運動の法則を扱っている。有機体であろうと非有機体であろうと、あらゆる物体は運動の法則に従い、それが物体の適応と進化を導く。スペンサーはここで惑星の運動を考察し、それから笑いへとズレて下降する。後者に関しては、「感情の無目的な発散があり、それはまず口の周囲の筋肉に影響し、続いて発声器官と呼吸器官に、それから手足に、そして脊柱に影響する」（1864c：301）。このことは、「特別な道筋が開かれていない場合、神経中枢で進展した力が最少の抵抗をもたらす水路に沿った運動を生む」（ibid.：301）ことをうまく示している。こうしてこの反応は、進化によって伝えられた習慣性の運動になる。星雲の凝縮や惑星の運動の考察のすぐそばに、笑いの場所が見つかる。もちろんこれが、スペンサーがこのトピックを最初に考察した場所である理由だ。軽いトピックをたまたま見つけたというわけではない。

スペンサーの理論は、笑いの全理論の中でもっとも統合されたものの一つだ。すべてが互いに矛盾しない。彼はなぜあるズレが笑いを生み、他のは生まないのか説明する。これは社会習慣や内的動機や直接的な状況と関係ない。その理由づけは生理学的だ。つまりエネルギーが蓄積され、そしてそれが放出されねばならないのだ。下向きのズレが小さいなら、顔面筋肉の動きは笑みを浮かべる程度で十分だろう。もし下向きのズレが大きいならもっと多くの筋肉に影響が出て、エネルギーが消散するまで発声筋肉がハッハッハと音を出し、わき腹が手で打たれ、全身が歓喜で揺れ動く。この広範な最少抵抗の法則は太陽系のいたるところで働いているのを見ることができ、笑いの反応がどのように進化してきたのかを説明する。それは、機能的であるが、本質的に目的のない反応である。

スペンサーは個人的にも自身の理論の実践を真面目にやっていた。彼は大切なエネルギーを笑いのような目的のないものに浪費したくなかった。彼は自分に、もっとも「静かで悦に入った笑み」(Sully, 1918：290)を許していたと伝えられている。ある生物学的心理学の歴史研究者は、今日では、スペンサーのアイディアのもった影響力を思い起こすよりも、彼を嘲笑する方が容易だと述べた(Young, 1990)。しかしダーウィンは、『人及び動物の表情について』でスペンサーの笑いの理論を賞賛した。彼は、スペンサーが多くの感情表出の「真の理論」を与えたと、そしてスペンサーが「進化論の偉大な解説者」だと考えた。彼はまた、感情があるレベルを越えると神経エネルギーが身体運動に広まるとのスペンサーの説を讃えた(1896：8 ff)。それとは対照的に、ダーウィンはベインの感情の理論を不正確だと批判した(ibid.：7)。

公平に言って、これほど非常に統合され、また同時に詳細な笑いの心理学理論をつくり出した哲学者は、スペンサー以前にいなかった。彼の説明はホッブズやロックやショーペンハウアーの考えを、心理学の進歩の初期段階のものにする。かつての職業だった技師のように、スペンサーは理論的パーツを注意深く並べ、スムーズに動くように概念的メカニズムにオイルを差す。下向きのズレの仮説から筋肉エネルギーの生理学理論まで一貫した諸概念が、互いにかみ合った一連の歯車とはずみ車をなす。全装置が堂々と核心を外しながら、正確にブーンとうなりを上げて諸概念が回る。

多元的正統性へ向かって

ベインとスペンサーはそれぞれの放出理論を、ちょうど一九世紀の半ばを過ぎた時期にまとめあげた。ベルクソンとフロイトがユーモアについて書いた二十世紀の初めまで、笑いの本質について心理学的な大革新がなかった。その頃心理学は、アカデミックな学問として確立し出していた。放出理論は古い二つの伝統的な理論の地位を奪わず、それらの傍らに位置を見つけた。心理学者がユーモアにふれるとき、面目つぶしやズレや放出といった概念的要素のカードがシャッフルし直され、再度配られ、少し異なった理論的手札になった。これは驚くことではない。ベインとスペンサーは生理的エネルギーというアイディアに基づいて新しい笑いの理論を提唱したかもしれないが、彼らが共同でなしたのは古い伝統の中心用語をより正確に定義することで、古い伝統に新たに推進力を与えることだった。したがってベインは、優越の概念を面目つぶしというより納得のゆくアイディアに置き換え、他方スペンサーは、ユーモアには特殊な種類のズレが含まれていることを指摘したのだ。

とはいっても、十九世紀の残りの間、笑いの心理学において事態は静穏に過ぎていった。ノルウェーの心理学者ハーラル・ヘフヂングの『心理学』(Höffding, 1892)は英語とドイツ語に翻訳されたが、彼はスペンサーの社会ダーウィニズムをホッブズ流の優越感と結びつけた。彼は、生命は「全生存競争を越えている」ので、「強大でしかも突然喚起された自尊心が笑いに出やすい」(ibid.:292-3)と言った。笑いの心理についいての彼の言い方は、ベインとスペンサーが目指した生理学的詳細さを欠いていた。

その一方でウィリアム・ジェイムズは、二巻からなる素晴らしい『心理学原理』（1890）でこの話題を無視した。スペンサーの同名の二巻の書物がまだ出版されていたから、このタイトルは暗に彼にひじ鉄をくらわしている。ジェイムズがスペンサーの進化論的アプローチから距離を取っていたことは間違いなく、脚注でスペンサーの考えの「恥ずべきあいまいさ」と「空虚さ」に不平を述べた（1890, Vol. 1：149n）。ジェイムズの『心理学原理』で評判が高いのは感情の理論で、彼はベインとスペンサーの考えをひっくり返した。感情経験はそれに関連する身体状態に先行するのではなく、それに後続する、とジェイムズは主張した。「われわれは、泣くから悲しさを感じ、殴るから怒りを感じ、震えるから恐怖を感じるのであって、悲しかったり怒ったり怖かったりするから泣いたり殴ったり震えたりするのではない」（1890, Vol. 2：450）。

ジェイムズの感情のリストは、それが省略したものの方が興味深い。この著者の高潔な人格からすると、性的感情が省略されていても驚くことではない。性器が起き上がるから性欲を感じる、とジェイムズは言わなかった。ジェイムズのリストは今日の心理学者が「ネガティブな」感情と呼ぶものばかりだ。楽しさと笑いがない。ジェイムズはおそらく、われわれは笑うから楽しく感じる、と言えたはずだ。この考えを支持する現代の実験がある。鉛筆を堅く噛むように教示されて、笑みをつくるのに関係する顔面筋肉を使った被験者は、軽く噛むよう教示された被験者より楽しい感情を報告する（Strack et al., 1988）。笑いの生理学に一瞬ふれる（Vol. 2：480）のは別として、ジェイムズはユーモアを無視した。そうすることで彼は、このトピックへのベインとスペンサーの貢献を無視したのだ。

フランスではスペンサーとベインの笑いの理論は、フランス実験心理学の創始者であるテオドール・リボのおかげで、よりましに扱われた（Ferrand & Nicolas, 2000；Nicolas & Murray, 2000）。リボはイギリスの心理学を非常に感心して眺めていた。彼の最初の著作『イギリス心理学』（1870）は、ベインとスペンサーの業績に独立した章を充てた。リボは笑いについての両者の論争を要約して、スペンサーが有利と判定した（ibid.：270-4）。リボはスペンサーの進化論的な考え方に共感し、スペンサーの『心理学原理』をフランス語に翻訳した。『感情の心理学』（1897）でリボは、再び笑いのトピックに戻った。彼の基本的アプローチは統合的なもので、三つの主要な伝統を広い進化論的枠組の中で結びつけるものだった。彼が言うには、ホッブズ流の笑いはユーモアの基本的だが低い形であり、他方でズレ理論は二次的だがより発展したタイプを扱っている（ibid.：352f）。リボはまた、スペンサーに俗物性を発揮させるもう一つの機会を与えた。一八七九年六月にリボは、フランス公教育省はスペンサーの著作にリセの賞を与えると決定した、と知らせる手紙をスペンサーに書いた。スペンサーはその手紙のことを、特にためらうことなく自伝でふれた。リボからの手紙を引用することとは、「品においていく分問題があるであろうが、それが述べる推奨について何も言わないことは、重要なことが起こったのを無視することになる」（1904, Vol. II：326）。

デュガの著書『笑いの心理学』は、この著作が捧げられている師リボの影響を大きく受けていた。デュガは新しい理論を提唱するのではなく、主要なアプローチを評価する。彼は放出理論に共感的で、笑いを「緊張緩和」であると述べた（1902：14）。しかし彼は、スペンサーの理論はユーモアの意識的、非生理学的側面を無視しているので、いく分狭いと感じていた。デュガのアプローチは概して統合的で、さまざまなアプローチそれぞれのもつ強みを結びつけようとしたものだった。彼はホッブズの説と進化論に関してリボに従い、「野蛮人」の粗暴な大笑いと「文明化」された人の知的な笑いを区別した（Dugas, 1902：99）。そのような立場は、嘲りがユーモアの低い形であるだけでなく、「われわれ」の進化したユーモアは嘲りに基づくものではないということも示唆している。

サリーの『笑いに関するエッセイ』は、デュガの著書の同年に出版された。サリーとともに私たちは、二十世紀の専門的なアカデミックな心理学者の世界へ移行する。サリーは英国心理学会を設立するのに尽力した。一九〇二年二月に開催されたこの学会の第一回科学大会で、彼は「笑いの進化」に関する論文を発表した（Gurjeva, 2001 参照。サリーとイギリスの心理学の歴史の考察についてはValentine, 1999 参照）。サリーは数冊の教科書の著者で、それらは当時の心理学的知識の現状を要約していて、特定の理論を提唱するものではなかった。彼の笑いについての著作は関連する証拠を体系化し、評価することを目指していて、特定のアプローチを党派的に主張するものではなかった。サリーの著作に現代的な肌触りを与える一つの新しい試みが、子どものユーモアの発達についての証拠を含めたことだった。これは、子どもをもたなかったスペンサーとベイン両人の興味を特に惹くトピックではなかった。これとは対照的に、サリーの著作の中でもっとも創造的な『幼児期の研究』（1895）に見られるように、子どもの発達は彼の興味を特に惹く話題だった。

サリーの『笑いに関するエッセイ』は、現代的な「文献レビュー」に似ている。どの理論にもそれなりに同意している。ズレ理論と面目つぶし理論の考察をサリーは、「この二つの主要なタイプの理論はいずれも笑いの全領域を扱っていないが、それぞれに適切な、限定された分野がある」（ibid.：135–6）と言って終えた。理論的な矛盾は現実の矛盾した側面を表していると解されている。サリーは、笑いは人びとを結びつけるという意味で社会的であると力説する（ibid.：255）。しかし次のページでサリーは、われわれは他人を笑うから笑いが社会的であると言うだけでは誤りであると強調する。この意味で、「笑いは反社会的であり、人びとの仲を裂くようだ」（ibid.：256）。このように、この著書はこのトピックの矛盾する諸側面を解決するのではなく、列挙することでまとめられている。

イデオロギー的にも、サリーは現代性へ向けた一歩を踏み出している。今日のポジティブ心理学者と同様に、サリーは自身をユーモアの側に位置づけている。初めの方で彼は、「笑いの友」を「小規模なセクトの次元」にするのに成功している「不機嫌な笑い嫌悪者」とは反対の側にいる人間である、と宣言する（ibid.：2）。彼の文章スタイルは明るく、地に足のついたものだ。ベインと同じように、彼は拘束から解放された学童の喜びを理解している。「学校から駆け出る時の少年たちの荒々しい大喜び」の中に、人は「喜びの笑い」を見ることができる。少年たちの爆発的な喜びは、「教室の拘束と退屈さを振り捨て、そして取り戻された自由の愉快な感じを深く吸い込む一方法のようである」（ibid.：72）。

サリーは彼自身が反逆的であるかのように書く。彼は笑いの味方になって、名なしの冷酷な敵と闘っているかのようだ。同時にサリーは社会的保守性を示していて、この見かけ上の反逆性は現存する不平等さの脅威となるのではなく、それを維持するように働いている。彼はごく自然に、学校から駆け出るのは少女たちではなく少年たちであると書く。このイメージは、少年たちが学校にいる間行儀良くしているということも、暗に伝えている。

スペンサーはベインを、「幼時から成熟まで進歩する間」の発展と同様に、「低次の人種と高次の人種の間の」（1864b：129）感情の進化を無視していると批判した。サリーはこの進化論的観点を無視しない。彼は子どもの笑いの発達と人類の進化における発達をしばしば比較する。「野蛮人」の笑いは、「われわれの子どもの笑いに表出されるのと類似した、特殊な心的状態と態度」（1902：228）を表出する、と彼は書く。「野蛮人の笑い」のいくつかの例は、「下品で残忍な形の笑いであり、それは男子児童がするがさつな種類のそれを連想させる」（ibid.：251）。しかし「野蛮人」の笑いが「より共感的な笑いへの動き」を示すことがあり、この中に「ユーモアと呼ばれるあの複雑な感情ないしは態度のかすかな起源を、われわれは見いだす」（ibid.：251）。ユーモアの質は、「もっとも低次で低級な野蛮人の部族から、より高次な部族へ変化するにつれ、向上する」（ibid.：251）、とサリーは推測した。私たちは発展していない人たちの劣った浮かれた笑いが分かるし、それに共感することもあるのだが、ここでも「われわれ」の笑いは、もっぱら嘲りのないものと仮定されている。

このスタンスは、自分自身の優越性を確信し、親のような善意とともに力を行使することを想像する、ヨーロッパの帝国主義者のそれである。親がわが子に対して権力をふるう必要があるのとまったく同じように、帝国主義者はアフリカや他の地の「子どものような」人びとを守っていると主張する。笑いの居場所はこの帝国主義的な正当化の話の中に、規律的な力としてある。ユーモアは親的・帝国主義的権力を行使する手段になり得る、とサリーは言う。アフリカ人を相手にする時、笑いは、「紳士的なイギリス人が時として使用を余儀なくされると考える、無慈悲な手段よりも効果的である」（ibid.：252）。サリーは、アフリカで多くの経験をしたキングズレイ嬢の話を引用する。彼女はサリーに、アフリカ人を要求に従わせるために、どのように笑いを使ったかを手紙に書いた。「私は彼らを笑わせて嫌な事を忘れさせることができました。他の人たちは銃を使ってそれを吹き飛ばそうとしてましたけど」（ibid.：253）。

ユーモアの心理へのサリーのアプローチは、今日のポジティブ・イデオロギーと偶然の類似以上のものを帯びている。研究者を笑いの側へ位置づけるのは同じである。ユーモアの善良な意図を強調し、同時にユーモアが時として「反社会的」になること、現代的な用語を使うなら「ネガティブ」になることを認識しているのも同じだ。この見方は概して優しい。社会が過酷に要求するものと、それから解放された瞬間的な喜びとの葛藤というベインのイメージは和らげられている。笑いの快楽を悪意の精神と等しいとしたベインの考えも同様である。しかし、ネガティブで反社会的なユーモアを他者のものとする処置がされていて、これには議論の余地がある。サリーの時代では今日の公平な風潮と異なり、他者はおそらく進化の初期の段階にいるものと考えられていた。サリーが、「庶民」のユーモアは、「野蛮人の笑いに見られる不運を喜ぶ冷淡さと同じものを共有しているかもしれない」（1902：97）と言う時、人種的な優越性と同様に階級上の優越性がある。

サリーは自身の仕事を科学の知見をまとめたものとして示したかもしれないが、彼の解説は潜在的なイデオロギーを表現していて、それは述べたことと述べなかったことの両方に現れている。このイデオロギーは、一八世紀の理論家が「われわれ」のからかいと「彼ら」のバンターを区別したのと同じように、「われわれ」のユーモアを「彼ら」のそれから区別する概念セットを利用している。そのように区別するレトリックは、「われわれ」が「必要な」規律のためにユーモアを用いる仕方を語る時に特に有用だ。「からかい」の語

（「いじめ」や「嘲笑」の反対語としての）が、「われわれ」の温厚さを伝えるのに使われる。サリーによると、子どもをからかう大人のからかいは、「困らせようとする本気の意図という境界線を越えていない」。なぜならそれは、「ひどく苦しめようとする本気の欲求にも、実験の被験者がどのようになるかを見るという半科学的な好奇心と同じくらい本気な動機にも、発していないからである」（ibid.：77）。同じ温厚さが、社会的に劣る者に対する「われわれ」の懲罰的ユーモアの使用にも伴う、と楽観的に仮定されている。

一般に親や大人の子どもとの関係から、そして白人の主人の有色人種奴隷との関係から、力は常に温厚さを成分とする何らかの混合物によって発せられるときだけ、いく分かの蓋然性をもって結論することができる。その気質が一定量の楽しいおどけを生み、同時に行動を矯正し、関係を強固にしたのである。（ibid.：263-4）

だがサリーは、願望的思考の可能性とユーモアのもつ自己欺瞞に気づいていないわけではなかった。彼はベインに従って、「悪意や敵意は変幻自在な仮面をかぶる」（ibid.：143）と言った。しかし悪意は自分自身より他人によく見つかる。サリーの用語を表にすると、「温厚なからかい」は権力のある者たちに割り当てられていて、彼らは皆のために行動すると考えられている。「明るい反抗」は少年たちのもので、少年たちは成長して権力のある者と同じ位置に就くと考えられていて、他方「冷淡な悪意」は進化上の劣等性という断絶によって「われわれ」から切り離された人たちの、生来のものと考えられている。

もしイデオロギーが、「われわれ」自身のユーモアを自己批判的に検討するのを妨げる意味的道具を与えることがあるなら、それは一般論として主張するよりも特殊な例でもっともうまく検討することができる。選ばれた例は帽子のもつ潜在的なおかしさだが、これはユーモアの特殊性を説明するという目的にも役立つ。ある時代に自然で普遍的なおかしさと思われていたものが、別の時代ではいささか奇妙に見えることがある。一九世紀と二十世紀初頭にユーモアについて書いた著作家たちは、明白なおかしさを説明するのによく帽子を使った。スペンサーの笑いについてのエッセイは、次のような疑問で始まる。「子どもが男性の帽子をかぶっていると、われわれはなぜ微笑むのか?」(1864a：105)。サリーはホッブズの優越理論を説明するのに、帽子を登場させた。「私が尊敬する仲間が歩いていて街角で帽子を落とし、そこに風が待ち構えているのを見ると、私の心は歓喜にふくらむ」(1902：143)。ベルクソンは『笑い』の最初の章で、笑いの対象は必ず人間であると主張した。彼の第一例は帽子だった。「人は帽子を笑うが、この場合おかしいのはフェルトや藁ではなく、人間がそれに与えた形である。つまり人間の気まぐれであり、帽子が帯びているのはその鋳型である」(1911a：3)。現代の著作家で読者が帽子を笑うと考える者はいないだろう。

一九一三年九月一二日、タイムズ紙は、英国学術協会で心理学者ウィリアム・マクドゥーガルが「笑いの新理論」と題する講演を行ったと報道した。この講演でマクドゥーガルは、スペンサーの神経エネルギー説を批判した。タイムズ紙はマクドゥーガルがスペンサーを論駁する例を報道している。彼は聴衆に、「一人の男が自分の山高帽に腰かけているのを」考えるよう求めた。スペンサー氏はなぜこのシーンが神経エネルギーを解放するのか、その理由を言うことができなかった。後にマクドゥーガルは『心理学要綱』(McDougall, 1923)にこの講演を入れ、「滑稽なものの諸類型」(ibid.：167)を考察することになった。道化や他の滑稽な人物よりも先に登場する最初の「滑稽なものの基本的な諸例」が、帽子だった。「自分の帽子に腰かけている男、あるいは風のせいで街で帽子を追いかける男」(ibid.：167)。

男性用の帽子をかぶった子どもの例は、ドイツの心理学者テオドール・リップスの著作でも重要な役割を果たしているが、彼の考えはサリーによって批判された。観察者はまず帽子を見て、それから子どもを見る、とリップスは考えた。後者の知覚がズレの概念を引き起こす。スペンサーの下向きのズレの理論も、そのような知覚の順序を予測しただろう。サリーはこれを疑った。「快い発作に襲われる前に、われわれはまず帽子を心的に把握し、それからそれを当然身につけるべき人の観念へ移るのだろうか?」(1902：11)。そんなことはない、とサリーは答えた。「目が二つのものに一緒に気づくのではなく」、まず帽子を見て、それからそれをかぶっている人を見るなら、この見せ物は「滑稽なものの印象を与えないだろう」(ibid.：12)。私たちは全体をいっしょに見るのだとサリーは言った。そう主張することで、彼はゲシュタルト心理学誕生以前のゲシュタルト論者だったのだ。彼が想像したシーンには「山高帽」(ibid.：14)をかぶった子どもがいた。サリーは、「この帽子はある象徴になって」いて、それ自体がそれを当然身につけるべき男性の「威厳」を表している、とつけ加えた(ibid.：16)。ユーモアは、子どもと成人男性の威厳との不一致にある。威厳を好みの大きさまで縮小するのを見る喜びが、ここにもある。

子どもと帽子を述べる著作家たちは、大人の帽子をかぶる子どもを見る人は誰もが愉快に感じるだろう、そのシーンが普遍的におかしいはずだと考えている。けれども当時でさえ、誰にとってもそのシーンが愉快だったわけではない。新しい、頂がシルクでできた帽子と、指がマーマレードでベタベタの子どもを想像してほしい。この帽子の持ち主がまずする反応は笑いだろうか? おそらく傍観者にとって帽子の持ち主がうろたえるのを見るのは楽しいことかもしれないが、子どもたちの手の届かないところへ帽子を置くのが仕事の使用人にとっては、必ずしもこのユーモアは共有できるものではないだろう。子どもが客人の帽子をかぶるのは、使用人の身にトラブルが降りかかるサインだろう。

理論家たちは一般的な用語を使っていたが、実は彼らは非常に特殊なことを考えていた。想像するのはどんな帽子でもよい、というわけではない。それは男性の帽子だった。サリーとマクドゥーガルははっきりと、「山高帽」と述べた。労働者の平らなキャップはこのコミカルな想像に場所がない。この高さのある帽子をかぶろうとしているのは、おそらく女児ではなく男児である。マクドゥーガルは聴衆に、一人の婦人が羽根飾りのついた婦人帽に腰かけているのを想像するように、とは求めなかったし、若い女性が男性の山高帽に腰かけるといういささか品の悪いイメージを喚起したりしなかった。帽子のコメディについての一見普遍的な言説は、歴史上の特殊な時代に存在するだけでなく、階級、ジェンダー、それに礼儀正しさについての社会規範の観点から理解されねばならない。

サリーやマクドゥーガルやスペンサーの当初の読者には、何もはっきりと説明する必要がなかった。読者はすぐに理解した。今日の読者はそうはいかない。私たちはさまざまな男性向けの帽子がどのような社会的シグナルを伝えているのか、容易に判断できない。なぜある帽子が別のよりも威厳があるのか。またなぜある帽子は夜ではなく午後にかぶるのがふさわしいのか。また頭にかぶる際の角度をどのように微妙に調整すると、粋になったり厳粛になったりするのか。挨拶や弁明のときに上げたり下げたり軽く触ったりといった、帽子を使って行う常識的な社交的行為もあった。今日の野球帽は取りやすいように小さい。それはオートバイのヘルメットも同様である。今日の若者は、帽子を取ることがどういう意味だったのか知っているだろうか？　一つの世界とその図象体系が、終わってしまったのだ。

大人の帽子をかぶった子どものおかしさについて自信たっぷりに述べる心理学者は、何かを無視していた。サリーの説明に私たちは、子ども部屋に入って目に入った楽しい出来事を記録する大人を見ることができる。彼は、悪意なしにからかい、笑う優しい親のことを書く。大人の帽子をかぶった子どもを笑う親の報告は、不意に終わる。感覚の順序についての知覚の説明は、その子の反応について何も知らせない。見ている大人はそれがおかしいことを疑っていないので、指差し、ばか笑いをする大人の姿が想像できるだけだ。その子は何を見ているのか？　何をしているのか？　笑いに加わっているのか？　遊んでいる最中を見られて困惑して顔を赤らめているのか？　おそらくその子は、大人たちの大笑いの的にされてうろたえている。からかわれた者皆が、目上の者たちの善意を認めるとは限らない。涙があるかもしれないし、その涙は、笑顔を見せようとりりしくもおびえた顔の陰に隠れているかもしれない。

こうした可能性を私たちは耳にしない。大人の帽子をかぶった子どものおかしさは、世界の客観的な事実として存在すると想定されている。この想定はユーモアのもつ多面性と偽装を隠すかもしれない。この想像上のシーンは、大人が子どもの間違いを笑うような他の出来事と同じように、懲罰の要素を含んでいる。大人の笑いはその子どもの行動が不適切であることを知らせる。もし子どもが大きくなったつもりになって真剣にそのふりをしているなら、大人はその遊びをばかにして笑うだろう。子どもが真剣になって遊べば遊ぶほど笑いが大きくなる、と予測されるかもしれない。大人を笑せるように愛嬌たっぷりに子どもが帽子をかぶったなら、笑いは小さくなるか、強いられたものにすらなるだろう。ばかにされて笑われるのは子どもの真剣さであって、滑稽さではない。おそらくこの笑いの瞬間は、大人としての、特に親としての拘束と責任からの解放となる。子どもが大人のように真剣に、しかしばかげたように自分自身を示すとき、大人は子どもっぽい解放を味わう瞬間をもつことができる。そしてその時、大人は自分の笑いがその子にどのように影響するのか気にしない。そのような笑いは、子どもの世話から一瞬解放され、子どもに復讐する笑いである。

これらはすべて可能性であって、確かなものではない。しかし確かなことは、上に引用した心理分析家たちが、「われわれ」の笑いの良さの確信を乱すような含意をもつ可能性を考察していないということだ。放出理論は校門を駆け出す子どもたちに適用するのが非常に自然なように思えるが、それは子どもを子どもっぽく笑う大人にまでは及ばない。その代わりサリーらは知覚理論を適用して、見ている者の目を確実に捉えるものを検討することで、笑いの原因を見つけようとする。この知覚による説明はたくさんのものを見落とすし、その見落としは無原則ではない。人が笑う時、笑う人はその笑いが引き起こす傷が見えない。笑う人にとって、笑いとは温厚な、善意のからかいにすぎない。しかし笑いは、非常に突然、不意に起きるので、それ以前に意図があったはずがない。想像上の帽子のコメディでは、知覚上の説明は力をもつ者の視点からの眺めを追っている。笑いの問題においても他の問題と同じように、力のある者の視点は目隠しという基本原理によって守られている。

6章　ベルクソンとユーモアの機能

二十世紀への変わり目の頃は、ユーモア理論にとって重大な時代だった。笑いの心理について書かれたサリーとデュガの著作が一九〇二年に出た。二人の著者はともに、論評するに値する最新の心理学的研究をたくさん発見した。この新世紀は、ユーモア理論の歴史においてもっとも独創的な二つの著作、すなわちアンリ・ベルクソンの『笑い』(Bergson, 1900) とフロイトの『機知——その無意識との関係』(1905a) も得た。ユーモア理論のこの華々しさは時代の浮かれた気分を反映していた、と考えるのは容易い。一九世紀の重苦しさと新時代の残忍な戦争の間にある空白期、というのがこの時代の一般的なイメージである。一九世紀の最後の十年間は「行儀の悪い九十年代」として知られ、それはムーランルージュとカンカンダンスのイメージに代表される。イギリスでは新世紀に、タバコとカードゲームと女優が好きな新しい王〔エドワード七世〕が現れた。しかし、ベルクソンもフロイトも、快楽に満ちたいかがわしい世界に属していたわけではなかった。両人ともきわめてきちんとした生活を送っていた。彼らがユーモアを研究する時、二人とも非常に真面目にそれを行った。

ベルクソンの『笑い』はおそらく彼の著作の中でもっとも読まれている本で、多くの言語に翻訳され続けている。この本はポジティブ・イデオロギーの初期のものではないのだから、この長期的な人気には驚くべきものがある。『笑い』は、読者に逆境を切り抜けるのに微笑みを勧めるものでもないし、ユーモアのセンスの生活向上的な良さを情緒的に賞賛するものでもない。その代わりベルクソンは、フロイトのように、笑いを疑惑の下に置いた。ベルクソンは嘲りのもつ規律機能を笑いの中心に置いた。『笑い』こそ、笑いの最初の社会理論なのである。

ベルクソンの分析のこの側面は、喜劇が身体的動作の不器用さに基づくとする、彼の奇妙で結局のところ不完全なアイディアのため、しばしば見過ごされてきた。しかしベルクソンのさまざまなアイディアは、一連のばらばらの仮説に分解するのではなく、それらの哲学的背景の中に置いた時にもっともうまく理解できる。彼の理論の弱みはその強みとまったく同じように、独特な洞察力の深さを反映しており、非常に興味深いものである。

ベルクソンの経歴

ユーモアの哲学における主要人物は、哲学上の真面目な仕事においても主要なプレイヤーであるものだ。ハーバート・スペンサーの評判は二十世紀になるとチェシャー猫の顔のように消えてしまったが、彼が生きていた時代では、彼でさえもっとも偉大な哲学者と呼ばれていた。一世代後のベルクソンもそうだった。彼は自分が選んだ専攻分野で革新的な著作をたまたま著した、「笑い研究」の専門家ではなかった。彼は偉大な哲学者であり、たまたま笑いについて書いたのである。

ベルクソンは一八五九年にパリで生まれた。父親はユダヤ系ポーランド人で、母親の家族はアイルランド出身だった。アンリの幼少時に家族がロンドンへ引っ越し、そこで数年間過ごした。彼は一家がパリに帰ってからも英語の語学力を保とうとした。後年彼は、自身の著作の英語版がもともとのフランス語の雰囲気と正確な意味をうまく捉えるようにと、翻訳者と密に仕事をした。ベルクソンは早くから数学の才能を示し、一九歳の時に発表した最初の学術論文は数学上のある問題の解法だった。大学で彼の興味は科学から人文学へ移った。卒業後、彼はフランスのさまざまなリセで教え、その資格で一年間オーベルニュのクレルモン＝フェランで働いた。クレルモン＝フェランにいる間、地方大学でも哲学を講義した。新鮮な空気がある山岳地帯のオーベルニュでの隠遁生活が、ベルクソンに哲学的思索を展開させる理想的な環境を与えた、と言われている（Ruhe & Paul, 1914）。

後にベルクソンは自伝的エッセイを書き、自身の哲学の発展を述べた。彼の説明によると、若者だった頃、ハーバート・スペンサーの哲学に惹きつけられた。彼は、スペンサーの『第一原理』を「完成させ、強固なものにする」という任務をもった哲学者になろうと決意した（Bergson, 1946 : 12）。しかし彼はすぐに、スペンサーの唯物論が精神世界を科学的知識の及ばないところに置くことに不満を募らせるようになった。スペンサーが「知り得ないもの」として分類するもの、すなわちそれは精神世界や非物質的世界なのだが、それはベルクソンにとってもっとも確実に知り得るものだった。何よりもスペンサーは他の哲学者と同様、時間の本質を捉え損なっている、とベルクソンは考えるようになった。スペンサーは人間が時間を理解する基になっているものが何なのかを考慮することなく、世界はただ長い年月をかけて進化するだけだと考えていた。

ベルクソンの最初の哲学的著作『時間と自由』〔原題『意識に直接与えられているものについての試論』〕は一八八九年に出版され、その七年後に『物質と記憶』が続いた。この二冊とも、最新の心理学と生理学の研究の見地から身体と精神の関係を再検討したという点で有名である。この二冊の著作は、ベルクソンが生涯を通して発展させた直観の哲学の基礎を築いた。「知り得ないもの」としてスペンサーが退けたものは、直観を通して把握することができるのだった。

『笑い』が出版された一九〇〇年に、ベルクソンはコレージュ・ド・フランスの教授に任命された。哲学者としての彼の名声はフランスで高まりつつあったが、彼の著作はまだ英語や他の言語に翻訳されていなかった。『笑い』の下地となるアイディアの多くは彼がオーベルニュで教えていた頃に用意されていたが、彼はこれを一六年間公表しなかった。まず笑いのトピックを扱った三つの論文が『パリ評論』誌に載り、それから同年にベルクソンはこの三つの論文を一つにして、著作『笑い――おかしさの意味についての試論』にした。

二十世紀最初の十年間の終わり頃には、ベルクソンは国際的に、その時代のもっとも独創的な思想家と呼ばれるようになった。ベルクソンの名声を確実に確立させたのが『創造的進化』だった。一九〇七年にこの著作が出版されてから何年もの間、これはベルクソンのもっとも重要な著作と考えられていた。この著作でベルクソンは、ダーウィンの進化論をまさに書き換えようとした。進化はたんなる物質的過程ではあり得ない、生命の進化は物質的要因と同じくらい精神的要因に依存している、と彼は論じた。

『創造的進化』の出版後、ベルクソンは欧米の一流大学へ定期的に招待され、講義を行った。彼の講義は、新聞紙面に載る大事件だった。ジョージ・バーナード・ショーやT・S・エリオットのような文学者が彼の理論を論じた。プルーストの小説『失われた時を求めて』は、経験に関するベルクソン哲学の影響を受けている、と言われている。ウィリアム・ジェイムズは、古い世代のフランスの教授たちが「ほとんど息を殺して」ベルクソンの才能を語っている一方で、「若者たちは彼を師と慕い、彼の下へ群れをなして集まっている」(1909：227) と書いた。

合理主義哲学者はこの新しい哲学と闘う必要性を感じていた。バートランド・ラッセルは彼自身の合理主義とベルクソンの直観主義の論争を、「血戦」(Monk, 1997：235に引用) と述べたほどだ。バートランド・ラッセルや他の合理主義者は哲学的能力を十分に発揮してベルクソンを攻撃したが、議論が個人攻撃になることはなく、論敵たちも彼の人間的な謙虚さと意図の真面目さのため彼に敬意を表するようになるのだった。ベルクソンの精神的アプローチは、科学に基礎を置いた哲学の原理を確立しようとするカール・ポパーの試みと正反対だった。ヘーゲル派哲学者たちがする、神秘的な中身のない話を嘲笑うのにポパーはためらいを見せなかったが、ベルクソンの「思考の明晰さと筋の通った提示の仕方」には賞賛をした。もっともこの明晰さが、ヘーゲル派哲学者のベルクソンが実際には何者なのかをわかりにくくさせている、とつけ加えたが(1984：307)。

長年にわたってベルクソンは哲学者の大衆的イメージにぴったりだった。気取ることなく、そして精神生活に専念しながら、彼はできるだけシンプルに形而上学的アイディアを伝えようと努めた。彼は国際シンポジウムで人目を引くようなことをしなかったし、宣伝のために論争を引き起こすようなこともしなかった。彼は妻、娘とパリの郊外で静かに暮らした。ハーバート・スペンサーの崇拝者は彼をアリストテレスに譬えたが、一世代後のベルクソンは現代のソクラテスと見なされていた。『笑い』が出版されてから十二年後、エドゥアール・ル・ロアはベルクソンについての本を、ベルクソンの革命は重要さにおいてソクラテスのそれに等しい、と語ることで始めた（Le Roy, 1913）。論敵でさえ、ベルクソンの名前を誰もが口にしているとのル・ロアの主張に、異議を唱えなかった。

ベルクソンには名誉のしるしが積み上げられた。スペンサーとは違い、彼はそれらを不作法に断りはしなかった。また後年示したように、それらの輝きに圧倒されることもなかった。ベルクソンはアカデミー・フランセーズに選ばれ、レジオン・ドヌール勲章を授与された。国際連盟は彼を知的協力委員会の議長に任命した。一九二七年、彼はノーベル文学賞を受賞した。それは、作家のような文学的技能を有する哲学者にふさわしい名誉だった。ベルクソンはその著作で具体例と素晴らしい視覚的メタファーを読者に与え、抽象的原理を天上から現実世界に降ろした。彼の考えでは、抽象的原理は現実世界に属するものだった。

多大な知的名声は、あこぎな自己宣伝に基づいているか、不安と希望という広い時代風潮を要約し、その方向を向け直す創造的なアイディアに基づいているかのどちらかなのだが、ベルクソンの名声は前者と無縁だった。当時の思想家はしばしば、宗教か科学か選ばなければならないと言っていた。ラッセルの言う「血戦」はこの思考様式に従っていた。ベルクソンの同時代人だったフロイトは、はっきり科学の側を選んでいた。しかしベルクソンは第三の道の可能性を提供した。彼が言うには、科学と宗教は両立可能なだけでなく、哲学的必然である。精神の世界はスペンサーらが考えたような、余分なものではない。『創造的進化』では、精神の力ないし生への衝動が進化過程の必須の部分であり、自然選択が依拠する変異を与えるのである、と主張した。

この科学的なものと精神的なものの結合、あるいは物質的なものと心理的なものの結合は、多くの人たちが聞きたがっていたメッセージだった。それは科学的態度を冷たい物質主義から救うように思えたし、また一方で宗教的見解が科学への非合理的な反対者になるのを避けることを可能にした。あるカトリック信者のファンが『創造的進化』を読んで「うっとりした」と述べ、「一ページごとに神の存在を感じた」(Chevalier, 1924 : 65n に引用)と言ったという。左派では、オーソドックスなマルクス主義の機械論的な教義を拒否した多くのサンディカリストが、人間精神の還元不能性というベルクソンの考えからインスピレーションを得た。

もちろん、誰もがベルクソンに従ったわけではなかった。彼に異議を唱えたのはラッセルのような毅然とした合理主義者だけではなかった。多くのマルクス主義者は、オーソドックスな基本方針を採っていてもそうでなくても、彼の著作を読むのに時間をほとんど使わなかった。フランクフルト学派は彼をブルジョアの観念論者として退けた。カトリック教会は信者たちにベルクソンを読むのを禁じようとし、一九一四年には彼の著作の数冊を禁書目録に入れた。ベルクソンの哲学が物質主義の限界を示すことに捧げられていたのだとするなら、この教会の反応は奇妙に思えるかもしれない。しかしベルクソンは「神」の概念を直接引き合いに出すことはなかったし、進化の過程を創造の六日間に圧縮することもなかった。フランスでは政治的な事情が生じた。カトリック教を反ユダヤ主義と結びつけたアクシオン・フランセーズのドリュモンによって、ベルクソンは国家の敵にされたのだ。「フランス人のためのフランス」というその方針は、ベルクソンの父方先祖がユダヤ人だったため、彼の公民権を剥奪した。

ベルクソンは宗教的な環境の中で育ったのではなかったが、成人してからカトリック教に惹きつけられた。しかし正式な改宗はしなかった。一九三七年に彼は、もし反ユダヤ主義が増大し続けていなかったなら、改宗していただろうと書いた。彼は迫害されている人たちの間にとどまりたい、と言った。それは道徳的に真剣な行為だった。彼は来世の地を危うくしても、現世の反ユダヤ主義に反対したのだった。しかしベルクソンは、葬儀の際にはカトリックの司祭が祈祷文を朗唱するよう望んだ（Levesque, 1973）。

ナチスのフランス侵攻後、ビシー政権は、フランスでもっとも国際的に有名な哲学者であるベルクソンを、新人種法の適用から除外しようとした。政府は彼を名誉アーリア人として登録することを提案した。ベルクソンはその提案を断った。不名誉な社会の名誉市民にはなりたくなかったのである。そのため彼はフランス政府が以前贈ったすべての名誉を捨てた。彼はその後すぐに亡くなった。占領下パリの終わりは、オーベルニュでの自由な日々と『笑い』の知的な喜びから、はるか遠くに隔たっていたに違いない。

経験と時間

ベルクソンは自身の哲学的自伝で、一つの例外を除いて全主要作品の背景を述べている。ところが彼は、『笑い』にふれていない。ファンたちもしばしばこの著作を同様に扱った。リューとポール（Ruhe & Paul, 1914）とシェバリエ（Chevalier, 1928）は、ジル・ドゥルーズ（Deleuze, 1988）がベルクソニスムの好意的な説明でするように、『笑い』には一言ふれるだけだ。プロの哲学者の目にはこのトピックの人気が映らず、真面目な形而上学というよりは幕間の余興のようである。『ケンブリッジ哲学辞典』はベルクソンの項目で『笑い』にふれていない（Audi, 1995）。ベルクソンもこのトピックには揺れる気持ちを抱いていた。『笑い』の初版には前書きがついていたが、これは英語版では省略された。ベルクソンは、他のユーモア理論を検討しなかったことの弁明をした。それを検討することは、「この主題の重要性に不つり合いな」（1900：v-vii）大きな著作を必要とするだろう、と彼は書いた。

『笑い』のアプローチは彼の最初の二冊に特徴的な心理分析に根差していないので、この著作はベルクソンの他の著作から隔たったところに位置している。しかしそれは彼の哲学原理に反していなかった。『創造的精神』でベルクソンは、哲学者はどの問題にも同じ方法を適用すべきではない、と主張した。「われわれのリアリティの統一性」（1946：32）を明らかにしてくれる抽象的原理というようなものはない。したがって、哲学は一つ一つの新しい問題に新しいアプローチを必要とする。われわれは「もしかしたら科学全般を一つの原理に押し込めているのではないか」（ibid.：32）、もしそうならそれをあきらめなければならない。これはハーバート・スペンサーと彼の知的末裔たちへの当てこすりだった。

ユーモアを検討する際にベルクソンがスペンサーとベインが辿った道から離れなければならなかったのには、哲学的な理由がある。彼の最初の二つの著作は、この両人が提唱するような種類の心理学に対する痛烈な反論を含んでいた。ベルクソン哲学の中心には、人間心理の理解があった。哲学は、人間の経験、特に時間経験という事実から出発すべきである、と彼は主張した。哲学者たちは時間に特有の性質を理解し損ねている。時間を、まるで空間のように広がっているとか、別々の瞬間に分けることが基本的に可能であるかのように扱うことで、彼らは常識に従うという誤りをしている。私たちは一日を時間に、時間を分に、さらには秒にと分けるのを習慣にしているが、実際には時間には自然に生じる裂け目などない。それは私たちの全諸経験を流れている、ないしは私たちの諸経験が時間を流れていると言った方がよい。

心理学者もほとんどは、人間の経験が分割可能な心的状態からなり、一つが生じると別のが続くと考えることで、途切れない持続という時間の性質を無視している、とベルクソンは主張した。「われわれの言語は心理分析という繊細な課題を行うには不適当」（『時間と自由』1913：13）なので、われわれは言語によって欺かれている、と彼は言った。あたかも心的状態は「幸福」「愛情」「憎しみ」等のような、具体的な固有の実在を有する識別可能な物体であるかのように、言語は心的状態に既成のラベルを与える。アカデミックな心理学者は日常言語のラベルを拒否して心的状態を述べる専門用語を発明することがあるが、心的状態がそれぞれ別個の実体として存在し、実際にそのようなものとして確定できると考えている点では、彼らも常識に従っている。ベルクソンにとって、別々の心的状態が存在するというのは錯覚だった。従来の心理学は、流動的で終わっていない「ものの動きを阻み、それを固めて終わったものにする」（『物質と記憶』1911c：153）、と、ベルクソンは不満だった。

私たちの経験は心の別個の状態の連鎖でできているのではない、とベルクソンは具体例を使って論じた。過去のさまざまなテーマが絶えず、今のこの感覚に入り込んでいるし、逆もある。将来への期待も、今のこの感覚と同様の関係にある。『物質と記憶』でベルクソンは、知覚とは、ある特定の瞬間において存在する刺激を受け取るという単純な過程ではない、と主張した。それは必ず過去の記憶と、将来の行為への準備を伴っている。こうして経験は絶えず流れ、過去と現在と将来を分けることなく結びつけ、経験に独自性を与え、そのパターンを変えるのである。

ベルクソンが言うには、このことはすべて、ほとんどの心理学者によって無視されるか、よくても単純化されている。それは特に、心理学の課題は、たとえば知覚のようなある心的状態がどのようにして記憶のような他の状態と連合するようになるのかの図面書きをすることであるとした、ミルやベインのような連合主義者に顕著だった。ベルクソンは彼の考えと、「意識の流れ」としての経験というウィリアム・ジェイムズの考えが似ていると考えたので、この批判からジェイムズを除外した（Bergson, 1946）。ジェイムズ（1909）はこのことに、偉大で独自な思想家、とベルクソンを讃えることで賛辞を返した。

ベルクソンの連合主義者への反論は、現代の心理学者が用いるモデルにも等しく言える（McNamara, 1996；Middleton & Brown, 2005）。認知心理学者はしばしば心を、それぞれ相互作用する「記憶」「態度」「価値」「期待」「感情状態」等の箱からなるというように描く。まるで心は、予測可能な方向へ作動する、さまざまな別個の構成要素からなっているかのようだ。ある瞬間にその全過程を停止させることができるなら、それぞれの構成要素の位置を図上に置くことができるだろう。ベルクソン派の見解では、そのようなモデルは、時間と空間、質と量を混同している。それは生きた経験を歪めているし、生きた経験とは心を少しずつ小さい単位やさらには短い時間に分割しようとしても理解することができない。その代わり心理学と哲学は持続というリアリティを認識することから始めなければならず、その全体は直観という行為によってのみ把握可能である。

ベルクソンが書かなかったこと

ベルクソンはユーモア分析の出発点として、彼自身の心理学批判を用いることができたはずだ。たとえば笑いのズレ理論と優越理論を、笑いが別々の心的状態の連続によって生じると仮定している、と批判できたはずだ。両方の理論はともに心理変化のパターンを仮定している。ズレや優越感を知覚する者はまず、真面目な心的状態にある。どちらの理論でもそれに続いて突然の知覚があり、そして今度は喜びの経験が続き、それが笑いの反応を引き起こす。

ベルクソン派なら、以前の理論における不変の、しかしめったに議論されることのなかった要素を突くことができたはずだ。すなわち、時間における突然の破れという仮定である。スピードの概念は、ロックのウィットの定義に現れる。ロックによるとウィットは異種の観念の類似性からなるだけでなく、それらが「素早く」（[1690] 1964 : 123）結びつくことからなる。「素早さ」の語でロックは、観念の類似性を判断するのに必要な標準時間と照合することができるような、客観的に測定可能なスピードのことを言ったのではない。その一言にウィットがあると思わせるのに十分なスピードかどうか、ストップウォッチを手にした仲間がそばにいて決めるのではない。素早さとは不意打ちをかけられる聞き手のことを意味し、したがって相互作用上予期されるテンポのことを意味している。

突然さの概念は他の有名な理論にも現れる。ホッブズは笑いを生み出す優越感を、「突然の栄光」（1999 : 54）の経験と特徴づけた。キャンベルはウィットを、「心において快い不意打ちを起こすもの」（『レトリックの哲学』1856 : 30）と述べた。ショーペンハウアーは笑いの原因を、概念とそれが示す現実のものとの間にある「ズレの突然の知覚」（1987 : 52）であるとした。このように、これらの理論はズレや優越感がそれだけで笑いを引き起こすのに十分である、とは考えていない。知覚や感情は突然生じないといけない。しかし理論家たちは、この突然さをもたらすものが何なのか特定しなかった。

ベインとスペンサーは笑いの説明において、時間の経過をほのめかしていた。圧力が高まりそして解放されるが、それはベインの校門から駆け出す学童のイメージのように、ゆっくりではなく破裂するようにだ。

スペンサーの「下向きのズレ」の考えは、「意識が知らないうちに偉大なものから小さなものへ移る」(1864a：206)というように、連続して起こる順序性を暗に含んでいる。この文脈で「知らないうちに」は時間的な断絶を示していて、心は意識的な意図なしにある対象から別の対象に動いたのである。同様の仮定は、ユーモアは認知的変化に基づくと主張する現代的な理論にもある(たとえばRaskin, 1985；Giora, 1991)。

ヤギが舞台にさまよい出るというスペンサーの例は、期待された行動の連続が突然、警告なしに乱された時の、思いがけない中断を描いている。コメディアンのグルーチョ・マルクスが晩年、交霊会に参加した。ある交霊会で霊媒が、あの世から来た霊とコンタクトしたと言った。この部屋のどなたか、霊に質問してみたい方はいますか、と彼女が尋ねた。グルーチョは叫んだ。「教えていただきたいのですが、ノースダコタ州の州都はどこですか？」(Adamson, 1973)。

超真面目な場面から滑稽さへの転換が生じた。霊媒は、ある種のタイプの質問がされるはずと考えていた。グルーチョはこれにわざと不適切な質問で応じた。『時間と自由』と『物質と記憶』でベルクソンがした主張の論理は、ユーモアの連続理論は答えに近づいただけで、それだけでは十分でないことを指摘する。真面目な状態が壊れて滑稽な状態が始まる正確な瞬間というものはない(Mulkay, 1988)。グルーチョが急に手を空中に上げた時、彼はおかしかっただろうか？　話し始めた時がそうだったのだろうか？　「どこですか？」と言い始めたときだろうか？　私たちは時間における突然の分裂を想像することができる。経験さえそうだ。しかしどの瞬間も、いつの間にか次に変化している。グルーチョの質問の始まりは、その社会的状況で期待されている態度に合っているように見えるので、終わりが思いがけず、おかしい。しかし質問の始まりは終わりに向かって伸びている。転換が生じる正確な瞬間を確定することはできない。まるで手品が演じられたみたいだ。カードが鳩に変わった正確な瞬間や、無邪気な質問が場を乱すものに変わった正確な瞬間は、永遠に隠されている。したがってベルクソンの持続の概念は、ユーモアについての従来の心理学理論を批判するのに使うことができたはずだ。しかしベルクソンは『笑い』でこの試みを率直に行いはしなかった。

心理学理論へのベルクソンの批判は、ユーモア研究に直接関連する別のテーマを含んでいる。『時間と自由』で彼は、私たちが感情について話す時、簡単に激しさに関わる言葉を使いがちであることについて論じた。しかし、と彼は問う。激しい怒りとそれほど激しくない怒りは本当に激しさが違うのか。彼が言っているのは、通常の人びとも心理学の理論家たちも、このように感情を話す時、質と量を混同しているということだ。

ベルクソンの巧妙な議論の詳細なところまで踏み込むのは、ユーモアについての示唆に注目したいがためである。浮かれた大声の笑いは静かな笑みよりも体験が激しいことを示すサインである、と私たちは考えがちだ。そのように考えるのは感情の心理の誤解である、とベルクソンは主張する。彼はベインやスペンサーやジェイムズに従って、筋肉活動が感情経験の中心に含まれていると考えた。たとえば憤怒の感情には、歯をくいしばること、全身に筋肉に力が入ること、等が含まれる。しかしベルクソンは、スペンサーとベインは体験と筋肉活動の関係を誤解していると言った。彼らは、感情は神経エネルギーを含み、「意識が知覚するのはそれの放出である」（『時間と自由』1913：21）と考えた。そのエネルギーは筋肉での解放を求めるので、エネルギーが大量ならより多くの筋肉活動を引き起こす。エネルギーが感情として知覚されるから、大きな感情は大きな筋肉活動を伴う、とスペンサーとベインは考えた。

スペンサーとベインはまったく道を誤った、とベルクソンは言った。感情の激しさが筋肉活動を生み出すのではなく、筋肉活動が激しさの感じを生み出すのである。人は筋肉活動を感じる時、より多くの筋肉が伴うほど感情の主観的体験がより強くなる。これは、泣くから悲しい、走り出すから恐いと感じるという、ジェイムズの有名な理論の趣旨に沿っている。したがって感じは筋肉活動が身体表面に現れたものの総量に関係していて、その逆ではない。スペンサーが考えたように震えは内面にある怖さが外に現れたサインなどではなく、『時間と自由』でベルクソンが書いたように、「これらの運動は恐怖それ自体の一部をなす。それがあることで、恐怖は異なる程度の激しさを行き来することのできる感情になる」(1913 : 30)。

これが笑いの研究に示唆するものは明確だ。笑いは内的状態の外への表出ではないし、その内的状態の激しさが笑いの筋肉運動に関係する神経エネルギーの量を決めるのでもない。そうではなく、少量の筋肉を使って小さな笑みを示そうが、大量の筋肉を使って全身を揺すって大笑いしようが、筋肉活動は愉快という感じの一部なのである。笑っている人が、今ものすごく愉快だ、と言えるのは、筋肉が勢いよく動いて笑うからだ。

驚くべきことにこうしたことのほとんどは『笑い』に直接現れない。ベインとスペンサーについては、面目つぶしと下向きのズレというそれぞれの知覚理論に関連して、わずかな批判がある(1911a : 85ff., 124ff.)。ベルクソンが『時間と自由』で感情を考察する時、ジェイムズの『心理学原理』がそうだったように、笑いを考察し忘れた。しかし、ベルクソンが自身の笑いに関する著作でこれを特に考察する段になると、彼は心理学的理論化の作業をするのをほとんど忘れた。

三つの観察

「直接的な自己観察の一般状態を述べるのは……哲学の務めである」（1946：27）、とベルクソンは『創造的精神』で書いた。この原則に従って、ベルクソンは『物質と記憶』を、彼自身の知覚体験を観察することから始めた。始まりの一文は読者に、私たちは物質と精神の理論について何も知らないのだと考えるよう請う。二つ目の文はこう宣言する。「今私は諸イメージが出現し、言葉の意味がひどくあいまいなところにいて、諸イメージは私の感覚がそれらに向かって開かれている時知覚され、閉じられている時知覚されない」（『物質と記憶』1911c：1）。『笑い』が出版された翌年に行われた夢に関する講演でも、彼は同じアプローチを用いた。彼は短い前置きの後、「さて、それなら私は夢見ているのでしょうか」と始め、続いて夢見体験の複雑な性質を述べるのだった（『精神のエネルギー』1920：84）。

ベルクソンは『笑い』でも同じように始めることができたはずだ。「今私は私の感覚によって知覚されたものを笑っている」と、彼は書いたかもしれない。それに続けてそこにあるものの中から話題を取り上げ、真面目からおかしさへの突然の変化という彼自身の経験を検討したかもしれない。それから心的状態が突然別のものに完全に置き換わる特定の時点がないことを示すことが、できたかもしれない。しかし、ベルクソンは彼自身の笑いを検討しない。彼のスタンスは距離を置くものであり、彼は自分自身から離したところへ笑いのトピックを置く。

『笑い』の始まりの節でベルクソンは三つの観察を述べる。それらは滑稽なものが見つかる場所を示すので、「われわれはそれらを基本的なものと見なす」（1911a：3）。彼はこの観察を仮説ではなく事実として扱う。これらはそれ自体では特に独創的な見解ではないし、議論の余地のあるものでもない。ところがそれらが結びつけられると理論的にどうというものでないものではなくなるし、それどころか、笑い研究の新たな理論的方向を劇的に指し示すものになる。それらは共同して、笑いの規律機能を示すのである。

第一の観察、ないし事実は、笑いは人間的なものであるということだ。私たちは基本的に人間を笑い、動物や物の場合はそれらが人間的な性質を示す時にのみ笑う。私たちは夕焼けや山並みを見てひどく面白がったりしないが、人間の手で作られた物体を見て笑うことがある。ゆえに帽子を笑うことがある。哲学者たちはしばしば人間を「笑う動物」と呼んできたが、同じように人間を「笑われる動物」と定義してもよかった、とベルクソンは言った。こう逆転することで、ベルクソンは早速自身の主題の中心に嘲りを置いた。これでは、読者の顔に笑みを浮かべさせ、読者の心を温めるように計画された研究にはなるはずがない。

この印象は、笑いには「思いやりのなさ」が伴う、とのベルクソンの第二の観察によって裏づけられる。笑う時、「われわれは一瞬の間、愛情を問題外のものとし、憐れみの気持ちに沈黙を挟み込む」（ibid.：4）。いつものようにベルクソンは際だったアイディアを表現するのに印象的なフレーズを使う。滑稽さは、「心情の瞬間的な麻酔状態のようなものを必要とする」（ibid.：5）。この点でベルクソンは、通常要請される社会的感情からの一時的な解放として笑いを描いている。ジョージ・ハーバート・ミードも同様のアイディアを表現しようとした。通常の社会生活は私たちが他者の態度を取ることを要請し、絶えず他者がどう感じ自分をどう見ているのか想像させる。ミードによると、社会生活の基盤を与えるその態度を取ることには、「多大な努力を要する」（Mead, 1962：206）。笑いとともに、私たちは社会生活上の共感という慣習的な拘束から自由になる。その時私たちの歓喜の的となった者は一瞬、仲間ではなく物になるのだ。

　笑いの残酷さについてのベルクソンの要点は独創的なものではないし、彼もそう主張しなかった。ジェイムズ・ビーティは『笑いについてのエッセイ』で、笑いと共感は互いに反対のものであると書いた（1779：334）。シドニー・スミスは、「ユーモラスなもののセンスは同情と相容れないのと同様に、優しさや敬意とも相容れない」（1864：134）と言った。スミスは楽観的に、自然の摂理が嘲笑に値するものとの間に境界を定めたのは「素晴らしいこと」であり、そのためひどい不運が笑いの対象になることは決してない、と続けた。「かなりの高齢の老人の弱さを面白がったり、朽ちはて、崩れゆく身体の脆さをユーモアの話題にするような、まことにたちの悪い者がいるだろうか？」（ibid.：134 強調原文）。おそらくスミスは田舎の定期市での粗野な笑いから身を隠している。たぶん彼の時代の学童や彼の属する階級の人びとは、死体はいうまでもなく、老人の弱さを話題にする今日の「趣味の悪い冗談《シック・ジョーク》」のようなもの（Dundes, 1987）を交わしていなかったのだろう。あるいはひょっとしたら、レトリカルな質問をすることで、スミス尊師は笑いの普遍的な善良さを確信したかったのかもしれない。

　それ以前のユーモア研究者と同じように、ベルクソンはジョークを考察しなかった。それをしたなら、彼は「趣味の悪い冗談」を見つけるだけでなく、第二の観察に自信を深めたことだろう。通常ジョークは、日常生活上の論理を歪曲させた情景を描く。聞いた人はジョークでない話とは異なる反応をするよう期待される（Mulkay, 1988；Norrick, 1993）。オチを聞いた後、それから何が起こったのか尋ねるのは不適切だ。ジョークとそれが描いた世界は終わったのだから。きわめて重要なのは、聞いた人はジョークの対象となった者への同情を表明することが期待されないことだ。デイヴィスによる膨大なエスニック・ジョークのコレクションから一例を示そう。

奥歯がひどくなったアバディーン人が歯医者のところへやって来た。歯医者は抜くのに三ポンドかかると言った。
アバディーン人が言うには、「一ポンドで歯をぐらぐらにしてくれない？　自分で抜くから」。(Davies, 1990：32)

ジョークを言った人に、そのアバディーン人は今は歯が痛いのが治ったかしら、と聞くのは、このジョークのポイントをつかみ損なったことを意味するか、あるいはジョークを聞いた人が不満を表明していることを意味するだろう。ジョーク話にはしばしば苦痛が登場する。次のジョークは、ユーモアへの反応を調べる標準化された心理テストにあるものだ。

目の見えない男がデパートに入り、連れて来た犬の尻尾をつかんで頭上で振り回し始める。店員が急いでやって来て尋ねる。「お客様、何にいたしましょうか？」。「何も結構」とその男は答える。「店内を見回しているのだよ」。(Mindess et al., 1985)

この話のポイントは、犬が被った痛さや飼い主の障害への関心を引き出すことではない。痛さ、残酷さ、目が不自由なこと、これらのおかげでオチと笑いが可能になっている。

ベルクソンの第三の観察は、笑いは社会的に共有されるということである。「笑いはこだまを必要とするように思える」（1911a：5）。笑う時の自分自身の内面の感情を見るように、ではなく、他人の笑いを聞くようにベルクソンは私たちに求める。これは意味深い。「笑いを注意深く聞きたまえ。それは、明確な、明瞭な、くっきりとした音ではない」（ibid.：5）。彼は、笑いは一人からもう一人へと反響するものである、つまり「山中での雷鳴のように、爆発で始まり、ゴロゴロという音が続くものである」（ibid.：5-6）と続ける。これは、オーベルニュの火山の山中で荒れ狂う嵐のイメージだ。

ベルクソンは読者に、自分自身が笑うのを想像するよう求めなかったかもしれないが、しかし笑わないことを想像するよう求める。鉄道の客車やレストランで、あるグループが話をして心底から笑っているのを、「諸君は目撃したことがたぶんあるだろう」。「諸君が彼らの仲間の一人なら、彼らのように笑ったことだろう」（ibid.：6）。しかし諸君はそうしなかった。諸君はその仲間でなかったし、笑う気がしなかった。

これが示唆するのは、笑いを理解するためには私たちは自分自身の内部を観察するのではなく、他人を観察するべきだということだ。ベルクソンが言うように、一つ一つのテーマはそれ自体のアプローチを必要とする。彼は笑いが社会的なものであることに注意を向ける。笑いは「常に集団の笑いである」（ibid.：5）。これは、心理学から社会学への、自己観察の親密感から他者観察の距離感への、理論的変化である。まるで、自分自身を信用して自分の麻酔状態を検討することはできない、と言っているかのようだ。

社会的機能

ベルクソンの第三の観察は、ただ人びとは一緒に笑う傾向があると述べるだけから、さらに一歩進めている。それは彼の理論を再方向づけるものである。第三の観察を述べて、彼はこう主張する。「笑いを理解するためには、われわれはそれを自然な環境に戻さなくてはならない。それは社会であり、何よりも、われわれは社会的なものであるその機能の有用性を決定しなければならない」(1911a：7-8)。彼が言うには、笑いは「共同生活のある要求に応えているはず」であり、そのため「社会的意味」(ibid.：8 強調原文)を有しているはずである。したがって、笑いの社会的機能の追求というのは、「われわれのあらゆる研究の指導観念となるだろう」(ibid.：8)。

笑いの社会的機能を追求すべきとのベルクソンの考えは、偶然出てきたのではない。すでにスペンサーが社会分析に機能の問題を導入していたので、スペンサーの影響が見られる。『社会学の研究』でスペンサーは、社会の研究に科学的アプローチが必要だと論じた。これは、生体の発達と構造と機能を調べることで生体を研究する生物学者の方法を、社会学者が採用する必要があることを意味した(1897：59ff.)。社会的慣行や習慣を検討する時、社会学者はその慣行の構造を確認し、それがどう機能するのかを、特に集団の存続と発展のさせ方との関連において発見するよう務めるべきだとされた。

スペンサーが笑いを検討した時、彼はそれを社会的慣行とは考えなかった。彼にとって笑いは生理的反射であり、したがってその構造と機能は生理学用語で調べられるべきものだった。ベルクソンはユーモアの問題を、笑いが集団に属するものであることを強調することで変えた。したがって笑いの意味は、生理的なものではなく社会的なものに違いない。ベルクソンの最初の二つの観察の性質を考えるなら、嘲りと残酷さもまた社会的に有用な機能をもつという、穏やかでない可能性がもち上がる。

ベルクソンの「指導観念」は、強調点を個人から集団に変え、さらに原因から作用へと決定的に変える。この点で彼のユーモアへのアプローチは、「何が人に笑いをもたらすのか？」が主要な問題だと考えていた、以前のほとんどの分析家のそれと根本的に異なっていた。対照的に、ベルクソンは「笑いの社会的作用は何か？」と尋ねた。それ以前の理論家の中では、おそらくシャフツベリー伯爵だけが常にユーモアをそのように考えていた。彼も、嘲りが人間の諸問題において中心的な役割を演じていると考えた。つまり、諸概念の真実性が正しい種類の社会状態において検証されるのを、嘲りが保証する。彼はベルクソンと異なり、自身の語彙の中に「機能」の概念がなかった。ベルクソンがその概念をもっていたのはスペンサーのおかげだった。

社会的慣行の機能について問題にするのは、現代の社会学者にとって第二の天性である。彼らはこの思考習慣が元々どこから来たのか、疑問をはさむことなくそうする。社会学者ルイス・コーザーが、「非常に大量の社会学的著作が機能の論理と理由づけを使って書かれ続けているが、そうしていることが明示的に語られない」（Coser, 2003：247）と言ったことがある。構造機能主義は、明快な理論として二〇世紀中頃に大きな人気を博したが、今日では保守主義との評判を得ているので、暗黙のうちに機能の論理と理由づけが使われることが多々ある。構造機能主義者は、社会的慣行はどれも、社会構造の維持に役立つ機能を有すると仮定する。社会学者が社会の現状の構造を調べるのに集中するなら、その結果出てくる分析が保守的な含みを担いやすいというのはあり得ることだ。その社会学者は事実上、社会的慣行は社会全体が機能するのに貢献し、したがって変化は不要だし、変化は社会構造の脅威である、と言っているのに等しい。

これとは対照的にスペンサーの社会学は歴史的テーマを含んでいて、分析は必ずしも現在の社会構造を守るわけではない。長い年月にわたる社会の発展と進歩に役立つ程度にまでその社会的慣行は機能的か、とスペンサーは問うた。もし社会が進歩しようとしているのなら、社会を発展させる機能を満たさないような慣行は消えてしまうだろう。すべての社会的慣行が社会構造を維持するための社会的有用性を有する、とまではスペンサーは言わなかった。実際、救貧法や君主制といった社会的慣行が社会の発展を妨げているのではないか、と彼は大いに懸念していた。スペンサーによれば、長い目で見れば環境に適合しない社会制度をもち続けている社会は、変化し続ける環境に適応できなかった生物のように消滅することになる。

ユーモアを研究する社会学者にとって機能の概念が重要になっていることを示すために、いくつか例を挙げよう。三十年以上前、ゲイリー・ファイン（Fine, 1983）は、「機能主義」が社会学において支配的なパラダイムなのであり、社会学者はユーモアが社会関係においてどのように機能するのかを調べるべきである、と書いた。彼は、「ユーモアに特有な、数百とまでいかないが、数十の機能が提唱されたようだが、そのうち三つが、ユーモアに限定的かつ一般的な意味をもつようだ」（ibid.：173）と言った。三つとは、集団凝集性の促進、集団間葛藤の喚起、社会統制の生起、である。アプト（Apte, 1983）は、人類学的アプローチのほとんどは機能的思考に支配されていた、と言った。たとえば、「冗談関係」は社会構造上問題をはらむ関係における緊張を和らげる働きをする、と人類学者は考える。アルバート・メルッシは、「ユーモアは緊張を取り除くのにきわめて重要な役割を演じている」（Melucci, 1996：135）と言う。

近年、社会分析家はユーモアの機能を会話上のやり取りにおいて検討しようと試みている。グラハム、パーパとブルックス（Graham, Papa & Brooks, 1992）は、そのような機能を二十四特定したと述べた。ヘイ（Hay, 2000）は友人集団における会話を検討して、あらゆるユーモアはそれを聞く人との結束を表現する機能を果たすと主張した。この「一般機能」の他に、ユーモアは、「結束に基づくニード、権力に基づくニード、心理に基づくニード」を満たす三つの「特殊機能」（ibid.：717ff.）をもつ、と彼女は論じた。アタードはジョークの意味論的分析をして、「社会的・対人的視野をもっとも広くするなら、ユーモアには二つの共通する機能」（Attardo, 1993：554）があると主張しているが、それらは「関わり断ち」と「集団同一化」である。ユーモアの「関わり断ち」機能を使うことで、話者は非難や不平のような他の状況では関係を脅かすことになりそうなことを言うことができる。

ジャネット・ホームズ（2000）は、「職場においてユーモアがどのように機能するのか」を検討した。彼女は、ユーモアが命令を和らげたり権威に異議申し立てしたりするのに使われることがあると言うが、これはアタードが「関わり断ち」と述べたものに類似している。ドゥ・プレ（1998）は、保健医療の場でユーモアがどのように使われているかを検討する際、機能的な用語を使っている。彼女は、「ある程度の量の『息抜き』が有益な機能を果たすことが」（ibid.：22）あり、また、やっかいなことになりそうな状況でユーモアは、「面目を保つ機能をする」（ibid.：24）と書く。ノーリック（1993, 2003）は「ジョークを言うことのメタ言語的機能」を強調し、それは集団が、ある種の話がここのやり取りでは不適当とのレッテルを貼るのを可能にするとしている。

このような研究者たちは、ユーモアの機能の正確な数や性質については一致しないかもしれないが、ユーモアが何らかの機能をするという点では一致している。「機能」の語は、ポジティブな社会行為という意味合いをもっている。ベルクソンは笑いの機能的有用性（**la fonction utile**）を見つけようとした（1900：8）。この言い方には、笑いは社会的な働きをすることで、有用なのであるとの含みがある。今日の笑いの研究者の多くは、ユーモアは社会関係を維持しコミュニケーションの行き詰まりを防ぐのに役立つというような口ぶりである。ノーリックは「ユーモアの機能の多様性」（1993：42）を認識する必要性を述べた後、「笑いを、楽しいやり方でわれわれに自己を提示したり、共通の場を検証したり、ラポートをつくったりする機会を与えるものと考えるのと同様に、日常会話における課題を容易にするものと考える、相互作用上のパースペクティブをわれわれは発展させている」（ibid.：43）と続ける。ここではユーモアがなすことのできる、有益な、何かの役に立つような事柄が強調されている。ドゥ・プレの分析も同様だ。ユーモアは患者の尊厳を保たせ、共感性を促進し、非脅威的なやり方で不平を言わせ、そして一般に「ユーモアは素早い、説得力のあるコミュニケーションを促進するように思える」（1998：122）と彼女は言う。ここでもポジティブなものが達成されると仮定されている。一般向けの小著の著者は、ユーモアのポジティブな機能を書くのにためらいを見せない。ヘイゲセスによると、「人生におけるユーモアの第一の機能は、愛情と安心を伝えることである」（1988：39）。

もちろん、ユーモアの機能すべてが明らかにポジティブなものとは限らないことに気づいている研究者もいる。ゲイリー・ファインは、ユーモアが集団凝集性を強固にするよう機能するのと同様に、集団間の葛藤を引き起こすように機能することについても書いている。プレッシャーの激しい仕事に就いている人たちが、プレッシャーを和らげるために仕事があった日の終わりに互いにジョークを言うことがあるのが知られている。たとえばソーシャルワーカーたちが、クライエントのことやクライエントの抱える問題を嘲笑うことがある（Sullivan, 2000）。そうしたジョークのセッションによって、ソーシャルワーカーチームの士気がうまく保たれる。ソーシャルワーカーはジョークを言うことがはらむ問題によっても悩まされるかもしれないのだが、この楽しみをやめられないほど無力感を感じているのかもしれない。

ユーモアのもつポジティブなものとネガティブなものの両方に研究者が直面する時、彼らはしばしばネガティブな結果よりもポジティブな利益を強調する傾向を見せる。先に2章で見たように、バーガー（1997）は、一般に「社会肯定的」機能は「社会否定的」機能を上回る、と言っている。ヘイ（2000）は、結束の機能が分裂の機能を上回ることを、自身のデータで強調している。ノーリック（1993）は、嘲笑いと嫌みはラポートよりも悪意に合うようで、「このことがその対人的機能を全体として問題あるものにする」と指摘している。しかし彼は、「習慣的な冗談関係が話者たちの間にラポートをつくる働きをしているかもしれず、このことが話のやり取りにおける嘲笑いと嫌みの明らかにネガティブな役割の説明に役立つ」（ibid.：43-4）、と言う。このように、明らかにネガティブな機能も、実際にはポジティブなものと見なされている。

これら全部が示しているのは、ポジティブ・イデオロギーの基調を特徴づける、ポジティブなものへ向かうバイアスである。ベルクソンはユーモアの社会的に有用な機能を探そうと提案しているのだから、彼の『笑い』はこうした態度へ向けて一歩踏み出すように思えるかもしれない。しかし、ベルクソンのユーモアの社会的分析と、後の多くの社会学的アプローチとの間には決定的な違いがある。ポジティブ・イデオロギー支持者は、ユーモアは本来ポジティブなものであると考え、そしてそれはポジティブな機能を果たすとも考えている。ネガティブなものは運の悪い副作用と見なされる。これとは対照的にベルクソンの観察が示唆しているのは、もっとやっかいなものだ。ユーモアは本来的に心温まるポジティブなものどころか、その核心部に冷たい残酷さをもっている。ポジティブ・イデオロギーの仮定に従うなら、ベルクソンはユーモアを本質的にネガティブに描き、同時にそれが有用な機能をもつと言っていることになる。そうすることで彼は、ポジティブなものが入り込む可能性を排除するのである。

必要機能と剰余機能

ハーバート・スペンサーは社会機能をタイプによって区別した。普遍的な機能（と構造）があり、一般的な機能があり、特殊な機能があるというように。生物学が彼にこのモデルを与えた。すべての有機体に共通する構造と機能、種に共通する構造と機能、特定の亜種にだけに見られる構造と機能、これらを生物学者は区別する（Spencer, 1897 : 59）。人間社会が生物体のようには容易に分類できないなら、あらゆる社会に普遍的な機能と、あるタイプの社会に特異的な機能とがあるというように、スペンサーの三分類を二つにするのがよいかもしれない。そして普遍的機能は社会生活にとって一般に必要なものであり、その機能が満たされない場合、社会生活の持続が脅かされるであろう、と主張できるかもしれない。それが正しいなら、ある種の社会的やり取りに機能する慣行があるかもしれないが、その種のやり取りは社会生活の存続全体には必要なものではない。前者のタイプの機能を「必要機能」、後者のタイプの機能を「剰余機能」と呼んでみよう。この区別はハーバート・マルクーゼが『エロス的文明』で行った、有名な必要抑圧と剰余抑圧の区別をまねている。マルクーゼの区別も、マルクスのさらに有名な必要価値と剰余価値をまねているのだが。

現代のユーモアの社会学的分析のほとんどは、剰余機能を扱っている。ジョークを言い合う関係は社会生活一般の維持に必要なものではなく、それは構造的緊張をはらむ社会関係を特徴とする特殊なタイプの社会状況で生じると見なされている。同様に、社会分析家たちは、ジョークを言うことは命令や非難を和らげる、と言うことがある。彼らは、ユーモラスにトーンダウンした非難が、仲違いさせることなくやり取りを進行させるようなタイプのやり取りがあることを指摘することがある。楽しくトーンダウンさせるレトリカルな装置をあらゆる言語がもっているはずである、とまでは彼らは言わないし、社会生活はそのような装置なしでは維持できない、とも言わない。どの言語も適切な話と不適切な話の基準をもっているので、丁寧さは普遍的なものかもしれないが、丁寧さの特定の基準が普遍的である必要はない（Billig, 1999；Brown & Levinson, 1987）。

ある社会状況で助けとなる有用なレトリカルな装置を、ユーモアが与えると考えられている。医学的検査で患者を当惑させる結果になりそうな時、それを和らげるために医師がユーモアを使うことがある。この場合ユーモアは検査それ自体に必須のものではなく、有難いおまけだ。前章で述べたように、ジェイムズ・サリーは、他の植民地主義者が銃を使ってアフリカ人に仕事をさせていたのに、ユーモアを使ってそうさせていたと言うイギリス人植民地主義者を引用した。そこではユーモアは、権力を行使するための余剰なものと見なされていた。同様に現代のビジネス本は経営者に、適切な場合にユーモアを示すよう勧めている（たとえばBarsoux, 1993）。ユーモアの欠如は必然的に会社の倒産をもたらすとか、経営者階級が面白おかしく脱線しながら命令することができないなら資本主義は崩壊するだろう、などとは、良い経営実践のための本は言わない。

ユーモアに関する社会学的研究のほとんどは、必要機能ではなく剰余機能の方を見ている。現代社会学のこの傾向は詳細な事柄を集める方向へ向かっていて、研究者たちは人と人のやり取りの微細な面を観察している。その結果はというと、笑いの特定の表出の仕方がさまざまなタイプの会話状況でどのように機能するのかを調べることによる機能分析を蔓延させることになった。ユーモアのさまざまな会話上および相互作用上の機能についてのそのような証拠の蓄積が、ユーモアの全般的な社会理論を生み出すことはありそうにない。社会理論の構築は、詳細な事柄の蓄積ではなく、それらの選択と誇張によるのである。社会理論家は一つのタイプの機能に特別な重要性を与え、理論的に他の機能から選別する。この点で理論は、余剰なものから必要なものへの想像力の飛躍を伴う。たまたま社会状況で困ったことになった社会行為者を助ける以上のことを、ある種の社会的慣行がする、と理論家は言うことだろう。その理論家は、ある種の慣行が社会生活にとって必要であると主張することだろう。

これが、ベルクソンが『笑い』で目指したことである。彼は大きな絵を描こうとした。言い換えるなら大きな誇張をしようとした。彼はできるだけ多くのユーモアの形態を分類して、さまざまな形のやり取りにおいてそれらの微細なメカニズムがどう働くのかを見ようとしなかった。ユーモアの社会的機能の問題を単数形で（les fonction utilesではなくla fonction utile）提起することで、そして理論的な誇張というリスクを負うことで、ベルクソンはユーモアの最初の社会理論を生み出すことができたのである。

滑稽なものとその機能

滑稽なものとはどのようなものかベルクソンが特徴づけたことで、『笑い』は有名になった。彼はズレ理論も面目つぶし理論も滑稽なもののほんの一部しか扱っていないと考えたので、そのいずれにも従わなかった。その代わり、これらの以前の理論にあるいくつかの要素に依拠しながら、笑いの原因について非常に独創的な説明をした。笑いはこわばった行動、ないし機械的な行動によって引き起こされる、とベルグソンは主張した。歩行者が歩道で障害物を避けきれない場合、人は笑う。また、机上のいつもインク入れがある場所に置かれた泥の入った壺にペンを浸す放心状態の教授を、人は笑う（1911a：8‒11）。

そのような災難はしなやかさのなさが原因で起こる、とベルクソンは主張した。道でつまずいた男は、路上の障害物を避けるべく歩く速度に注意すべきだった。そうしなかった男の行動はしなやかさの欠如を示したのである。「これが男の転倒と、そしてそれを見た者の笑いの理由なのである」（ibid.：9）。この本全体を通してベルクソンはさまざまな形の滑稽なものについて考察しているが、特に劇場で演じられる喜劇について考察している。滑稽なものの本質は何らかのこわばりにある、と彼はそのたびごとに言う。彼がもち出す例は、「人間の身体の姿勢、ジェスチャー、動きは、その身体がわれわれにただの機械を思い起こさせる程度に正確に比例して、笑いを誘う」（ibid.：29）という一般原理の観点から説明される。このように滑稽なものとは「生きたものにかぶせられた機械的なもの」（ibid.：49）であり、「われわれは、一人の人間が一個の物であるとの印象を与えるたびごとに笑う」（ibid.：58）。ベルクソンはこの考えを、仮説ではなく「新しい法則」(ibid.：58；p.29も参照)として提起している。

人間は物ではないから、ベルクソンの「法則」は、人は人間が非人間的な物に見えるズレを笑うことを示唆している。ベルクソンが言っているのは、人はズレそれ自体を笑うのではなく、かなり特別なズレを笑うということだ。なぜあるズレが笑いを引き起こさず、別のズレはそうでないのか、ズレ理論ではその理由を言うことができない。このことは面目つぶし理論も同じだ。こわばった行動は災難を起こしやすい。泥の入った壺にペンを浸す教授は愚かに見える。災難の多くは喜劇というより悲劇なので、災難それ自体がおかしいわけではない。おかしさが見つかるのは、この特別な部類の災難なのである。

何が笑いを引き起こすのかこのように要点を述べてから、ベルクソンは笑いの機能を述べる。「生活と社会がわれわれ各人に要求するのは、……現状の輪郭を認識する常に目覚めた注意力であり、またわれわれをその結果適応させることができるようにする心身の一種のしなやかさである」(ibid.18)。つまり、しなやかさのない行動は非適応的であるとベルクソンは言っている。彼の言葉は、環境に適応する行動とそうでない行動を分けた、『心理学原理』のスペンサーに共鳴している。社会は「身についた習慣の安易な自動性」を妨げ、「性格と心、そして身体のしなやかさのなさ」(ibid.：19)を避ける方法を必要としている、と書く時、彼の議論はスペンサーと同方向に進んでいる。しなやかさのないことは機能的でないので、「社会が疑いの眼差しで見るのは、こわばりである」(ibid.：138 強調原文)。

しなやかさのなさをやめさせるのに笑いが果たす規律機能を、ベルクソンは強調する。彼はここで、第一の観察、すなわち人間は笑われる動物である、の裏側に理論上含まれていたものを精算する。社会生活のストレスと緊張を和らげ、ネガティブかもしれない状況を耐えられるポジティブなものに変えるために、笑いが存在するのではない。それは、社会のいかなる発展も脅かす非適応的な行動をやめさせるために存在する。ベルクソンの表現では、「こわばりは滑稽なものであり、笑いはその矯正手段である」（ibid.：21）。

社会のメンバーは自分自身を他者から隔離するわけにはいかない。社会環境に気を配らなければならず、そしてメンバーは皆「環境を手本にしなければならない」（ibid. 135）。人は笑われるのを恐れるから、笑いは矯正手段なのだ。この笑いの残酷さについてのベルクソンの観察はきわめて重要だ。「社会は個々のメンバーを宙づりにし続ける。矯正の脅威とまでいかなくとも、とにかく鼻であしらわれる見込みは、それがわずかであっても、やはり怖いのである」（ibid.：135）、と彼は言う。そして続けて言うには、笑いは「それが向けられる人にとっては常に相当の屈辱であり」、そこに「笑いの機能がある」（ibid.：135）。

この理論は原因と結果をしっかり結びつけている。笑いの原因、すなわちこわばりは嘲りという作用を生み、それが今度は原因がさらに繰り返されるのを防ごうとする。ベルクソンは笑いには必要機能があると考えていた。あらゆる社会はその成員を嘲笑う機能をもつ必要がある、と彼は言った。さもなければ、こわばった行動をメンバーがしたがるようになるかもしれず、そのことは社会の存続を脅かす。その結果笑いは、嘲りという規律機能によって、「全体的進歩という有益な目的を追求する」（ibid.：20）。笑いなしでは社会はこわばりの餌食になり、固定してしまう。それが、嘲りの残酷さが必要とされる理由である。

身体と笑いの精神

ベルクソンの理論はユーモアの普遍性をうまく説明している。しなやかさを要求する世界への適応を助けるために、生まれつき人間はこわばりをおかしく感じるようにつくられている、と彼は考えている。したがって、すべての人間社会は、笑いの規律的な性質から得るものがある。その上ベルクソンの理論では、純粋な心理学理論ではうまくいかない社会的側面の説明をするのに、何も問題がない。古典的な優越理論やズレ理論では、共同的な笑いがなぜ個人的な笑いよりもずっと大きいのかを説明するのが困難である。ユーモアは心理的機能ではなく社会的機能を果たしているとの仮定から始めることで、ベルクソンはそのような理論を考え直すのである。彼のモデルは、笑いを社会的権威からの解放と考えるベインとは違う。そこには教室の規律から解放されて笑って駆け出す学童がいた。笑いの反逆的性質はフロイトの理論でも重要な役目を果たしていた。ベルクソンの考えでは対照的に、笑いは規律のもつメカニズムであり、社会生活という教室における罰である。

ある意味、ベルクソンの理論はホガースの滑稽なものの分析と共通点をもつ。ベルクソンもホガースも、言語的なものより視覚的なものを優先させた。『美の分析』でホガースは、流れるような、しなやかな曲線は優雅さを象徴するから、喜劇的な人物の姿は鋭い線で描かれるべきだと言った。『美の分析』には説明のためにダンサーの場面が載っているが、それによると手足が尖ったように描かれた姿は滑稽で不格好に見えるが、流れるような線で構成される姿のダンサーにおかしみはなく、優雅である。ベルクソンはさらに先へ進む。優雅な動きはある状況ではかえっておかしいものになり得る。泥の壺にペンを浸す放心状態の教授が優雅にそれをすればするほど、その結果はいっそう滑稽になる。おかしいのは行動ではなく、それに伴った非適応的な放心状態なのだ。ベルクソンが言うように、「放心状態は常に滑稽」であり、「放心状態がひどいほど滑稽の効果が高まる」(1911a：146)。

ベルクソンは、滑稽なものとはこわばりや放心状態のことだとするが、これは彼の哲学のもっとも基本的ないくつかのテーマと結びついているのに、彼は『笑い』でこの関連性を特には示さなかった。生活の中で人が経験する複雑な現実とほとんど、あるいはまったく関係のない、抽象的な哲学大系にベルクソンは厳しく反対していた。ベルクソンは品が良いからこんなことは書かないのだが、哲学者たちが雲を眺めて歩いていて水たまりにはまったら、彼らは彼にとってまったく滑稽な人たちである。その哲学者たちは滑稽なだけでなく、彼らの哲学もばかばかしそうだ。ベルクソンは上品な人だからこんなことも言わないが。けれども、こういうことが彼の哲学的立場に含意されている。

滑稽なものをこわばりとする多くの哲学的理由をベルクソンはもっていた。まず、ベルクソンは記憶の作用に大きな重要性を置いていた。『物質と記憶』で彼は、記憶をもたない限り、人間は現在を意味ある仕方で経験することができない、と主張した。しかし、ベインや他の連合主義者が考えたように、現在の感覚を過去の感覚と単に連合させることで記憶の能力が働くのではない。記憶は行動のための一種の準備性である。過去の記憶の選択とは将来の瞬間を準備する手段であり、その将来の瞬間に現在の経験が依拠している。ある人がいつも放心状態なら、その人は世界において機能できないだろう。過去と現在と将来のスムーズな絡み合いが乱れることだろう。このようにして、放心状態は実際の間違いとなる。だから嘲笑われることの恐怖が、普通の人が放心し過ぎるのを防ぐように働くのである。

ベルクソンの滑稽なものについての考えを、彼の反唯物論的哲学に直接結びつける別のテーマがある。人間を単なる身体的機械と見る唯物論者に、ベルクソンは常に反対していた。ベルクソンの哲学では、生命は物質的要素から純粋にでき上がるのではない。精神の世界、ないし生命の無形の力は、物質と同様のリアリティをもつ。ベルクソンの喜劇の理論は、人間とはただの物理的自動機械であるかもしれないという可能性を認めない。人間の姿が機械のように見えれば見えるほど、仲間の人間たちの目には笑えるものに映るから、人間とはただの機械ではあり得ない。機械のように不調和な動きをする人の姿を見て喜劇的要素を感じるのを予測する限りにおいて、ズレ理論は正しい。もちろんこれは、人間がもともと機械ではないことを前提としている。だから私たちの笑いは、私たち自身の機械的でない部分を表している。

『笑い』には、ベルクソンが『創造的進化』で発展させることになる、進化論的テーマを暗示するものが含まれている。「適応」と「機能」という用語に含まれるスペンサーへの共鳴は偶然ではないのだが、ベルクソンはスペンサーを越えて行こうとした。彼は、非物質的な精神が進化の過程で働いていることを示そうとした。漸進的な進化を可能にするのは、物質の不活発性に打ち克とうとする精神の力によってのみである。『笑い』でベルクソンは物質と精神の葛藤について、それとなく少し触れている。われわれの想像力には、理性の範囲を越えた「独特の非常に明瞭な哲学がある」（1911a：28）と彼は言う。人間が仲間の人間を見る時、われわれは、「物質を形づくる魂の努力を、すなわち非常に柔軟で永遠に運動し続け、重力の法則に従わない魂」（ibid.：28）を見るのだ。

『創造的進化』でベルクソンは、生命体は生命衝動を、つまり物質の制限を常に克服しようとする精神力を、含んでいると主張しようとした。生命衝動は物質の不活発性に対抗するよう活動するので、生命体は自身を繁殖させるだけでなく、繁殖の過程で変化する。こうして生命力はダーウィン説が依拠する自然変異を与える。ベルクソンによると、生命の持つ精神的衝動、ないし生命の飛躍《エラン・ヴィタル》と、それを取り囲む物質的諸存在との間に、絶え間ない葛藤がある。「組織化された世界の進化とは、この葛藤の展開」（1911b：254）なので、進化の核心部分にはそのような葛藤があるのである。

　これが意味するものは明白だ。生命のもつ精神力なしには進化はあり得ない。うまくいっても、すでにあるもののこわばった再生産だけだろう。環境が変わるとこのこわばりは適応を妨げるから、生命それ自体が脅かされる。ベルクソンは『笑い』において、笑いを通して精神は人間がただの身体であることを妨げると述べており、この議論の痕跡がうかがえる。ベルクソンは魂を、「その空を駆けるような軽さを身体に分け与え、それに生気を与える」（1911a：28）ものと述べる。しかし物質は「執拗に抵抗し」、魂の力を永久に遮り、かつ削ぐ。「それは喜んで身体の多様な知的な動きを、矮小された愚鈍な型にはめようとする」（ibid.：28）。「魂の外面生活」を鈍らせるのに物質が成功した時、それは「ある効果を達成するが、それが滑稽なものなのだ」（ibid.：29）。身体は何かをやり損なう。学者はペンを泥の壺に入れる。これらは皆、武骨な身体が一瞬、魂の軽さを曇らせたからだ。嘲笑われることへの恐れは、この頻繁に生じるハプニングを防ぐのだ。

　ベルクソンの説明では、身体と精神は同等ではない。身体を笑う時があり、精神を笑う時がある、というのではない。滑稽さを感じる想像力とは精神の身体に対する復讐であり、その逆ではない。身体が何かをやり損なうのを笑い、放心状態の人を笑うことによって、社会はその創造的精神を忍び寄る身体の鈍化作用から守る。このようにして社会は、必要なしなやかさを守ることができるのである。魂が身体への嘲りを達成するのに笑いの発作という身体反応を採用して身体を欺かねばならないというのは、パラドックスである。しかし、ベルクソンの考えでは、身体はちょっと鈍いから、ジョークが分からないのだ。

新奇なものを笑う、こわばりを笑う

ベルクソンの理論は、笑いは規律機能に貢献するというアイデアと、笑いはしなやかさのために機能するというアイデアとの間の緊張をはらんでいる。この緊張は、笑いの規律機能がしばしばしなやかさや精神の自由な想像力の達成ではなく、保守性と同調性の達成のために働くため生じる。そしてこの緊張は、滑稽なものの客観的な性質を見つけたと主張する理論が直面する、より一般的な問題の特殊なバージョンである。誰もが同じ「客観的に」おかしなものを、一様に笑うわけでない理由を説明するのは困難だ。

ベルクソンの理論に関する限り、この問題はまったく簡単に述べることができる。彼が言うには、こわばった行動はもともと滑稽だ。しかしすべての人がこわばりを目にして同じように笑うわけではない。最高に上手な道化が全レパートリーをやり終えても、無表情のまま座っている人がいるかもしれない。ベルクソンの理論はまた、笑いが保守よりも革新陣営の味方であると示唆するように受け取ることができる面があるのだが、公平に言うなら、彼は特別この点を主張しなかった。けれどもユーモアは、他のレトリックの道具と全く同じように、一方の側に属しはしない。ユーモアをラディカリズムのために引っ張り出すことが可能なら、保守主義のためにそうすることも可能である。

ベルクソンの著作『笑い』は、当時のパリの人気雑誌と同じタイトルがつけられていた。この雑誌は古くさい保守主義をばかにする革新の側にいた。それにはいつも、ロートレックや、自由思想をもつ因習への反抗者たちの手によるイラストが載っていた。この点でこの雑誌は、イギリスのマンガ雑誌『パンチ』と非常に異なっていた。当時『パンチ』は中産階級の確かな代弁者となっていて、たびたび「イギリス人が好むもの」と規範を脅かす畏れとを対照させていた（Simpson, 1994：135）。雑誌『パンチ』はアバンギャルドを、特に唯美主義をばかにしていた。ジョージ・デュ・モーリエの描く風刺漫画は、当時の変わり者の芸術家たちを片っ端から熱狂的に歓迎する、架空の家族「チマブーエ・ブラウン一家」をからかうものだった（Lambourne, 1983）。

嘲笑のもつ保守的な傾向とラディカルな傾向との間の緊張がベルクソンの理論に見られる。十八世紀のユーモア理論家には、特にユーモアの規律的側面に触れた者にはショックだったであろう考えを、彼は提起する。ケイムズ長官やドゥガルド・スチュアート、シャフツベリー伯爵のような著作家は、嘲笑は小さな悪徳をやめさせると考えた。これとは対照的にベルクソンは、不道徳は非柔軟性のような、もともと滑稽なものではないと主張した。というのは、「柔軟な悪徳を嘲笑う方が、こわばった美徳を嘲笑うよりも容易でないかもしれない」（1911a：138）からだ。滑稽な性格とは、「その不道徳性ではなくその非社交性のゆえに」（ibid.：139 強調原文）われわれを笑わせる、と彼はつけ加えた。

「非社交性」（insociabilité）の語でベルクソンは、他者との交わりから離れた人の行動のことを述べた。しかし彼はまた、社会生活が要求するものと合わないやり方で常に行動する人のことも言った。この広い社交性の意味で、滑稽な性格とは絶えず大声で話したり、派手すぎる服を着たり、適切な振る舞い方についての微妙な規範への気づきを大抵示さない人物なのである。滑稽な性格は誰にも行き渡っている振る舞い方の基準に合わないから、他の人たちと異なるところがたやすくユーモアの的になる。したがって、ベルクソンによると、何が滑稽かは「しばしば習俗や観念次第だし、率直に言うなら社会の偏見次第である」（ibid.：

138)。

一つ重要な点だが、ベルクソンの柔軟性と道徳性の対比は杓子定規すぎる。丁寧さという規範は一見些細だが、道徳性の典型的な規範である。ミクロ社会学者が強調するように、社会行為者にとって日々の振る舞いのちょっとした規範が道徳的な感じを帯びるものだ（Brown & Levinson, 1987 ; Garfinkel, 1967 ; Goffman, 1981）。不適切な質問をする人、場違いな服装をする人は、テレビの架空の娯楽番組の中では滑稽な人物かもしれない。しかし実生活でそうするなら、「失礼なやつ」とか「センスのない人」等と非難されがちだ。「非社交的」の語はそれ自体、「どうしてそんなに社交的でないの？」と言うように、しばしば非難の色彩を帯びている。日常の会話と振る舞いのミクロな過程に社会的な理想像が浸透しているのだ。実際ベルクソンは、「社会的な理想像と道徳的なものとの間に本質的な違いはない」（1911a : 138）と言った。

滑稽な人物の示す「非社交性」は周囲の要求するものへ従うことができないことを意味することがあるが、そのような場合、笑いは従順さを強いるよう働く可能性がある。しかし、従順さは柔軟性を必要とすると主張することができ、したがって滑稽なものを柔軟性のなさとしたベルクソンは正しかった。従順になるためには、つまり社会状況の絶え間なく変化する要求に合わせるためには、人は他者の行為に気づかなければならない。自分の決めたことに固執するこわばりは社会的に不適切なように見え、したがって滑稽であり嘲笑を招く。しかし、上手な適応のために必要な周囲の社会への気づきは、それ自体が一種の保守性になり得る。ベルクソンによると、精神のしなやかさを守り社会的柔軟性を促すよう働く笑いは、実際は、社会行為者が社会的慣習や決まり事や偏見に従うように取り締まっているのかもしれない。

ベルクソンの議論の強力さは、彼が笑いの規律機能を理論的に最優先したことだ。反逆機能は二の次である。保守性と笑いの結びつきは根本的である。社会はその習慣とルールを強制する。つまり大人は次世代に話し方と振る舞い方の規範を教えなくてはならず、笑いにはそのような規範や慣習への違反をやめさせる主要な機能がある。この点で、ベルクソンのいくつかの見解の傾向に反することになるが、ルールを必然的に破ることになる社会革新といったものをやめさせるよう、笑いは保守的に機能するのだ。

あるタイプの人間行動、つまりこわばった行動は、それ自体嘲笑の主要な的であるとベルクソンは言った。しかし、よく適応した社会的なしなやかさは嘲られることがないように思えるが、それ自体一種の社会的服従であり、したがって精神のこわばりである。ベルクソン主義者はこう応じるかもしれない。それが、型にはまった社会行動が嘲笑される理由であると。そう言うことには、「こわばり」の概念を過大解釈するか、しなやかに用いすぎるという危険性がある。嘲りの可能性から守られている社会行為はなからない、と言う方が偽りが少ないかもしれない。保守性も非保守性も、社会的なこわばりも順応性も、みな滑稽でばかばかしいものになり得る。シャフツベリー伯爵に対してジョン・ブラウンがしたように、偉人や善人でさえ嘲笑に値するように見える場合がある。哲学的なしなやかさを示していても、嘲笑からの避難所にはならない。身体が知性に反撃することがある。哲学者が水たまりや泥の壺を避けたとしても、彼らは容易なターゲットである。

生き生きとした精神について講義をしているベルクソンを想像していただきたい。彼は印象的な風貌をしていたし、彼の講義は一大イベントだった。ある観察者が述べるには、「静寂がホールに舞い降り、彼が半円形の講堂の後ろから静かにやって来て、シェードのついたランプの下に座り、原稿やメモを手にしていないのを聴衆が見た時、彼らはそれぞれ心の中に秘密の震えを感じる」(Chevalier, 1928 : 60)。聴衆が彼の音楽のような声を聞きながら、一時間以上座り続けていたことも想像していただきたい。彼らはこれまで、このような説得力と深遠さをそなえた、穏やかな話を聞いたことがなかった。彼らは哲学の核心部へ、真実の本質へ連れて行かれる。講義の終わりに、どなたか質問をなさりたい方はいらっしゃいませんか、とベルクソンが尋ねる。後方で、ベルクソンとは違った形の口髭をした男が立ち上がる。「それでは教授、ノースダコタ州の州都はどこですか?」

快楽と無意識的意図

体験の分析を通して笑いのトピックにアプローチしない、というベルクソンの決意は、彼の社会的機能の強調にうまく合っている。笑っている人の意識的な体験の内側には、笑いの社会的意味は見つからない。他人が滑稽な失敗を演じるのを見た人は、「あそこにいる人は場にふさわしくないこわばった振る舞いをしているから、私はあの人にそれを繰り返すのをやめさせるためにクックッと笑った方がいい」と、意識的に考えたりしない。笑いの機能が意識に上ることなしに、笑いは自発的に出る。機能と体験のこうしたギャップは、機能的社会分析ではよくあることだ。社会学における機能的説明の多くは意識的意図という考えを当てにしていない。人が自分の行動に与える理由が、社会分析家が理由とする機能上の特性と同じでないことがある。このように、社会行為者の背後で機能が働いている。笑いの社会的機能についてのベルクソンの分析はある程度、このような社会機能主義の痕跡を帯びている。しかし重要な点で、彼はもっと先へ行っており、無意識的な動機も働いているかもしれないことを示唆する。

笑いの理解の中心には、快楽の問題があるはずだ。律せられるべきものを見ることに、なぜ快楽があるのか？ ベルクソンはこう言った。「笑いによって引き起こされる快楽は、……純粋な快楽ではない」、なぜなら「それは常に秘密の、または無意識的意図を含んでいるからだ」(1911a：135-6)。この無意識的意図とは、懲罰的側面を意味している。「笑いにおいてわれわれは、われわれの隣人に屈辱を与え、その結果隣人を矯正しようとする口にされない意図を見つけること常である。それは彼の意志になくても、少なくとも行いにある」(ibid.：136)。「秘密の、または無意識的意図」の概念は興味深い。実はこの語句、オリジナルのフランス語の本には現れず、そこではベルクソンは、笑いには常に、社会がわれわれのためにもち、そしてわれわれはもっていないかもしれない「一つの底意」(une arrière pensée) が混じっている (1900：104)、と言っているのだ。

一つの底意がどのようにして、英訳で「秘密の、または無意識的意図」になったのか、と読者は尋ねるかもしれない。ベルクソンが著作の英訳を監督した際、相当に注意深く行ったというのが本当なら、単純なミスはあり得ない。『笑い』の英訳者は、翻訳が「著者自身によって詳細に校正された」(「訳者前書き」1911a：v) とはっきり述べている。一九〇〇年のオリジナル本の出版と、英訳書が出た一九一一年の間に、知的状況が変化したのだ。ベルクソンの名が広く知られるようになっただけでなく、フロイトの名も知られるようになった。一九一一年の頃には「秘密の、または無意識的意図」の語句は、「一つの底意」には欠けていたフロイト的な響きを伴っていた。その語句は、動機が抑圧されたり検閲されたりして、意識から除かれることを伝えようとしていた。

ベルクソンはフロイトの著作を早くから読んでいた読者の一人で、この響きが意味するものをよくわかっていたことだろう。他のところで彼は、自分のアプローチをフロイトのそれと結びつけることができると指摘した（すなわち1920：107）。秘密の意図というフロイトのアイデアは、社会行為者が自分の行為の社会に及ぼす作用に気づかないかもしれない、ということ以上を含意する。それは隠れた秘密も含意している。笑いの場合、ベルクソンはこの秘密が何かをほのめかしている。われわれの隣人に屈辱を与えようとする、口にはされない意図があるという。「口にされない屈辱の意図」（l'intention inavouée d'humilier）の語は、オリジナル版にも見られる（1900：104）。そこでは意図がただ「口にされない」だけだが、精神分析的な響きの追加は議論を一歩踏み出させる。意図は口にされないだけでなく、否定されたり否認の過程に委ねられたりする。

無意識の理論をベルクソンはつくり上げなかった。彼の初期の心理学的な二つの著作は、今の知覚が、入ってくる感覚の単なる受動的な受け入れからなるのではなく、知覚者の動機によって影響されることを強調していた。『笑い』でベルクソンはこの考えに遠回しにふれている。「私は見えるものを見、そして考える」、また「私は聞こえるものを聞き、そして考える」と彼は言う。しかし、われわれは世界を直接的かつ冷静に知覚していると信じているなら、われわれは自分自身を欺いていることになる。「外部世界に私が見えるもの、聞こえるものは、純粋に、私の行為を照らすために私の諸感覚が選択したものである」。したがって、「私の感覚や意識は、現実について実用のために単純化されたものしか与えてくれないのである」（1911a：151）。確かに、人の感覚は内的に感じられるものの性質を単純化する。日常生活で現実的に活動できるように、すべては変形されるか、少なくとも単純化される。

このように言うことから、社会生活において快適に活動するために人は自己認識から自身の行為の諸側面を隠すものである、と言うまでは短いステップである。ベルクソンの主張を構成する要素は、そのような可能性を示唆している。笑いの快楽は、同情の欠如ないし心情の瞬間的な麻酔状態に依存する。笑う人は笑いの残酷さを深く反省したりしない。笑いの対象となる人に屈辱を与えようとする願望は、認められも口にされもしない。疑われたなら否定される。これが秘密の意図であり、これは他人に隠しているだけでなく、自分自身にも隠しているのである。

このことは、笑いの快楽の分析には無意識的動機の心理学を必要とすることを示唆している。ベルクソンはそうした心理学を表立ってもたらさなかったが、彼自身の著作はそのような企てが引き起こすかもしれない抵抗の例になっている。『笑い』の最後に、ベルクソンは笑いの残酷さの問題に戻る。「笑いはどちらかと言うと、悪で悪に報いる傾向がある」から、「笑いには慈悲深いものが何一つない」（ibid.：194）、と彼は言う。笑いの「機能は屈辱を与えることで怯えさせる」（ibid.：198）ことだから、笑いが「情け深い」ものではあり得ない、と彼は言う。笑いが矯正手段として機能するためには、「人が社会に対して振る舞った自由行動に、社会は笑いによって報復する」ので、「笑いが向けられる人につらい印象を与える必要がある」。ベルクソンが言うには、「それが同情や思いやりの刻印を帯びるなら、目的を達することができないだろう」（ibid.：197）。

笑いは犠牲者に苦痛をもたらすが、それより一層ひどいことに、笑いを実行する者はそれをすることで快楽を得る。「最良の人びとにさえひとかけらの悪意が埋め込まれていなかったなら」（ibid.：198）、笑いはその機能を果たすことができないだろう、とベルクソンは書く。他人を笑う人は「このうえなく自己主張的で、うぬぼれている」（ibid.：199）と書く時、ホッブズが戻ってきたかのようだ。この一文は、笑いのサディスティックな快楽の心理を指し示している。しかしベルクソンはこの可能性を開いた後で、突然閉じる。「おそらくわれわれはこの点をあまり詳しく調べない方が良いだろう。というのは、われわれを喜ばせそうなものが何も見つかりそうにないからである」(ibid.: 198–9)。

二段落後でこの本は終わり、そして本が閉じられることになる。笑いの残酷さについて何かをベルクソンは述べたが、説明はしなかった。人は自分自身のこの側面をきちんと見ることを欲しない、と彼は言う。ベルクソンはこの回避の心理への共感を表明する。人間の体験の本質を探究することに身を捧げた哲学者にしては、おかしな態度だ。

嘲りは心情の麻痺状態以上のものに依拠しているかもしれない。それは自己認識の麻痺状態も必要とするかもしれないのだ。嘲りと残酷さが二つの鋭角をつくり、自己欺瞞がユーモアの三角形の第三の頂点をつくっているのかもしれない。笑いの三角形が社会生活を彩るものとして示される時、それは太陽を反射するダイヤモンドのような魅力で隅々まで光り輝く。その滑稽な精神を人は認め、楽しむ。光に目をくらませ、自身の美的センスを信じるがために、人はダイヤモンドの角のもつ切断力を忘れる。

言葉なしに

笑いについてのベルクソンの見解は、かなり独特な点を特徴にしている。すなわち言葉よりも視覚的なものを優先している点である。彼が滑稽なものの典型とするのは、教授のペンや道を歩く歩行者といったどたばた喜劇のような、言葉のないものである傾向がある。これは一八世紀の著名なズレ理論家たちと非常に異なる。身体的なユーモアは下層階級に限定されていて、カーニバルの下卑た言動と関連していた。その頃ジェスチャーの修辞学者でさえ、パントマイムのもつユーモアを見下していた（たとえばギルバート・オースチンの『カイロマニア、あるいは雄弁な演説についての一論文』Austin, 1806）。確かに、アディソンや他のズレ理論家たちは軽妙な言葉のやり取りを、それ自体で嫌っていた。だじゃれは悪趣味だった。しかし彼らは、真のウィットは矛盾した概念を結びつけると考えていた。そのようなウィットのある結びつきを成し遂げるために言葉が必要とされていた。ウィットの頂点に泥の壺はない。それは洒落た言葉だった。

二十世紀には、カーニバルの粗野な笑いを好意的に見、暴動を起こし社会を転覆させる行為と考える理論家がいたが、もっとも有名なのがミハイル・バフチンである。ベルクソンの言葉なしの身体的ユーモアの評価には、この美学がなかった。彼はエリートよりも庶民を支持したのではなかった。彼は「高級な喜劇」（1911a：142）における登場人物の性格の構成を、注意深く賞賛した。高級な喜劇は、悲劇的な物語の極みを目指すのに熱心でない。悲劇が日常生活の限界を超えるのに対し、喜劇は「芸術と生活の間にある境界線上にある」（ibid.：150）。喜劇作家は登場人物への観客の同情を弱める必要があるし、演技よりジェスチャーの方を重要に見せる必要がある。

映画やテレビはクローズアップを使うことで、昔の舞台役者にはできなかった微妙なジェスチャーを伝えることができる。ベルクソンなら現代のテレビに映るコメディを好んだだろうか、それとも好まなかっただろうか、と考えるのは厚かましいことだろう。しかし、彼が述べたことにうまく合うように思われるコメディがある。ラリー・デイビッドの『カーブ・ユア・エンスーシアズム』やリッキー・ガーヴァイズの『ザ・オフィス』のような、戸惑いを主題にしたコメディは、主人公たちを現実とフィクションの境界に置く。登場人物たちのジェスチャーと表現には、台本に書かれたウィットよりも大きな意味がある。ラリー・デイビッドの扮する人物は喜劇作家で、ガーヴァイズが演じるのはコメディアンの卵である。視聴者は面白おかしいギャグにではなく、ウィットが失敗した時の彼らのジェスチャーに笑わされる。

言語的なユーモアをベルクソンが格下げしたのには、固定した外見の背後で絶え間なく変化するリアリティを探求する、彼の直観主義が反映されている。言語には固定したカテゴリーが含まれ、それらは物事をあって当然と思わせるので、言語はこの探求の妨げになる可能性がある。さらに言語には心理学的な用語が含まれていて、それらは内部の心的状態の実際を歪める。人は「愛」や「憎しみ」といった言葉をもたないなら、そうした感情について話すことができない。しかし、感情の言葉をもつことには代償が伴う。そのような一般概念をもつためには、人は自分の内的状態を「ますます非個人的な形にし、それらに名づけることを強いなければならない。つまり、社会生活の流れにわれわれの内的状態を入れるためにである」(『物質と記憶』1911c：242)。けれども誰もが愛することや憎むことの自分自身のスタイルをもっていて、この「愛や憎しみは彼の全人格を映している」(『時間と自由』1913：164)。

私たちが共有している語彙では、この個別性を表すことができない。それは個人的な要素を、つまり体験の本質そのものを、「非個人的な側面」(ibid.：164) にしてしまう。社会的コミュニケーションを可能にする言語のこの非個人的性質というものが体験のユニークな性質を歪めるのなら、哲学者がすべきことは言語世界を超えたこうしたリアリティを直観するために、言語の背後を眺めようとすることである。ベルクソンが彼の哲学を生み出すために、他の哲学者たちと同じように言葉を使わなければならなかったのは、パラドックスと言えよう。

言語への不信は、『笑い』において一つのテーマとして現れている。人間には事物それ自体が見えず、多くの場合「それにつけられたラベルを読むよう自分自身を限定している」、とベルクソンは言う。なぜこれが起きるのかというと、「その事物のもっともよくある機能と常識的な側面へ注意を向けさせるだけしかない言葉というものが、事物とわれわれとの間に介入し、われわれの目からその事物の姿を隠そうとする」(ibid.：153) からである。このことは外的な物体の知覚と同じように、内的状態の知覚にも言える。われわれは自分の内的状態を非個人的な言語のカテゴリーを使って解釈するから、われわれの内的状態は覆われている、とベルクソンは書く。その代わりわれわれは、「すぐに現れては消えるおびただしい意味の綾と深いところで鳴り響く響きと共に」、感情それ自体に注意を払う必要がある。これら意味の綾や響きは「われわれを完全なものにする」(ibid.：153)。小説家や詩人や芸術家だけがこの内的リアリティを本当に掴むことができる。日常言語や従来の心理学の固定した用語では、これをするところまでは行かないのである。

ベルクソンは社会的文脈の中に笑いを置く必要性を主張するのだが、おおかた社会的文脈は言葉とコミュニケーションで満ちている。ユーモアの社会的文脈も例外ではない。人が笑うものの多くは身体的なジェスチャーや社会的な融通性のなさであると考えた点でベルクソンは正しいのかもしれないが、言語的なもの、たとえばジョーク、だじゃれ、皮肉な一言なども、社会生活で大きな役割を演じている。しかし笑いの研究は、笑いの対象を定めることだけに限定されない。ベルクソンが強調するように、笑うという行為はそれ自体、社会行為である。ここでもベルクソンは、この分析を展開させない。

笑いの社会分析へのベルクソンの努力は、社会的なやり取りにおける笑いのミクロな機能を分析する必要性を指し示しているものと思われる。笑いは一般に社会に必要な規律機能を演じていると主張した後、ベルクソンは社会分析をするのがもどかしくなる。彼は人間の日常的理解では無視されている体験の真相に達するために、言語を越え、通常のやり取りの些細な事柄を越えて行きたいのだ。物質の不活発性と闘う魂の、迅速な精神作用の表出が笑いであったなら、ベルクソンの哲学的関心を惹き続けていただろう。

理論上の弱点が（他にもいろいろあるが、世界のある特殊な見方への傾倒も）、その理論家を良く見せることがある。哲学は抽象的な体系から始めるべきではない、逆に哲学は哲学者の体験から始めるべきである、という考えにベルクソンは傾倒していた。けれどもベルクソンは、その育ちや階級や個人的な好みからして、プライベートな情報を公にさらすのが適当と考える人物ではなかった。彼のどの著作も、ルソーの『告白』や、デカルトのいかにして自分自身の体験以外のあらゆるものを疑うようになったかの個人的な説明とも、似たところがほとんどない。ベルクソンによる彼自身の体験の分析は、彼自身の生活の特殊性から切り離されている。彼は秘密を何一つもらさない。まったく彼は、体験について語る資格を保証するものとして、自身の苦悩をひけらかしはしない。このように、道徳的・実存的行為として公に自己暴露することに価値を置く今日の文化からかけ離れたところに彼はいる。

アントゥイユの人里離れた家で、ベルクソンは妻と娘ジャンヌとの静かな暮らしを送った。この静寂さが意味深いように思われる。ジャンヌは『笑い』の出版の七年前に生まれ、聞くことも話すこともできなかった。言葉の重要性を格下げしたベルクソンの哲学は、彼の家庭生活の静寂さとよく合っていたに違いない。彼はジャンヌに洒脱な文句もおかしいジョークも言うことができなかったし、逆にそれらを言われることもなかった。もしも創造性の精神、生の力というものが純粋に言葉の発話に依拠しているなら、彼女のそれは消えかかっていたことだろう。この誇り高い、献身的な両親が娘と遊んでいたことは間違いない。おそらく哲学者のパパは、ペンを泥の入った壺に入れるふりをした。そしておそらく、ジャンヌは静かな喜びとともに満面の笑みを浮かべた。身体の不完全さや、彼女が決して口にすることのない言葉は、この喜びを分かち合った瞬間には些末なものと思えたに違いない。生の精神は彼女の笑った目の中にあった。本当にあった。確かにあったと思う。

7章
フロイトとジョークの隠れた秘密

二十世紀の偉大なユーモア理論の著作の二つ目が、ジークムント・フロイトの『機知——その無意識との関係』(Freud, [1905b] 1991) である。この著作はベルクソンの『笑い』と同じくらい理論的に大胆であり、そして人間性の理解の仕方を変えようとするフロイトのプロジェクトの一部をなしていた。人間が人間である条件は自己欺瞞によって特徴づけられる、とフロイトは言った。日々の行動を導く危険な心理的な力についての知識を、人は自分自身から隠したがるのだ。浮かれた時の無邪気で陽気な気分さえ危うくなった。ジョークはただの「ジョーク」ではなく、それは秘密を隠していて、ホッブズが想像したよりも不名誉なものにさえなった。

フロイトの見解は、ベルクソンの分析に欠けていた内容を提供するのに理想的なもののように思える。笑いを分析する際、ベルクソンは人間の心を覗き込み、誰もがあると信じたい優しさや善意といった、まさにその気持ちが欠如しているのを見た。しかしベルクソンは、彼の理論がもつ不愉快な含意にたじろいだ。これとは対照的に、フロイトはかまわず胸を張って歩を進め、他の誰もが見過ごしていた重大な秘密を暴いたことは想像するに難くない。

このようなフロイトのイメージはお馴染みのものだ。風刺漫画家のラルフ・ステッドマンは『ジークムント・フロイト』(Steadman, 1979)という素敵な本で、このイメージと遊んでいる。この本はフロイトのユーモア理論を説明し、図示し、褒め、そして品良くからかったりして、真面目にも不真面目にも描いている。ステッドマンの絵は哲学者に向けられた伝統的なジョークをさらに進めたもので、哲学者は世界を理論上屈服させているが実生活ではそうしていないという矛盾をからかっている。新しいユーモア理論を打ち立てたインテリのフロイトがいる。そして人は、彼が世間の中で不器用に振る舞うのを笑う。ステッドマンの描くフロイトは、患者の話を止められず両手で頭を抱えている。彼の娘がきわどい両義語を言うので、彼はいら立っているようだ。大都会の風景がこの思想上の巨人を小さく見せていて、きらりと光る目をした無造作なあご髭の、男根のような鼻を持つ小男にしている。

フロイトの場合、彼のアイディアと実生活の間の緊張関係を強調するのが適切だし、ユーモア理論に関しては特にそうである。以前の研究者たちが皆無視してきた失われた心理的構成要素をフロイトが発見した、と言うのは単純すぎる。確かに、笑いの規律的性質についてのベルクソンの議論は、笑いが秘密をもっているとのフロイトの考えと組み合わせることができる。そしてそのような組み合わせは、ポジティブ・イデオロギー批判へ向けた道筋を指し示すだろう。しかしフロイトのユーモア理論もまた、それ自体に驚くべき省略を含んでいた。彼の好み、彼の恐れ、彼のジョークといった彼という人間そのものが、ユーモアに関する彼の著作に表れている。それを提唱した理論家はバランスシートには無関係であるかのように、理論の長所と短所を選り分ければよいといった問題ではない。後に見るように、ユーモアについてのフロイトの分析は、その著者についてと、ユーモアの隠れた性質について何かを告げているのである。この分析の短所のように見えるものは、この理論の内に秘めた不朽の長所と、その提唱者の人間性の証拠として働く可能性がある。

精神分析理論の背景

フロイトはベルクソンの同時代人だった。彼はベルクソンが生まれる三年前の一八五六年に生まれ、ベルクソンが亡くなる二年前の一九三九年に亡くなった。フロイトの家は比較的貧しく、ジークムントが幼い子どもだった頃にモラビアからウィーンに引っ越した。本当はその子は「ジークムント」ではなかった。彼の名前は以前「ジギスムント・シュロモ・フロイト」だったが、自立した若者になった時にミドルネームとともにファーストネームの真ん中の音節を取ったのだ。この変化は、フロイト家、および特にジークムントが辿った旅を意味していた。東欧のユダヤ人の暮らしを閉じ込めていたゲットーから、近代ヨーロッパの中心世界へ彼らは移動したのだった。ジークムントの父親は子ども時代、イディッシュ語を話しながら成長した後の妻と同じように、敬虔なユダヤ人の着る伝統的な衣服を身につけていた。彼らは特徴的なユダヤ人なまりのあるドイツ語を話した。しかしその子どもたちは近代的な服を着、中流オーストリア人のマナーを身につけ、完璧なドイツ語を話した。「ジークムント・フロイト」は、偉大なドイツ文化に参入することを望む若者に大変ふさわしい名前だった。アーネスト・ジョーンズは後年、「キリスト教徒なら誰でも、フロイトがユダヤ人のあからさまな特徴をもっていなかったと言うだろう。おそらくもっとも顕著な特徴といえば、ユダヤ・ジョークやユダヤ小話を話題にするのを好むことだった」(Jones, 1964：49)と書いた。

フロイトの『機知』は一九〇五年に出たが、その頃は、彼の生涯でもっとも創造的な時期だった。彼はもう若者ではなかったかもしれないが、精神分析の主要なアイディアを形成しているところだった。彼は最初、医師として訓練を始めたが、その後神経学の研究に従事した。アンリ・ベルクソンはフロイトの初期の生理学論文を引用した数少ない哲学者の一人だったに違いない(『物質と記憶』1911c：157)。若者フロイトは徐々に精神医学に惹かれ、神経症の治療に催眠を使っていた著名なシャルコーの下で学ぶためパリへ旅した。ウィーンに戻ったフロイトは年上の精神科医ヨーゼフ・ブロイアーと仕事をし、彼らはともに催眠は治療法として欠点を抱えていると考えるようになった。患者と話をし、患者に過去を回想させる方が良かった。神経症の根本には故意に忘れた記憶がある、とフロイトとブロイアーは確信するようになった。治療の課題はこの無視された記憶を意識に取り戻すことであり、そのため治療は自覚を通してなされるのだった。フロイトとブロイアーが彼らの著作『ヒステリー研究』(1895)で概略を描いた抑圧の理論の基礎は、そのようなものだった。

この著作の出版直後に、フロイトはブロイアーと別れることになった。彼らの仲違いにはさまざまな説明がある。精神分析の歴史にしばしばあるように、個人的な要因と知的要因とが混じり合っていた。はっきりしているように思えるのは、神経症の根本にある抑圧された記憶は患者が恥じる性欲であるとの考えにフロイトが惹かれていたことだ。ブロイアーはその仮説にも、また良い評判を得ている彼の開業にそれが及ぼす影響にも、甚だしい懸念を抱いていた。しかしブロイアーと一緒にした仕事でフロイトは、抑圧の概念を練り上げることによって、精神分析理論へ向けて最初の決定的な一歩を踏み出したのである。後年フロイトはこう語った。「抑圧の理論は精神分析の全構造が乗る礎石である」（[1914] 1993：73）。

ブロイアーとの仲違いの後、フロイトは後に「自己分析」として知られる内省の期間を迎えた。一年以上にわたって彼は自分自身の心を探り、隠れたさまざまな要素を見つけようと自分自身の記憶を調べた。自己分析は彼に幼児期の記憶を思い出させ、それらを通して、彼は忘れていたことの再構成を試みた。多くの点でこの自己分析は、その後の精神分析のモデルを提供することになった。現在を理解するための鍵は幼児期の忘れられた記憶にある、との仮定がそこにあった。また、忘れられた記憶とは子どもの欲望の表現であり、それは特に母親への性欲の表現である、とフロイトは主張した。こうした記憶は性的なものなので、それは故意に忘れられるか抑圧される。フロイトは彼自身の恥ずかしい、子どもの欲望を含むショッキングなアイディアを扱っていた。数歳年長の精神科医で彼の友人であり心の師であるヴィルヘルム・フリースに宛ててそのような事柄を手紙に書く時に、慎重な言葉使いをしていたとしても不思議ではない。

自己分析にはもう一つの成果があり、それが後に重要になった。フロイトが自分自身の中に発見した抑圧を、彼は普遍的なものだと考えた。ブロイアーとした仕事は、抑圧が神経症の原因であることを示唆していた。これが含意するのは、「正常」な、非神経症の人たちは抑圧する必要がないということだった。なぜなら彼らは、内なる悪霊に意識的に立ち向かうことができるからだ。フロイトの自己分析はこれをきっぱりと否定した。世間で「正常に」活動していた、意欲的な医師であるフロイトが記憶や幼児性欲を抑圧しているのなら、誰もがそうだろう。こうしてフロイトは神経症を専門とする精神科医から一般心理学を提唱する人物に転身したのだが、その心理学が述べる正常状態は非常に奇妙なものであった。

フロイトの一般心理学への関心は三つの主著になって表現された。それらは順に、『夢解釈』『日常生活の精神病理学』そして『機知』である。それぞれの著作でフロイトは、夢、言い間違い、それからジョークといった心の廃棄物を検討した。正常な人は誰でも夢を見、ど忘れに困り、そしてジョークを笑う。普通の人びとは、また心理学者も、そのような行為にはほとんど意味がないと考えていた。しかしフロイトは、そうした行為の些細なことの中にこそ無意識の働きが見つかるから、それらは心の働きを知るための鍵を握っていると考えたのだった。

『機知』の背景

フロイトは自己分析の時期に、「ユダヤ人に伝わる意味深長な話」(一八九七年六月二日付け、Freud, 1985 : 254) を集め始めた、とフリースに手紙を書いた。フロイトやフリースのようなユダヤ人たちは、ユダヤ小話やユダヤ・ジョークを聞きながら育ち、会話の中でよく引き合いに出していた。確かにフロイトのフリースに宛てた手紙は、ユダヤ人に伝わるよく知られた物語への言及に満ちていた。ユダヤ・ジョークをフロイトがよく口にしていたことを、彼の弟子である精神分析家のテオドール・ライクが詳しく述べている。ライクによるとフロイトは、ジョークを言って笑い声を上げることがまったくなかったが、それは常に主張の正しさを立証するものだった。「まるでウィットに叡智が表現されている例として、ジョークをもち出したかのようだった」(Reik, 1956 : 36)。フロイトが集めたユダヤ民族に伝わる話は、『機知』を書く際の大量の材料になった。

フロイトが踏み出した一歩がいかに根本的なものであったかを正当に評価するためには、いくつかの背景を知ることが必要だ。ユダヤ・ジョークを集めていたフロイトは、彼の生涯の中で満ち足りた時期を享受していたのでは、と考える向きがあろう。その頃パリやロンドンやウィーンの劇場は軽喜劇であふれ、そしてこれまで見てきたように、真面目な心理学者たちの関心が笑いに向かっていた時代だった。それは楽しい日々だった、と想像される。活力にあふれ、堅い数冊の本を自分の名前で出した中年前のウィーンの医師が、仕事を休んで一冊の楽しい本を書いているのを心に描くことができる。

このイメージは心理学的にも歴史的にも間違っているようだ。フロイトにとって二十世紀の初めの数年間は、先行きの暗い時期だった。始まったばかりの家庭生活を支えるために彼は苦闘していた。昼は患者と会うのに時間を費やし、夜は遅くまで書き物をしていた。彼はウィーンの医学界から孤立していた。彼はウィーン大学の教授職を得ようとしていたが、応募するたび拒否された。ユダヤ人への差別が働いているのではないか、と彼は強く疑っていた。『夢解釈』の出版によって知的な孤立が終わりを迎えるのではないかと彼は期待した。確かに、そのような話題に関する本は大衆の心を捉え、専門家から賞賛の言葉を引き寄せるものである。ところがこの有名な著作が現れた時、何も起きなかった。出版からの六年間、『夢解釈』はわずか三五一冊しか売れなかった（Gay, 1995：3）。『日常生活の精神病理学』も、それより格段に良い売り上げというわけではなかった。

ウィーンの政治状況はユダヤ人にとって良いものではなかった。フロイトが一八七〇年代の終わりに大学に入学した時、ユダヤ人に対して古くからある偏見は理性的な啓蒙運動によっていつか完全に放棄されるだろう、と彼は期待することができた。しかしそのようにはならなかった。二十世紀への変わり目の頃、反ユダヤ主義がオーストリア＝ハンガリー帝国で高まった。ユダヤ人は儀式でキリスト教徒の子どもを生け贄にした、という古い中世の頃の罪が再び非難され始めた。地方では暴徒によるユダヤ人への暴力が起こったが、首都がユダヤ人を保護する対策を講じることはめったになかった。反ユダヤ主義を政治綱領にし、公職からユダヤ人を追放すると公約するカール・ルエガーがウィーンの市長に選ばれた。増大する反ユダヤ主義のせいで大学での職を得るのが妨害された、とフロイトが疑ったのには十分な根拠があった。

フロイトの生涯で、この頃ほど彼が孤立感を味わった時期はなかった。「外の世界から本当に切り離されています」、とフロイトは一九〇〇年の三月にフリースに書き送った（Freud, 1985 : 402）。けれどもフロイトには、彼と同じ医学的・心理学的問題に関心をもつ数名の友人がいた。一九〇二年から彼らは水曜の夜にフロイトの自宅に定期的に集まるようになった。このインフォーマルな水曜の会合から、ウィーン精神分析学協会が発展することになった。初期のメンバーは皆ユダヤ人であり、実のところ全員がフロイトの当時の患者だった。フロイトの他の唯一の場が地方ユダヤ人文化教育促進協会で、そこで彼は構想中のアイディアについて何度か講演した。このような会合では、フロイトは友人として温かく迎えられていると感じることができた。こうした講演の一つで唯一残っている文書は、彼が自身のテーマを説明するのにユダヤ人に伝わるジョークを使っていたことを示している（Freud, 1993）。後に雑誌『イマーゴ』に発表される原稿には、彼はそのようなジョークを入れるのを控えた。広い医学界においては、そしてより一般的に言うなら成功したキリスト教徒の世界においては、フロイトはよそ者であり、無名だった。

後にフロイトは、キリスト教世界における一人のユダヤ人としての以前の経験は、自分の知的発展にとって決定的だった、と語った。「こじんまりとした多数派」（Freud, [1925a] 1993 : 191）のもつ偏見を疑うことを彼は学んだのだった。精神分析はユダヤ人によって発見された、と彼が主張するのは偶然ではなかった。

なぜなら、「この新理論を確信するためには孤立した対立状況を受け入れるある程度の覚悟が必要だからで、ユダヤ人以上にこのような状況に親しんでいる者はいない」（Freud, ［1925b］ 1993：273）。

しかし、性と心理学に興味をもったユダヤ人がウィーンでベストセラー本を書くのは実現可能だった。一九〇三年に若い哲学者がこれをやってみせた。オットー・ヴァイニンガーが『性と性格』（Weininger, ［1903］ 1906）を出し、大評判になったが、この成功はフロイトには夢であった。ヴァイニンガーの考えはフロイトと違い、時代の雰囲気を表していた。ユダヤ人は堕落した女々しい民族で、その性格は男らしく力強いドイツ民族の脅威である、と彼は主張した。これはウィーンの教養のあるキリスト教徒が読みたいものだった。ヴァイニンガーはユダヤ人だっただけでなくホモセクシュアルでもあったが、出版後間もなく自殺した。

フロイトはヴァイニンガーの著作に唖然とし、またその成功は彼の陰鬱な気分をさらに深くした。実のところ、ヴァイニンガーの成功はフロイトに個人的な問題ももたらすことになった。フリースはヴァイニンガーが両性愛の正常性についての自分の考えを剽窃したと彼を非難した。それ以上に、フリースはフロイトがヴァイニンガーの友人だった患者に偶然この考えを伝えたと言って、フロイトがこの剽窃の媒介者になったと非難した。フリースはフロイトの釈明を求め、フロイトはこの友人をなだめようとした。しかしフロイトが言い繕おうとすればするほど二人の仲は険悪になった。フロイトは、ヴァイニンガーが『性と性格』の原稿のコピーをもって彼のところを訪れたことにふれるのを控えた。フリースがこのことを問い詰めた時、フロイトはこの訪問が本当にあったと認めたのだった。

ヴァイニンガーに関するこの全往復書簡では、主たる関心事は彼が性についてのフリースの考えを盗んだかどうか、故意にせよそうでないにせよ、フロイトがこの窃盗の手助けをしたかどうかだった。二人の男はヴァイニンガーの著作の反ユダヤ主義的性質については議論しなかった。他の件ではなく、間違いなくこの件についてのフリースへの最後の手紙を、フロイトは、仕事ができないと感じている、ジョークに関する本を完成させるなんてとんでもない、と締めくくった（Freud, 1985：463-8 参照）。彼らの友情がその後元に戻ることはなかった。ヴァイニンガーへの嫉妬心と彼の成功が表したものへの恐怖心の中で、彼らは互いを攻撃し合っていたのである。

さて、世間では真剣に受け取ってもらえそうにないと失望していたフロイトが、職業上の事態にどう対応したのだろうか？　知的な自己嫌悪が名声を得る可能性を高めることを承知した上で、フロイトはヴァイニンガーに続いてこの道を辿ったのか？　それともキリスト教徒の世間の目には著者がユダヤ人であることが映らないように、著作からその個人の民族性の痕跡をすべて除くという別の戦術を試みたのか？　全然違っていた。彼は状況に反逆するのだ。ユダヤ人であることを恥じないセックス・ドクターであるフロイトは、ジョークを言う。それだけでなく、ユダヤ・ジョークを言う。ジョークを言うことは純粋に無邪気な行為などではない、と主張する本で、彼はそれをするのだ。

反逆的な無意識

『機知』はそれ自体で完結した著作と見なされることをフロイトは意図したのだが、それは彼の広い理論的プロジェクトに属していた。彼の理論は心的生活における無意識的要因の重要性を示すことを企てていただけでなく、個人と社会の関係についてのある全体像にも基づいていた。この社会的な全体像は、フロイトのユーモア観を理解する上で特に重要である。彼の三部作の最初の二冊以上に、『機知』は本来的に社会的な現象を探求していた。フロイトによると、ジョークは、「快楽をもたらそうとするすべての心的機能の中で、もっとも社会的である」（『機知』［1905b］1991：238）。

ハーバート・マルクーゼは『エロス的文明』の中で、フロイトの理論は「欲動の抑圧を社会がどのように要求するのかについての理論なので、それはまったくもって実質的に、『社会学的』である」（1972：24）と主張した。フロイトは後にこうしたテーマを、『集団心理学と自我分析』および『文化の中の居心地悪さ』で展開させた。しかしより社会心理学的なこれらの著作では、新しい理論的発展が見られなかった。それらは『機知』のようなフロイトの初期の著作に表れていた基本的なテーマを、マルクーゼによるならフロイト理論の隠れた論理の中心部にあった基本的なテーマを、詳説したものである。

およそ三世紀前のホッブズと同じように、フロイトは個人の欲求と社会秩序の間の葛藤を描いた。ヒトとして私たち人間は性と攻撃性の欲動を先祖から受け継いでいて、それらがもっとも強烈な快感をもたらしてくれるのを内心期待している。しかしこうした本能は根本的に反社会的なものだから、危険である。個人の快感は社会が要求するものと葛藤するので、性と攻撃性は小さい頃から抑制される必要がある。もし人間が常に本能に支配されるがままになっているなら、社会生活に不可欠な協力、規律、道徳感は不可能になるだろう。欲動という欲求の実現が妨げられなければならないだけでなく、それらは意識から閉め出されなければならず、そのため人はいつも欲求や誘惑を意識しない。したがって、集団生活のためには抑圧が必要なのである。

これが意味するのは、抑圧とはしつけられていない欲動の力に統制力を行使し、社会化されていない幼児を文明人に変える規律的な力である、ということである。しかし、欲動的衝動は一度抑圧されたからといって簡単に消滅しない。抑圧が抱える問題が完全に解決されることはない。社会は欲動のエネルギーを社会的に望ましい目的に向けて方向転換させ、あるいは昇華させるが、この過程は常に未完のままである。そこには残った欲動エネルギーがまだある。そしてこの残余エネルギーが人に、快楽の道を求める気にさせようとするのである。

正常な心は葛藤によって分裂している、とフロイトは考えた。無意識的な欲動の力は無理矢理意識に出ようとするが、自我は、正確に言うなら自我の特殊な側面は、この危険で破壊的な本能を退けようとする。この闘いは決して終わりを迎えない。フロイトがイドと呼ぶ欲動の力は、自我の弱みに絶えずつけ込もうとする。これが、心の残渣《ざんさ》に大きな意味がある理由だった。人が眠りにつくと、意識は警戒を解き、夢の中で欲動が動き出す。同時に人は言葉を忘れる。無意識はいつもの悪い癖を出し、心から適当な言葉を追い出し、危険で暗示的なことを言わせようとする。ジョークでもこれと同じ過程が働く。いずれの場合でも、欲動は社会秩序のために必要な規律を突破し、その目的を達した痕跡を残すのである。

フロイトによると、無意識的な欲望が心の検閲官から逃れようとする場合、その姿を偽装する必要がある。精神分析はこの偽装を暴こうとする。『夢解釈』でフロイトは、夢を理解するための暗号を提供する、と言った。フロイトは「夢の作業」という重要な概念を導入した。これは、夢の、隠れた、ないし潜在的な意味が、その表面的な、ないし顕在的な内容に現れる過程のことである。時には圧縮や代置といった複雑な過程によって、潜在する欲動が支離滅裂や無意味なように見える夢に「翻訳される」のを、夢の作業が請け負う。私は夢がその本当の意味を偽装するのに使う暗号を解読した、とフロイトは主張したのだった。

これが意味するものを二点指摘することができる。第一に、フロイトの理論は、夢が欲動を表現しているように見える顕在的な内容の夢もそうであると主張する。つまり夢は「願望充足」的である。一見不安を現しているように見える顕在的な内容の夢もそうである。悪夢すら、隠れた、否定された願望を表現している。二つ目の点は、フロイトの理論化の包括的な性質である。彼は願望充足的な夢があると言ったのではなく、すべてがそうだと言った。「あらゆる夢が願望の充足であり、換言するなら願望的な夢以外いかなる夢もあり得ない」（『夢解釈』［1900］1990：214）。したがって「『無邪気な』夢はない」し、無邪気な夢のように見えるものは皆分析によって、「羊の皮をかぶった狼」（ibid.：270）であることが判明する。

このことは言い間違いでも同じだった。『日常生活の精神病理学』（［1901］1975）でフロイトは、ど忘れという作為がないように見える行為も実は偶然に起きるのではない、と主張した。隠れた欲求が夢の中で働くのと同じように、言い間違いでも働く。どちらの場合でも圧縮と代置が働き、その結果、「無意識的思考は他の思考の修正物としての表現を見つける」（ibid.：342）。フロイトによると、ここでも無邪気な失策などなかった。心的生活は隅々まで決定されているのだった。

したがって、三部作の最終著作が書かれるための一般理論の準備は整っていた。最初の二冊は、些細なことのように見えるものは、その些細さ自体が心理学的に重要なのだということを主張していた。夢と言い間違いからジョークへの一歩は短い。無意識的な欲動が前者の二つの現象の中で働いているなら、ジョークのばかばかしさの中にもそれが見つかると予想される。しかし、後に見るように、ジョークは心の廃棄物である他の二つと違っていた。フロイトは彼の祖先たちのジョークを愛するようには、夢やど忘れの瞬間を愛さなかった。

抑圧の理論

フロイトの理論は抑圧を、手に負えない人間の本性に社会的な規律をつける手段として描く。無意識はこの規律に対して、夢や言い間違いやジョークの中で反逆する。そこまではよろしい、と読者は言うかもしれない。しかし問題がある。社会はどのようにして人に抑圧を強制するのか？　特に、社会はどのようにして子どもたちに欲動的な自由をあきらめさせるのか？　こうした問題に答えるためには、社会秩序が再生産される過程の概要を述べる理論が必要である。そのような理論は、一例を挙げるなら、どのようにして大人が子どもに規律を押しつけるのかを描くだろう。ベルクソンの分析に従うなら、笑いの懲罰的な面がそのような説明において重要な役割を果たす、と考えられる。強情な欲望を追い払うのに、というか隠すのに、嘲りが使われるかもしれない。

フロイトの理論は決定的に社会学的な次元をもっているのだが、抑圧がどのように起こるのかを述べる時はいくぶん社会学的でなくなる。フロイトは概して、社会がどのようにして抑圧を人に強いるのかを、特に親の力を通してどのように強いるのかを、問うことがない。その代わりフロイトは、心理的に必要なものは一人一人の子どもの内部から生じる、と考える傾向がある。このことはエディプス・コンプレックスの理論にほのめかされていて、それは子どもをしつける欲望に関して大人を免責し、そして成長途上の子どもに全責任を負わせる。

フロイトは『機知』を書いている時はまだ「エディプス・コンプレックス」の語を使っていなかったが、その基本的なアイディアをすでにつくっていた。それには彼の自己分析が背景にあった。一八九七年にフロイトはフリースに手紙を書き、「僕の母親を愛し、僕の父親に嫉妬する」感情は、彼自身の子どもの自己に特有のものではなく、「幼児期初期に普遍的な出来事」である、これが「オイディプス王の話の、心をつかんで離さない力」(Freud, 1985 : 272) を説明するのだ、と言った。フロイトは『性理論のための三篇』([1905a] 1977) でこのアイディアを発展させた。アーネスト・ジョーンズによると、フロイトは『機知』と平行して『性理論のための三篇』を書いていた。彼が二つの原稿をそれぞれを隣り合ったテーブルの上に置いていたことは明らかで、「片方書いてはもう片方と、気分次第で書いていた」(Jones, 1964 : 315)。

しつけと抑圧の社会的過程を軽視する理論上の論点を含め、この二つの著作は彼の頭を占めていた同じ多くの事柄を共有していることによって、一体のものである。フロイトの患者の多くは女性だったにもかかわらず、自分自身の自己分析からエディプス状況のアイディアを引き出して、彼は幼い自分という男の子に基づいた抑圧の発達理論を築き上げた。幼い女の子も似た発達過程を経験する、と彼は考えた。この有名な理論の詳細に立ち入る必要はない。おおまかな概要で十分だろう。幼児は性的な感情をもっている、それは最初母親への愛情に表現される、とフロイトは大胆な主張をした。三歳頃にこの小さな男の子は感情の葛藤を経験する。彼は母親を性的に所有したいと望むが、父親をライバルと感じる。その子は父親に殺したいほどの嫉妬を感じ始める。もしパパが死んだらママはぼくのものだ、とその子は考える。父親は彼の心を読むことができ、去勢することで罰しようとしているのではないかと、その子は恐れる。その子はまだ父親を愛しているし、罪悪感を感じる。これらの葛藤した、欲望、憎悪、罪の感情が、エディプス状況の基礎をつくる。

この小さな男の子はこの不快な葛藤を、自分が父親であると想像することで解決する。もしぼくがパパならママのベッドで寝ることができる、と男の子は考える。こうしてその子は父親と同一化する。問題は、父親がしつけのイメージそのものであり、子どもにどう振る舞うべきかを教える人であることだ。その結末は、その子が父親がしつける声を自分のものにすることだ。その時から彼は、何をし何をすべきでないかを告げる、内的な声をもつことになる。フロイトによると、これが道徳的良心の始まりである。もちろんこの道徳的良心は、殺したい欲望、性的欲望のすべてを認めない。それらは否定されるか、意識から抑圧される必要がある。こうしてその子は、権威の規律的な声を内面化することによって社会秩序の命じる制限に従う用意のできている、自己抑圧的な一人の道徳的人間としてエディプス状況から脱け出す。この理論の不思議なところは、これらを全部子どもがすることだ。親は、子どもの欲望と憎しみの対象となる、受け身的な人物となっている。

大人の記憶の断片から過去を再構成するのを試みることによってエディプス理論を展開したことに、フロイトは気づいていた。この理論を支えるためには、子どもの観察という直接的な証拠を必要とした。彼の妻マルタは、自分の子どもたちを使って精神分析の研究をすることを許さなかった。そのためフロイトは、弟子からなる小さなグループに、誰か自分の子どもを観察しないかともちかけた。『機知』の出版の翌年、水曜日の集まりの常連の一人マックス・グラーフが、自分の息子の記録を取り始めた。この記録が、ハンス少年として有名な事例研究の基になった。

子どもに焦点を当てることと、それに付随して親を無視することとは、フロイトのハンス少年の報告と、彼のエディプス理論に一般に見られる顕著な特徴である。ここでも詳細に立ち入る必要はないだろう（詳細は

Billig, 1999参照)。ハンスの事例では、両親はフロイトがハンスの問題の原因と考えた行動に、まさに関わっていた。フロイトはハンスが妹を攻撃したい感情をもっていると診断したが、妹をいつもぶっていたのは母親だった。ハンスの嫉妬の対象だと言っていた父親は、明らかにハンスを嫉妬していて、妻がその子をあまりにも頻繁に抱き締めるのを嫌がっていた。両親は、この小さな男の子が自分のペニスに触りはしないかと、気になってしようがなかった。これを偶然することがないように、両親は彼を寝袋に入れて寝させることさえしていた。ハンスは去勢されることへの恐怖を抱いている、とフロイトは主張し、その恐怖心は、父親を殺したいという願望に関するこの子の罪悪感に起因していると考えた。けれども、ハンスが「おちんちん」を触り続けていると、母親は、それを切っちゃうよと脅かしていたのだった。

幼いハンスは馬への恐怖心を強めたが、フロイトはこれを、父親への無意識の恐怖心と解釈した。ハンスの母親はその子にたくさんの愛情を示していたので、父親はハンスの神経症の原因は彼女にある、と母親を非難した。こうした非難は不公平である、とフロイトは考えた。もし彼女に愛情がなくても、結果は同じだったかもしれないからである。この報告の中で数回、フロイトはハンスの母親には責められるべきものは何一つない、と言っている。この男の子がすることを止められるものを、彼女はもっていなかった。「彼女には演ずるよう運命づけられた役割があったし、彼女の立場は難しいものだった」(Freud, [1909] 1990 : 190)。言い換えるなら、両親の行動はほとんど無関係だった。これと同様に、フロイトは自分の母親に向けた自分自身の子どもっぽい欲望や父親に対する嫉妬心は、両親が実際にしたことによって引き起こされたものではない、と信じていた。あの幼子が経験した感情の、普遍的で必然的な複雑さをつくった、と両親が責められることはなかった。

このように子どもの想像力の中で、愛憎のリアルなドラマが起こっている。この方針を採ったフロイトの小さなハンスの説明は、「エディプス的な親」がどのようにして「エディプス的な子ども」をつくり出すのかを見落としてしまった。親たちがどのように子どもをしつけ、抑圧のパターンが世代を越えて再生産されるかに、フロイトは関心を示さなかった。確かに彼は、笑いがしつけの過程においてある役割を果たしているのを見落としていた。フロイトがそれよりも興味を抱いたのは子どものファンタジーや夢や記憶違いで、なぜならこれらには抑圧という隠れた過程を解く手がかりがある、と彼が考えていたからである。

ある時、ハンスは休暇中の出来事を「思い出す」のだが、それは起こったはずのないことだった。フロイトはその会話が生じた時のことが書かれた父親の記録を再現している。妹のハンナが家族の休暇の時にグムンデンに二度行った、とハンスが主張する。父親が、それは到底あり得ない、と指摘する。ハンスはこう応じる。

ハンス　うん、今書いたね。よく覚えているよ。――どうして笑ってるの?

私　だっておまえ、詐欺師だもの。だっておまえ、ハンナはグムンデンに一回しか行ってないこと、よく知ってるだろ。

ハンス　ちがうよ、それほんとじゃない。さいしょの時ハンナ馬に乗って…それから二回目の時は……

（明らかに自信のなさの表情を示す）

（Freud, ［1909］1990：236）

フロイトとハンスの父親はハンスのファンタジーの心理的意味を発見しようとしている。彼らは父親の反応を検討しない。「どうして笑っているの?」と、この小さな男の子が尋ねている。父親は自分の感情のことにふれ、彼に答える、ということをしない。彼の返答が示唆しているのは、客観的に笑わせてくれる何かがそこにあるということだ。彼は笑い、説明する。なぜならハンスは詐欺師だから、と。

この父親はハンスに、嘲笑というレトリックの例と説明を与えている。大人は、快ではなく不快を示すために、あるいは反逆を楽しむのではなくしつけるために、笑いを使うことがある。人は言われたことを嘲笑い、真剣に言った言葉を真剣に受け取っていないことを示す。これは強力なレトリカルな道具で、ハンスの話の流れを乱してしまった。この笑いはベルクソンの考えとは反対に、こだまする必要がない。より正確に言うなら、その子の中に別のこだまがあるかもしれない。賢い男の子であるハンスは、嘲笑という笑いについて何かを学ぶことだろう。彼がこの笑いを使う順番がそのうち来る。その時は、抑圧されたものの回帰ではなく、抑圧するものの回帰となるだろう。

これはフロイトの長く豊かに書かれた事例研究の中で、彼が無視した些末な細部にすぎない。ハンス少年の事例でフロイトが無視した懲罰的笑いのさらなる例は、9章で詳細に検討しよう。そうした例はこの段階ではふれる価値がほとんどないが、理論的に重要な点にはふれる価値がある。フロイトはジョークについての著作においても、この懲罰的笑いを無視した。後に見るように、親が子どもを笑うのを検討する時、フロイトは非常に優しくそれをした。まるで彼の心理的な疑惑の一般理論が親の権威や親の嘲笑の性質を検討する際、限界があったかのようだ。

ジョークとウィット

約五十年前の著作でテオドール・ライクは、『機知』の「心理学的な深遠さ」がこれまで正当に評価されて来なかった、と断言した（1956：36）。アーネスト・ジョーンズも『機知』について同様に、「フロイトの著作の中でももっとも読まれていない本」（1964：315）と述べた。アーウィン（Erwin, 1996）、クルーズ（Crews, 1995；1998）、ウェブスター（Webster, 1996）といった今日の熱心なフロイトの批判者たちは、この著作を無視する傾向がある。彼らがフロイトの欠点をできるだけたくさん暴くのに固執し、喜びを感じているとするなら、『機知』の無視は暗黙の賞賛として受け取ることができるかもしれない。後に見るように、『機知』は創造性、想像力に富むだけでなく、フロイトの批判者たちが攻撃するのが大好きな精神分析的誇張をあまり含んでいない。

『機知』についてまず言及しておかなければならないことは、それはジョークについての本だということだ。現代の英語を話す読者にとって、このことは言っておく意味がないかもしれない〔『機知――その無意識との関係』の英訳書のタイトルは *Jokes and their Relations to the Unconscious*〕。この本の英語のタイトルは、読者にジョークについての本だという期待を抱かせる。しかし、訳者のジェイムズ・ストレイチーはジレンマに陥っていた。『標準版』の翻訳本の前書きで書いているように、オリジナルのドイツ語タイトルは、*Der Witz und sein Beziehung zum Unbewussten* である。英語の **der Witz**（デア・ヴィッツ）を英語の「ウィット wit」にすることは簡単だったかもしれない。英語の「ウィット」もドイツ語の **Witz** も、基本的には話言葉のユーモアを意味するし、両者は語源的に同じ歴史を共有している。テオドール・ライクはいつもこの本を、「ウィットとその無意識との関係」と呼んでいた。これは一九一一年に出版された最初の英語版で、A・A・ブリルが使ったタイトルでもある。しかし、ウィットとWitzのそれぞれの言語での使われ方には違いがある。「ウィット」はWitzよりも限定的である。というのは、良質のユーモアという意味を帯びているからである。英語の'wit'や'witty'は、「もっとも洗練された、知的な種類のジョークにのみ適用される」(Strachey, 1991 : 35) ことにストレイチーは触れている。ドイツ語の言葉Witzもこのように使われる場合があるが、賞賛の判断を含まない、より広い意味で使われることがしばしばある。この点Witzは、良いジョークも悪いジョークも言葉の意味では許容する英語のジョークに対応するのである。ドイツ語でein alter Witzとは陳腐なジョークのことである。英語でこの語句を「陳腐なウィット」には、普通しない。それは言葉の矛盾とまでは言わないまでも、少なくとも撞着語法〔矛盾する二つの語や句を結合させるレトリック上の技法。「慇懃無礼」「急がばまわれ」など〕になるだろう。

ストレイチーがつけた注釈によると、フロイトは良質のユーモアだけに限るのではなく、言語的なユーモア一般を考察するつもりだったので、狭い意味ではなく広く意味で「デア・ヴィッツ」の語を使う傾向があった。ストレイチーが「ヴィッツ」を「ジョーク」としたのを正当化するのは、この理由のためだった。けれども、「ジョーク」をうまい訳語とする、ストレイチーが触れていないもう一つの理由があった。フロイトがユーモアを説明するのに使った例のいくつかは、過去の多くの大家たち、特に美的基準を確立することに関わっていた一八世紀の理論家たちには、「ウィットのあるもの」と見なされていなかったものだった。フロイトは洒脱な文句やウィットのある言葉に、ジョークとしてのジョークをはっきりと含めたのである。

4章で触れたように、一八世紀の著作家たちはジョークを考察しない傾向があった。ベインもスペンサーもそれぞれの理論を説明するために、ジョークを用いなかった。ベルクソンは言語的なユーモアを考察する際、洒脱な文句の例を使った。洒脱な文句のもつウィットは典型的には特殊な状況への反応であるのに対し、ジョークは「特殊な状況に結びついておらず、それ自体で機能していて、したがってこのことが多くの状況でジョークがうまくゆくのを可能にする」(Davies, 1990：3；Norrick, 1993も参照)。ベルクソンは、一回しか受勲していないのにたくさんの勲章をずらりと首に掛けている、喜劇の登場人物を引用している。その人物はモンテカルロの役人で、劇中で、「ルーレットのある数に勲章を賭けたのさ。……僕の数が当たったので、三六倍になって返ってきたんだ」(Bergson, 1911a：118) と言う。モンテカルロが何なのか知らないならこのセリフは理解されないだろうし、そのおかしさが失われるだろう。このセリフは洒脱な文句だ。ジョークのようにおかしいかもしれないが、厳密な意味ではジョークではない。

二十世紀の最初の五年間に出版されたユーモア理論の四冊の著作の中で、『機知』だけがジョークを扱っている。この点でフロイトの著作は、サリーやデュガやベルクソンの著作よりも民主的である。その中では、普通の人の口から口へと伝わってきた取るに足らぬジョークも、偉人や善人のウィットのある言葉と一緒に場所を与えられている。現代のユーモアの分析でジョークがないのは、あるいはより正確に言うならジョークのトピックがないのは、考えられないことだろう。

しかし、フロイトは、広い、評価の視点のない意味で、「デア・ヴィッツ」の語を使ったにすぎない、と言うだけでは単純すぎる。彼は読者に、彼が示すジョークを共有するよう誘っているのである。序文でフロイトは、この話題を「われわれの生涯においてわれわれの心をもっとも打ち、そしてわれわれをもっとも笑わせてくれたジョークの例で」([1905b] 1991：46)、説明するのが自然である、と書く。フロイトが示した彼自身の夢や記憶違いが部分的であるという事実から、彼の内的な動機を読み取ろうとした批評家や崇拝者がいる（たとえばBillig, 2000；Grinstein, 1990；Swales, 1982, 2003）が、これと同じように、フロイトの好むジョークからそうしようとした著作家がいる（たとえばOring, 1984）。精神分析理論一般は、そして特にフロイトの仕事は、個人的なものと知的なものとが混じり合うのが避けがたいので、その戦略には理由がある（Forrester, 1991）。

『機知』には中心に一つの緊張がある。精神分析理論は疑惑の理論である。フロイトは読者に、無意識の動機が働いていることを示すことによって、笑いに疑惑を抱くよう誘う。この点でフロイトは、笑いの背後にある基礎的な動機を暴くホッブズの仕事を引き継いでいた。しかしフロイトを笑わせたジョークを読者と彼が共有する時、彼のレトリック上の実践は同時に笑いを引き起こそうとする。ホッブズの著作では、彼は笑いにこれほど好意的ではなかった。

ジョークの作業

『機知』の序章の終わり近くでフロイトは、「心的な出来事すべての間に緊密な繋がりがあるから」、あるところで生じた発見は離れたところでの発見であっても、「別のところにおいて予測できないほどの価値をもつであろう」（[1905b] 1991：46）と主張する。この原則は精神分析理論において重要なものであり、フロイトのユーモアのトピックの研究方法を導いていた。人間の心のさまざまな廃棄物の間に緊密な繋がりがあることを、彼は示したかった。『夢解釈』でフロイトはすでに夢とジョークの類似性に注意を払っている。

「もし私の夢が面白いのなら、それは私の説明のせいではなく、夢がつくられる特異な心理的条件のせいである。そしてこの事実はジョークや喜劇の理論と緊密に繋がっている」（[1900] 1991 : 405n）。これと同じ理由で、今度はジョークが夢に似ていることを彼は示したかったのである。

『機知』の最初の分析的な節で、フロイトは言語的ユーモアの構造を検討し、「ジョークの作業」、ないしジョークやウィットのある一言の内的構造を考察した。この術語は、彼の初期の「夢の作業」の分析と似ていることを思い起こさせるようつくられたものである。この最初の節におけるジョークの作業の分析は、実のところまったく心理学的でない。それはユーモア言語に焦点を当てているので、今日の研究者が「意味論」や「ディスコース分析」と呼ぶものに似ている。

フロイトが分析する最初のジョーク、ないしは洒脱な文句は、ハイネの戯曲『旅の絵』から来ている。一人の貧しい富くじ売りが、自分のことを偉いミリオネアーのロートシルト男爵が対等に扱ってくれる、と自慢する。実際、まったく「ファミリオネアリーにさ」（『機知』[1905b] 1991 : 43）。このジョークやこれと似た他のジョークがどのように働くのかを、フロイトは説明する。一見意味のない言葉「ファミリオネアリー」には、二つの意味が含まれている。第一に、偉い男爵がこの貧しい男をまるで対等のように、親しく扱うことで、この男に敬意を払っている。第二に、親しい百万長者同士のマナーは、親しい普通の人同士のマナーと同じではない。フロイトが説明するように、金持ちの気さくさには「それを経験する者にとって喜びとはほど遠い何かが含まれること常である」（ibid. : 48）。「ファミリオネアリー」の語は、この二つの意味を圧縮している。このジョークは、「ファミリアリー」の語が聞こえるはずと予測している人の期待を外すこともしている。最後の瞬間に代置が起こり、予期していたお世辞が狡猾な批判となる。このように、「圧縮」と「代置」によってジョークの作業が働いている。

　フロイトは、他のジョークも同じ技術を使っていることを示した。年寄りは「アネクドーティジ」〔アネクドート（逸話）とドーティジ（もうろく）からなる造語〕に陥りがちだ、とのド・クインシーの言葉をフロイトは引いた。ここでも造語が二つの意味を圧縮し、通常の語と置き換わる。二つの意味が離れていて矛盾さえするので、かけ離れた成分から、最近の理論家が「共同作用」と呼ぶ働きをジョークはつくり出す（Apter, 1982a, 1982b ; Giora, 1991）。「ファミリオネアリー」と「アネクドーティジ」のジョークに関連して圧縮と代置の過程を考察した後、フロイトは一見無邪気な質問をする。「ジョークの技術としてわれわれがここで述べてきたものと似た過程が、心的出来事の他の領域ですでに知られているだろうか？」（ibid.：61）。彼は自分で自分の質問に答える。イエス、それらは夢の作業の過程によく似ている、と。

　「圧縮」と「代置」の他にも、フロイトはジョークの作業を説明するために、刺激的な精神分析用語をたくさん使った。たとえば、ある概念を他の概念に入れ替わる「置き換え」のジョークがある。フロイトはこの用語を、ウィットのある洒脱な文句からジョークそのものに移った時に使った。フロイトのジョークの最初の例はユダヤ人の風呂ジョークで、それはガリツィアのユダヤ人と、彼らが「入浴嫌い」と考えられていたことを描いている（ibid.：84）。フロイトはそうした卑しいジョークを言うことをこう正当化する。「われわれの使う例が高貴な出であるとは主張しない。われわれはその出自について詮索するのでなく、その有効性について、すなわちわれわれを笑わせてくれるかどうか、理論的関心に値するかどうか、について探求するのである」（ibid.：84-5）。「有効性」と理論的関心という彼が要求する二つのものを、「まさにユダヤ・ジョークが最高に満たす」（ibid.：85）と、フロイトは言う。

ユーモアについて書く現代の著作家は、このように書く必要性を感じないだろう。今はジョークの分析に正当化は必要ない。実際、状況は逆であり、ジョークについて考察せずにユーモアに関する本を書く著作家は、そうした省略を正当化しなければならないだろう。またユダヤ・ジョークの研究にはリスクが伴っていない。ユダヤ・ジョークは「ユーモア研究」の分野で大変ありふれているので、それだけでサブトピックになっている（Ziv, 1998）。キリスト教の教えを実践しているピーター・バーガーは、「一番優れたジョークはユダヤ・ジョークだ」（1997：87）との理由で、『癒しとしての笑い』の一つの章をまるごとユダヤ・ジョークに捧げている。フロイトも同じ考えだったかもしれない。彼はフリースへの手紙でも、ユダヤ人文化教育促進協会での講演でも、多くを語ることができた。が、一般の聴衆に対してはこの考えを口に出そうとしなかった。もしそうしたなら、自ら災いを招くことになっただろう。

フロイトが例に挙げたユダヤ人の風呂ジョークの最初は、置き換えのジョークである。

一人のユダヤ人がもう一人のユダヤ人に言う。
「あんた、もうひと風呂いったかい？」（'Have you taken a bath ?）
もう一人が答える。
「いいや、ひと風呂たりないのかね？」

このジョークは'take'の語のダブルミーニングのためにうまくいっている、とフロイトは説明する〔風呂に入る」と「取る」の二つの意味〕。もし一人目の話者が'Have you had a bath ?'と言ったとしたなら、このジョークはジョークでなくなる。しかしこのジョークは、一語のもつダブルミーニングだけで成り立っているのではない。この想像上の対話の中で、二人目の話者は一人目の話者の思考の脈絡を別のものに置き換えている。その結果、体を洗うという概念が窃盗の概念に、状況にふさわしい考えがふさわしくない考えに置き換わっている。

ジョークの作業を考察する中でフロイトは、彼の心理学上の主張のための方法を用意している。彼は注意深くさまざまな理論的用語を選んだ。それらなしではジョークと夢の類似性がなくなってしまったかもしれない。動詞 'take' がなかったら風呂ジョークがもつユーモアがなくなるのと同じように。フロイトは落ち着き払って必要なトリックをこなしてゆくが、彼の戦略をただのレトリック上の手品として退けるべきではない。それは、現実の複雑さを圧縮し、前からある概念を予期しなかった洞察へ置き換える、もっとも高次の「理論の作業」なのである。

無害なジョークと傾向的ジョーク

ジョークの作業を考察した後、フロイトは細かい区別を数多く行ったが、それらの中でもっとも重要なのが「無害な」ジョークと「傾向的」ジョークの区別だった。二つのタイプのジョークがある、と彼は主張した。「ある場合、ジョークは自己目的で、特定の意図に貢献しない」。これが無害なジョークである。対照的に、ジョークが「ある意図に貢献する時、それは傾向的となる」([1905b] 1991：132 強調原文)。この区別をすることでフロイトは『夢解釈』と『日常生活の精神病理学』での立場から離れようとした。それらの著作では彼は、無害な夢や無害な記憶違いといったものはない、と主張していた。批判者たちは、嬉々としてそのような徹底的な主張はあり得ないことを示した。ジョークに関してフロイトはより慎重だった。同じ批判者たちは、今度は概して沈黙した。

無害なジョークは、ジョークを「もっとも純粋な形で」(ibid.：137) われわれに観察させるので、フロイトはこれを考察することから始めた。フロイトによると、無害なジョークはジョークの技術をそれ自体のために使う。無害なユーモアと思われる一例を彼は提示した。彼が友人たちと食事をして、デザートにチョコレート・ルーラードが出てきた。客の一人が、このルーラードは自家製か、と尋ねた。主人が、本当に自家製ですよ、「ホーム・ルーラードですから」と言った。この返事は、当時のアイルランドの政治状況に関連した言葉、「ホーム・ルール」〔アイルランド人が要求していた自治〕に基づいた、多言語的なだじゃれだった。

フロイトは無害なユーモアを説明するためにこの一言を提示した。政治用語を使ったにもかかわらず、話者は政治的な主張をしようとはしていなかった。もっとも大事なことは、この一言が隠れた心的欲望を表現していないことだった。このだじゃれの唯一の目的は、快感をもたらすことだった。したがってフロイトはこう結論づけた。「この快感はジョークの技術と関係させるしかない」(ibid.：137−8)。換言するなら、食事を取っていた者たちは、主人の言葉遊びを楽しんだだけである。ただし、後に見るように、事態はそれほど単純でなかったかもしれない。

それからフロイトはさらに、ジョークの技術とジョークが表現する隠れた思想の区別をする。「ホーム・ルーラード」のケースでは、言葉遊びというジョークの技術だけだった。しかし、無害なジョークが「ジョークの外皮」に包まれた「思想の種」(ibid.：135) をもつことがときどきある。フロイトは、非常に尊敬するユーモリストであるリヒテンベルクの言葉を引用した。ある一人の不信仰者について述べたリヒテンベルクのこのような言葉がある。「彼は幽霊を信じなかっただけでなく、それを恐れさえしなかった」(ibid.：134)。この言葉が言っているのは、理性で幽霊の存在の不信に至った者は幽霊を恐れはしない、ということだ。〔参考までに、リヒテンブルクの言葉の意味は、フロイトの著作のドイツ語版を底本にした邦訳書では以下の通り。「知性で幽霊への恐れを乗り越える方が、いざというときその恐れに負けないことよりもずっとやさしい」(中岡成文・大寿堂真・多賀健太郎訳『フロイト全集8』岩波書店、二〇〇八年、一〇八頁)〕

その後にリヒテンベルクの「経験とは、経験したくないことを経験することである」(ibid.：135)という警句が来るが、それは「同じ材料の複数の使用」(ibid.：105)の技術を説明する例として、以前にも示されている。この警句は、風呂ジョークが'take'の二つの意味に基づいているのと同様に、「経験」のさまざまな意味を利用している。この警句を初めて聞けば、何やら深淵なもののように聞こえる。しかしフロイトが言うには、もしジョークの作業を取り除くなら、見えてくるのは「逆境は最良の教師」という昔からある陳腐な決まり文句を表現しているにすぎない。このケースでは隠れた思想はありきたりなものなので、快感はすべてジョークの技術から来ることになる。

傾向的ジョークと無害なジョークは両方とも同じ技術を使うが、二つの間の違いは表現される思想の種にある。傾向的ジョークの思想の種は、経験についてのリヒテンベルクの警句にあるようなありきたりのものではない。それは典型的には直接口にすることができないものであり、なぜならそのようなものを表現するのに社会的な制限があるからである。子どもの頃から誰もが、敵意や性的な感情を直接表現してはいけないことを学んできた。これが、傾向的ジョークに敵意があったり、それが卑猥だったりする理由である。ジョークの上皮はわれわれが、礼儀正しい会話から抑圧される必要のある事柄を表現するのを可能にするのである。

傾向的ジョークは、「制限を巧みによけ、接近不可能になっていた快感の源泉への道を開く」(ibid.：147)、とフロイトは主張する。その思想はジョークとして表現され、また表向きは不真面目なので、社会的検閲から逃れる。こうしてジョークという形は、「妨げとなっている障害をものともせず、欲動（好色なものであれ敵意のあるものであれ）を充足することを」(ibid.：144) 可能にする。このように、傾向的ジョークはタブーから逃れるように機能し、そうすることでジョークの話者とジョークの聞き手に快感をもたらす。傾向的ジョークはレトリック上有用な場合がある。というのは、それは「聞き手に快感を得させることで抱き込み、詳しく吟味することなくわれわれの味方にする」(ibid.：147) からである。フロイトはこの戦術を自分自身の著作で用い、また若い支持者にもこれを勧めた。かつてライクがあるドイツ人精神科医に対する怒り丸出しの批評論文を書く準備をしていた時、フロイトはこう忠告した。「ユーモアを、できるだけ多く。……しかし侮辱はいかん。もっと陽気に、上品に」(1956：631)。誰もが敵を直接たたくことはできないかもしれないが、フロイトが『機知』で書くように、敵を嘲笑うことによって、「彼を打ち負かす喜びを、われわれは回り道をして味わっている」([1905b] 1991：147)。

ユーモアをタブーと結びつけることで、フロイトはジョークのテーマが人間の活動のあらゆる分野に無原則にわたっているのではない理由を説明する。理論上、人は考えられるありとあらゆる話題についてジョークを言うことができる。フラワーアレンジメントについてのジョーク、株式市場での取引についてのジョーク、理論物理学についてのジョークがあるかもしれない。しかし、ジョークがあふれているのは社会的に禁止されているものがあるところだ。アラン・ダンデスによると、「ユーモアの主要なもとを与えるのは、神聖なもの、タブー、むかつくもの、と文化的に定義されている、まさにそうした話題である」(Dundes,

1987：43）。このように、ジョークはある文化の道徳感の鏡像を与えてくれる（Zijderveld, 1982）。今日、ジョークを集めているウェブサイトをざっと訪れるなら、性的ジョーク、トイレのジョーク、人種ジョークがあり余るほどあることがわかる。アメリカ合衆国におけるサデスティックなジョークと「殺人」ジョークの増大は、右派勢力の増大という潮流に関係していると言われている（Lewis, 1997）。フロイトの論理に従うなら、より広い、より普遍的な要因が働いているのだろう。ピーター・バーガーが言うには、攻撃的なジョークは、「攻撃的行為に対するタブー、ある意味ではあらゆる社会に存在するタブー」（1997：54）の抜け道である。同様に、これまで知られているあらゆる社会で性にタブーと制限が伴っていると考えるのには理由があるし、排泄機能も然りである。したがって、性的ジョーク、攻撃的ジョーク、排泄ジョークは普遍的であるに違いないが、社会的制限の特殊性に応じてジョークの特殊性が変わる。

人類学的な著作『トーテムとタブー』でフロイトは、厳格な伝統社会では規制からの解放の役割を果たす祝祭がある、と言った。一年のそれ以外の間は厳しく強いられている制限が、祝祭の間は解かれる。権威者たちは嘲笑われ、規則がばかにされ、社会的慣習が破られる。そしてこれらは皆、祝祭という社会的な責務に従って行われる。こうして祝祭は、「あらゆる種類の満足のための許可証」を与える（『トーテムとタブー』［1913］1990：201；『集団心理学と自我分析』［1921］1985：163f も参照）。傾向的ジョークは小さな祝祭のようなもので、社会的なやり取りの最中の非常に短い間、習慣的な規制が解かれる。概してジョークを言う時は、人は通常の「真面目な」話ではタブーになることを言うことができる。「目の見えない男が店にやって来てさ……」、と標準的なジョークのフォーマットで誰かが話し始めるとすぐに、同情という義務が解かれる。標準的なジョークのフォーマットは、つかの間の、会話上の祝祭が始まるのを告げるシグナルである。

このように働くのは月並みなジョークだけではない。ジョークの外皮は、他のやり方では攻撃的になるかもしれないやり方で、ジョークの話者がその聞き手を非難し、彼に命令し、彼を弄ぶのを可能にする。これを受けた側にとって、非難や命令や弄びに対して抗議するのは難しい。というのは、ユーモアのセンスがない、といわれのない非難を受けるリスクがあるからである。あれは「ただのジョーク」だったのさ、とジョークを言った者は言うことができる。これが意味するのは、告発者はジョークが「分からなかった」ようだ、との非難である。ユーモアのもつこの強制力は新しいものではない。からかいをしすぎる者は誰であっても「言葉で人をけなす」以外の何ものもないが、嘲笑の的となった者は、「怒らないよう、しゃれの分からないやつとの誹りを避けるよう、義務づけられる」(1909b：231)、と愚痴をこぼしたのはジョナサン・スウィフトである。

批判者たちが共通して言い続けているのは、フロイトは人間の行為のあらゆる断片に無意識的動機の痕跡を見つけようと、理論をあまりにも広く広げすぎたということだ。抑圧された願望を表現していない夢や記憶違いもあるとの理由で、フロイトを非難するのは彼らにとってたやすいことだった(たとえばWebster, 1996；Macmillan, 1997；Timpanero, 1985)。しかしジョークについては、フロイトは用心深すぎた。ユーモアのあらゆる断片に傾向性を見つけるどころか、笑いの無害さを受け入れすぎたようである。

チョコレート・ルーラードに関して言うなら、傾向的側面を考えるのは難しいことではない。あのウィットに富んだ一言を引き出した質問は、潜在的にはやっかいな代物だった。「自家製ですか?」と客が尋ねた([1905b] 1991：137)。この質問は社会的攻撃の行為だった、と主張するのは困難ではない。フロイトが言及しているように、ルーラードをつくるには大変な調理技術が要求される。この質問には、主人の妻や料理人にはその技術がないのでは、との含みがある。あのシナリオの、もう一つ別の表現を想像することができる。あの質問の後、主人と妻が互いに目配せし、主人が答える。「いいや、ルーラードは早めに届けてもらいました」。妻が顔を少し赤くし、目を伏せて最初の一片を切り分けるまで、一瞬の沈黙が支配する。

主人のあのジョークは、このようにやっかいな事態になる可能性を一掃した。質問の内容と質問者の意図を軽いものにしている。社交の場という船は順調に航海を続ける。社交上の当惑という危険な暗礁は、背後にうまく隠される。あの質問をした客の潜在的な無礼さに、テーブルを囲む誰もが触れない。フロイトがこのエピソードを書くようになった時もそうである。忘れられている。

ホーム・ルーラードの言葉のもつ社会的機能の可能性についてフロイトが触れないのには、ジョークとその意味を調べる際の彼の一般的アプローチが反映されている。ジョークの意味はジョークそれ自体の内容に含まれていて、ジョークが語られる状況から離して検討することができる、と考える傾向が彼にあった。したがって彼は風呂ジョークを、誰がどのような状況で言ったかと関係なく同じ意味をもつ、それ自体で完結したものとして検討する。それと同様に彼は、「ホーム・ルーラード」の語句がそれ自体では傾向的な響きをもたないと考え、したがって無害な一言に違いないと考える。けれどもあの一言は、それが話された状況において社交上無害なものだったとは限らない。

しかしながらフロイトのアプローチには、理論的に焦点づけられているという長所がある。彼は重要な指摘をしている。社会的制限から逃れているジョークがある、と。それが傾向的ジョークだ。それはジョークでなければ禁じられることを言うのを可能にする。この意味でユーモアとは、社会生活で避けることのできない制限から巧みに逃れる一手段であり、つかの間の自由をともに味合わせてくれる。フロイトが後のエッセイで書くように、ユーモアは「従順な」ものではなく、「それは反逆的なものである」（[1927] 1990：429）。この考えは精神分析の伝統に組み入れられるようになった。アルバート・メルッシが述べるところによると、精神分析の理論家たちはフロイトに従い、笑いを「陰気で厳しい指導者である超自我に対して、自我がつかの間の反乱を起こす」（1996, 136）ための手段であると考えている。このようにフロイトはユーモアを、規律ではなく反逆の側に位置づけた。それは、フロイトのユーモアの分析の核心部で一連の観察と省略に反映された、傾向的な移行だった。

フロイトの三つの観察

フロイトは理論的に非常に重要な三つの観察にもとづいて、無害なジョークと傾向的ジョークの区別をしている。この三つの観察はベルクソンの『笑い』の始まりの部分における三つの観察とは違い、あまり明確に提示されていない。それらはフロイトが提示する複雑で互いに関連している議論から蒸留されたものである。三つの観察が結びついた時、傾向的ユーモアの巧妙で革新的な理論の基礎を与えるのである。

第一の観察は、傾向的ジョークは無害なジョークよりも非常に大きな笑いを生み出す、ということである。一般に無害なジョークは「かすかな微笑み」しか引き起こさず、「傾向的ジョークを非常に魅力的なものにしている、突然の笑いの爆発にまで達することはめったにない」（Freud,［1905b］1991：139）。笑いの生起という点では、リヒテンベルクのウィットに富む警句は、トイレや浴場に関するジョークに太刀打ちできない。ホーム・ルーラードの一言が純粋に無害なものだったなら、あれほどの笑いを引き起こさなかったはずだということに気づいた人がいるかもしれない。フロイト自身の理論によるなら、あれほどの楽しさが完全に無害なものではなかったかもしれないことを、あの事実は示唆している。

フロイトの第一の観察は、それだけを考えるなら特別オリジナルなものではなかった。一八世紀の著作家たちは、賢明なウィットの効果はユーモアの効果と比べてひ弱である、としばしば書いていた。当時、ユーモアは人の性格を嘲笑うことを意味していた。シドニー・スミスは、「ウィットにおける笑いはユーモアにおける笑いほど、長くもなければ大きくもない」(1864 edn : 139) と主張した。ドゥガルド・スチュアートは、純粋なウィットは決して人を笑わせない、と言ったチェスターフィールド伯爵の正しさにコメントして、「ユーモアの付加物をすべてはぎ取られた」ウィットは微笑み以上をもたらしそうにない、と主張した(1814 edn : 306)。ただしスミスもスチュアートも、ウィットとユーモアが異なる効果を生む理由を十分に与えることができなかった。

フロイトの第二の観察は、説得力のある説明に役立つものである。傾向的ジョークと無害なジョークは両方とも、圧縮や置き換えやダブルミーニング等の同じ種類の技術を用いている、とフロイトは言った。もし両方のタイプのジョークが同じ技術を使い、そして傾向的ジョークの方が無害なジョークよりも大きな笑いを引き起こすのなら、傾向的ジョークの大きな笑いはジョークの作業のもつ技術上の質の違いから生じるはずがない。フロイトが述べるには、「傾向的ジョークはその目的のために、無害な笑いが近づくことのできない、自由に使うことのできる快感の源泉をもっているに違いない、という疑惑がわれわれに湧き起こる」([1905b] 1991 : 140)。

この第二の観察は、ジョークの形式と内容の違いに基づいている。とてつもない大笑いを生み出すものとして考えられるのは、ジョークの形式ではなく、隠れた内容である。ジョークの技術的側面に焦点を当てているズレ理論のようないかなる理論も、卑猥なジョークや攻撃的なジョークに人気があることを説明できない（Herzog & Karafa, 1998）。実際、フロイトの理論はもっと先まで行くことができた。攻撃的な感情をジョークの表向きの内容に表現する必要はないが、ジョークを言う行為次第でそれが表現されるかもしれない。フロイトの用語では無害な内容のジョークやユーモラスな一言を言うことで、人は攻撃的に振る舞うことがある。「ホーム・ルーラード」のようなだじゃれは無害な言葉遊びのように見え、秘めたメッセージを何も表現しないかもしれない。しかし、会話のある時点で無害なだじゃれを言う中で、それを言う人は秘めた意図を、または隠れた意図をもっていると疑われることがある。だじゃれを言う人は会話の上で攻撃的な行動をしていて、そうすることで他の人の真面目さを茶化したり他の人より利口なことを誇示しているのかもしれない。これが、男性が女性よりも会話でたくさんだじゃれを言うと言われている所以である（Norrick, 1993）。

あのルーラードの一言は、あの状況の中で傾向的に機能したように思われる。あの一言は、やっかいな瞬間を招く可能性から会話を救っただけでなく、あの状況の礼儀正しさを乱そうとした話者を、首尾良くそれとなくこきおろしもしたのである。「たくさんのユーモアを。怒りは少なく」をフロイトは強く勧めた。彼と友人の客たちは、特に巧妙なだじゃれをよしとする態度を示した。状況を少し変え、潜在的な無礼さの要素を除去するなら、同じだじゃれが同じ効果を生み出さなかったかもしれない。デザートがテーブルに運ばれてきた時、ホステスが「さあ皆さん、ホーム・ルーラードをいただきましょうか」と高らかに言ったなら、客たちは大笑いしただろうか？　おそらく儀礼的な笑みが出ても、それ以上はないだろう。

ジョークのターゲットの選択がそれを聞く人の反応に影響することを示した後の心理学的なユーモア研究によって、フロイトの第二の観察が支持されている。一般に、人はタブーのある話題についてのジョークをそうでないジョークよりも楽しむこともわかっている（Kuhlman, 1985）が、好みのジョークのタイプに個人差がある（Herzog & Bush, 1994）。重要なことは、ジョークの楽しさがしばしばターゲットの性質によることだ。ある実験的研究でジルマン（Zillman, 1983）は参加者に、社会的上位の者が下位の者を嘲笑するジョークと、その逆のジョークのどちらか一方を示した。どちらの場合もジョークの内容は同じだった。社会的に下位の地位にいる回答者が上位の者を嘲笑するジョークを好んだのに対し、上位の地位にいる回答者は下位の者をだしにして笑うジョークを楽しんだ。世界中で語られているエスニック・ジョークにはいくつかの基本的なパターンがあるが、それぞれの集団には常套的に選択される犠牲者がいる（Davies, 1990）。デンマーク人はノルウェー人とスウェーデン人についてのジョークを言うが、後者の二国民は同じジョークをお互いについて言い、デンマーク人についてのジョークは言わない（Gundelach, 2000）。イスラエルでは、同じジョークでもユダヤ人ではなくアラブ人がターゲットだとユダヤ人は面白がるが、イスラエルに住むアラブ人では立場が逆になる（Nevo, 1998）。女性は男性を嘲笑するジョークを好むが、男性は女性がターゲットになったジョークを好む、という証拠がある（Gruner, 1997：114f；Herzog, 1999）。しかしランパートとアーヴィン＝トリップ（Lampert & Ervin-Tripp, 1998）がジェンダーとユーモアに関する諸研究の注意深い展望論文で強調するように、ジョークの意味はそれが語られる状況に依拠している可能性がある。実際、男性と女性は同じタイプのジョークを楽しむかもしれないが、それはそのユーモアが自分たちのジェンダーに対して敵意を抱いていると誤解しそうにない、同じ意見の持ち主の間だけのことかもしれない。ランパートとアーヴィン＝トリップによると、両性とも自分と同じ性のメンバーに、性的な傾向的ジョークを言うのを好む。これらはみな、攻撃的なジョークを聞いた人の反応は、ジョークの作業それ自体によってではなく、主に傾向的要因によって決められる、というフロイトの主張を支持している。

この基本的な現象は、ユーモア理論家の著作にも見られる。サイモン・クリチュリイは『ユーモアについて』で、「真のジョーク」がよく馴染んだものをぎこちないものにすることによって、現在の秩序に異議を申し立てる仕方を書いている。「ジョークとは形式の遊びであり、そこで遊ばれるものは既定社会にある容認された権力である」(2002：10) と彼は言う。真のユーモアの一例として、彼はあるラディカルなフェミニストのジョークを引用している。「浴室にタイルを貼るのに何人の男が要るか？ (**How many men does it take to tile a bath-room？**)」「わからないわ」「彼らをどれだけ薄くスライスするか次第よ」(ibid.：11)。このジョークに人種差別バージョンがあることにクリチュリイはふれていない。それはたとえばクー・クラックス・クラン〔アメリカ合衆国の秘密結社。南北戦争時に結成され、黒人が白人と平等の権利をもつことに反対し、テロや殺人も行った。一八七一年に国会で禁止されたが、一九一五年に再結成され、黒人・ユダヤ人排斥を目指す〕の「ジョーク・ウェブサイト」で見ることができ、そこでは部屋にタイルを貼るのに何人の黒人やユダヤ人（通常、蔑称で示される）が要るか、と質問されている (Billig, 2001, 2005)。こうしたジョークはクリチュリイが讃える「形式の遊び」の同じバージョンである。このタイル・ジョークは風呂ジョークと同じように、'take' の意味の突然の切り替えを使っている。ジョークの作業ないし意味構造は、人種差別バージョンとフェミニスト・バージョンで同じである。しかし、クリチュリイはこの人種差別バージョンを「真の」ジョークに分類しようとは夢にも思わないだろう。この違いはジョークの形式や技術的なウィットと関係なく、政治的傾向性と関係があるのだ。

このことは、傾向的ユーモアの聞き手が笑う理由はジョークの作業の奥にある、とのフロイトの基本的論点を説明する。この点でフロイトの理論は、傾向的ユーモアにおける笑いと道徳的判断の緊密な関係を指摘している。極端な反応が期待される時、激しい笑いで迎えられそうなジョーク形式は、別の状況では強い不同意も喚起しそうだ。性的なユーモアやたちの悪いジョークは、タイル・ジョークの別バージョンのように、そのようなまったく異なる極端な反応をもたらす恐れがある。攻撃的なジョークへの笑いはジョークの作業を認めたことを表現するだけでなく、あるターゲットへの嘲笑を正当だと認めることにもなる。もしターゲットが道徳的に不適切と考えられるなら、その結果ははっきりとした不同意になりがちであり、次章でこれを「笑ワズ」と呼ぶことにする。傾向的ジョークの概念を紹介する中で、フロイトは深淵で重要なコメントをする。「意図のあるジョークだけが、それに耳を傾けるのを望まない人びとと出くわす危険がある」（[1905b] 1991：132）。

こうした考察がフロイトの第三の観察を直接導き出す。それはおそらく、三つの中でもっとも際立っている。フロイトによると、人は傾向的な笑いの性質について、自分自身を欺きがちだ。卑猥なジョークや敵意のあるジョークに反応する時、「われわれはジョークの『善良さ』についてははなはだしい判断の誤りに支配されている」（ibid.：146）。フロイトが言うには、人はジョークを聞く時、その内容とジョークの作業を分けない（ibid.：136）。自分はジョークの技術の巧みさを笑っている、と人は考えるが、実のところジョークの背後にある傾向的思想を笑っているのである。例のタイル・ジョークは、少なくとも自分好みのターゲットが選ばれた場合、きわめて巧みなジョークだと聞いた人は考えるかもしれない。またその楽しさの原因を、ジョークの攻撃的な意図ではなく巧妙さと考えるかもしれない。フロイトが指摘するように、ジョークの技術はしばしば「ひどくお粗末なものであるが、笑いを引き起こすのに計り知れない成功を収める」(ibid.:146)。自分の笑いの原因をジョークの作業のせいにすることで、人は自分の笑いがどれだけ傾向的衝動を反映しているのかを知るのを避けるのである。フロイトの結論は印象的である。「厳密に言えば、われわれは自分が何を笑っているのか知らない」(ibid.:146)。

精神分析理論によると、傾向的ジョークを笑う人が示す無知は、人は自分の「真実」を、つまり社会的に問題のある動機を自分自身から隠している、というパターンに合っている。ジョークを言い、聞く瞬間、抑圧された欲望が解放されるが、それはジョークとして隠される。ジルマンの実験的研究で、被験者は自分の反応がジョークのターゲットの選択に影響されていたことに気づかなかった。なぜある特定のジョークが面白かったのかその理由を述べるよう求められると、被験者はジョークのターゲットではなく内容を挙げた。この結果は、「人間は、何が笑わせるのかを正確に言うのがどうしようもなく下手だ」(1983:101)というフロイトの考えを支持する、とジルマンは明確に主張した。要するに、人は自分の笑いが無害なものだと信じたいのだ。ジョークは「ただの」ジョーク、ないしは形式の巧みな「ただの」遊びであって、問題をはらむ動機の表出ではない、と。

フロイトの第三の観察は、ユーモア理論の歴史の中できわめて重要である。それはベインとスペンサーによって始められ、ベルクソンによって続けられた意識の追い落としを完全に行っている。笑いの本質を理解するための手がかりは、笑う人の意識的経験にはない、とフロイトは主張した。「私が笑う時、優越感も、他人をけなす欲求も経験しない」と言うだけでは、ホッブズや他のユーモアの動機論者への十分な反論にはならないのだ。笑いの時点でそのような感情が意識的に経験されないという事実は、決定的な要因にならない。もしそうなら、なぜジョークのターゲットの選択が笑いや不同意の結果をもたらすのに非常に重要なのか、説明できない。笑う人は、ターゲットの選択ではなくジョークの作業が笑いの原因である、と主張するのだから。

人間は自分の笑いの本質についてときどき間違う、というように偶然の判断の誤りをフロイトは強調したのではない。彼が言おうとしたのは、もっと体系的な何かだった。人間は自分の笑いについての自己認識を避け、自分の感情を自覚することを抑圧せずにはいられない、自分は最善の者であると信じたいがために、笑うのは客観的におかしい何かがあるからであって、残酷なものや卑猥なものを喜んでいるからではないと主張する。これが、なぜジョークが、ピーター・バーガーを引用するなら、まるで「推定上の客観性」を所有しているかのように経験されるのか、つまり「滑稽なものが、そこにある何か、自分の心の外側にある何かとして」（1997：208 強調原文）存在するかのように経験される所以である。もし喜劇が現実からの逃避なら、フロイトにならってバーガーが言うように、それは自分自身および自分の動機という現実からの逃避を含んでいる。

人間がなぜ笑うのかを説明する導きの糸として、笑いの時点での経験を信用してはならないだけでない。その後に与えられる説明も信用してはならないのだ。笑っている人は、自身の笑いの本質についての優れた知識を有していない。そのジョークは不適切であると、特に攻撃的であるとの異議が唱えられたなら、ジョークを言った人は、「ただのジョークさ。傷つけるつもりなんかない」等と言うことだろう。そこには偽ろうとする意識的意図はないかもしれないが、フロイト理論はそのような主張を疑わしく扱うよう勧めるのである。

このことを支持する証拠がある。親密な関係においてからかいが起こる時、からかう側は相手がからかわれるのを楽しんでいると過大評価する傾向がある（Keltner et al., 1998；Shapiro et al., 1991）。からかう側は、その楽しさが一方的なものではないと考えたいのである。からかう側は機嫌良く振る舞っているのを確信しているし、からかわれる側が違う見方をしているかもしれないことに気づかないようだ。ボクサーとコルテス＝コンド（Boxer & Cortés-Conde, 1997）が指摘するように、からかいは社会的コントロールの非常に有用な手段になり得る。からかう側はからかわれる側の行動をコントロールしようとするだけでなく、この行為は「からかい」や「ジョーク」であって「いじめ」や「嘲笑」ではないと主張することで、「いじめっ子」は自分を、自己批判を含む非難から守りもするのである。この点で、「からかい」の言説はコントロールという活動の一部である（Hepburn, 1997, 2000）。これがユーモアのもつ悪い臭いを一掃する、からかいスプレイのレトリックである。からかいスプレイは他のレトリックの道具と同じように、他人を説得するためのものでもある。また実際には、それを使われた側でなく使う側を信じさせることもある。スウィフトが書いたように、からかわれた側が「ただのジョークさ」に反論するなら、ジョークがわからないのか、とさらなる嘲笑にさらされることになるので、からかわれた側は無力感を感じるかもしれない。「いじめっ子」はというと、その犠牲者以上に、自分のユーモアのセンスの良質さ、巧妙さ、本来的な無邪気さを確信する必要がある。

フロイトの見解から、傾向的ジョークは決してただのジョークではあり得ない、という重要だが単純な要点が導かれる。特殊なユーモアに異議を唱える理由は、つまり性差別的なユーモア、人種差別的なユーモア、いじめのユーモアを非難する理由は、ユーモアそれ自体の性質の中にあると感じる必要はない。「われわれ」のジョークが本当に面白いとか客観的に面白いといった意味で「真のジョーク」であると考える理由はないし、われわれの敵のジョークがユーモアの「本当の」センスを示していないと考える理由もない。反人種差別主義者が人種差別的ジョークに、技術的な理由で反対してはならない。もしそのようなことが主張されるなら、少しおかしいだけでそうしたユーモアは受け入れられることになる。人種差別的なユーモアがおかしくないなら、それはジョークの作業とあまり関係ない。人種差別的だから攻撃的なのである。その上人種差別主義者はジョークを言ったからといって、また人種差別をジョークに変えたからといって、人種差別的な傾向が少なくなるというわけではない。このようにフロイトのジョークの作業とジョークの傾向的意図の区別は、ユーモアの批判的アプローチの基礎を与えてくれる。そうすることによって、ユーモアは機知に富み才気ある活動なので賞賛されねばならない、という危険な考えに陥るのを避けることができる。

どうぞ性なしで

『機知』は不思議な著作である。というのは特に、フロイトが自身の理論をもっともよく支持しそうな例を使いたがらないからである。彼にはまるで、緊張関係にある二つの基本的な目的があるかのようだ。一方でフロイトは傾向的ユーモアの隠れた抑圧的な原理を暴くために、ユーモアの一般理論をまとめあげた。ジョークの外皮の中に危険な欲動が含まれているかもしれないので、傾向的ジョークに注意するように、とフロイトは読者に警告した。他方でフロイトは、ユーモアを賞賛したかった。序文で書いているように、彼を笑わせたジョークを使って理論を説明したかった。彼は反抗的ないたずらっ子の側にいた。理論の要求する非人格性は恥ずべき欲求を暴くが、それは彼が分析したユーモアのもつ彼自身の個人的な喜びと相容れなかった。その結果、『機知』には驚くべき省略がある。

もっとも目立つ省略は、性的ジョークが事実上ないことだ。性的ジョークを詳細に分析したなら、傾向性についての理論の確認に役立ったことだろう。性的ジョークが横行しているのは、ユーモアが人間精神の、特に男性の精神の暗い深淵を反映していることを示す、と主張するのは容易いことだった。フロイトは勇敢にも小児性欲という論争を引き起こした説を展開していたにもかかわらず、ジョークに関する本では性について慎重だ。フロイトが二つの原稿を書いていた長い夜に、不思議なことが起こっていたように思える。『性理論のための三篇』を書くに当たって、彼は子どもが性的欲求をもっている証拠を引用するのをためらわなかった。ユーモアについての原稿が載っている別の机に向かう時、彼は不意に遠慮深くなった。

傾向的ジョークについての節で、フロイトは「猥談」について考察する。男たちは覗き見のような汚い話をし、女性たちの面前で侮辱の行為として猥談をする、とフロイトは言う。「猥談を笑う者は、まるで性的攻撃の行為の見物人であるかのように笑っている」(［1905b］1991：141)。そのような猥談は、満足を与えなかった女性たちに対する男性の復讐である。フロイトは男性の性的ジョークを性的欲求不満と攻撃的な侮辱の両方に関係づけており、彼の議論は理論的に興味深い。この節が例を一切含んでいないことも、レトリック上興味深い。フロイトはこの著作に猥談を入れたくなかったのである。

フロイトが入れた性的ジョークは非常に少ない。一つは傘のジョークだった。「妻は雨傘のようなもの。遅かれ早かれ乗り合いに乗ることになる」(ibid.：119, 156f)。このジョークは二つの思想を圧縮している、とフロイトは説明する。一つははっきり話すことができるが、もう一つは偽装されねばならない。第一の思想とは、傘が雨を完全に守ってくれるわけではない、ということだ。激しいどしゃ降りを避けるために、遅かれ早かれ乗合馬車に乗らなければならない。第二の思考とは、人が結婚するのは「官能の誘惑から身を守るためである」(ibid.：156) というものである。傘が激しい雨から身を守ってくれないように、妻も夫の欲求不満を防ぐことができない。したがって、金を払って乗合馬車に乗るように、男は金を払って女性を買う必要がある。

ジョークを話した者たちと聞いた者たち(もちろん、ある年齢に達した結婚したまともな男性たちと思われる)は、ジョークの形に偽装して、そうでもしなければ互いに打ち明けない思想を共有することができる。デザートを食べ終え、妻たちが居間へ移った後、男たちは残ってタバコを吸い、酒を飲み、ジョークを言う。中産階級のホストが突然、「私のかわいい妻はご覧になったように、チョコレート・ルーラードをつくるのが上手いんですが、ベッドの中では別の話でして。それで私は娼婦のところを訪れないといけないんです」などと言ったら、客たちを当惑させることになるのは確実だろう。客たちはブランデーグラスをじっと見つめるかもしれない。あるいは懐中時計を取り出して、明日早いので、と言うかもしれない。他方、この口にされなかった思想は、傘と乗り合いの話で遠回しに表現することができる。そうすれば紳士たちは、表向き自分たちの妻ではなくウィットを一緒に笑い、同時に危険なものをみな高笑いの大きな音で隠すことができる。

意味深長なことに、フロイトはこの傘ジョークをどうやって耳にしたのかについて書いている。彼はウィーンの芸術祭のために作成されたジョーク本で見つけたのだ(ibid.：118)。『機知』に収録されたジョークのほとんどは、有名人の洒脱な文句や作家からの引用でない限り、由来なしで出ている。きちんとした由来に言及することで、フロイトは読者に、このジョークは品の悪い仲間からじかに聞いたのではない、と安心させている。ルーラードを食べ終えてから猥談をしたりしない、まともなサークルにフロイトは属していた。ライクは回想録の中で、フロイトは「女性に対して丁寧な、昔かたぎの人だった」と言っている。彼は、「妻というものは金がかかるというのに、長くつき合うものだね」(Reik, 1956 : 56)というようなことを言ったりして、妻や金や買い物について冗談を言っていた。彼は、妻は傘に似ているといった考えをひけらかして大喜びするような人間ではなかった。

男性の性的ユーモアに関する精神分析に影響された古典的著作であるレグマンの『猥談の根本原理』(**Legman, 1969**)と、フロイトの『機知』は大変異なっている。レグマンは生涯をかけて集めたみだらなジョークのコレクションを披露している。このコレクションは、ただの猥談から完全に偽装したジョークまで、テーマに沿って几帳面に並べられている。陰部のジョーク、体位のジョーク、異常性行為についてのジョーク、分泌物についてのジョーク、動物との性行為についてのジョーク等、そこにはありとあらゆるものがある。レグマンは何も隠していない。総合的に見てこのコレクションは、男たちが面白がるものにはひどく変わった何かがある、言い換えれば精神分析的理解を求めている何かがある、というフロイト的な印象を伝えている。

レグマンの本は、もう一つ別の印象をつくり出している。猥談を集めるのにかなりの時間とエネルギーを捧げる一人の男についての、かなり尋常でないものもそこにはある。特にフロイトの精神分析的主張の論理を受け入れるなら、レグマン自身の動機が疑わしくなるのは避けがたい。彼は自分は冷静な探求者であると言い、コレクションのうちかなりが好きでないと告白する。彼の素材の多くは図書館からのものであるが、相当の量が、彼が言う「フィールドワーク」から来ている。彼はロッカールームやバーや男性だけのクラブをうろつくのに、多くの時間を費やさなければならなかった（Legman, 1969：45 参照）。誰も彼にそうするよう勧めたわけではない。情報源から新しいジョークを引き出すために、彼は古いジョークを言い、その成り行きにふさわしい楽しさを示す必要があったことだろう。猥談のコレクターがそれにふさわしい動機を否定すればするほど、精神分析家の疑いの眉毛がピクリと動く。

これとは対照的に、フロイトにはこの種の疑惑が及ばない。彼の著作はほとんど堅苦しいと言っていいほどだ。ロッカールームで仲間と交わす猥談を見つけるのを期待した読者は失望することだろう。フロイトはそのような種類の著作家ではなかった。それは傘ジョークより上等なことだ。そして、腹を抱えるうさん臭い大笑いをさせそうにない。

人種の省略

フロイトのこの著作にほとんどないのでかえって目立つ、もう一つのタイプのジョークがある。人種差別的なジョークである。人種差別的なユーモアのもつたちの悪い奇異さをもち出したなら、攻撃的動機をユーモアの楽しさに包み隠すことができるという証拠を与えて、フロイトの理論を補強したと思われる。しかしここでもフロイトは、明白な証拠を使うのを控えた。誰もがフロイトの動機を推測したくなるだろう。精神分析理論は実際にそうさせるのである。すべての記憶違いに精神分析的な意味があるなら、知的な理論構成において生じるそれも同じはずである。

フロイトが省略したものを知るために、彼が含めたものを正しく知る必要がある。先にふれたように、『機知』はユダヤ・ジョークが顕著である。浴場ジョークが最初に来る。それに続いて、乞食ジョーク、結婚仲介人ジョーク、イツィヒの小話等の他のジャンルが来る。概してこれらのユダヤ・ジョークは、ユーモアを反逆的なものとするフロイトの見解にうまく合っている。乞食は上の身分の者を軽くいなすことで社会秩序を無効にし、イツィヒは軍隊の論理をひっくり返し、結婚仲介人は花嫁の欠点を長所と言う。どの場合でも、哀れな男（例外なくユダヤ人の男）は慣習の論理を覆す能力以外の武器をもたずに世間に挑んでいる。テオドール・ライクは、理想的な軍人像と貴族的な権威を嘲笑するユダヤ・ジョークのやり方を強調した。「ユダヤ人のウィットは理想的な英雄を、この語の両方の意味において滑稽と考える。そして騎士道の名声を認めない」（1962：63）。ライクはそのようなジョークの一例を示す。

「どうぞお座り下さい、男爵」。ユダヤ人ビジネスマンがグラモント公爵に言う。グラモント公爵はむっとして答える。「私は公爵だ」。ビジネスマンが言う。「それでは別の椅子にお座り下さい」。

ライクが書くように、このジョークは貴族のとは確実に違うイントネーションで言う必要がある。地位のランクといった些細な区別は忘れたかのように、部外者は貴族的権威を嘲笑う。フロイトは最良のユーモアを、「シニカル」ないし「懐疑的」なものと呼んだ（[1905b] 1991：161）。彼はまた、シニカルなジョークは世間の要求や社会的慣行を見下すという秘めた意図をもっているので、傾向的かもしれないとも考えた。

古典的なユダヤ・ジョークが反逆の声として聞こえ、弱者の不屈の魂を賞賛するものであるなら、もう一つ別のタイプのユダヤ・ジョークがある。ジョークを言うユダヤ人の伝統に属するからではなく、そのターゲットであるがゆえのユダヤ・ジョークである。ジョークの傾向性のある目的は、ユダヤ人を嘲笑い、侮辱することである。その声は社会的上位の者の声であり、劣った者たちをその仮定された劣等性のために嘲笑う。フロイトは『機知』でこの種のタイプのユーモアを、特には考察しない。ユダヤ人によって語られるユダヤ・ジョークは非ユダヤ人が語るものと違う、と彼は二度にわたってふれている。フロイトが言うには、ユダヤ人以外の者がユダヤ人について語る小話は、「滑稽な話や残忍な愚弄のレベルを超えることはめったにない」(ibid.：194)。それより先に、彼はこうコメントしていた。「外国人」によって語られるジョークは、主に「ユダヤ人が外国人によって滑稽な人物と見なされているという事実によっては決して必然的でない、残忍な滑稽な話」であるのに対し、ユダヤ人によって語られる自分たちについてのジョークは、「彼らとその長所との関係と同じくらい、彼らの実際の欠点を」(ibid.：157) 認めている。

ユダヤ人の語るユダヤ・ジョークと非ユダヤ人の語るそれをフロイトが区別するのは意味がありそうだ。傾向的ジョークと無害なジョークの区別と同様に、それはジョークの内容にあり、ジョークが生じる状況が除かれている。状況における違いは明白である、とフロイトは考えている。もしそのジョークがポジティブなステレオタイプもネガティブなステレオタイプも備えているなら、部内者のジョークであり、そうでないなら部外者のジョークである。実際フロイトは、部外者のジョークはジョークの技術を使うことがめったにないので、ジョークとして適当でないかもしれない、と言う。それらはただの残忍な愚弄であり、あるいは嘲笑のための小話である。敵は適当なジョークを語っていないと信じるのは慰めになるかもしれないが、そうすることは、タイル・ジョークのように人種差別的なバリエーションもそうでないバリエーションもあるジョークを見逃すことになる。

フロイトの区別には、あるジョークが人種差別的かどうかを決めるのは簡単なことだ、との仮定がある。しかし、ある特定のジョークや冗談の一言を「人種差別的」と決めつけるべきかどうかといった問題には、しばしば論争がある。そのような論争では、「弁護側」は問題のジョークを「ただのジョーク」と主張するのが典型的で、他方告発側は人種差別的なジョークは「ただのジョーク」ではあり得ないと言って張り合う（たとえばJaret, 1999）。学者もこの問題を議論している。クリスティ・デイヴィス（Davies, 1990）は、エスニック・ジョークを言う者はそのようなジョークが備えているステレオタイプを信じているわけではないので、そのようなジョークは一般に無害である、との理由でエスニック・ジョークを擁護している。そして、真の反ユダヤ主義者は自分たちの悪意を表現するのにジョーク以外の方法を使うと言い（ibid.：125）、「ジョークとは何よりもまずジョークであることも忘れないように」（ibid.：119）と強く説く。彼の擁護は仲間が言ういわゆる「からかい」の無害さの主張に似ている。からかいはただのからかいさ、大したことじゃない、と。これに答えて批判者たちは、エスニック・ジョークはステレオタイプを再循環させる、ジョークを笑う者たちは「ただのジョーク」と言っているにもかかわらず、偏見に満ちたイメージを正当なものと認めている、と主張する（Boskin, 1987；Husband, 1988）。このような主張において、批判者たちはジョークを言う者の動機が純粋かどうかについて主張するのではなく、ジョークの効果がどのようなものかを指摘している。

ユダヤ人はしばしば非ユダヤ人が言うのと同じユダヤ・ジョークを語るから、ほとんどのユダヤ・ジョークは純粋に反ユダヤ的ではない、とデイヴィスは特段に主張する（1990：121–2）。フロイトと同様、デイヴィスはジョークが語られる状況が取り除かれた、内容の観点からジョークを分析している。しかし、ジョークが語られる状況は、そのジョークがどう理解されるかに影響する可能性がある。同じジョークが別なように楽しまれることもある。フロイトの時代の貴族が、男爵と公爵の違いもわからない無知なユダヤ人を笑うのを想像することができる。他方、同じジョークを笑う別の者は、貴族の地位の微妙な違いに無頓着な、失礼なユダヤ人を面白がるかもしれない。ユダヤ人がユダヤ・ジョークを言うのを聞くユダヤ人は、意味が一定の範囲に限定されていることを知っているだろうし、同じジョークが反ユダヤ主義者の集会で語られたならそのような意味にはならないだろう。ステレオタイプは、部内者によって一時楽しまれるとしても、「ただのステレオタイプ」とみなされる。部外者は違う立場にあり、彼らもそのステレオタイプと無縁というわけではない。そのためたとえ同じジョークを笑ったとしても、部外者の笑いを部内者は信用しない。ランパートとアーヴィン＝トリップ（1998）はジェンダー関係におけるデリケートな話題に関するジョークについて、同様の指摘をしている。ある女性が、強姦犯に思わず応答してしまう「メリー・ジェーン・レイプ・ジョーク」を彼女たちは引用する。女性はこのジョークを女性に語るが、男性が語る時は不快感を感じる。これと同様に、女性が去勢ジョークを口にするのを男性が面白がるようには思えない。

フロイトがユダヤ・ジョークを披露した状況を理解する必要がある。ウィーンで反ユダヤ主義が広まった時に出版された一冊の本の中に、ジョークが載っている。フロイトは特にユダヤ人読者にではなく、一般の読者に向けて書いた。彼はフリースに宛てて書いた時やユダヤ人文化教育促進協会で講演した時のようなやり方で、ユダヤ・ジョークを用いたのではない。ジョークは理論的分析の対象であり、その進め方はふざけたものではない。その上その分析は、多義的なジョークが分析できることに著者がどのようにして気づいたのかを教えてくれる。

フロイトは乞食ジョークを金持ちである相手の観点から説明した。そのようなジョークでは乞食は、まるで人の頼みを聞く金持ちであるかのように振る舞う。乞食は男爵に、健康のために海水浴をするよう医者に勧められた、と言い、高価なリゾート地であるオステンデに滞在するための金を請う。男爵は高額なのをいぶかる。もっと安いところにできないのかい？　乞食は答える。「健康のためならどんなことでもやりますよ」。このジョークは、富のあるユダヤ人が貧者に施しをするよう求めているユダヤ教の宗教的な定めに向けられている、とフロイトは言う。この定めは「敬虔な人びとにもかなり過酷な」（［1905b］1991：158）ものので、施しの慣習的な見解に「公然と反逆している」（ibid.：159）。けれども傾向的ジョークにはただ一つの解釈だけが許されているわけではない。乞食ジョークを別の観点から楽しむことができる。金持ちのユダヤ人が、彼を「ファミリオネアリーに」扱う貧しいユダヤ人に負けた、という楽しさを得ることで、人は前者を笑うのであると主張することもできる。金持ちのユダヤ人は金持ちかもしれないが、ただのユダヤ人である。知恵くらべにおいては彼の富は有利とならない。こうして貧しいユダヤ人は世間の論理を転倒させることによって、金持ちの相手との関係を主客転倒させ、劣った地位に対して意気揚々と反逆するのである。

ユダヤ・ジョークとフロイトとの関係は分かりやすいものではなかった。信仰に対して彼が反感を抱いていたというのが本当なら、彼が乞食ジョークを宗教的正統性への反逆という観点から解釈したとしても驚くことではない。『機知』で彼が考察しなかった、宗教的というよりも民族的な次元があった。フロイトは自身が部内者であることをほのめかしているが、彼をほとんどのジョークの中にいる人物と似ているとするのは難しい。風呂ジョークは、東欧の非同化ユダヤ人のゲットーであるオストユデンの生活を描いている。フロイトの両親はオストユデンの住民として成長したが、子どもたちがオーストリアのユダヤ人になるよう育てた。家族がウィーンへ引っ越す前のフロイトが幼い頃、彼は浴場を訪れたことがある。彼はイディッシュ語のアクセントのない、完璧なドイツ語を話した。彼のサークルにいたユダヤ人たちは結婚仲介人の世話を受けなかった。実際、若者ジークムントとマルタを一緒にするのに結婚仲介人は必要なかった。風呂ジョークはゲットーの不潔なユダヤ人を描いたものだったかもしれない。ウィーン郊外に住むユダヤ人であるフロイトは身なりにうるさかった。

しかし、フロイトが風呂ジョークを笑った時、オストユデンに対して広まった偏見を再生産していた、と結論するのは誤りだろう。彼のジョークはヴァイニンガーのジョークより穏やかであるが、自己憎悪の要素を必ずしも示していない。まるで祖先の特徴を受け継いでいることを否定するかのようだ。アーネスト・ジョーンズが書いたように、フロイトはユダヤ・ジョークを言う癖があるのを除けば、ユダヤ人であることを示す特徴を何一つもっていなかった。ベルクソンが『笑い』で自身のユダヤ人としての背景を明らかにしなかったように、ユーモアに関する本の著者としてフロイトが読者の目を「パス」することができたことは確かだ。しかしフロイトはベルクソンのやり方で「パス」しようとはしない。彼は浴場のユダヤ人ではなかったが、こじんまりとした多数派の一メンバーになることを切望していたのではない。本の中でユダヤ・ジョークを語ることで、彼は読者に自分がユダヤ人であることを告げる。さらに彼はユーモアのユダヤ的伝統を賞賛する。イディッシュ語のアクセントで理論を書かなかったかもしれないが、彼はそのアクセントを使ってジョークを語る。教養のある、ドイツ語を話すユダヤ人たちをそのユダヤ性ゆえに辱めようとする偏見に対し、フロイトはユダヤ・ジョークを著書に入れることで反対しているのである。

内部者のジョークはユダヤ人の長所もそうでない点も認めているかのようにフロイトは書く。しかし彼の風呂ジョークは、「不潔なユダヤ人」というステレオタイプを利用しているように思える。それとバランスを取る立派な性質はどこにあるのか？　確かにその不在にフロイトは気づかないではいなかった。そのようなジョークを楽しむことを、公的に検討したくない攻撃性の表現と解釈するのは、困難なことではないだろう。浴場のユダヤ人は規則正しい入浴の習慣を嘲笑っている。このジョークはキリスト教世界の清潔な秩序に対する反逆のように聞こえる。フロイトはこのようなジョークを何度も語ることで、彼が属し、同時に排除されている俗世間に反逆していたのだろうか？　疑念をもたざるを得ない。

もう一つ、別のタイプのエスニック・ジョークがある。それは多義的ではなく、フロイトの著作に現れない。すべてのエスニック・ジョークが、望ましい性質であろうと望ましくない性質であろうと、ステレオタイプを使うとは限らない。こうした非ステレオタイプなジョークはエスニック・ジョークを研究する学者には無視されがちだった。たとえばクリスティ・デイヴィスはエスニック・ジョークの調査の中で、何らかの性質を何らかのエスニック・グループに帰属させないジョークは比較的重要でないとの理由で、そうしたジョークを除外している（1990：6）。タイル・ジョークはターゲットが何であれ、誰かのせいにするステレオタイプな性質をもたない。ジョークを聞いた者は、なぜジョークの話者が特定のターゲットを攻撃したがるのか知っていて、そして攻撃的な願望を共有するものと期待されている。このようなジョークはステレオタイプではなく暴力という概念と戯れるので、「純粋な攻撃」ジョークと呼ぶことができる。

クー・クラックス・クランのジョーク・ウェブサイトの分析により、人種差別的ジョークの一〇パーセント以上がこの意味での純粋な攻撃ジョークであることがわかった。たとえば、「川底にいる三人の黒人をどう呼ぶか？　首尾上々さ」（詳しくはBillig, 2001, 2005参照）。これらは部外者のジョークであり、フロイトの仮定とは反対に、型にはまったジョーク形式を使っている。タイル・ジョークのような「純粋な攻撃」ジョークを別のターゲットにも見ることができる。あるウェブサイトでは「川底」のターゲットは三人のユダヤ人である。よくあるバージョンでは、ターゲットは三人の弁護士として描かれる。

弁護士バージョンは人種差別的バージョンと異なる。というのは、それは、弁護士が引き起こすと一般に考えられている苛立ちへの反応としては不釣り合いだと知りながら、暴力の概念と戯れるからである。ジョークの世界の外にいる誰も、弁護士への暴力を真剣に勧めてはいない。ジョークという非現実的な状況では、その概念は楽しいものであり得、それを楽しむことが楽しさをもたらす。人種差別的バージョンが異なるのは、笑いの理由に暴力という不適切な概念ではなく、実際の暴力を扱っているという点である。ジョークを話す者も聞く者も、人種差別的暴力が実際に起きていることを知っている。この人種差別的暴力が、憤慨ではなく楽しさの原因になっている。そのような実際の暴力の被害者たちがこれをユーモラスだと思うことはほとんどありそうにない。特に、暴力的残虐行為の長い歴史をもつ人種差別者の組織がそうしたジョークを言う場合には。

フロイトは暴力的な人種差別的ジョークに気づいていたと思われる。オーストリア＝ハンガリー帝国の政治情勢が悪化し、ユダヤ人に対する暴動が日常化するにつれ、ユダヤ人に対する暴力的なジョークが一定の社会的地位を得るようになった。一九〇一年、フロイトがまだユダヤ・ジョークを集めていた時、ウィーンの反ユダヤ主義的市長カール・ルエガーと親しいエルンスト・シュナイダーが、ユダヤ人を改宗させるある策を公然と提言した。それは、洗礼用の水にユダヤ人を五分間浸けるというものだった（Wistrich, 1989：222）。フロイトはおそらく、毎日読んでいた新聞『新自由新聞』でこの特別な冗談を聞いていたはずである。

フロイトはこのタイプのユーモアをジョークに関する自身の著作から除いた。キリスト教徒の読者の中にはこれを笑わない者がいるはず、とまではおそらく信用しなかった。そのようなユーモアはフロイトでさえ見つめるのが辛すぎたかもしれない。そのようなユーモアは「真のユーモア」ではない、とするのは簡単だった。『機知』における彼の短いコメントは、これらにジョークの称号を与えることができなかった、と言っている。フロイトの省略の理由が何であれ、そのレトリック上および理論上の効果は明白である。彼の著作はユーモア賞賛の雰囲気を保っている。読者に不同意や、嫌な感じさえ引き起こすやり方でジョークが示されるのは、あまり長くない節である。省略はフロイトに、ユーモアは反逆的であるという彼のテーマを主張し続けるのを可能にしたのである。

懲罰的な笑いの忘却

フロイトの見方では、ユーモアは弱者の側にある。それは世界を喜ばしく扱う。権威を疑問に付し、制限から逃れる。それは親を笑う子どものユーモアである。フロイトはユーモアを「反逆的」と呼んだが、このジョークの反逆性は順応の形を取っている。それは権力に真剣に挑む反逆ではない。フロイトが楽しみ、ユダヤ人の伝統的なユーモアの多くに見出したシニカルな種類のユーモアは、ジョークを言う者を俗世間の難局から遠ざけるが、そのせいでいっそう俗世間と難局を近づけてしまう。

フロイトのアプローチにはさらなる省略がある。反逆的なユーモアは子どもを笑う親の笑いよりも親を笑う子どもの笑いに似ていて、笑いの反逆性に注意を向けることでフロイトは笑いの懲罰的傾向を無視する。

『機知』の何ヵ所かでフロイトはベルクソンを引用している。機械のような行動は滑稽である、とのベルクソンの考えを彼は引用する。フロイトは『笑い』を、「魅力的で生き生きした」（［1905b］1991：286）本、と呼ぶ。しかし彼は、笑いは基本的に規律を生むために機能する、とのベルクソンの中心的な議論には目を止めない。またしても意味ありげな省略が疑われる。

フロイトの分析の主要な部分は言語的ユーモアを扱っているのだが、彼はただ一つのタイプのユーモアに限定することのできない野心的な理論家だった。『機知』の最後の部分で、彼は非言語的ユーモアに適用する理論を展開する。これをする中でフロイトは滑稽なものとジョークを区別した。「ジョークはつくられ、滑稽なものは見出される」（ibid.：238）。誇張したジェスチャー、放心状態、思いがけないスリップ等の、ベルクソンが考察した多くのものが滑稽なものの題の下に収められた。これらは、たんに偶然起きて傍観者が面白がる振る舞いや出来事である。フロイトのつくられるものと見出されるものの区別は十分な説得力をもっていない。プロの道化師や喜劇作家は、意図的に滑稽な振る舞いをつくり出すことができるからだ。しかしここで重要なのは、フロイトの理論のもつ説得力ではなく、理論が見過ごしているものだ。

滑稽なものを考察する時、フロイトは理論的な切り替えを行った。彼の広大な精神分析学的視野からは直接出て来ない、別のユーモア理論を彼は提唱したのだ。彼はベインとスペンサーの放出理論に、特に笑いは神経エネルギーを消費する手段を提供するとの考えに戻るのだった。このようにして彼は、なぜ人は滑稽な振る舞いを笑うのかを説明しようとした。フロイトはスペンサーの笑いの生理学理論を引用して、スペンサーの下向きのズレの考えは、「われわれの考え方にすばらしく合致している」（ibid.：198）とコメントした。誰もがフロイトはスペンサーの理論に何かつけ加えるだろうと期待しただろう。ベインの線に沿って、スペンサーの理論は実際には、「高い」ものを「低い」レベルに引き下げる面目つぶしのユーモアを述べている、と主張するのは簡単なことだったと思われる。フロイトがこのように論じていたなら、傾向的で攻撃的な動機というお馴染みの心理学と一緒に過去の理論に舞い戻っただろう。

しかしフロイトはこの方針を採らない。彼は放出理論を、傾向的動機の存在を仮定しない、純粋に生理学的なやり方で使う。滑稽なものの笑いについてのフロイトの説明は、見物人は自分が見ている行為に自分自身が関わっていると想像することでエネルギーを高める、というものである。見物人は自分自身の振る舞い方と見えているものとを比較する。滑稽な振る舞いが大げさになり、もっと神経エネルギーが必要になると、その後見物人の神経エネルギーが余計なものになる。そしてこれが笑いという行為に消費されるのである（ibid.：249f）。フロイトの著書全体がこの理論に基づいていたなら注目を浴びることはなかっただろう。この側面はオリジナルなものでも説得力のあるものでもない。さらに、こうした説明はスペンサーの独創的な理論化の持つ一貫性を欠いている。しかしそれは、いつか精神分析理論は神経エネルギーの生理学理論に翻訳されるという、フロイトが抱き続けた信念に合ってはいる。

滑稽なものの題の下で、フロイトはなぜ傍観者がしばしば無邪気な行為を笑うのかを考察している。誰かが何気なく、何かおかしい、と言う。おそらくこの、何かおかしい、の一言にはダブルミーニングがある〔面白い、と、変だ〕。これを言った者に二つ目の意味を言うつもりがなかったこと、それは楽しさを増すものであることを、傍観者は知っている。もしダブルミーニングが意図されていたなら、傍観者が面白がるのではなく憤ったとしてももっともである。親が子どもを笑うのを、特に子どもの無邪気さを笑うのをフロイトが考察する際に、この本質的に動機を欠いたユーモア理論を使うのは意味がありそうだ。「無邪気な行為は子どもたちにもっとも多く起き、そして無教養の大人たちに引き継がれる、ということを見出してもわれわれを驚かせないだろう」(ibid.：241) と彼は言う。この言葉遣いは示唆的だ。子どもと無教養の者が滑稽な行動を示す者として描かれている。そのような行動を笑うのは、心理的に動機づけられた傍観者ではない。教養のある大人たちだけが、この種の行動をおかしいものとして発見するために「見出さ」なければならない。

子どもの無邪気なユーモアのたくさんの例をフロイトは示している。たとえば、男の子と女の子のきょうだいがおじさんやおばさんたちに自作の芝居を見せている。二人は夫婦の役を演じている。短い上演の中で夫は海を渡ってさまざまな冒険をする。彼は家に帰って偉業を報告する。「妻」はいばって「あたしも暇じゃなかったの」と言って、子ども用ベッドに寝かせた十二個の人形を見せる。大人の観客たちはこの一言の無邪気さを笑う (ibid.：242)。

フロイトはこのタイプの笑いを説明するのに放出理論を使う。この理論が笑いの動機を大人の観客の方に帰すなら、それは感情移入の一つである。「われわれはその人の心的状態の産出を考慮し、それを自分自身のものと比較することで、自分自身を投げ入れてそれを理解しようとする」(ibid.：245) とフロイトは書く。傾向的動機につき動かされているとか同情の一時的な保留などではなく、フロイトによるとこの笑いは感情移入という友好性に基づいている。ここでのフロイトの議論は、実のところ小児性欲へのオイディプス的アプローチの延長なのである。大人は心理学的に非難から逃れている。ハンス少年の親のような、大人の側の欲望は無視されている。9章でハンス少年のケースからの一エピソードを検討することにしよう。これは大人が少年を笑うやり方と、その笑いが傾向的動機を表現していたのかどうかをフロイトが問題にしなかった、そのやり方に関係している。要するに、子どもの無邪気さを笑う大人は子どもの無害さのため笑っているのだ、とフロイトは考えがちだった。

こう議論する中でフロイトは、人は一般に自分がなぜ笑うのかその理由を知らない、という観察を脇にやる。また疑惑も捨てる。大人の笑いは子どものわがままに対する復讐かもしれない、とは考えない。姪と甥が子どもっぽい劇を演じている間、おじさんやおばさんたちは静かに座っていなければならなかった。子どもたちは大人たちにコントロール力を行使している。大人たちは静かにし、非難や退屈や苛立ちを抑える以外の力をもたされない。そして解放の瞬間が来る。それは子どもたちを笑うことのできる瞬間であるが、子どもたちには何が起こっているのかわからない。この点でフロイトの記述はサリーの「帽子のコメディ」に似ている。大人の笑いは無害なものと、つまり「ただの笑い」と考えられ、笑われた子どもの反応は無視される。

大人が自分の心的状態を無邪気な子どものそれと比較する、感情移入の瞬間についてフロイトはあまり長々と書かない。大人は思考と行動をいつも抑える必要があるので、子どもと同じように無邪気に話す自由をもたない。大人たちが子どもの無邪気さを笑う時、自分たちの行動を抑えている制限から逃れていることを集団的に賞賛している。しかし彼らの笑いは、そうした反逆が一瞬のものであり、失敗する運命にあるとの信号を送っている。というのは、大人の笑いは社会的制限を強めるためのものであり、それが賞賛していた無邪気な自由を懲らしめ、たぶん子どもの無邪気さを増やすのではなく少なくさせるからだ。このように大人の笑いは力と規律を強めるので、この楽しさは制限されている。しかし、もちろん大人は、そのようなことをしているとは言わないだろう。自分たちの笑いが純粋に無害なものであると信じている。力のある者が無邪気さを笑う時、そのような笑いは、反逆と規律、そして欠如した自己認識からなる偏った混合物である。

この問題に関しては、フロイトの理論は子どもではなく大人の側に立っている。彼はベルクソンがしたように笑いの懲罰的な力を正当化することによってではなく、そのような笑いが無害であると考えることでそうする。フロイトの理論の切り替えがこれを助ける。精神分析理論のもつ疑り深さが消える。フロイト以前の放出理論の無害さへと後戻りする。はっきり言って、スペンサー的なものが多すぎ、フロイト的なものが十分でない。他の状況なら、まったくおかしなことになっていたかもしれない。

しかし、だからと言って、フロイトがもっとも疑惑的なユーモア理論を生み出したことを評価するのをやめてはならない。ホッブズやベインのような以前の説明は、フロイトと比べれば断片的で表面的だ。フロイトは笑いを隠れた欲望のサインと見ただけでなく、彼の理論はそうした欲望が何で、またなぜ隠されねばならないのかを示唆する。彼の理論は「無害な」ジョークの概念を使ったかもしれないが、フロイトの考えを真面目に受け取るなら、笑いの無害さという考えを安易に当てにすることはできない。ポジティブ・イデオロギーはユーモアの情緒的な見方を保つために、フロイトの教えを忘れ、彼の懐疑主義を意識の外へ追いやってしまった。これが、批判的分析にとってフロイトの洞察が非常に重要である理由の一つである。

フロイトの分析は個人の無意識的動機に集中しているが、彼の洞察は笑いの社会的意味についてのベルクソンの分析と結びつけることができる。これはフロイトが見落とした懲罰的笑いといった種類のものを、真剣に考えることを意味する。さらにはフロイトのユーモアの分析は、以前のユーモア理論家たちがしばしば無視していた重要なものを指摘している。それは発達的側面である。精神分析理論は、成人の心理の起源が幼児期にあることを強調する。とりわけフロイトにとって、それは成人期に夢やジョークに間接的に表現されるようになる攻撃性や性欲の幼児期の起源を追うことを意味した。しかしユーモアの懲罰的な意図についてのベルクソンの考えを真剣に受け取るなら、検討すべき幼児期の別の側面があるようだ。大人は子どもに、嘲笑を通して教えることがある。この教えを通して子どもは望ましい社会規範への従い方を学ぶだけでなく、笑い方も学ぶかもしれない。こうした問題をさらに追求するためには、研究者はフロイトが手を出そうとさえしなかった微妙なところへ足を踏み入れる必要が出てくる。それは親の傾向的笑いである。

ある結末

フロイトはナチスがオーストリアに侵入した後も、ウィーンを離れずにいた。彼は疲れていたし、年取っていた。娘のアンナが尋問のためゲシュタポによって連れて行かれて、やっと彼は事の重大性に直面した。フロイトのウィーンでの最後の日々は、ユーモアの保守性と反逆性を示している。ナチスがウィーンの支配権を握った時、それは笑いの終わりではなかった。キリスト教徒の大部分は浮かれ騒いだ。ユダヤ人たちは通りを歯ブラシでこすって洗うよう強制された。群衆が集まり、立派な市民たちが身を落としているのを見て笑った。それは面白い出来事だった。一年後にドイツ軍がポーランドの老ユダヤ人たちのあご髭を引っ張った時も同じだった。怯え、失意のうちに立ち尽くす犠牲者たちを兵士たちが笑うのを伝える写真が残っている。これは反逆のユーモアではなく、力をもつ者のユーモア、より正確に言うなら、ついさっき力を得た者のユーモアである。

身の危険が近くまで迫った時、フロイトはウィーンを離れイギリスへ行くための書類をなんとか手に入れた。最後の手続きとして、ナチスから虐待を受けなかったと述べる用紙にサインしなければならなかった。彼は息子に、「ゲシュタポは心からお薦めできます」とつけ加えたよ、と言った。生涯を通して反逆していた人間の、最後の反逆行為だったようだ。その文書が最近発見されて、フロイトがそのような言葉を書いていないことがわかった（Ferris, 1997）。ゲシュタポでさえ、フロイトが皮肉を言ったことを理解したはずだ。このジョークは彼の妻と子どもたちを、文字通り死に追いやったかもしれない。実際、彼の姉妹のうち四人は逃亡に失敗している。

このジョークは話すことができなかったし、書くこともできなかった。しかし考えることはできた。ジョークとは社会的行為である必要があるので、考えるだけでは十分でない。フロイトが何十年も前に『機知』に書いたように、ジョークを話す相手が、「その快楽追求過程の完遂のために不可欠」（[1905b] 1991：239）である。そのためフロイトはすでに書いたふりをして、あのゲシュタポ・ジョークを息子に話したのである。この点でこのジョークには欺瞞の要素が含まれていた。ユーモアの不思議なところは、こうした欺瞞の要素があってもジョークのもつ基本的な道徳性を減少させないことだ。そしてまた、その作者の偉大さを損なうこともない。

第Ⅱ部　理論的見地から

8章 笑いと笑ワズ

ユーモアへの批判的アプローチは、従来の理論で省略されてきたいくつかの要素を取り戻す必要がある。特に、ポジティブ・イデオロギーの雑な想定が取りこぼしがちな、いわゆるネガティブなものを取り戻す必要がある。このことは、嘲りの性質へ特別な注意を払うことを意味する。今日のポジティブ・イデオロギー支持者たちは嘲りを目の敵にしているが、歴史的考察は嘲りが常に敵扱いされていたのではないことを示した。プラトンにとって嘲りは、特定の状況下でユーモアが許される数少ない形の一つだった。一八世紀のシャフツベリー伯爵によると、紳士的な嘲りは理性的な会話の維持に欠かせないものだった。そしてもちろん、ベルクソンのユーモア分析の中心には嘲りがある。ベルクソンが主張するように、嘲笑がなければ社会生活はぎこちなくなり、究極的には維持不可能になる。こうした考えはすべてが、嘲りは笑いのポジティブな価値にとって不必要で、なくすことのできるネガティブなものであるということを当然視する、既存の雰囲気に沿って批評家が進んで行く必要はないと言っている。

けれども歴史的考察は、書棚から引っ張り出してほこりを払ってから、関連する現象に適用することのできる嘲りの完全な理論がないことも示唆した。シャフツベリーと彼の追随者たちの考えは、嘲られるべきものは客観的に確認できるとの自信に満ちた見解に結びついていた。そして客観的な嘲られるべきものとは、たまたま一八世紀の紳士たちのもつ先入観にまさに一致していた。ホッブズとベインの理論のような優越理論は、嘲りという行為を社交状況の中に置けなかった。まるで嘲りはある種の心理状態に依存するかのようで、嘲る者がその経験を否定することもあった。ベルクソンは嘲りの明快な社会理論を提唱したのだが、笑いの心理にそれが意味するものを理解するに至らなかった。ベルクソンが意図した地点より先に行くためにはフロイト理論の懐疑主義が必要である。またフロイトが意図した地点より先に行くためにもそうである。フロイトでさえ当時、笑いの肩をもとうとしすぎていたのだから。

ユーモアの複雑さを説明するのが期待できる理論が一つもないことも、歴史的考察が示している。優越理論、ズレ理論、放出理論の主要な三理論の提唱者たちは、笑いの原因と彼らが主張する要因のうちの一つにしか焦点を当てていない。しかしそれぞれの理論上のライバルが指摘するように、原因として選ばれた要因は常に重要な何かを見落としている。ズレ理論家は、笑いを引き起こすのに失敗するズレがある一方で、大量の笑いを引き起こすズレがあるのがなぜかを説明できない。優越感や神経エネルギーの放出でもそれは同じである。こうした理論が心理学用語で表現される限り、笑いが本来的に社会行為である理由を誰も説明できない。

本書で採るアプローチでは、笑いを一つの原因に還元しようとはしない。実際、ユーモアは単一のものと見なせない。ユーモアのパラドキシカルな性質が強調されねばならない。三つのパラドックスを確認することができる。最初の二つについては本章で丁寧に考察するが、三つ目のパラドックスは本章の導きとなる原理であり、次章で考察する。一番目のパラドックスとは、ユーモアは普遍的でありかつ特殊的であるということだ。ユーモアはあらゆる社会に見られるが、人間誰もが同じことを面白がるとは限らない。二番目のパラドックスとは、ユーモアは社会的でも反社会的でもあるということだ。ユーモアは人びとを楽しさという絆で一つに結びつけることができ、そしてまた嘲笑によって人を排除することもできる。以前の理論家たちはこうしたパラドックスに気づいていた。たとえば5章で見たように、サリーは『笑いに関するエッセイ』でそのようなパラドックスに注意を向けていた。三番目のパラドキシカルな特徴とは、ユーモアは謎めいていて分析に抵抗するようだが、理解することも可能だし分析もできるということだ。フロイトのおかげでユーモアが非常に扱いにくく見える理由が示された。私たちの笑いのもつ傾向的で不快な側面を理解するのを私たちが尻込みするのには、十分な理由があるのだ。しかしフロイトのジョークの分析方法は、こうした抵抗を理解しようとすることから多くの洞察が得られることを示したのである。

まずは、笑いとユーモアの関係が検討される必要がある。優越理論であれズレ理論であれ放出理論であれ、理論家たちは笑いそれ自体は何ら問題ないと考えることがあまりにも多かった。発見されるべきなのは、この不思議な反応の原因だった。「ユーモアのセンス」が明らかに望ましいものと評価されている時代では、笑いとユーモアの結びつきを当然視することはできない。一八世紀の言語理論家は、しばしば自然な表現方法と人工的な表現方法とを区別していた。自然な表現方法とは、微笑みや笑いを含む顔面への表出だった。思考を伝える手段として自然な表現方法には限界があるため、人類は言語や人工的な表現方法を発明した。ジェイムズ・ビーティの「言語の理論」によると、言語と人工的な表現方法は、「思考を伝える目的のために普遍的に用いられてきた。それらは非常に便利であり、少なくとも多くの国々で、かなりの程度自然物に取って代わった」(1783:294)。

このような考え方には、自然な反応としての笑いは言語の一部というより言語とは別のものである、といった意味がある。進化論的思考の発展とともに、そのような考え方が生物学的に解釈されるようになり、笑いはユーモアによって引き起こされる内的感情に対して生ずる、生物学的に定められた反応と見られるようになった。そのような仮定はヴィクトリア朝時代の放出理論家に見られ、彼らは内的な感情状態は観察可能な生理学的反応に伴うものであると考えた。ダーウィンは笑いを、喜びの「自然で普遍的な表出」(1896 edn:218)であると述べた。今日ではポジティブ心理学者だけでなく多くの著作家たちも、笑いは「自然な」反応であると言っている。ユーモアについて精力的に書いている哲学者のジョン・モリオールは笑いを、「快楽の自然な表出」(1983:58)と述べている。「自然な」の語は、笑いの音と、喜びであろうと快楽であろうと内的な状態との関係が、生物学的に決められていることを意味している。そこにはポジティブ・イデオロギーにおける二重の「自然さ」がある。喜びという内的体験がポジティブなのは自然であると想定されているし、また笑いや微笑みというその外的反応も同様に想定されている。

本章ではこうした想定を批判的に検討しよう。笑いのレトリカルな性質が強調される。これは次章で展開する、嘲りは懲罰的な教育方法であり、かつその教育方法の学習でもあるという議論の、前提条件である。言語やその他のレトリカルなコミュニケーションの諸側面と同じように、笑いは教え、そして学ばれる必要がある。笑いのこのレトリカルな性質が、なぜユーモアがパラドキシカルなのかを理解させる。言語とは人がまったく反対の会話行為をするのを可能にさせるほどパラドキシカルである。つまり人は否定することができるから、主張することができる。答えることができるから、問うことができる。正当化することができるから、非難することができる。他にもいくらでも挙げることができる。笑いとはレトリカルなものだから、それはコミュニケーション上のレトリックとは別物と考えることのできる、一つの、単純なものではあり得ないのだ。そのため笑いのレトリック上の反対のものをここでは「笑ワズ」と名づけるが、これの検討が必要になる。笑いと笑ワズは社会生活の規律を学び、そしてそれを他人に強いる過程で非常に重要な役割を演じる。この点で、ユーモアと笑いの社会的な結びつきが、真面目な人間生活の中心部へと私たちを連れて行くのである。

あまり愉快でない逸話

ユーモアに関する今日の心理学的著作は、ユーモラスな逸話から始めることが多い。ユーモラスな逸話は著者のユーモラスな性格を保証するのに役立っているだけでなく、その研究がユーモアの側に立っていることを示しているし、そうすることでユーモアがポジティブなものであることを例証している。批評家はユーモラスな逸話にかけられているこうした罠に気づかねばならない。しかしその一方で、逸話というものは抽象的な概念が社会生活の多義的で細々とした事柄から遠ざかってしまうのを防ぐので、理論の役に立つ。そのため、笑いとユーモアの関係を一つの逸話で、それもあまり愉快でない逸話で検討を始めるのが適当だ。

二〇〇三年六月二日、イタリアの首相シルヴィオ・ベルルスコーニが欧州議会で演説した。それは欧州連合の議長就任の公式の演説だった。このような場面はすでに儀式といってよいものになっていた。新任議長はヨーロッパの将来について陳腐な言葉を述べ、欧州議会議員（ＭＥＰ）は演説を礼儀正しく拝聴するのが常である。ところがベルルスコーニは、常套的な婉曲表現を使うなら、「物議をかもす人物（contoroversial figure）」だった。億万長者の右派である彼の物議をかもす行為には、汚職による起訴から免れるためにイタリアの刑法を改正した、連合政権にファシストを入れた、イラクへのアメリカの侵攻を支持した、等があった。彼の国では主要なマスコミを所有していたため、彼の言葉はいつも尊敬の念とともに伝えられていた。

欧州議会でのベルルスコーニの演説はスムーズに運ばなかった。議場には不同意の声があふれた。ブーイングの声を上げるメンバーもいれば、机を叩くメンバーもいた。ベルルスコーニは、抗議の声を上げていた一人のドイツ人議員に向かって言った。「ミスター・シュルツ、私にはイタリアで、ナチスの強制収容所の映画をつくっている映画プロデューサーの知り合いがおります。あなたを看守役に提案しましょう。あなたならピッタリだ」。彼は自分のウィットがうまくいったと、笑みを浮かべた。イタリア語が議員たちのさまざまな言語に訳されるまで一瞬の間があり、それから聞こえるくらいの荒い息の音が続き、ブーイングの声が大きくなった。私は「皮肉」を言ったのです、と彼は騒音の中つけ加えた。そのことが本当であると主張するかのように、彼は微笑みを見せ続けた。

この物議をかもす人物は、またもや物議をかもしたのである。このエピソードはヨーロッパ中のテレビや新聞で大きく報道されたが、この物騒な人物が所有するマスコミが例外だったのは言うまでもない。ドイツ政府の首相は国を侮辱したことに対して謝罪を求めた。このような圧力をかけられたベルルスコーニ氏は二日後に遺憾の意の声明を出した。彼は、皆が「皮肉なジョーク」をドイツ国への侮辱と受け取ったことを、遺憾とした。この遺憾の意の表明が謝罪になっていないことは明らかだった。なぜ謝罪しなければならない？　侮辱されたのは自分の方である。議会は失礼なことをしたではないか。それに、何度も繰り返し言ったように、あの言葉は皮肉だったのだから。

このエピソードはユーモアというトピックの多くの特徴を説明している。それは、ユーモアが「ポジティブなもの」や善意の領分にあるのではないことを示している。ベルルスコーニ氏が自称する皮肉は、ポジティブ心理学者が賞賛するような「ポジティブな」ユーモアではなかった。そのような心理学がユーモアとして受け入れるには困難を抱える嘲笑の一例がこれである。このエピソードはまた、ユーモアが論争のテーマになり得ることを示している。というのは、ユーモアを認める認めないの違いがあるからだ。ベルルスコーニ氏と彼の支持者たちを面白がらせたものは、間違いなく他の人たちの神経を逆なでした。

このように反応に違いがあるので、笑いを引き起こすという観点からユーモアを定義するのには困難がある。ユーモラスな試みが、ごく少数の人たちを笑わせ、他の大勢の人たちには侮辱として心に刻まれるような結果になることがあるかもしれない。ベルルスコーニ氏が言ったことはそれを聞いた人たちの大多数を笑わせることができなかったから、それはユーモラスでなかったと結論づけるべきだろうか？　それとも、何がユーモラスなのかを決めるには純粋に数値の重みづけを常に使うべきで、ユーモアの資格を得るために何らかの統計的検査をパスする必要があるのだろうか？　そしてまた、ユーモアのつもりだったのに笑いを生むのに完全に失敗する試みもあるかもしれない。

重要なのは効果という観点からユーモアを定義することではなく、効果を生むのにどのように成功し、また失敗するのか検討することである。同様にユーモアを分析する者は、自分が面白く感じるものを「真のユーモア」であるとしたり、面白くないものを不適当なユーモアであるとしたりすることで、ユーモアの定義の際に規範的になるのを避けるようにしないといけない。理論上危険なことは、分析する者がある種の嘲りを面白く感じるのに、それを否認することである。そうするなら嘲りや嘲笑は定義の網の目から容易にこぼれ落ちてしまい、最終的な結果は心地よいだけのものになり、ユーモアは良いもの、ユーモアのセンスのある人はいい人、となる。ベルルスコーニ氏のことや彼の侮辱的な発言はユーモア研究の項目から除外されるだろう。これが無批判的なアプローチである。批評家はネガティブなものを避けるのではなく、むしろそれを本気で扱わねばならない。

ベルルスコーニ氏のエピソードは、ジョークやユーモラスな発言はただ口に出すだけでなく、受け入れられる必要もあることを示している。さらに、受け入れが保証されない場合もある。ユーモアの試みと笑いという効果とが合わない可能性もある。したがって、ユーモアを、笑いの反応を引き起こすものとして定義することはできない。ユーモアはそれを受け入れる人に笑いを生む試みを伴うが、たとえそれに失敗したとしてもユーモアとして認識される必要がある。さらに、ユーモアはそれが向けられた人を笑わせようとする意図とは別の意図をもつことがある。ベルルスコーニ氏はシュルツ氏を面白がらせようとしたのではなかった。彼はシュルツ氏を侮辱し、黙らせ、大勢の人たちの嘲笑の中に封じ込めようとした。

ユーモアの「メタディスコース」というものがある。後に述べるように、ユーモラスな一言が言われると、それについてもコメントされる。このことは、ウィットがうまくいかなかったり、分裂した反応を引き起こした時に、ことさらわかる。ベルルスコーニ氏はただの皮肉を言ったのだと主張することで、自分がユーモアを言ったことにすぐに言及した。あるいはユーモアのメタディスコースをすぐに使った。実のところ、彼の侮辱的な発言が皮肉かどうかは問題にならなかった。彼を非難する者たちはあれが皮肉だったことを疑わなかった。メディアの所有者が本当に敵に役者人生を勧めているなどとは、誰も信じなかった。彼の発言の文字通りの意味と意図された意味との間にギャップがあるが、これが皮肉の特徴である（Attardo, 1993）。問題だったのは、皮肉をあのように使うのが適切なのか、だった。ドイツ首相を含むベルルスコーニ氏をよく思わない者たちは、強制収容所の話題についての皮肉がごく当たり前のように言われたことに、特に一ドイツ国民にこの皮肉が公然と向けられたことに、侮辱されたと感じたのである。ドイツ首相はあのジョークを、わが国に対する侮辱と呼んだ。彼は、イタリア政府にムッソリーニの政治的後継者を閣僚として入れた男にしてはひどく似合わないことを言ったもんだ、などと一言つけ加えて、私の政治活動に反対する者こそナチスだ、というようなことを言いはしなかった。

このエピソードが描き出しているのは、笑いやユーモアは、コミュニケーションの通常の、ないし真面目な過程の外側に、独力で存在しているのではないということだ。笑いがレトリカルなものなら、笑って反応するのを拒否する聴衆もレトリカルな存在である。つまりユーモアを笑いの生物学に還元してはならないのだ。ベルルスコーニ氏が生まれつきもっている、顔面筋を緊張させて目を細めた笑みを浮かべる能力は、あの出来事を説明しない。ユーモアの心理学的次元があるのと同様に、ユーモアの政治的次元、道徳的次元、美学的次元がある。ベルルスコーニ氏はただのジョークだと言ったが、彼は自分をよく思わない者たちに恥をかかせようともしていた。もしあのジョークがうまくゆき、彼がシュルッ氏を笑うのに議場の全員が同調したらどうなっていただろう。笑みを浮かべた彼の口元がいっぱいまで広がるのが想像される。また、この勝利の笑顔の写真をベルルスコーニ氏の新聞とテレビが報道するのも想像される。

そのような笑みがもしあったら、それはたんなる顔面筋肉組織の運動どころではない。ただの微笑みではないのだ。それは、言葉で公に言うことのできたこと、できなかったことの両方を表現する、利己的で強力なレトリックだったことだろう。欧州連合の議長就任の素晴らしい日をだいなしにしてくれたドイツ人に恥をかかせたかった、とベルルスコーニ氏は言うことができなかったし、あの場の真面目な決まり事を混乱させて楽しんでいる、と公言することもできなかった。ルールを破り、民主政治の微妙さを無視して自分のやり方を押し通してきたこのメディア王は、つまらない演説をし、聖人ぶった決議を通すだけで実際の権限を決して行使しない欧州議会議員たちに、一泡吹かせたのだ。

このことはまた、もう一つの次元を示すものである。それはユーモアのもつ秩序を乱す力である。悪いユーモアでさえ、道徳的に悪いものであれ政治的に悪いものであれ美的に悪いものであれ、この潜在力をもつ。それはまた、秩序を強いる力を、あるいは少なくとも秩序を強いたいという願望をもつこともある。ベルルスコーニは自身を混乱の被害者だと述べた。議場で議員たちは彼の演説を、ブーイングし、机を叩いて邪魔したのである。秩序を取り戻し、議員を行儀良くさせ、静かに感心して聞かせる力が皮肉にあったらよかったのに。

このように、ユーモアを理解するためには社会秩序との関連を見ることが必要だ。それは、社会的インパクトや厳粛な状況を混乱させる潜在力といった観点からジョークを読み解く以上のことを意味する。ユーモアの世界をただ心理的にポジティブなものとネガティブなものとに分けるのでは不十分だ。それは、個人と社会の複雑な関係についての、より広い心理学的な見方を意味している。ユーモアのもつこのダイナミックスは、このような複雑な関係に抵抗するが、同様にその内側に置かれてもいる。

笑いと生物学

人間とは「笑う動物」である、といった意味のようなことを言って、ユーモアの話題の考察を始める哲学者や心理学者がこれまでたくさんいた。このパターンの先鞭をつけたのがアリストテレスで、「人間以外の動物は笑わない」（『動物部分論』1968, x：29）と書いた。それ以来、この先例が頻繁にまねされた。ヴォルテールは『哲学辞典』で人間を、「笑うことのできる動物」と呼び、「人間が、笑い、泣く、唯一の動物である」ことを強調した（n.d.：136）。ジェイムズ・ビーティも同様に、「人間を、劣った動物から区別する特徴の一つ」が、「笑い性（resility）」（1779：299）であると主張した。近代的な心理学の時代でも似た主張がなされ、ウィリアム・マクドゥーガルは「人間は笑う唯一の動物である」（1923：165）と言った。

この印象的な表現で始めることは理にかなっているように見える。その文字通りの意味の正しさを証明するのは難しくないように思える。人間のように自発的に笑う動物はいない。ハイエナは笑いに似た音を出すことがあるが、それは音響上の偶然である。ハイエナの発する甲高い音が人間の笑いに相当しないのは、犬の鳴き声やライオンのうなり声と同じである。確かにこれまで、ハイエナがジョークを言い合ったり面白おかしい話をしたりするのは観察されていない。けれども人間は笑う。人類が生まれてから今日までずっと、楽しさを示すために笑いが使われている。このように「笑う動物」という別名は、私たちの生物学的性質について何かを示唆しているようだ。私たちはユーモアを楽しむようにつくられた種なのだ。

おそらく、人間にもっとも近い近縁の動物には留保が必要だ。ダーウィンの『人及び動物の表情について』はこの話題に関してその後に出版されたいかなるものにも劣らず洞察にあふれた著作であるが、類人猿は脇の下をくすぐられると「笑いに似た音を発し、それはわれわれの笑いに相当する」(1896 edn：201)と彼は記した。人間の笑いと霊長類のそれとの間には、聞けばわかる程の音響上の違いがある(Provine, 2000)。しかしダーウィンの観察は、笑いとユーモアの複雑な関係を浮かび上がらせる。くすぐられた時に心地よさを表すことができても、ユーモアのセンスが意味するものを示すことにはならない。2章において、結婚相手やロマンスの相手を探す人の小さな広告に、ユーモアの価値が記されているのを見た。「楽しいユーモアのセンス」をもつ特別な人と出会いたい人は誰もが、脇の下をくすぐってくれるパートナーを探しているのではない。

ユーモアと認められそうな萌芽状態を示す霊長類がいることを示す証拠がある。人間の手話の基本要素を使ってコミュニケートするよう教えられたチンパンジーは、ときどき間違った身振りをしたり飼育者に物を投げたりした後に、「ひょうきんな」身振りをする(McGhee, 1983)。この非常に幼稚な形のユーモアは、必ずしも笑いを伴うわけではない。それは「笑う動物」種に属する生き物によってずっと教えられてきたチンパンジーがすることである。自然状態では、チンパンジーが複雑な手話システムを自発的に開発することはないし、行動を「ひょうきんな」ものとして示すこともない。おそらくそうした研究が教えているものは、猿はもう少しで笑うことのできる動物である、ということではない。そうではなく、笑う動物は(言語を使う動物でもあるのだが)かなりの労力を用いて、進化の上でもっとも近縁の動物に非常に基本的な言語とユーモアを教えることができる、ということだ。

人間が笑いの音を出す能力を生得的にもっているということは、ユーモアがたとえ普遍的なものであっても、ユーモアを生物として生得的にもっていることを意味しない。人間は食べる能力を生得的にもっているかもしれない。その能力がなければ人類は死に絶えてしまうだろう。あらゆる社会に食事に関連する習慣やタブーや儀礼があるのも事実である。しかしそれは人間が生物として食習慣を生得的にもっていることを意味しないし、食べたり飲んだりすることに複雑な社会的意味をもたせる遺伝子があることも意味しない。生物としての必然性ではなく社会生活が要請するものが、食べ物に文化的意味を与えているのである。

ユーモアも同じだ。微笑む能力、笑う能力を、泣く能力とまったく同じように、生物として生得的にもっていることは疑えない。乳児における微笑みと笑いの発達に関してはダーウィンの観察を越えるものがない。おぎゃあと泣く能力は生まれた瞬間からある。微笑みと笑いはその後発達する。この反応そのものは学ばれない。さらに、この反応は成人期の反応の基礎になる。「楽しいと顔が広がり、悲しいと長くなり」、そしてこうしたパターンは「あらゆる人種に」(1896：213) 見られる、とダーウィンは言う。現代の心理学者の中には、情動の基本的な顔面表出の仕方があり、それには生物学的基礎があるという考えを提唱しつづけている者がいる(すなわちEkman, 1984, 1992。この説の限界と条件については Parkinson, 1995 と Wierzbicka, 1995 参照)。

生後数ヵ月のうちに乳児が笑いと微笑みと泣きを生み出すことができることには、生物学的な理由がある。他の動物種と比べて人間の乳児は、食べ物を得たり安らぎを得たり寒さから身を守ったりするのに他人に完全に依存する期間が長い。この依存期間は幼い人間が他ならぬ人間らしいコミュニケーション方法、すなわち言語を用いた方法を獲得する前に生じている。この期間、もし乳児が基本的な不快感や安心感を伝えることができなかったなら、欲求を養育者に知らせることに不利な立場に立たされたことだろう。そして先のような方法でコミュニケートする能力をもつ乳児は、進化上有利な立場に立ったことだろう。楽しさのサインが不快感のサインとできるだけ異なって見えるように進化したのも同じ理由で、そのため前者では顔が広がり、後者では長くなるようになった。一つ一つ挙げると切りがないが、いずれにせよ乳児が泣き、微笑み、笑うことには、もっとも長い幼児期をもつこの種が存続するための、生存上の意味がある。

進化論的な議論をまとめるならば、ユーモアのセンスをまだ得ていない期間でもある。人間がもっとも生物学的に統制された笑いを示す期間とは、ユーモアのセンスをまだ得ていない期間でもある。乳児はジョークを聞いてもわからないし、だじゃれを飛ばすこともいたずらをすることもない。乳児の笑いはくすぐられた時の猿の反応に似ている。それは、内側からの刺激であっても外側からの刺激であっても、刺激によって直接的に統制されている。ユーモアのセンスを得るためには、あるいは面白さを理解し他人を面白がらせる能力を得るためには、乳児も猿も、たんなる笑い以上のことをする必要があるのだ。

ユーモアの発達

ジョン・モリオールは『ユーモア社会をもとめて』（1983）で、乳児はユーモアにとって欠かすことのできない、ある種の「認知的転換」を行うことができないので、ユーモアのセンスがない、と言った。彼が念頭に置いているのは、言葉遊びに必要な意味の転換のことだった。しかし、ユーモアにおいてもっと基本的な転換がまだある。マイケル・マルケイ（1988）が強調しているように、この転換は最低でも、真面目な世界からの転換がわかり、それを伝えることができることを含む。この点でユーモアはふざけに似ている。新生児はいつも真剣である。身体の状態と外の世界にダイレクトに反応する。新生児はふざけた様子を見せることができない。それをするためには今ここの世界を越えるための、言語能力や表象能力のようなものが獲得されねばならない。ジェイムズ・サリーは『幼児期の研究』で、ある日お互いに「きょうだいのふりして遊ぼう」(1895 : 48) と言った二人の姉妹の例を報告した。この一言は大人の観察者にとって奇妙なものに思えるかもしれないが、無意味なものではない。著名なゲシュタルト心理学者であるクルト・コフカは、この逸話を『発達心理学入門』で引用し、子どもにとって遊びの世界がどれほどリアルなものなのか説明した (1928 : 381)。コフカによると、きょうだいごっこは、たんに姉妹でいることよりも格段に強烈なのだ。

「遊ぼう」という前置きが転換を示していた。遊びの世界に入ると、特別の決まりやファンタジーや成り行きがあり、それらが遊びの世界を現実の世界と区別した。「きょうだいごっこ」の遊びで姉妹は自分たちを、本当の親とは別の親の子どもだと想像することができる。あの前置きは、これからすることが「遊び」だということを伝えている。したがってこんなふうにして遊べることは、遊びと遊びでないこととを区別する能力をもつことに依存しているのである。このことはユーモアでも同じだ。だじゃれを言ったりひょうきんなことをしたりといった、ユーモアをする能力を獲得する時子どもは、そのような行為がユーモラスに受け止めてもらえるよう伝えることも学んだのである。

キャシー・ジョンソンとキャロライン・マーヴィス (Johnson & Marvis, 1997) による研究がこのことをうまく説明している。二人は、アリという名前の、著者のうち一人の実子である一乳児における、言語的ユーモアの出現を調べた。アリが話せるようになった時、当然この子は言い間違いをし、うっかり別のものの名前を言った。いくつかの例は大人を笑わせ、ジョンソンとマーヴィスによるとそれは、「そのような呼び間違いはおかしいものと認識されるものであるという、社会的手がかり」(ibid. : 194) をもたらした。そのうちアリは笑いを起こすためにわざと呼び間違いをし始めた。これをするためには、呼び間違いに、今言っていることは「おかしい」ことであるとのサインを伴わせる必要があった。もっとも簡単な方法は、話した際に微笑むか笑うことだった。たとえばアリは大声で笑いながら、牛の絵を指さしてアヒルと呼んだ（ibid.：190）。

大人がアリに、その呼び間違いはおかしいと言った時、大人はその子に「おかしいこと」とは何かを教えているのである。このことを親がかなり直接的に行うことがあるのを示す証拠がある。ジュディス・ダン（Dunn, 1988）は非常に面白い研究を行ったが、その中で母子間の相互作用を詳細に分析した。彼女は、どういうものがおかしいのかを子どもに教える母親の例をいくつか挙げている。ある例では、母親と子どもが人形劇を見ている。母親が子どもに、人形に話しかけている犬を見るよう言う。犬はしゃべらないよ、と子どもが言う。母親は子どもに、もっと見るよう言う。子どもがそうすると、その子は「おかしいね」と言う。「あの犬」と母親が答える（Dunn, 1988：163）。その子は「おかしい」という言葉の使い方を学んでいるのだ。おかしな犬はしゃべることができるし、おかしな犬は笑われる。別の例では、女の子が変なズボンをはいている。その子が言うには、父親が着せたのだ。母親が「パパったらバカね」と言うと、子どもが笑う（ibid.：158）。その子はこうした状況で笑うことが適切だということを、それから人を非難することが適切だということを、学んでいる。

こうした例においてはただ笑いが起きているのではなく、おかしさの合図が口から出ている。この点で、何がおかしいと見なされているのかにふれるために使われる、ユーモアの「メタディスコース」というものが存在している（Norrick, 1993, 2003）。メタディスコースには、真面目な、決しておかしくない意味がある。

アリに大人の誰かがジョークを言い、何かしゃれを言った。その場合それには、「これからおじいちゃんが冗談を言うよ」（Johnson & Marvis, 1997 : 191）といったような一言が前置きされるものだ。そうすればアリはおじいちゃんの「言い間違い」を真面目に受け取るべきものでないことがわかるだろう。だが前置きは真面目に受け取られるべきものである。アリがジョークを言おうとする時、「アリ、ママに冗談言うよ」（ibid. : 191）といったような前置きをするだろう。冗談が言われたら、母親は「それ、おかしいわ」（ibid. : 191）と言うかもしれない。このように、大人は子どもの「おかしい」一言を認めもするが、同様におかしいとはどのようなことなのかを示しもする。子どもがユーモアを発達させる時、子どもはユーモアのメタディスコースに関わる能力も獲得しているのである。

「それ、おかしいわ」ということを表す方法としての笑いも、ユーモアのメタディスコースに不可欠な要素であり得る。そのようなメタディスコースは大人のユーモアの世界にとって不可欠である。ある事柄がおかしいものであることを示すことができ、それゆえ真面目な世界とユーモアの世界とを分けることができるのは、言葉である。ジョークを言う人はしばしばその前に、転換が起こることを示す一言を添えるものである。「いいジョークがあるんだよ」と（Norrick, 1993 : 125f）。バーガーの言葉を借りるなら、そうすることでジョークを言う人は「日常生活からの一時の亡命」（1997 : 11）を表現しているのだ。もちろん、その意図を伝えるために微笑みのような身振りを使うこともできる。ベルルスコーニ氏は「皮肉な」言葉を発した時、にやりと笑って真面目な意図のないことを示した。

真面目からふざけへの移行を示すのに失敗することは、ユーモラスになろうとする試みをどうしようもないくらい損なう。イギリスの哲学者Ｂ・Ｃ・ブロードは退屈な講義をする人だった。彼の学生によると、彼は文章を二度読むのを常としていて、三回読むのが例外で、これがジョークだった。この余計なくり返しが、彼が語ったジョークとして知られている唯一のやり方だった（Edmonds & Eidinow, 2001 : 54）。ユーモアと真面目とを分ける境界となる標識に完全なものはないが、そのことをユーモアのために使うこともできる。真顔で皮肉を言う場合のように境界をあいまいにすることもあり、そのような時はユーモアの標識なしに、一瞬でも文字通りに受け取ってはならないことが口にされる（Attardo, 2000 ; Mulkay, 1988）。この場合はユーモアへの推移を示さないことによって、誰かをからかうのがユーモアの不可欠な要素となっている。それが言葉によるいたずらである。

おそらく他の種の霊長類にも、ベルルスコーニ氏のにやりに似た顔の表情をつくることができるものがあるかもしれない。けれども手話を使うもっとも才能のあるチンパンジーでさえ、侮辱的な言動を伝え、その言動は皮肉として理解されるべきであると主張し、そしてその間ずっとにやにや笑いを続けるようなことはできない。人間だけが特別もっている何かがそのような行為と関係がある。しかし、それに必要な技能は学ばれなければならない。というのは、生物として避けがたい事柄に笑いが束縛されている乳児には、ユーモアの世界が閉ざされているからである。牛を「アヒル」と呼ぶことで得られる楽しさを学んでいる子どもは、もっと大きな事をする準備をしている。こうした第一段階から一歩ずつ成熟したユーモアにまで成長してゆくのを見守るのは、素敵なことだろう。サリーは『幼児期の研究』の最初に、子どもは「大きな、さまざまな声で……われわれの笑いの感覚に訴える」（1895 : 3）と書いた。しかし私たちは、警告の赤信号の光を弱めてバラ色の輝きにするように、感傷的に「ポジティブなもの」を扱うようではいけない。ベルルスコーニ氏の皮肉を心に留め、ユーモアの世界ではあらゆるものが素敵でポジティブとは限らない、という可能性に心を開いておく必要がある。

普遍性と特殊性

ユーモラスになるためには、ほぼ無限のやり方がある。それが問題である。ものの名前を言い間違えることで満足な笑いを引き起こすことができるのを学んだ子どもは、まだ始まりにすぎない。もっともっと学ぶべきものがある。だじゃれ、皮肉、お決まりのジョーク、何かのまねをする身振り、ちょっとした災難の小話、洒脱な文句、おならをしたふりをする、本当におならをする、皮肉に隠した侮辱、侮辱に隠した皮肉、等々である。子どもはユーモアが一つでないことを学ぶ必要があるが、その範囲は人間の想像力の範囲と同じほど広い。賢さと愚かさ、反抗と保守性、寛大さと融通のきかなさ、これらはみなユーモアの表現になる。ユーモアの世界とは民主的である。というのはそれは、特別な才能や経歴や地位をもつ人だけに限定、というわけではないからである。誰もが参加できる。そして参加の仕方もさまざまだ。

したがってユーモアを単純な現象と考えるべきではない。ユーモアは矛盾した諸要素をもっている。すでにふれたように、ユーモアは普遍的でありかつ特殊的である。社会的でありかつ反社会的である。一個の衝動や動機や知的操作といった、一要因でユーモアを説明しようとする単純な心理学では、ユーモアのこのパラドックスを正当に評価することができない。これは解決すべきパラドックスではない。なぜならそれは、社会生活が個人に求める、複雑で、まったく正反対なこともあるさまざまな要求の表れだからだ。

最初のパラドックスはユーモアの普遍性と特殊性であるが、これは笑いの生物学的性質ではなく、レトリカルな性質にまさに関係している。ユーモアは普遍的である、と述べるのは、最低でも、あらゆる社会にユーモアが見られることを意味する。植民地拡張の時代、ユーモアのセンスをもたないように見える人びとと出会った、と主張するヨーロッパ人旅行者たちがときどきいて、この誤りのためにそうした人びとは文明化の低い段階にいると言われた。ジェイムズ・サリーは『笑いに関するエッセイ』（1902）でそうした報告を却下した。「原住民たち」は征服者たちの目の前で笑うのを好まないことが時としてある、と彼は指摘した（ibid.：225f）。原住民たちは征服者たちを物笑いの種にするから、彼らのいないところで笑うのを好んでいたのかもしれない。後の人類学的調査によると、サリーの結論を疑う証拠は出てこなかった。ある人類学者が言ったように、ユーモアのない文化が発見されなかったから、ユーモアは全人類的なものなのである（Apte, 1983）。

幸福な環境で日々を送っている社会だけがユーモアを経験している、というのはまったくありそうにない。最悪な社会環境においてもジョークが出ることがある。実際、ジョークを言うことは、緊急事態に打ちのめされなかったことを示す一方法である。政治的ユーモアは民主制よりも専制政治体制の方が活発だ、と述べた評者がいる（Benton, 1988；Speier, 1998）。強制収容所でジョークを言った囚人もいた（Cohen, 1953）。ウガンダの山岳民族であるイク族のところに人類学者のコリン・ターンブルが滞在していた頃、彼らの社会組織は飢餓のため崩壊寸前だった。ところがイク族の人びとは、特に他人に起こった不幸を見た時にだが、よく突然笑い出すのだった。特におかしさを誘うのは、衰弱した老婆がつまずいたり、急に死にそうになる光景だった（Turnbull, 1972）。この笑いはそうした不幸を見た時に起こるので、楽しさという内的状態を表しているのではない。ユーモアの笑いの「外部性」が、ここにはある。イク族の人びとは、彼らの目の前で起きた不幸がおかしいものであることを示していた。それをすることでイク族の人びとは人間性を表さなかったかもしれないが、彼らが本質的に人間であることを示していたのである。

ユーモアは普遍的なものであるとか全人類的なものであると言うのは、人類はみな同じユーモアのセンスを共有していると言うのと同じではない。実のところ、それとまったく正反対のことを主張することもできる。ユーモアは普遍的なものかもしれないが、人類はみな同じものをおかしく感じるわけではない。文化的・歴史的違いがある。ピーター・バーガーがパスカルをもじって言った言葉を引用するなら、「ピレネーのこちら側でおかしいことは、ピレネーの向こう側ではちっともおかしくない」(1997：14)。ありがたいことに、飢餓状態のイク族に見られた残酷なユーモアを全社会が共有しているわけではない。この笑う動物種の全員を例外なく面白がらせることのできるジョークや光景や小話は、一つとして存在しない。客観的に笑えるもの、それはいわば笑いの生物的機構を必ず解放させる秘法であるが、それを見つけようとする試みは失敗に終わるだろう。

ある文化の内部にいる人たちでさえ同じユーモアを共有していないことは、ベルルスコーニのエピソードが説明する通りである。それどころか、同じ人が同じことをいつでもおかしく感じるわけではない。小さなアリはおそらく、アヒルを牛と呼んだりその逆に呼んだりするジョークにやがて飽きるし、家族もそうだ。アリのわざとの呼び間違いに親がいらつく決定的な時がたぶんやってくるだろう。とてもおかしかったことがその時つまらなくなる、というか、もし子どもが洗練されたユーモアの方法を知ろうとするなら、しかも笑いの時と場があるのなら、つまらなくならないといけない。

百年ほど前、チャーリー・チャップリンの新作を観た大勢の観客はいつも大爆笑だった。山高帽をかぶりステッキを手にしたこの背の低い道化師は、まるで普遍的な笑いの秘密を知っているかのようだった。金持ちも貧乏人も、教養のある者もない者も、イギリス人もフランス人もアメリカ人もドイツ人も、爆笑につぐ爆笑だった。客観的かつ普遍的なおかしさを誘う一人の人物がいた、と想像することができる。三世代後の今では、あの笑いはいささか不思議に見える。今日の観客がチャップリンの昔の映画を観させられたなら、時おり笑みを浮かべるかもしれない。しかし現代の観客は、曾祖父母たちが共有したのと同じような大爆笑をできないだろう。チャップリンは生涯の終わり頃、あるジャーナリストのインタビューに答えて、今の時代ではドタドタ歩きは笑いにならない、と語った。「今では昔と同じような下卑た感じがありません。……だから骨董品みたくなってしまいました。……別の時代のものなのです」(Merryman, 2003)。かつては普遍的なおかしさのように思えたものが、もはや少しもおかしく見えないのである。

普遍性という前提のもとでは、これがどうして起きたのかを説明できない。文化と時代の境界線を越えれば、ユーモアは変わるものである、というわけでもない。チャップリンの全盛期でさえ、誰もが彼の映画に感動していたのではなかった。無声映画の別のスターが好きだった人もいたし、映画を観るより読書を好んだフロイトのような人もいた。今日研究者たちは、ジェンダー、エスニシティ、気分、パーソナリティ等々といった変数との関連で、ユーモアがどのように違うのかを調べている(たとえばGruner, 1997 ; Herzog, 1999 ; Jaret, 1999 ; Kelly & Osborne, 1999 ; Lampert & Ervin-Tripp, 1998 ; Nevo, 1998 ; Ruch, 1998)。ユーモアのセンスがあるとは、あらゆるタイプのジョークを無差別に笑うことを意味しない。それは好みと判断を伴う。2章で、イギリスの世論調査によると、人びとはパートナーを選ぶのに真面目さよりもユーモアに価値を置いていることにふれた。この調査にはもう一つ興味深い結果があった。圧倒的に多くの回答者が、パートナーに「軽薄」であるよりも「知的」であることを望んでいた（オブザーバーマガジン誌、二〇〇三年十月二十六日）。「ユーモア」と見なされるものと「軽薄」と見なされるとが競合することがあり得る。二人の人がどちらもユーモアを高く評価すると言っていても、そのことはお互いを同じように評価することを意味しない。一方にとってのユーモアが、もう一方にとってうっとうしい軽薄さになるかもしれない。

ウィリアム・ホガースは一七三三年に出版された『笑う観客』という題の版画で、ある喜劇への反応の多様性を見事に捉えた（Uglow, 1997：18に復元されている）。この版画では観客を楽しませている舞台上の場面が見えず、観客の顔が見えるだけである。観客の顔がさまざまに笑う時、そこに一人一人の個性を描いたのはホガースの才能である。絵の中で笑っている顔をしているのは半数を少し超えるだけである。絵の下の方では三人の音楽家が真剣に演奏に集中している。絵の上の方、桟敷席では誰も舞台で演じられているものを観ていない。三人のオレンジ売りが二人の若い伊達男の気を惹こうとしているが、男たちは売り物よりも売り子の色気の方に関心がある。ホガースの描く笑う観客は普遍的で均一な観客ではない。暮らしのために稼がねばならない者がいる一方で、上等な娯楽が簡単に手に入る者もいる〔原著の表紙を『笑う観客』が飾っているので、読者はここの箇所の説明を確認することができる〕。

観客の中に一人、舞台をじっと見つめている人物がいる。尖った鼻をしたこの人物は不満げに、軽蔑の眼差しを送っている。彼は後ろの席のはじに座っているように描かれているのだが、構成が非常に巧みなために、絵のほぼ中央にこの不満げな人物がいる。デレク・ジャレットがこの版画について述べたように、「一度でもこの顔が目に留まったら、それを無視することは容易ではない」（Jarrett, 1976：165）。この不満げな人物は無視されることを望んでいないようにも見える。彼は誰にも気づかれず、そっと劇場を後にすることができたことだろう。しかしそうせずに彼は居続け、この娯楽への不満を見せ続けている。彼以外の観客は皆夢中になっているので、彼の不満そうな顔に誰も気づかない。しかしホガースは気づいている。そしてホガースの版画を見る人たちも、長年にわたって気づくことになる。したがってこの版画のタイトル『笑う観客』は、それ自体がジョークを含んでいる。

笑う動物がおかしいと思うものについての普遍的な言明は、どれもいずれ破綻することをホガースの版画が例証している。もちろん、著作家たちはためらうことなく、「われわれ」がおかしいと思うものについて最高に普遍的な書き方をしてきた。ウィリアム・ハズリット〔一九世紀初頭のイギリスの批評家・エッセイスト〕は「イギリスの喜劇作家についての講義」において、「われわれ」を笑わせる多くのものを挙げた。「われわれは、奇形を笑う。……われわれは、外国人の服装を笑う。……われわれは、駅馬車の屋根の上に乗る人たちを笑う」(1987：69)、と彼は書いた。自信満々に述べているにもかかわらず、彼はユーモアの普遍的世界を述べていない。全人類が奇形や外国人の服装を笑うとは限らない。今日の私たちの多くは、駅馬車に乗った旅行者を目にして笑う機会がない。ハズリットの言う一見普遍的な「われわれ」は、時代と場所と育ちに制限されている。彼は彼自身のようなイギリス人のことを語っているのだ。

ユーモアにおけるさまざまな好みについて言えば、違いがあるというたんなる事実よりも深いところで働くものがある。そうした違いはしばしば道徳的意味を帯びる。というのはユーモアには政治性、道徳性、美学があるからだ。ホガースの描く観客席の厳しい顔は道徳的な不同意を表現していて、それがもつ力を彼はよく知っていた。厳格な宗教的道徳家たちは劇場で演じられる卑猥でくだらないことに反対していただけでなく、一般に風刺漫画というアイディアそのものに、そして特にホガースの作品に対して非難の声を上げていた（Uglow, 1997；Donald, 1996）。だから『笑う観客』は、面白くない批判者に笑いながら復讐しているのである。

それと同様に、ベルルスコーニ氏が示した皮肉を共有するのを多くの欧州議会議員たちが思い止めたのは、単なる個人的な好みからではなかった。彼らはあの皮肉に技術的な欠点があるとは言わなかった。彼らはあの発言を道徳的に拒否したのだ。強制収容所についてのあのようなジョークはなされるべきでない、と。今日、奇形や外国人や、貧しくて駅馬車の中に乗れない人を笑うという考えを、世の人びとは嫌っている。今の時代にハズリットが新聞にあのような文章を書いたなら、非難の激しい集中砲火を浴びることになるだろう。「まったく率直に言って」、と憤慨した投書の主は書き始め、そしてこう断言する。「これらを少しもおかしいと思いません。ハズリット氏はすでに私たちの周りからいなくなったと思っていた、独善的で、偏見に満ちたイギリス人です」。おかしさを楽しむことが社会的に期待されているのが昨今のことなので、実際現代の投書の主たちは自分にユーモアのセンスがあることを保証することから始めがちだ（Lockyer & Pickering, 2001）。「私は常にジョークと笑いを楽しんでおりますが、一つ抗議したいと思います。それは……」。何か特定のユーモアにクレームをつける人であっても、自分にユーモアのセンスがおおよそ欠けているとは思われたくないのである。

私たちの道徳的感性はハズリットの時代から変わったかもしれない。けれどもこのことは、笑いの倫理についての細々とした教育なしには起こり得ない。もし、外国人や貧しい人や身体に奇形をもった人等々を笑う、といった不適切な笑いを子どものアリが見せたなら、母親はすぐにそれを強く制する反応をするだろう、と予測するのは難しくない。「おかしくなんかありません」、と彼女は言うだろう。この世界におけるテーブルや椅子や他の物体を見分けるのと同じくらい自信満々に、彼女は断固としてそう言うことだろう。
あらゆる文化に共通する普遍的な道徳性、政治性、美学が一つとしてないなら、同様に普遍的なユーモアというものもあり得ない。しかし、普遍的なユーモアがないかもしれないという事実は、ユーモアが普遍的に見つかる理由を説明しない。ある種の行動を促し、別のものを禁じる規範があらゆる文化にあるのは、自明のことだ。そうした規範がなければ社会秩序はあり得ないし、よって文化もあり得ない。この点で、道徳性、政治性、美的な好みはあらゆるところに見つかる。しかし異なる社会集団は異なる規範をもち、それらは同じ道徳性、政治性、美的な好みを共有しない。文化的規範を有する社会集団の中で生きることは、人類の生物として不可欠な性質であると考えられる。これは、何らかの文化的規範が遺伝的に受け継がれていることを意味しない。馬肉を食用にする規範があるのは、それを禁じる規範と同様に、人類の生物的側面の反映ではない。私たちが言うことができるのは、あらゆる既知の文化が食べられるものと食べられないものの規範をもつが、他の文化よりも「自然な」規範や、「自然な」個人的好みというものはない、ということである。

これと同じ見方をすれば、ユーモアの特殊性と普遍性が同時にあるというパラドックスが理解できる。ある社会と別の社会の間で、また時代によって文化的規範が違うのなら、ユーモアの内容も同じことだ。しかしまだ問題が残っている。文化が文化的規範をもつ必要性は自明なことのように見える。だが、なぜあらゆる文化がユーモアの規範をもたねばならないのか？　そうした規範の社会的機能、ないし必要性とは何か？　なぜ完璧に真面目な社会が知られていないのか？　ユーモアの普遍性は人類の生物的性質に直接由来するのではなく、社会規範をもつ必要性に由来する可能性がある、という考えを提起することができる。この問題を抽象的な理論ではなく個別事例で述べるなら、なぜアリの家族はあらゆる時代・場所の家族と同じように、小さな子どもにものの名前だけでなく、何がおかしくて何がおかしくないのかを教えるのがとても自然なことだと思うのか？

レトリックとしての笑い

微笑むこと、笑うことは自然で自発的な反応のように見えるが、文化的に適切な微笑みと笑いのつくり方に熟達するためには多くのことを学ぶ必要がある。ジョナサン・スウィフトはエッセイ「優雅で巧みな会話の完全なコレクション」で、上品な人は、「多くの観察、長期の練習、適切な判断」（1909a edn：238）によってのみ獲得することのできるような笑いを示す、と述べた。優雅な会話の達人になりたいと思っている若い淑女は、「顔面のあらゆる筋肉運動のひきつり方」、「笑みを浮かべたり眉をひそめたりするのに適当な時点」、それに「嘲るべき時、嘲笑うべき時」を学ばなければならない。その後で「団扇の隅々まで軍人式の扱い方」を、上手に習得しなければならない（ibid.：247–8)。

近年、録音装置という利器を手に入れた研究者たちは、会話上の笑いは決して単純な、「自然な」ことではない、というスウィフトの指摘を証明している。ゲイル・ジェファソンは会話における笑いの複雑なレトリックを調べ、笑いの断片（particles of laughter）がもつ意味を検討した（Jefferson, 1984, 1985)。これをする中で彼女は、話者が発話中のどこに笑いの断片を置くのかに多大の注意を払った。彼女の証拠は、笑いはジョークの終わりで起こるだけでないことを示している。笑いは真面目な物言いの中に巧妙に置かれる場合がある。そしてジョークの終わりで笑いが起こる場合、それは、単純な、「自然な」やり方で起こるのではない。ジェファソンのおおまかな主張は、笑いとは内的な喜びの感じを示す以上のものだ、ということである。実際、それさえ示されないことがしばしばある。

笑いはレトリカルな特徴をもっている。というのは、それは特定の内的状態に続く反射というよりも、典型的には他者へ意味を伝えるのに使われるからだ。この点については、笑いはしゃっくりや顔面チックと似たところがない。モアマン（Moerman, 1988）はジェファソンの仕事を手がかりに、アメリカ人とタイ人両方の会話のデータを使って、多様な笑い方があることを示している。モアマンによると、笑いは次の四つの次元に沿って変化する。（一）遅滞／即座、（二）少断片／多断片、（三）穏やか／うるさい、（四）ゆっくり／速い。これらの次元に沿って笑い方を変えることで話者は意味を伝える。たとえば、うるさい、笑いの断片を多く入れて言葉で侮辱を伝える話者は、この侮辱が文字通りにではなくジョークとして受け取られるべきだということを示している。もしそれを聞かされた人がかなり低いグレードの笑いで応じたなら、たとえば誰が聞いてもわかるような遅れた笑いだったり、笑いの断片がかなり少ない笑いだったりしたら、その人は侮辱の言葉に怒ったことをそれとなく示すことができる。先の話者の侮辱を和らげた笑いにもかかわらず、また聞かされた人が話者の意図したユーモアを理解したのであっても、腹を立てることができるのだ。

「軍人式の扱い方」はうまくいったジョーク話に伴って起きる。ハーヴェイ・サックス（Sacks, 1992）は若者が下ネタを話す際の話し方を詳細に分析した（同じエピソードの違った分析については、Mulkay, 1988参照）。サックスが示すように、ジョークを笑うことに関して、自動的なもの、あるいは巧妙でないものは何一つない。ジョークを聞く人は、早すぎることも遅すぎることもなく、「適切なタイミングで笑いを」生み出さなければならない（Sacks, 1992：486）。笑いは話者たちの間で微妙に調整される必要があり、そのためジョークを聞く人はそれを言う人によってつくられる笑いを、ジョークが言われている間徐々に増大させる。「笑いについて重要なことは、正しく笑いを行うためには、共になされねばならないということだ」（ibid.：571. 強調原文）と、サックスは言う。同時に、もしジョークを聞いた人が楽しんでいることを示そうとするなら、この笑いは自然で偽りないように見えなければならない。スウィフトが気づいていたように、正しく、自然に笑いを伝えるためには、多くの練習と適切な判断を必要とするのだ。

　笑いはそれだけでユーモアへの反応になるのではない。それは言葉と混じって、理解のレトリックを生むことがある。デボラ・タンネン（Tannen, 1989）は、ジョークを聞いた人が笑いの断片の間にオチを繰り返すことで、ジョークを理解したことを示す場合があることを示している。コトフ（Kotthoff, 1999）は、同居人のユーモラスな話を語る男性の例を挙げている。話をする中でこの男性は笑いの断片をちりばめ、そうすることでおかしい結末が近づいていること、そして話を聞いている人たちから理解したとの笑いを引き出そうとしていることを示していた。小話が終わると、聞いた人たちは適切に大きな笑いで応じた。笑いの爆発がおさまった時、話を聞いていた一人が笑いの断片なしに、「お見事」（ibid.：73）と言った。このコメントは言葉による判断であるが、小話を聞いた人たちの笑いも「お見事」と言っているのである。

　笑いの断片を入れることが微妙な会話上の機能を果たすことがある。たとえば、卑猥な言葉のように会話において問題を生じる語句をもち出す時、その前に笑いが出ることがある。この言葉で気分を害するかもしれないと話者は気づいている、ということを聞き手に伝える信号である（Jefferson, 1984）。カプランドとカプランド（Coupland & Coupland, 2001）は、老人と年齢について会話をする若者の例を挙げている。その若者は老人の年齢が語られた時、驚きを示すために笑いの断片を使うことがあった。「八十七歳、ハッハッ、六十五歳、ハッハッから一日でも超えているようには見えませんね」。このような例では笑いの断片は特に数字につく。発話全体に散りばめられるのではない。もしそうするなら、その若者はまるで老人が話したことをただ笑っているかのようだ。笑いの断片が入れられる場所の正確さは、ある種の丁寧な意味を伝えるのを可能にしている。すなわち、あの若者の言葉が語っているように、かなり若く見える老人の年齢への驚きを伝えているのである。

不平や直接的な要求のような発話を笑いや微笑みが軽くすることもある。そうでもしなければ聞いた人が、強すぎるとか直接的すぎると感じるからだ（Holmes, 2000；Jefferson, 1985）。何が和らげられるべきか、何が軽くされるべきか、何が問題のあるものとしてしるしがつけられるべきか、等を正しく示すために、ここでも発話内に笑いの断片が正確に入れられる必要がある。このような場合、笑いは丁寧さのレトリックの重要な部分になり、それがなければ生じる会話上の困難を覆い隠す（Brown & Levinson, 1987；Jefferson, 1984；Mulkay, 1988：112ff）。

笑いの断片は暗示的な意味を伝えるために使われることもある。それは時としてあいまいに、またその想定を皆あからさまにすることなしに使われる。生粋のギリシア人が少数派のイスラム教徒について語る語り方を調べた研究がある（Figgou, 2002）。ギリシア人たちはよく、ポントス出身者のようなイスラム教徒の少数派が、アルバニア人のような別の人たちへの偏見的態度を示す話をしていた。そのような話にはしばしば笑いが伴った。たとえば、ある女性が不平を言うポントス出身者の話をした。「だって彼女のアパートの隣にアルバニア人が引っ越して来たんですって（笑う）、信じられる？　彼女は何年もここに住んでて、早速気に入らないって見下し始めたの」（Figgou, 2002：252）。この笑いは、別の少数派集団に不平を言う一少数派集団に対する皮肉を述べる以上のことをしている。この話者は、こうした不平の意味を軽視している。不平が面白半分に扱われていて、道義上の怒りが生じていない。この点で、話者はイスラム教徒が他の少数派を扱うのと同じようにイスラム教徒を扱っていると暗に言うことで、彼女自身のイスラム教徒への不平を正当化している。さらに彼女は、この出来事全部がおかしいものであるため大事なことではないと、それゆえ少数派への意見のせいで非難されることはないと、伝えている。この意味で、彼女は笑いの断片を通して自分の人間性ないしエトスを示しているのであり、またこの笑いの断片は話者が民族的少数派に不平を言う際、偏見をもっているのではないかとの疑惑を追い払う、レトリカルな意図にも役立っている。

笑いとユーモアの間にあるギャップをもっとも鮮やかに見せる例を与えてくれるのは、おそらく「打ち明け話」である。自分の抱える問題をプロのケアワーカーや友人と話し合おうとする時の、話者が問題をもち出すやり方をジェファソン（1984）は調べた。彼女によると、話者たちはしばしば笑いの断片を挿入した。こうすることで重篤な病を抱える話者は、「勇敢な笑い」とジェファソンが呼ぶものを示して、困難に「対処」していることを他者に見せることができるのである（Chapman, 2001も参照）。それほど深刻でない悩みを訴える人は、無用なぐちをこぼしているとの非難を未然に防ぐのに、打ち明け話の中で笑いを使うことがある（Du Pré, 1998）。問題の説明の終わりに笑いを入れることで、話者は聞いている人の反応を和らげることができる。ジェファソン（1984）は、「もう泣くのをやめました」と打ち明け、この後で笑いを入れた話者の例を挙げている。彼女の笑いは、この問題は話せないほどつらいものではない、むしろ笑えるものだ、ということを示している。これを聞いた人は、笑うことなく「どうして泣いていたの？」と尋ねる。このようにしてこの笑いは、過去に泣いたという深刻な話を話せるようにする。

　このような悩み事の話では、悩み事をもち出している話者の笑いを、聞いている人が繰り返してはならないことになっている。なぜなら話者が慎重に悩み事をもち出しているのに、それが爆笑に見舞われるならまったく無作法だからだ。そうすることは問題を小さくしてしまうし、また聞いている人が社会的に適切な笑いの断片の扱い方を学んでこなかったことを示すのである。悩み事を話す時、笑いに「ユーモアはない」（Du Pré, 1998 : 104）。笑いがただの笑いをはるかに越えることもあり得る。その場合、笑いは通常の意味の笑いですらない。それは会話言語の重要部分なのである。

笑ワズのレトリック

　笑いはレトリカルなものになり得ると主張することは、笑いは意味を伝えると主張する以上のことを意味する。レトリカルな意味は、いつでも潜在的に争いの性質を伴う。演説中のレトリカルな策はどれも理論上、反対の策で逆襲される可能性が常にある。というのは、レトリックを使って主張することができるものは何であれ、レトリックを使って否定することもできるからだ（Billig, 1996）。言葉は、おかしい話に対して、たとえば「お見事」と言って賞賛を示すことができるのと同様に、「ぜんぜん面白くない」と言って正反対の判断をすることもできる。人はジョークを自分の良いユーモアの証拠と主張することがあるが、他方でそれを聞く人は腹立たしい軽薄さの証拠と見るかもしれない。笑いのレトリカルな使用も同様である。笑いを評価と楽しさを伝えるために使うことができるなら、不同意とつまらなさを伝えるという使い方もある。笑いのレトリカルな性質とは、それに対応する笑ワズというレトリックがあるから可能なのだ。
「笑ワズ」の概念は、笑いのレトリカルな性質を示すものである。もし誰かが「笑ワズ」を見せているなら、そのことはその人がたまたま笑っていないよりももっとたくさんのことを意味している。毎日の仕事に出かける時、人は時間の多くを笑わずに過ごす。通りを一人で歩くように、笑いを伴わないことをしている人は笑ワズを見せているのではなく、ただ笑っていないだけだ。英語の「スマイリング」と「アンスマイリング〔にこりともしない、仏頂面〕」も、これに似ている。笑顔を見せることが期待されている時に真面目な顔をしている場合、典型的に、その人は「アンスマイリング」であると言われる。この言葉は笑顔の不在以上のことを伝える。つまりそれは、意味のある不在なのだ。政治家が失敗に終わった会議から抜け出してきた時、「アンスマイリング」と述べられるかもしれない。彼らの仏頂面は、裏取引での勝利ではなく、交渉の深刻な行き詰まりを伝えるだろう。このアンスマイリングの意味するものが正しく伝わるためには、落胆、険しさ、全体的な真剣さといった複数の表情を同時にすることが必要だろう。

　笑いが期待され、望まれ、求められている時に、笑っていないことをこれ見よがしに見せるために、笑ワズが使われる場合がある。ベルルスコーニ氏を非難する者たちは笑ワズという反応を示した。彼らは欧州議会でこの出来事を記録していたテレビカメラに、笑いのない憤怒の様子をはっきりと見せた。この意味で彼らの行動と表情は、ユーモラスな反応の意味ある不在を伝えていた。同様に、ホガースの笑う観客の中の笑わない客は、たまたま笑わなかった以上のことをしている。彼の顔は不承認を見せるように描かれていて、もし観客の中の誰かに対する不承認でないなら、それは少なくともホガースの絵のファンに対する不承認である。彼の笑いは不在であり意味をもつ。

笑いや微笑みがまったくないことは、ジョークを言った人を不安にさせる恐れがある。プロのコメディアンなら誰でも、客がジョークに沈黙で応え、滑稽話が客の反応のために取っておいた間が埋められない「死にそうになった」話を一つか二つもっているものだ。クセノフォンは、ソクラテスも招かれたカリアスの屋敷で行われた饗宴の様子を述べている。職業的道化師フィリップが招かれもしないのにやってきて、食事をただで食べさせてもらう代わりに来客を楽しませると約束した。彼は「千のばかげたこと」を言ったが、どれも沈黙で迎えられた。微笑すら引き起こすことができなかった。ついに彼は長いすに身を投げ出し、自分のマントで頭を隠し、うめき声を上げ、食事を断った。彼の当初の目的が達成されたのはこの時だけだった。客の一人クリトブラスは、「彼の横でほとんどはち切れんばかりだった」(『饗宴』1910 : 165. 古代ギリシアにおける職業的道化師の役割の考察については、Bremner, 1997 参照)。

フィリップの冗談を客たちが笑わなかったのは正確に言うとどのようにだったのか、また沈黙に対する彼の対応は正確に言うとどのようなものだったのかを、クセノフォンは記していない。このような状況で沈黙が示しているのは、何かの不在どころではない可能性がある。沈黙とはそれ自体がレトリカルな意味での存在であり、かなりの非難を語る。モアマン(1988)はあるタイ人の例を挙げ、ジョークを聞いた一人がどのように不快感を見せるかを示した。あるジョークが話された後、それを聞いたある人は笑わず、すぐに話に割り込んで話題を変えた。この人はそのジョークを個人的に評価しないどころか、それ以上のことをしていた。彼は不承認を、つまり笑ワズを、外に向かって示していたのだ。彼が認めなかったのはそのジョークだったのか、それともジョークが話された状況だったのか、どちらなのか定かでない。だが彼はジョークを理解できない人のようには対応しなかった。その代わり彼は話に割り込み、他の人たちが楽しんでいるのを中断させた。

話者が人をからかうことを言った場合、それを聞いた人は笑いを抑え、「むっつり顔」で応ずることで不承認を示すことがある（Drew, 1987）。むっつり顔はジョークを理解していることと、理解した内容を承認してはいないことを、同時に示すことができる（ジョークを言った人に対するジョークとして使うこともできる）。話者たちが冗談の直後、大きく、長引いた笑いでその冗談への評価を示すことができるのなら、冗談の後遅れた、笑いの断片数をケチった笑いで、評価しないことを示すこともできる。うめき声や、わざと遅くした「ウーンハッハッ」といった笑いは、笑ワズという完全な不承認ではなく、面白さが少し足りないことを示す場合がある（Norrick, 1993：123–5）。

ユーモアを評価したことを伝えるのにさまざまなやり方があるのと同じように、笑ワズを示すやり方にもたくさんのやり方がある。ジョークの後それをこき下ろすという方法は、言葉によってなされる。ヴィクトリア女王は、ある国王奉仕官がややきわどいジョークを言うのを聞いて、「余は面白いと思わぬ」と毅然とした態度で言明した。言葉による笑ワズには適切な表情が必要である。もし女王があの一言を言った時に満面の笑顔を浮かべていたり、丁寧さのための緩和的「笑いの断片」をさらにつけ加えていたりしたなら、言葉の効果が弱まっただろう。女王は無作法な行為を見るといつものように不快感を示すかを、リットン・ストレイチーが記している。「女王の唇は端まで沈み、女王の目は驚くほど突出し、にらみつけた」（Strachey, 1928：251）。ヴィクトリア女王の有名な、一人称複数形での面白くなさの言明は、単数形の傲慢の顔つきを伴っていたのではなかろうか［「余」は原文ではwe］。

沈黙および適度に険しい表情は、それだけでかなりの、しかも堂々とした笑ワズを伝えるのに十分かもしれない。小説家P・G・ウッドハウスは、若い頃に参加したある昼食会の出来事を詳しく書いている。その昼食会は、滑稽な詩を書くW・S・ギルバートが主賓だった。ある時ギルバートが居合わせた人たちに長い小話を話し始めた。その話がユーモラスな結末へ向かって進んでいることは誰にとっても明らかだった。ウッドハウスは小話の終わりを勘違いし、早すぎた大笑いをテーブル中に響かせてしまった。それに続く沈黙の中、彼はあの有名な人物からじっと見つめられた。「彼の目が炎のようになり、ほお髭が揺れた。恐ろしい経験だった」(Sutherland, 1987 : 271)。このような強力な笑ワズの技術を身につけることができる者はほとんどいない。この強烈で静かな武器を使いこなすには、かなりの訓練と地位と消化不良を必要とする。

ジョークを言ったからといって笑いの反応が保証されないのとまったく同じように、笑ワズという武器がどれほど恐ろしげであっても、それは他者の笑いを黙らせるのを保証しない。実際、笑いとはさまざまだ。笑ワズは嘲りという笑いの格好のターゲットである。ウッドハウスが昼食会の出来事を語る時、彼はギルバートを嘲られるべき滑稽な人物として示している。私たちはほお髭と無言の激怒の表情を想像し、にやりとすることだろう。同様にヴィクトリア女王は、傲慢にも楽しまないことが他者にとって慰みのもとになる。このことも完璧に捉えているのがホガースである。彼の版画には、笑っている人物たちを何が面白がらせているのかが見えない。よって彼らの笑いをじかに共にすることができない。けれども彼らの真ん中に、場にふさわしくない笑わない人物を探し出す。ようやく私たちは笑うことができる。こうしてホガースは私たちを笑ワズを笑うように誘い、そうすることで私たちを笑う観客の中に入れるのだ。

嘲ることを学ぶ

ユーモアのもう一つのパラドックスは先にふれた。すなわちユーモアは社会的でありかつ反社会的であることだ。レトリックを使って話者は、非難したり褒めたりとか、主張したり否定したりといったように、反対のことをすることができる。同様に話者は、真面目にもユーモラスにもなれる。ユーモアの文脈において、笑いは一つのレトリックの力しかもっていないわけではない。それは敵意のある嘲りの笑いにも、友好的な理解の笑いにもなることができる。人は他人と一緒に笑うこともできるし、他人を笑うこともできる。同じように、笑いは人びとを一つに結びつけることもできるし、分裂させることもできる。笑いはそれ自体でこの統一と分裂を成し遂げるのではない。というのは、笑いはその意味をユーモアの広い社会的文脈から得ているからだ。したがって、社会的にも反社会的にもなり得るのは、笑いそれ自体ではなくユーモアの方だ。この二重性がポジティブ・イデオロギーと直接関係する。2章で考察したように、楽しさを共有することで人びとを一つにすると思われているポジティブ・ユーモアと、人びとを傷つけ、分裂させるネガティブ・ユーモアないし嘲りとを、心理学者たちは区別しようとしてきた。ポジティブ心理学者はポジティブ・ユーモアを勧め、ネガティブなものをなくそうとしている。しかし実際には、この善意のもくろみはそれほど簡単でない。

ユーモアは人びとを一つにまとめる社会的にポジティブな力である、との考えを支持することが容易なのは確かである。ある社会学者が書いているように、「人間は一人で笑うことがめったにないし、自分に大声でジョークを言ったり自分自身をからかったりすることは絶対ない」(Fine, 1983 : 176)。6章で見たように、アンリ・ベルクソンは笑いのこの面に特別に注意を払い、笑いはこだまを必要とすると言った。より適切に言うなら、「打ち明け話」の時の笑いのような、こだまがないことがかなり確かな種類の笑いがあるから、ユーモアはこだまを必要とする、と言うべきだった。ファインのような社会学者は、ユーモアは集団の士気と凝集性を維持するのに役立つことを強調している。ポジティブ心理学者がセラピーや仕事集団や家庭生活等でユーモアの使用を勧めるのは、そうした理由からである。しかしベルクソンが認めたように、笑いのこの社会的側面には残酷な一面がある。

ユーモアが社会的なものであることはわかりきったことのように思えるかもしれないが、それが理論的に示唆することが重要である。まず第一に、ユーモアの心理学的説明が、モデルとして何らかの滑稽な刺激を知覚する個人を想定するなら、説明が不十分になるのが避けられない。これは古典的な三つの主要な理論的アプローチの弱点だった。優越理論、ズレ理論、放出理論はいずれも、どのような刺激や感情が個人に笑いを引き起こすのかを見つけようとしていたので、基本的に社会理論ではなく個人主義理論だった。そのような刺激—反応モデルでは、笑いが仲間の中で非常に大きくなる理由を説明できない。

これとは対照的に笑いをレトリカルなものと考えるなら、そのような問題は生じない。なぜならレトリックとは社会的コミュニケーションに不可欠な要素だからだ。笑いと笑ワズの主要な目的は、他者とコミュニケートすることだ。自分と対話し、そうして自分で笑うことはできないわけではないが、これはレトリックの二次的な使用に違いない(Billig, 1996)。アリが笑いのレトリックを学んでいるのは、家族という状況においてであることに気づいた読者もいるであろう。この点で、ユーモアとは単独で行う発見ではないし、またそうではあり得ない。ものの名前を言う際に小さな間違いをする時、アリはそれを面白がる人たちの注目の中心になる。ママもじいじもアリも冗談を言い合うのが好きで、みんなの笑いは楽しさが共有される瞬間をつくり出す。ユーモアのもつ、人びとを楽しく一つにまとめる力を強調するポジティブ心理学者は、うそをついていない。

しかしこれで話が終わるのではない。嘲りという影が残っている。ポジティブなものがネガティブなものに変えられることで、レトリックがひっくり返ることがある。笑いが人を傷つけ、人びとを分裂させることがある。笑いが犠牲者を生むことがある。ハズリットは奇形と外国人に対する笑いについて語る。彼はまた、子どもたちが「黒人」を見て笑うのをやめさせることがいかに難しいかを記している（1987：69）。もちろんハズリットは、彼の講演を聞く聴衆たちが皆健全な身体をもつ、白人のイギリス人であると想定していた。笑いの的になる人たちがこのこみ上げる喜びを共有しそうにないことを彼は知っていたことだろう。彼らは笑いの対象であり、この歓喜作成者の仲間から排除されている。シドニー・スミスは、「多くの者たちにとって、笑いは死より忌まわしい」と言った。彼はさらに、「笑われるくらいなら憎まれる方がまし、と思わぬ者はきわめてまれ」（1864 edn：139）と続けた。スミスが大げさに言うのも無理はない。個人の好みとして、ひどくないからかいなら喜んで受け入れ、そうして注目を浴びる人がいるかもしれない。しかし、例外があっても規則は損なわれない。スミスの一般的判断は正しいものだった。嘲りは、憎しみよりも人を傷つける可能性がある。結局のところ、憎しみはしばしば嘲りよりも返ってきやすい。嘲る人を憎んでも、その痛みが和らぐとは限らない。

ポジティブ心理学者や他の現代の理論家らは、人を見下すユーモアの重要性を軽視する傾向を示してきた。

ピーター・バーガーは、親切なユーモアは「日常生活の中で起きる滑稽な出来事の、もっともありふれた表現である」(1997：100) と言った。彼はこの主張をするための証拠を出していない。他の著作家たちは、嘲りはユーモアの原始的な形態であり、いずれ人間や社会はそれを捨て去るだろう、と主張した。これは百年以上も前に、「未開人」のユーモアを子どものユーモアにたとえた、サリー、リボ、デュガが採った立場だった（5章参照）。こうした考えは他にもまだ見られる。ジョン・モリオールは子どもの「揶揄するユーモアが自然に出る傾向」について書いている。このような子どもっぽい快楽は今日ではかなり少なくなったが、現代社会はまだこれを完全に捨て去っていない、と彼は言う (1983：10)。

そのような言い方は、嘲りをユーモアから取り外せる一部分として述べている。この世の中、およびこの世の住民が成熟するなら、消えてなくなるものとされている。もしそうなったなら、優しいユーモアだけが残るだろう。この楽観的な希望は、現代のポジティブ・イデオロギーが想定するものと非常に合っている。サリーの時代の帝国主義が想定していたものと同じように。しかし、ベルクソンが真剣に考えた別の可能性がある。嘲りとは取り外せるネガティブなものなどではなく、それはユーモアの中心部にある、という可能性である。子どものアリのユーモアの起源が示唆的である。彼の両親は、彼が知らず知らずのうちにした言語的な間違いを笑っていた。次章で述べられることだが、そのような瞬間に、ユーモアが普遍的である理由を説明する嘲りの社会的機能を垣間見ることができる。

さしあたり、発達上の含みについて言及しよう。子どもは適切に笑うために、また他者の笑いを理解するために、笑いのレトリックを学ぶ必要が出てくる。言語の他の側面と同じように、年長の話者、特に大人の養育者とやり取りし、そして真似ることで、子どもは笑いのレトリックを学ぶものである、と仮定するのは理にかなっている。これまでしばしば観察され、また本書でもふれてきた二つの現象をさらにつけ加えることができる。一つ目は、子どもは嘲りの笑いをするということである。二つ目は、親は子どもを笑うのが楽しいということである。

この後者の想定に関連して、子どものユーモアの発達を詳細に検討した最初の心理学者の一人であるジェイムズ・サリーは、すでに引用した。第一の観察記録に関して彼は、一歳児のユーモアは嘲笑の要素を含む傾向がある、と書いた。「今この子をいじめっ子と見なすなら、彼が非常に早い時期に、自分自身の力を行使するのと他者に耐えさせるのとを同時に始めているのがわかる」(1902 : 201)。サリーははっきり、彼とは男の子である、と述べていないが、「元気いっぱいの子どもは、女の子であっても、しだいに積極的になり、さまざまな種類のふざけた攻撃を試みる」(ibid. : 201)。十八世紀のスコットランド人の哲学者デイヴィッド・ハートレイも同様の観察をした。子どもは生まれた時自発的に笑うことがないが、「話と歩行を学ぶ頃、笑いを学ぶ」([1749] 1834 : 274)。彼はまた、「大人に歓喜と笑いをもたらすもっとも自然な状況は、子どもが些細な失敗をしたりばかなことを言ったりした時のようだ」(ibid. : 276) と言った。

このような観察記録には公言されない暗黙の考えが一つある。子どもが大人からユーモアを学び、そして嘲りのユーモアを喜ぶのなら、たぶん、大人が子どもを笑うのをコピーすることによってそうしているのだろう。しかし、子どもの笑いに残酷さと粗暴さを認めるのは、大人の笑いに認めるより容易なように思える。大人が子どもを嘲笑するのを考える場合、あのレトリカルなからかいスプレイが役に立つ。「からかい」の語は、ふざけや気さくさを意味するために使われる (Yedes, 1996)。6章で考察した帽子のコメディで、サリーは子どもを笑う大人の動機を軽視していた。「からかい」には悪意がなかった。彼が示唆するように、それは子どものような未開人たちを支配するイギリスのように、慈悲深かった。フロイトは親のする笑いと帝国主義者のする笑いを、そのような似たもの扱いをしなかった。けれども彼も、親の笑いには攻撃的な動機がないし、疑惑を逃れていると想定していた。

このからかいスプレイによって、「ネガティブな」効果の可能性が軽視される。大人はユーモアを通してからかっているだけで、本気で攻撃的になっているのではない、というように。「われわれ」の笑い、特に「われわれ」の親としての笑いは、悪意のないものと主張される。こうした想定は研究上の関心がアンバランスなことによって強められているが、これは偶然ではない。発達心理学者はしばしば子どものユーモアの攻撃性を研究してきたが、親が子どもに使う攻撃的ユーモアについては、それが機能不全な親を特徴づける問題である場合を除き、調べるのを避ける傾向がある（そのような親の子どもに対して行う、嫌みを含む攻撃性の用い方の詳細な分析については、Scheff, 1997：81f 参照）。攻撃的ユーモアを含む子どもの攻撃性の起源をフロイトは巧みに記述した。彼は子どもが親に対して感じる無意識的攻撃性を考察したが、なんと彼は親が子どもに対して感じる無意識的攻撃性を無視した。この件についてのフロイトの無視をとりわけよく語る一例を、次章で考察しよう。

現代の発達心理学ではしばしば、子どもは認知発達の諸段階を経験すると述べられる。それによると、認知的複雑性が十分に可能な段階に達した時にのみ、子どもは「真の」ユーモアを始めることができる（すなわちBergen, 1998；McGhee, 1983）。心理学者たちが発達の諸段階を強調すればするほど、親の行為が視野からこぼれ落ちる。発達の社会的側面が考慮される時ですら、ポジティブなものを強調する傾向がある。たとえばバーバラ・ロゴフは児童発達の有名な説明において発達を「徒弟制」として描いているが、そこでは子どもは、「価値のある社会文化的活動に熟達した」（Rogoff, 1990：39）大人によって導かれる。

もう一つ別の可能性がある。嘲笑とは、「徒弟制」を生じさせるやり方の一つかもしれない。バスによると、「社会化の主たる方法の一つは、からかい、笑い、そして嘲りによる」（Buss, 1980：232）。バスがこう書いてから二十年かそこら経つが、心理学者たちは「普通の」親が子どもをしつけるための嘲笑というユーモアの用い方を系統的に調べていない。子どもや青年が互いにからかったりいじめたりするやり方には、多量の研究があるのだが（たとえば Crozier & Dimmock, 1999；Eder, 1990；Smith, 1999；Smith & Sharp, 1994. しかし Hepbrun, 1997, 2000 も参照）。嘲笑に関しては、親でなく子どもがすることが心理学的に強調される傾向がある。あたかも嘲りのもつ攻撃性は、子どもと「悪い」親に投影されなければならないかのようだ。

しかし、さまざまな文化の中では、母親が子どもの行動をコントロールするのにからかいを用いることがあるのを示す人類学的証拠がある。バンビ・シフリン（Schieffelin, 1986, 1990）は、カルリ族の子どもの言語習得法を調査した。カルリ族はパプア・ニューギニアに住んでいて、シフリンによると、この平等主義社会において、人びとが要求をしたり要求に抵抗したりするのを可能にするため、からかいが「日常的な社会的相互作用に広く行きわたっている」（1986：166）。母親たちが頻繁に自分の子どもをからかうため、子どもたちは今度は互いにからかい合うのを学ぶのである。人類学者たちは、ソロモン諸島のクワラアエに（Watson-Gegeo & Gegeo, 1986）、カリフォルニアのメキシコ人に（Eisenberg, 1986）、日本人家族に（Clancy, 1986）、それから労働者階級のアメリカ人に（Miller, 1986）、母親のするからかいを見つけ、記した。こうした事例では母親は子どもをコントロールするためにからかいを使い、不適切な話し方等の不適切な行動を嘲笑する。カルリ族の母親たちはめったに身体的な折檻をしない。彼女たちはしばしば子どもをからかい、食べ物をあげたくないと言って、子どもが食べ物を請うのをあきらめさせる。そこにはからかうことから得られる喜びもある。ボルチモアの労働者階級のある母親は人類学者に、子どもが「カーッとなる」のを見るのが楽しい、と語った（Miller, 1986）。彼女はこれに続けて、からかいは子どもを自立的にする、とつけ加えた。小さな子どもを涙が出るほど怒らせて喜ぶのは、とうてい受け入れられるものではないことに気づいているような発言である。典型的に無計画で、自然に出た行動には、無私無欲で実利的な正当化がなされるものである。

子どもをからかう母親についての人類学的証拠は非常に興味深い。しかしほかならぬ「からかい」の語が、そこで述べられている行為の意味と力を小さく見せているかもしれない。人類学者は、私たちとかなり違う風変わりな人びとを研究しているのだ、と考えさせる誘惑がある。親がするからかいの場合、パプア・ニューギニアやあるいはアメリカの都市の貧しい地域の親がその子どもを、優しく教養のある、自由な西洋の「われわれ」自身よりもかなり頻繁に、多量の攻撃性をもってからかうのだと想像することは、慰めになるだろう。しかし、次章で考察するように、すべての、とまでいかなくても、ほとんどの社会で、養育者は子どもをからかっている、ないし嘲笑っている、との考えを支持する理由がある。嘲りは社会に規律をつくるのに費用効果の高い一方法であり、それは小さな子どもに体罰を与えるのを疑わしく見るカルリ族や西洋のリベラリストのような人たちにとって、特にそうである。

「われわれ」が嘲りを使って「われわれ」の子どもをしつけていることを調べた研究がないことは、それ自体意味ある不在だ。しかし、親がする嘲笑にほとんど近いものを垣間見ることができる研究がある。母子間の相互作用の研究でジュディス・ダン（1988）は、ロゴフの「徒弟制」の考えに含意されているものよりも問題をはらみ、葛藤に満ちた何かを描いている。二歳頃、子どもはしょっちゅう親を邪魔し始める。母親が真面目に言っているものの中にあるユーモアを子どもがわかると、ユーモアは重要な役割を演じる。母親は子どもに対してユーモアを使い、嘲笑することに喜びを覚えることがある。母親のユーモアのセンスは、心理学者によってめったに研究されない、とダンは記す（ibid.：166）。

あるエピソードでは、小さな男の子が母親が望まないうるさい音を立てていた。母親は彼をライオンと呼び、その子をライオンのように扱い始める。母親は子どもを笑う。その子は悲しみ、「ぼくライオンちがう、ぼくジョン」と抗議する（ibid.：164）。彼は泣いている。呼び間違いをし、そのことから喜びを得ているのは母親である。その子がまともな呼び方を返してくれるよう望めば望むほど、彼女は彼を笑うことによって自分の権威を強く出すことができ、彼をまともに扱っていない姿を見せる。もはや彼女は彼を、私のかわいい子と呼びはしない。今や彼は、望んでもいないのに「面白い」とラベルを貼られる対象である。行儀良くすることについての真面目なレッスンが笑いを通してなされている。ジョンには嘲りの笑いの使い方が示されている。彼はこのレッスンを楽しんでいない。

小さなアリは、普遍化することのできる一つのイメージだ。つまり、笑いとひょうきんさについて楽しく学んでいる子どもであり、これは、いわばユーモアのレトリックにおける徒弟制の考えに合う。小さなジョンは別のイメージだ。つまり、嘲りの笑いを使ってコントロール力を行使し、社会生活上の規則を押しつける親である。このイメージも普遍化することができる。どのような時代であろうと、どのような土地であろうと、子どもは嘲りの楽しさと、大人の規律を強いる言動からの痛みを学んでいる。そうする以外にどのようにして嘲りは、その恐ろしい面を獲得するのだろうか？　またそうする以外に、どのようにして幼な子は嘲りの残酷な楽しみを学ぶのだろうか？

これらの疑問は理論上重要である。これらは笑いを「自然な」反応ではなく、レトリカルなものと考えることから生じている。笑いがレトリカルなものなら、それはレトリカルなコミュニケーションのあらゆる道具と同じように、学ばれる必要があるし、そしてさまざまに活用される可能性がある。笑いのレトリカルな側面とは、学ばれるべき社会的実践であるだけではない、という可能性もある。つまり、それは社会的実践を学び、違反をやめさせる技術の重要な部分でもある。このことは、笑いが普遍的でありかつ特殊なものでもある理由の説明に役立つだろう。嘲りは社会秩序を保つ重要な力を、つまりあれやこれやの特殊な社会秩序ではなく、社会秩序一般を保つ重要な力を提供するのかもしれない。もしそうなら、ポジティブ・イデオロギーが約束する、絶え間ない、心温まる、ハッピーな笑いというものは、ポジティブな自己欺瞞である。

9章 当惑、ユーモアと社会秩序

ユーモアは普遍的である。このことは多くの者たちがすでに主張している。しかし主張するだけでは理論的分析にとって十分ではない。この普遍性を説明する理由が与えられなければならない。前章で主張したように、笑いがレトリカルなものなら、ユーモアの普遍性は生物学的用語では満足のゆくように説明されない。人間は生物学的に笑うようにできているからユーモアは文化の上でも普遍的なのだ、と言っても、何かがわかるわけではない。笑いという社会的慣行とそのユーモアの文化的特殊性への関連性は、まだ解明される必要がある。それなら問題は、なぜあらゆる社会に笑いとユーモアの社会的規範があるのか、となる。

ユーモアの普遍性を説明する別のやり方が、ベルクソンのやり方に従って、ユーモアがきわめて重要な社会的機能を有するのかどうか問うことだ。6章でベルクソンの笑いの理論を考察した時、必要機能と剰余機能の区別をした。社会生活の特殊な形ではなく社会生活一般がある機能に依拠しているなら、その機能は必要機能である。ベルクソンは、ユーモアがそのような機能を果たすと言った。これだけでなく、この機能を果たすユーモアの側面が嘲りだとも言った。嘲りの可能性がないと、社会行動がひどくこわばったものになる恐れがある。したがって、嘲りという社会的慣行が社会生活の維持のために必要だ。このようにしてベルクソンは、ユーモアの普遍性という問題に対して生物学的にではなく社会学的な答えを出そうとした。この章では、ベルクソンは基本的に正しかったが、その理由は誤っていたと主張するだろう。

嘲りが社会秩序の維持のために不可欠である理由の議論に入る前に、そのような議論の意味するものについて少し言っておく必要がある。嘲りが必要機能を果たすという考えは、現在蔓延しているポジティブ・イデオロギーの想定や理論と合わない。ポジティブ・イデオロギー支持者たちは嘲りをユーモアの基本的な部分と考えるのではなく、運の悪いネガティブな副作用と見ている。さらに彼らは、このネガティブなものを社会生活が依拠する重要な構成要素であるとは考えず、社会生活から取り除かねばならない何かと考えている。

しかしそのような想定をするのは、ポジティブ・イデオロギーの支持者だけではない。社会批評家もしばしばそうしてきた。先に見たように、フロイトはユーモアを基本的に反逆的なものと考えた。しかしもし嘲りが社会秩序の維持のために不可欠なものなら、ユーモアはフロイトが仮定したような、本来的にも本質的にも反逆的なものではない。ユーモアは一見秩序を嘲笑っているかのように見えるが、実はその維持を助けているのかもしれない。批判理論家も、規律より反逆の方を好んでいる。反逆の道具として笑いを讃える見解は心地よく聞こえやすい。ここ数年社会科学において、ミハイル・バフチンの仕事が批判的な思想家によって正当に評価され、多くの賞賛を得ている（たとえばBell & Gardner, 1998）。バフチンは言語の対話的性質に素晴らしい洞察をもたらした。しかし彼のユーモアについての見解は、ポジティブ・イデオロギーの諸側面と類似している。ソビエト連邦の専制政治の下で成人期のほとんどをすごしたバフチンは、カーニバルの無政府的な反対世界に好感を抱いていた（1981：84f）。彼が言うには、怒りと憤りは人びとを分けるが、「笑いだけが一つにする」（1986：135）。しかし、もちろん笑いは、人びとを一つにすることも分けることもできる。良い笑いと悪い笑いを区別する長い伝統にバフチンも従っていた。「愉快で、開かれた祝祭的な笑い」と、「閉じた、純粋にネガティブで、皮肉な笑い」（ibid.：135）があるという。嘲りは、もしそれが権威を嘲笑うなら祝祭的で、もし社会秩序の維持に役立つならネガティブなものになるのだろう。

そのため本書の議論は、現在の多くの風潮と合わないものである。歴史的調査が示したように、現在の風潮が想定しているものを「自然な」ことだとするものは何一つなかった。シャフツベリー伯爵やアンリ・ベルクソンのような、知的・イデオロギー的傾向の異なる過去の人物は、嘲りを社会生活の必須部分として讃えていた。意味深いことに、両者とも現在では時代遅れの人物だ。同様に今日のラディカルな社会理論家は、誰もが認める俗物的見解をもつ一八世紀イングランドの貴族や、カトリシズムに惹かれたスピリチュアルな哲学者のことを、真剣に考えそうにない。

しかし、ここで意図しているのは彼らの主張を復活させて、嘲りが社会生活にとって不可欠な理由を探ることではない。ベルクソン的精神の飛翔する軽快さや紳士クラブの丁重さを出現させることでもない。実のところ議論の多くは、ベルクソンもシャフツベリーも理論的意義を多く与えなかったものに焦点が当てられる。それは、子どもの社会的発達における嘲りの役割である。もちろんフロイトは以前のユーモア理論家よりも発達の問題を重視していた。けれどもここでの立場は、フロイトとは違った見地から発達を検討しようというものだ。つまり彼が見逃した、親の嘲りに注目する。

親の嘲りを調べることで、ユーモアや社会習慣や嘲笑の実践がどのようにして、年月をかけて再生産されるのか知ることができるだろう。しかしこの議論を支えるためには、もう一つ別の要素を確定して、嘲りの実践と社会生活の遂行とを結びつける必要がある。この特別な結合的要素が、後に示唆するように、もう一つの社会的普遍的実在、すなわち当惑の実践である。

議論の概要

嘲りについてのここでの議論は、もしかすると一般的な常識と抵触するところがあるかもしれないが、何も主張するのが難しいものではない。それは新しい専門用語一式を必要としない。また、常識という言葉の決まり切った使い方から意味論的にも統語論的にも隔たっているかのような比喩に富んだわかりにくいスタイルで、この議論が説明される必然性もない。この議論はシンプルに説明することができる。日常的な行動の規範が、当惑の実践によって守られている。誰かが人とのやり取り上期待されている規範を犯した場合、特にウィットなしにそうした場合、その人は当惑することが期待される。当惑している者は典型的には、それを見ている周囲の者たちにとって滑稽である。社会行為者はこの笑いを恐れる。したがって、嘲られることと当惑することとの予期が、日常の行動の規範を守り、社会秩序へいつも通りに従うのを非常に確実にする。このことはあらゆる文化で起こるように思われる。したがって、嘲りは秩序維持のための普遍的役割をもつ。

しかしこの議論は、孤立した理論であるかのようには提起されない。というのは、それはポジティブ・イデオロギー批判の一部だからだ。この議論の注目すべき点はそのオリジナリティでも複雑さでもなく、とにかくこの批判がなされる必要があるということだ。この一般的な論点に向っていると思われる優れた社会学的・心理学的理論があるが、その論理は奇妙にも不意に終わる。そのため、この議論のオリジナリティではなく、それがいかにして避けられてきたのかを示す必要があるのだ。

したがって本章には二重の戦略がある。社会生活における嘲りの重要性の議論は社会心理学者による知見によって支えられるが、それと同じくらいアーヴィング・ゴフマンの社会学の内的論理によっても支えられる。しかし、ゴフマンと社会心理学者の、内的論理と外的理論化との間に奇妙なギャップがあることも示される。議論のための全要素が存在しているのに、研究者たちはそれらを結びつけるのを避けているようだ。彼らはまるで電気のプラグに繋ぐ、プラスの電線とマイナスの電線をそれぞれ注意深く寄り合わせているかのようだ。彼らはコンセントの前でプラグを手にして立っているが、どうしたわけか身をかがめてプラグを差し込まない。彼らはコンセントを見てはいるが、目に入っていない。彼らの注意の足りない目のために、マイナスの線が繋がれて何かが明るみに出ずにすんでいる。

ここでの目的は、この議論を展開することと、どのようにしてこの明白さが見すごされてきたのかを示すこと、その両方である。ゴフマンのような（ある点ではフロイトさえ）知性の高い観察者にとって眼前の何かが目に入らない時、見落としの行為は見落とされているものと同じくらい意味があるのではないか、と疑ってかまわない。

懲罰的ユーモア

まず、二つの種類のユーモアを区別することができる。懲罰的ユーモアと反逆的ユーモアである。どちらも嘲りの形を取ると考えられる。懲罰的ユーモアは社会ルールを破る者を嘲笑い、そうすることでルールの維持に役立つと考えられる。反逆的ユーモアは社会ルールを嘲笑い、そして今度はルールを疑い、反逆すると考えられる。懲罰的ユーモアは本来的に保守性をはらみ、他方反逆的ユーモアはラディカルな側にいるだろう。この区別は別にオリジナルなものではない。ジャネット・ホームズ（2000）は職場におけるユーモアの使われ方の分析で、抑圧的ユーモアと抗争的ユーモアの区別をした。前者は職場において優位な立場にある者によってその力を維持するために使われ、他方抗争的ユーモアは劣位の立場にある者によって権威を疑うために使われる。この区別はユーモアに内在する性質に、あるいはフロイトが「ジョークの作業」と呼んだものにではなく、ユーモアを使う人の地位やユーモアの使い方に依拠している。

懲罰的ユーモアと反逆的ユーモア、ないし抑圧的ユーモアと抗争的ユーモアの区別は、理論的に有用かもしれない。しかし、ある特定のユーモアをいずれのタイプにはっきり分類するのは困難なようだ。われわれのジョークやわれわれ以外の者たちのジョークを分類することには、倫理上、個人上、イデオロギー上の広範な気遣いを伴うので、こうした分類は問題を含む可能性がある。一八世紀のシャフツベリーは、嘲笑を招くものは明確に特定できると考えた。それらは客観的に嘲笑を招くものだと彼は確信していた。彼の批判者ジョン・ブラウンは、貴族にとって嘲笑を招くものは庶民にとってはそれほどおかしいものではないかもしれないと指摘して喜んだ。

フロイトが言ったように、人は自分の笑いを良いものと考えるように動機づけられていて、そのためおかしいと思うものについて利己的で自己欺瞞的な主張をするものだ。もし反逆的ユーモアか懲罰的ユーモアに、文化的ないしイデオロギー的な価値があると言うなら、賛同と反論の両方が見つかりそうだ。プラトンの国家でくすっと笑う国守りは、取るに足らないことを不必要にしているのではないし、国の秩序を嘲笑っているのでもない、と主張するだろう。そうではなく、彼らは他人が間違ったことをしないようにという善良な懲罰的な目的で笑っている。今日ではこれと対照的に、悪気はないとか、嘲笑に値する権威者を嘲笑しているにすぎない、と主張することで笑いが正当化されがちだ。バフチンの用語を使うなら、私たちはネガティブで嫌みなやり方ではなく、世界を転倒させる祝祭的なやり方で笑いをしている、と主張しがちだ。ある一言がポジティブなものかネガティブなものか、また懲罰的なものか反逆的なものか、について簡単に決められないのなら、全関係者が満足するように事を決める客観的な証拠はない可能性がある。自分自身のユーモアに望ましいラベルを貼ることには、自己欺瞞の可能性が常につきまとう。

前章で考察したベルルスコーニのエピソードに関して考えるなら、彼はあの「皮肉な」一言を抗争的なものだったと主張することができた。なぜなら彼は公の場が要求するものに反逆し、その過程で慣例主義者たちの感情を逆なでしたからだ。これと対照的に彼の批判者たちは、彼のあの一言は高圧的で抑圧的な力の乱用だった、と主張することができただろう。人種差別的ジョークや性差別的ジョークを言う人はしばしば「政治的正しさ」の求めるものに反逆しているのだと主張して、自分自身を、いたずら好きで、抗争的で、無力な側に位置づけることがある。学者でさえこの方針を採ることがときどきある。グルナー（1997）はユーモアの心理学的分析の中で、いくつかの会議で男性が女性に色目を使っている風刺漫画を見せたことにふれている。これは「政治的に正しい」女性たちからの苦情をもたらした。グルナーは言う。「こうした苦情を言うレディーたちは風刺漫画のユーモアを好まないだけでなく、理解すらしない」(ibid.：90 強調原文)。グルナーは自己分弁護する中で、いわゆる「政治的な正しさ」のもつ社会的権力に注意を向けているが、これは「政治的な正しさ」への反逆を理由にして、物議をかもす右派的なもの言いを正当化する人たちと同じことをしている（「政治的な正しさ」がどのようにして右派のレトリックの重要な部分になったのかの分析については、たとえばFairclough, 2003；Johnson et al., 2003 参照）。グルナーの批判者たちは彼のことを、彼自身が考えているよりも力があり、高圧的と見ていることだろう。このような議論においては自分自身の力は奇妙にも見えないものだ。というのは、力とは常に他人の側にあると主張されるからだ。権力をもつ人でさえ、自分のユーモアは権力を行使しているのではなく疑っているのだと理由をつけて、ユーモアを正当化することができる。

これが、なぜ懲罰的ユーモアを保守的であるとはっきり述べ、また反逆的ユーモアを客観的にラディカルであると述べるのに慎重でないといけないのかの理由である。それほど単純ではないのだ。否認、自己欺瞞、ひとりよがり、これらの影響がすべてであり得る。懲罰への反逆を好ましいとするイデオロギー的風潮がある時は特にそうだ。しかし、反逆的ユーモアと懲罰的ユーモアを、もっと広く区別することができる。

これらの違いを説明するために、ユーモアの子ども時代のルーツへ、少なくとも北米とイギリスの心理学者によって研究されたユーモアのルーツへ立ち戻ろう。前章でふれたように、ジョンソンとマーヴィス（1997）は、一人の子どもアリのユーモアの起源を調べた。言語的ユーモアのもっとも初期の出来事が不意に生じた。幼児のアリが言語上の間違いをし、ものを間違った名前で呼び、親が笑った。親の笑いはアリに彼の間違いを伝えていた。この意味で、この笑いは矯正機能をもつものだった。それは誤りを嘲笑することもしていた。しかしこの嘲笑は喜びの感情の発露とともになされていて、嘲笑されている子どもが笑いに加わることを排除しなかったのだが、彼はその理由がわからず、まごついたかもしれない。矯正的な嘲笑はこの包含的なやり方でなされる必要がある。小さなジョンの場合では母親の嘲笑はもっと直接的で、子どもはこれに笑いではなく涙で応じた（Dunn, 1988）。

子どもへのこうしたしつけは両刃の剣なのが典型的である。まず大人による顕在的なメッセージがあり、それはルールを定める。それから潜在的な教えがあり、これは大人のルールの世界がどのようにして乱されるのかを示す。これは適切な話し方を教えている場面に見ることができる。言葉の学習とはたんに、事物に名前をつけるルールや、文法的に許される文をつくるルールを学ぶことだけからなるのではない。子どもは、社会的に許される話し方、あるいは丁寧な話し方を学ばなければならない（Brown & Levinson, 1987）。話に割り込む、発言権を譲る、自分の話す番を終える、等の適切な、あるいは文化的に丁寧なやり方を子どもは学ばなければならない。会話分析家が明らかにしたように、会話に熟達した話者のする発話の一つ一つが、適切さの複雑な規範の痕跡を帯びているものだ（Nofsinger, 1993；Psathas, 1995）。

人類学者の観察によると、子どもと大人の会話の仕方には大きな文化差がある。子どもに話しかける時大人が子どもっぽい言葉使いをする文化があり、また大人に話しかけるように話して子どもがする間違いを正す文化もある（Schieffelin & Ochs, 1986）。そうした話し方の実際がどうであれ、あらゆる文化で子どもたちは最終的に適切なやり方で話すことを学ばなければならないし、大人は子どもにそうさせねばならない。その過程で幼い子どもは、丁寧さの複雑な規範を学ぶ最中に間違いを犯す。どのようなことが言い間違いと考えられていようと、またどの年齢までが子どもっぽく話すことが許されていようと、このことはあらゆる文化で起こる。

子どもというものは、してはいけない時に話に口をはさんだり、不適切なやり方で話しかけたり、大きすぎる声で話したり、小さすぎる声で話したり、あまりにも直接的な言い方をしたり、つぶやきすぎたり、等々しがちだ。養育者は子どもに、そのような話し方は受け入れることのできない「失礼」なものであることを教える。これが危険にも、両刃の剣なのだ。養育者が子どもに、「そのようなことを言ってはいけない。それは失礼だ」と言うたびに、子どもに失礼とはどういうことなのかを示しているのだ。養育者たちは禁じられた話の領域をつくり上げているのだ。タブー語の場合特にそうなのだが、禁じられたものが誘惑と欲望の対象になることがある。子どもはルールを破ったり禁じられた言葉を言ったりして喜ぶようになる（詳しくは Billig, 1999 参照）。その結果、子どもは話し方を学ぶ中で丁寧とはどのようなことかを学ぶだけでなく、失礼とはどのようなことかも学ぶのである。なぜならば、失礼なことなしには丁寧なことがあり得ないからだ。

懲罰的ユーモアでも同じことが起こる。「誤った」発話に対して発せられる笑いは子どもの誤りを指摘する。これは規範への小さな違反に対しては特に、体罰をしたり愛情を示すのをやめたりすることよりも容易なしつけの方法である。これは愛情のこもった微笑みとともになされるしつけで、そしてその分かえって曖昧だ。懲罰的な笑いが起こる時、子どもはある種の話し方が正しくないことを学ぶ。丁寧さを教えることが失礼なことを教えることを伴うように、懲罰的な笑いは従わなければならないルールを教え、そうすることでルールがどのように破られるのかを教える。小さなアリはものの名前を呼ぶルールを学んでいる。彼はこのルールを破ることが、つまりアヒルを「牛」と呼ぶことが、微笑みと笑いを引き起こすことも学んでいる。彼はこの芸当を、家族を喜ばせるためにわざと繰り返すことだろう。このことに加えて潜在的なメッセージがある。小さなアリは親の笑いを観察することで嘲笑の仕方を学ぶことだろう。誰か他の人が誤りをしたら、適切な反応が笑うことであることを彼は知る。彼は他人の間違いに社会的な快感を得ることができるようになるだろう。

子どもが学びの方向を変えて親に復讐することがある。ルールを強いる親の試みを子どもが嘲笑することがある。その機会を楽しむために何年も待つことさえある。ノーリック（1993）は会話上のユーモアの分析で、大人になった娘たちと会話している時に誤った言い方をした母親の例を挙げている。彼女はソファーの上に鉛筆があるのを見つけ、「誰これのもの？（Who belongs to it？）」と聞く。娘たちは母親が言葉を適切に使えなかったことを笑う。子猫が鉛筆で遊んでいるから、子猫がそれのものだ、と一人が言う。もう一人の娘が笑い、彼女もジョークを言い、もともとの間違いを嘲笑する。二人の娘は笑っているが、母親は笑わない。しまいに一人の娘が母親に、「『この赤鉛筆は誰のもの』って言いたいんじゃない？」と聞く。母親はそれをさえぎって、「誰これのもの」とわざと言ったのだ、「ジョークで言ったのよ」と言う（Norrick, 1993：89–90）。

この主張は面目を保つためにつくられた後知恵だ、と娘たちは疑うかもしれない。これはアタード（1993）がユーモアの「関わり断ち」機能と呼んだものの一例だろう。人が自分が言ったことの真面目な、文字通りの意味から自分自身を離し、あれはただのジョークだったと主張することである。あの母親は先に、これからユーモラスなことを言うとの常套的なサインを示さなかった。彼女は言いながら笑いの断片をちりばめなかったし、娘たちの笑いに加わらなかった。研究者がこのやり取りの録音記録の助けを借りて、母親の主張が怪しいことを指摘するかもしれない。しかしこの怪しさが明確な事実に変わることはあり得ない。母親の頭の中を覗いて最終的にけりをつけるような正確な心的状態を確定することができればよいのだが、そのような方法はないのだ。主張と反論のどちらもまだ可能だ。ノーリックが書くように、多くの会話上のジョークは曖昧さの周りをぐるぐる回っていて、「会話者たちはこの曖昧さを、面目を保つ道具として利用することができる」（1993：136）。

集団の慣習的な事柄に対する違反を嘲笑することで集団がまとまりを保つ時、懲罰的な笑いによって力が直接的に行使されることがある。マイケル・ウルフはユーモアについての興味深い考察の中で、笑いは逸脱をやめさせることで正しさの規範を守ることができる、と主張している。こうしてユーモアは「さりげなくある種の社会的共通性の感覚を呼び起こし」、「連帯感の高まり」を達成することができる（Wolf, 2002：334）。仕事上の集団で適当でない衣服を着ている新メンバーは、ユーモアの的になることを知る（Fine, 1983）。この笑いは一種の教育であり、年長の職人が新入りにいたずらをするような場合に似ている。デリック・アルソップの『キッキング・イン・ザ・ウィンド』（Allsop, 1997）は、イギリスのプロサッカー三部リーグのあるチームでの生活を綴っている。ある若い新入りが、最初のチームの最初の試合でプレイする。試合のための指導の中で年長の選手が彼に、サンドイッチを取って来いと言う。サンドイッチは試合後の帰りの車中で食べるために取っておいていることを知らずに、彼は取りに行く。監督は最初怒るが、ジョークのせいだったことを知って怒りを鎮める。この若いプロサッカー選手は「年長者の間をこそこそ歩き回って自分の場所へ着き」、アルソップに、「これはみんなイニシエーションの過程の一部なんだ」（ibid.：148）と解説する。新入りは儀式を学び、一方年長の選手は自分たちの力を行使して快感を分かち合う。

ユーモアが慣習を支えるために使われるやり方については、昔から注意が向けられている。一八世紀中頃、フランシス・ハチソンは『笑い論』の中で、「より礼儀正しい国々では一定の様式の服装、振る舞い、儀礼があり、それらは良識ある人びとに広く受け入れられていて、皆に共通したものと見なされている」と書いた。何かの集りで「慣習に反した服装、振る舞い、儀礼が現れた時は、完璧な育ち、あるいは内省力、あるいは抑制力をもつ者においては、笑いが通常生じるか、そうしたい気持ちになるものである」（1758：32-3）。ハズリットによると、「流行の最先端の服装をする者も、流行遅れの服装をする者も、等しく嘲りの対象である」（1987：69）。こうした例では、「普通」のものや社会的な慣例となっているものは、おかしいものではないとされている。

クリスティ・デイヴィス（1990）がエスニック・ジョークの膨大な調査において述べていることだが、ある文化の多数派のメンバーはしばしば、低い社会的地位の人びとに目立つアクセントで話す周辺集団に関するエスニック・ジョークを言う。たとえばイギリス人は、アイルランド風や西インド諸島風、パキスタン風のアクセントを茶化すエスニック・ジョークをつくる。そのようなジョークは、こうしたアクセントが完全に「正しい」英語ではなく、「おかしい」英語であるとして区別するものである。一九世紀の雑誌『パンチ』には、召使いの話し方を嘲笑するたくさんの風刺漫画が載せられていた（Pearsall, 1975）。この雑誌は、低い身分の者の話し方は非標準的な英語であるという読者の考えを反映していたのである。この種のジョークは「われわれ」のアクセント、服装、慣習を暗黙の内に「正しい」、おかしくない、標準的なものと見なし、これに対して他者における違いを、これと同時に、何か欠けた、ユーモラスなものとしている。

これは言語使用のルールにおける子どもの間違いと同じである。アリの母親が彼に、あるタイプの動物は「アヒル」と呼ばれ、別のは「牛」と呼ばれると言う時、彼女が笑われるとは思っていない。これが普通の、おかしくない言語であり、そのルールは学ばれるべきもの、人が従うべきものである。しかしアリがルールを間違えて、真剣にアヒルを「牛」と呼べば、大人たちは微笑む。同様に大人になった子どもたちがついに、母親が正しくない言い方をしたと指摘する時は、子どもたちは笑うだけではない。彼らは笑った理由を真面目に説明する。このように、適切さの規範に従わない者たちを嘲笑う懲罰的ユーモアはルールを見張っているのであり、そのルールがおかしいものと見なされることはない。

反逆的ユーモア

これとは対照的に反逆的ユーモアは、表面上ルールと支配者《ルーラーズ》たちを嘲笑する。この社会が、言えることとできることを制限する規範に満ちているなら、社会行為者を拘束するルールを破ることで喜びが得られる。子どもは親がはっきりと禁じた言葉を言うことに楽しさを覚えることがある。ある家に客が訪ねてきた際、その家の幼い女の子が、「ブタ顔さん」と言ってはダメだよ、と言われた時のエピソードをダン (1988) が詳しく書いている。その女の子は聞こえないところで、その言葉を楽しそうに繰り返してたという。下ネタも同じだ。おなら、ウンチ、オシッコと口にする喜びは生得的なものではない。それはそうした言葉につけられた禁止と、そうした禁止を破る楽しさから来る (Billig, 1999)。したがって猥談の楽しさはその「卑猥さ」から来るのではなく、その卑猥さが禁じられて「卑猥」なものとして選ばれたことから来る。「ブラック」ジョークも同様である。どのようなものがタブーであっても、タブーであるがゆえにそれはジョークのトピックになる(Dundes, 1987)。自然災害であろうと病気の流行であろうと大量テロリズムであろうと、災難がひどいほどブラック・ジョークがたくさん語られるが、特に青年期の男子においてこれが顕著だ(そのような性差の考察については、Lampert & Ervin-Tripp, 1998参照)。

意味深いことに、言語の規範を破ることにもユーモアを見ることができる。アヒルを「牛」と呼ぶのはその手始めにすぎない。大人がするユーモアの多くには、共有されている会話のルールを破ることが含まれている。会話がうまくゆくかどうかは、会話者たちが一般的な基準を共有するかどうかにかかっていることを、研究者たちは強調している。会話に参加している者たちはある種の「格律」を受け入れていて、他の話者もそれに従っているものと彼らは仮定している。たとえば会話者たちは他者の一言一言を、話題に関連している、規則を守っている、理解できる、等々と仮定している。こう仮定することが彼らに一言一言から意味を引き出させるし、さもなければ言葉を解釈することが困難だ。同様に会話者たちが話す時、自分の発話を、話題に関連するように、規則を守っているように、理解できるように、等々とするし、さもなければ会話が行き詰まってしまう(Grice, 1975 ; Sperber & Wilson, 1986)。

ユーモアはそのような会話の格律をばかにして従わないことができる。話者が直前の話者の言葉をわざと、その言葉の「違う」、意図しなかった意味で受け取ってだじゃれを言う時、だじゃれは会話の流れを乱すことがある(Norrick, 1993, 2003)。皮肉は、特に話者が言葉が意味することと反対のことを無表情で言う場合、協力と話題への関連性という格律を破ることになる(Attardo, 2000)。要求や命令や拒否をユーモアとして認められるようなサインとともに話者が述べる場合、彼らは他人の機嫌を損ねることなく丁寧さの習慣的な規範を破ることができる（Holmes, 2000；Kottoff, 2003）。会話のどの格律も破られると滑稽な効果を生む可能性があるが、すぐに格律がすっかり壊れてしまうようなことはあり得ず、会話のやり取りがおかしみのない、無意味さにまで陥ることはない（Attardo, 1993；Morreall, 1983）。ジョークを言うには決まりがあり、それが真面目さからジョークの場面への転換を示す（Mulkay, 1988；Norrick, 1993；Sacks, 1992）。タブーとされるトピックを軽んじる「ブラック」ジョークを言う人でさえ、この決まりに従わなければならず、このため聞き手はジョークが語られていることを認識することができる（Dundes, 1987）。

反逆的ユーモアという考えは、社会的習慣という規制からの一時的な自由のイメージを伝える。それは短時間の逃避であり、ピーター・バーガー（1997）の用語を使うなら、それは超越の瞬間である。それはベインの、教室の束縛から解放されて駆け出す子どもたちのイメージに合うものだ。ジェイムズ・サリーが『笑いに関するエッセイ』で書いたように、「無法なものへの笑い、さらには下品なもの、冒涜的なものへの笑いは、拘束からの解放感からその喜びの一部を得ていることは確かであり、それが自由の愉快さにおける主原料となっている」（1902：118）。この考えをフロイトは、傾向的ユーモアは禁止から一時的に逃れる手段を与えると主張して発展させた。

懲罰的ユーモアが秩序と権力の作用との関係で理解される必要があるのとは逆なのが、反逆的ユーモアである。権威が疑われ、ルール違反を見張る者たちが嘲笑われる。懲罰的ユーモアは権力をもたない者たちを嘲笑うが、他方反逆的ユーモアは権力をもつ者たちをターゲットにして喜びを得ることがある。バフチンがよく理解していたように、ジョークという権威転倒的な文化は独裁国家で栄えることが多い（Benton, 1988）。

政治的意見を直接表現することができない人びとが、彼らの指導者たちの虚勢を嘲笑することがある。公的メディアが指導者を敬意をこめて提示する共産主義体制の下では、指導者たちの愚かさや動作についてのジョークが広く流布するものだ。ハンス・スパイアー（Speier, 1998）はこうしたジョークを、あらゆる全体主義体制で非公然と語られる「ささやきジョーク」と言っている。

嘲笑することへの衝動は、全体主義体制に限られるわけではない。イギリスにおいて民主政治が始まったのと同時に政治的風刺画が発展した。ゴンブリックとクリスはそれぞれの芸術史と精神分析学の専門知識を結びつけて、イギリスの反権威的伝統をつくるのに決定的な役割をした人物がウィリアム・ホガースだった、と主張している。ホガースは中流階層に属する人びとの視覚的な嘲笑の対象を、権力をもたない人たちから権力をもつ人たちにまで広げたのだった。ホガースにとっては、「社会的身分のない者や下層社会の者、召使いだけがおかしいのではなく、地位がどうであろうと、愚かな者は誰でもおかしいのだった」（Gombrich & Kris, 1940 : 17）。最高の社会的地位にある者たちの愚行、偽善、虚勢が特に笑うに値し、それはその愚かさを犯した者たちがひどく太った人か痩せた人として描かれる場合特にそうだった。

十八世紀の終わり頃、ギルレーやローランドソンのような風刺漫画家は、ホガースがしたのからさらに嘲笑の境界線を先に進めた。権力者のあらゆる身体的欠点が絵にされた。ギルレーのビュラン〔焼き戻しをした鋼でできた金属彫刻刀〕の先端から、いかなる威厳も安全でなかった。ただし王室にまでは及んでいなかったが。最新の風刺漫画を見るために群衆が版画店に押し寄せたものだった。政治家はそうした嘲笑を恐れ、人気のある風刺漫画家に金を払ってライバルを笑いものにしようとした（Donald, 1996）。こうしたことには道徳的な尊敬の念が欠ける、とひとりよがりに非難する評者がときどきいた。ドイツの雑誌『ロンドンとパリ』に、イギリスの風刺漫画家を非難するこのような投書が載った。風刺漫画家は、「イギリス人たちにとって大切で重要なあらゆるものに対して、常軌を逸した、ゆがんだ判断を増長している」(Banerji & Donald, 1999：204 に引用)。

これは笑ワズの口調をした実直な言である。昔から反逆的ユーモアが起こると、そのたびに今度はさらなる嘲笑の対象になり得るのだ。今の時代の人びとは『ロンドンとパリ』の批評ではなく、ギルレーやローランドソンの方に引き寄せられている。前者の言葉は嘲笑されそうだ。それならば、反逆の笑いと権威の真面目さとの間に明確な区別を思い描くのは容易なことだ。バフチンのユーモアについての言葉を本章の始まりで引用したが、彼もこのような区別をほのめかす。生涯の終わりにかけてつけられたノートでバフチンは、「暴力は笑いを知らない」から、「独断的・権威的文化だけが一面的に真面目である」(1986：134) と評した。これは魅力的なメッセージだ。笑いを、というか真の祝祭的な笑いを反逆者の側に置き、不寛容な権威に反対する彼らのささやきの中に笑いを位置づけているようだ。

しかし、反逆とユーモアを等号で結ぶことには困難がある。社会が課す諸要求にそむくような反逆の感情やユーモアの愉快さは、必ずしも反逆の政治行動と等しくはない。このことは後期資本主義の状況がうまく説明する。そこではジョーク的な反逆の地位は高い。それはメディアの娯楽作品で非常に賞賛される。こうした作品は視聴者に、全面的に反逆的になることを勧めているのではない。というのは、視聴者の反逆も時代の道徳的規範に従っているからである。スイッチをひとひねりすれば(そしてクレジットカードで適正料金を払えば)、いつもの面白おかしい、嘲笑でいっぱいの番組を楽しむことができる。こうした義務的な消費が私たちに権威らしきものを嘲笑させ、絶えず昨日の作品への不満を必要とする経済状況において私たちに絶え間なく反逆を感じさせ、それを楽しませる。

ユーモアと反逆を等号で結ぼうとすること、それから権威と真面目さを等号で結ぼうとすることにも困難がある。ラディカリズムは反逆的ユーモアを独占していないのだ。もし笑いがレトリカルなものなら、他の種類のレトリカルな道具と同様に、それはラディカルな者たちだけの所有物ではあり得ない。プラトンの理想社会では、高潔な国守りたちがロマンチックな詩を嘲笑うことが期待されていた。プラトン自身、ソクラテスに死刑判決を下したアテネ市民に反逆していたのだ。より一般的には、たとえ反逆的であると主張されている笑いであっても、笑いを偏狭さの敵のものと考えるべきではない。偏狭な者も笑うことがあるだけでなく、自分を反逆の側に置き、寛容さと理性の生真面目さを嘲笑うことがある。

近年、エスニック・ユーモアが論争のテーマになっている。エスニック・ユーモアの擁護者は、そのようなユーモアは無害な楽しみであると主張するのが典型だ。たとえば、エスニック・ジョークは「本当の」偏見とはかけ離れていると主張する学者がいる。クリスティ・デイヴィスは、「本当の」人種差別主義者はジョークを言うよりも良いことをしていると言う（1990：125f；Gruner, 1997も参照）。このような主張にユーモアの一般価値を明白に見て取れる。まるで「本当の」偏見をもつ者は笑いという人間性を示さないだろう、と言っているかのようだ。しかし偏狭な者はユーモアを欠いているとか、社会上の権力者もそうだと考える理由は、ほとんどない。

サルトル（Sartre, 1948）は反ユダヤ主義についてのエッセイの中で、偏狭さとユーモアは必然的に結びついていると述べた。偏狭さはジョークに似ている。なぜなら偏狭な者が言う良識に反する意見や粗雑に誇張したステレオタイプの真実性を、彼らは実際には文字通りに信じていないからだ。偏狭な者が自分の考えを述べる時、自由と寛容という道徳的規範を嘲笑うのは故意にであり、そして合理性や上品さや証拠という規範に縛られていることから自由なことを楽しんでいるのである。したがって偏狭さが表現される時のものの言い方は、ジョークの特徴をもつことがある。実際にクー・クラックス・クランのメンバーが人種差別的なジョークをウェブサイトで公開している（Billig, 2001）。こうしたジョークは人種差別的ユーモアを禁じる、自由主義的な道徳秩序を嘲笑いながらそれに背いている。極端な人種差別主義者でさえ「いたずらっ子」の立場にいることを主張するものだ。そして、暴力は笑いを知らないとのバフチンの仮定とは逆に、そうした人種差別主義者たちは犠牲者たちを拷問し、リンチし、火炙りにするジョークをつくる。この快感の重要な部分は人を不快にさせることにあり、この時笑ワズの真面目さという自由主義の立場から手を切っている。この点で、極端な人種差別主義者の嘲笑的なジョークには、真面目なメッセージがある。

現在のイデオロギーは、反逆的ユーモアを楽しむユーモアのセンスのある暴君のイメージと馴染まない。それは、暴君の笑いは適切でないというバフチンの、あこがれのような考えが好きである。ロン・ローゼンバウム（Rosenbaum, 1998）は、ヒトラーの研究の中でこれまでとは異なる解釈をし、ヒトラーの邪悪さは彼の嘲笑のセンスにあるという穏やかでない結論に達した。ローゼンバウムが主張するには、笑うヒトラーのイメージは、彼を狂人とかモンスターとかとするイメージより不穏であり、あらゆるものの中でもっとも不穏なイメージである。このイメージは、笑いの善良さとポジティブな利点についてのイデオロギー的な想定と矛盾する。

大人になった男たちはしばしば学校に通っていた頃の話をするのが好きで、自分は生意気でいたずら好きだったと言うものだ。昔気質の教師の、尊大で不合理な権威をばかにして笑うのが、彼らは好きだ。このような話をしている時、彼らは教師にではなく男子生徒の方に感情移入している。成功した成人男性が彼の学校時代を語る一例がここにある。ある教師がかなり大きめの青いハンカチをもっていて、授業中しばしば使った。ある時彼はハンカチを落としたのに気づかなかった。いたずら好きの生徒がこれを拾い、まるで本当に汚いもののように腕を伸ばしたまま教師に返し、これにはにやにや笑っていた仲間も喜んだ。別の教師には言語障害があり、これを生徒たちは面白がった。彼はhの発音ができなかった。ある日出席を取っていた時、あのいたずら好きの生徒が名前を呼ばれて返事をしなかった。教師は何回か名前を繰り返した。そのたびごとに沈黙が生じた。ついにあのいたずら好きの生徒が、仲間を喜ばせるために言った。「先生、僕の名前はイトラーじゃありません。僕の名前はヒトラーです」(『ヒトラーのテーブルトーク』1988：189, 192)。何もしなくても権威への小さな反逆的勝利として拍手されていたのに、道徳感まで乱す、まったく穏やかでない話である。

反逆的ユーモアの規律機能

一見したところ懲罰的ユーモアと反逆的ユーモアは、まったく異なるように思える。前者は順応的な精神によって動き、保守的に機能して社会生活のルールを守るのに対し、後者は反逆の精神によって動機づけられ、そうしたルールを脅かす。しかし、実際にはこの区別はそれほど明確ではない。動機や内容や効果を、これは反逆の方、これは保守的な方というように、別々の山に積み上げることができないのだ。「ポジティブなもの」と「ネガティブなもの」がきれいに並ぶ、というわけではないのである。

したがって、ユーモアの心理的な性質とその社会的な結果という大ざっぱな区別を導入するのが役に立つかもしれない。関係者にとって反逆的に見えるユーモア行動がある。笑う者たちは自分たちを、大胆にも現状に挑み、息苦しい行動規範に背いていると想像するかもしれない。笑いのメタディスコースでは、彼らは反逆性の位置を占めているると主張するかもしれない。しかしそのようなユーモアの結果は、ラディカルというよりも順応主義的、反逆的というよりも規律的である。ユーモアに関しては経験と結果の間に分裂があり、そのため反逆的ユーモアと経験されるものが規律機能を有するのである。

いたずらはおそらくその関係者にとっては、真面目さという通常の秩序を転覆させる「ただのジョーク」のようである。プロサッカー選手たちが新入りにサンドイッチを取って来いと言う時、一見彼らは監督の権威を侮っているかのようだ。しかしこうしたジョークに実際の反逆はない。先輩の選手たちは、つかの間の規範違反に快感を得るかもしれない。彼らはまるで、真面目に生きよという要求から男子児童のようなつかの間の逃走をしている。けれども彼らは規範を捨てはしない。さらに監督は何が起きたか悟り、わざと笑顔をつくる。新入りに忘れがたい痛い目を見させることで、選手たちは格差のある権力構造を維持する規範を強化しているのだ。このように、あのつかの間の解放が意味を得るのは、人を拘束する永続的な権力からである。あのジョークは新入りに決まり事を教え、同時にそれに対して人畜無害の復讐をしている。新人教育の中に、規範への復讐があるのだ。

このようなユーモアの両義性を、男性スポーツにおけるいたずらの別の一例にも見ることができる。これはイギリス人サイクリストのトミー・シンプソンに仕掛けられたもので、彼がフランスでプロ選手としての経歴を歩みだしたばかりの頃、フランス語を上手に話せるようになる前のことだった（Fife, 1999：190；Fotheringham, 2003も参照）。ある洒落たホテルでシンプソンがフランス人のプロ選手たちに、トイレの場所の尋ね方を聞いた。彼らはくだけた品のないフランス語で、「しょんべんじょどこ?」と言うよう教えた。彼らはほくそ笑みながらその効果を見ていた。このいたずらはあらゆるいたずらと同じように、犠牲者に屈辱を与え、忘れられないほどの痛い目に遭わせる。同時に丁寧さのルールと予期されている決まり事が破られるので、このいたずらは道徳的秩序にも屈辱を与える。これを見ている者たち、つまり労働者階級出身のプロのサイクリストたちは、このスポーツの苦痛を伴う鍛錬に己の身体をさらすことがなかったなら、あのようなホテルに泊まることは決してできなかっただろうが、ともあれ卑猥な言葉が発せられるのを聞いて喜んだ。このようにして、話者の訓練には社会的混乱の楽しさが伴うのである。

しかし、この混乱はつかの間のものにすぎない。ホテル経営者は腹を立てたかもしれない。サンドイッチは不適当な時間に選手の腹に入ったかもしれない。いずれにせよ犠牲者は痛い目に遭う。そして、その代わりに楽しんだいたずらっ子たちのお楽しみは終わる。彼らは決まり事と権力に逆らうために、何も知らない無邪気な者を調達する必要があった。彼ら自身は真剣に逆らったり、反逆的に振る舞ったりしなかった。彼らはチームの監督の権威を疑わないし、金持ちのためにつくられたホテルの秩序を傷つけたりしない。彼らは反逆性をジョークに向けたのであり、その結果は反逆的とは言い難い。いずれのケースでも、小さな反逆の行為が規律機能の役に立っている。

したがって、反逆の行為としてのユーモアの性質と、そのユーモアの社会的効果との間にはギャップが存在する可能性がある。反逆的ユーモアが一律に反逆的効果をもつ必要はない。ギルレーは道徳的秩序を破壊しなかった。彼の取り巻きも犠牲者も、社交界での地位を保ち続けた。その社交界からギルレーは閉め出されていた。彼の風刺漫画が描いたこの洒落た集まりに、彼は招かれなかった。育ちの良い取り巻きたちはこうした風刺漫画を楽しむことで、自分たちが上流階級にふさわしい大胆さ、思想の自由、それになんといってもイギリス人らしさをもっていることを得意がるのだった。エッチングに使う酸のガスの吸入の作用と貧困のため半狂乱になってギルレーが亡くなった時、一つの死亡記事も書かれなかった（Donald, 1996 ; Hill, 1966）。良家の生まれの取り巻きたちが彼の葬儀にわざわざ参加するようなことはなかった。

このことが示唆するのは、反逆的ユーモアが反逆的な結果を有する必要はないということだ。しかし、議論をさらに先に進めることができる。反逆的ユーモアが、あるいは反逆的と主張されそのようなものとして経験されるユーモアが、保守的な機能と規律機能をもつことがときどきある。ユーモアは真面目な権力の世界を破壊するどころか、それを強化することもできる。後期資本主義の世界では、大量販売された反逆的ユーモアを楽しむことは、そのような娯楽を生み出した経済構造を直接助けることになる。私たちが笑えば笑うほど、そしてその笑いの瞬間に自由であると想像すればするほど、私たちはいわゆる自由市場の要求に従っているのである。さらには、俗悪なユーモアのセンスをもてとの要求に囚われていることも明らかになるのである。

このことは後期資本主義の状況に限られるわけではない。反逆的ユーモアの規律機能はもっと一般的だ。アントン・ザイデルフェルド（1982）は、前近代ヨーロッパにおける愚行・愚言の役割を検討した。巡業芸人たちは、世俗の者であろうと宗教者であろうとあらゆる権威者を嘲笑することで、お客を楽しませようとした。遊歴詩人たちはしばしば貧しい失業した聖職者だったが、司教を堕落した馬鹿者と語り、時には教皇さえそのように扱ったし、また宗教儀式や信仰をパロディにし、卑猥な仕草を演じたりした。ザイデルフェルドの言葉によると、遊歴詩人たちは正常な世界を映す鏡を提示していた。彼らは権威を嘲笑ったが、反逆的ではなかった。抵抗のための運動を扇動しようとはしなかった。わずかな生計の頼りである嘲笑の的として存在し続けている人物たちを、滅ぼそうとはしなかった。

ザイデルフェルドの議論は、遊歴詩人や道化師が実際に反逆的であったことを否定するだけでなく、それよりも先に進む。彼らのユーモアは実のところ、嘲笑していた人物たちの権力を強めていた、とザイデルフェルドは言う。彼によると、遊歴詩人は権威者から道徳的な仮面をはぎ取った。こうして道化師は、「馬鹿な言葉を言ったり関係のないふざけた仕草をすることで、権力のある立場から権威のベールをはぎ取ることをしがちだった」（p.28）。威厳のあるベールをはぎ取って、道化師は権威者の無力な裸を見せるのではない。権威者のむき出しの権力という事実を見せるのである。客たちは権威者を笑った後で、権威者の権力をさらに認識するようになる。このようにして道化師は権威者の有する権力を示し、そうすることによって再度肯定するのである。

自分自身を反逆的と想像させる社会的要請があるところでは、反逆的ユーモアを楽しむことが自己説得の手段を提供する。スパイアー（1998）は、全体主義体制で流布するささやきジョークは、実際には反逆的ではないと主張した。その代わり、それは反逆する勇気のない人びとにアリバイを与えているのだ。嘲笑は反逆と同じではない。どこの軍隊でも、兵士は部隊長をだしにしてジョークを言うものだが、ジョークを言うことが命令に従うのをやめさせるわけではない。これと同様に、独裁的な権力者に向けられたジョークが政体の変化をもたらすことはない。スパイアーが指摘するように、ジョークは反逆のリスクを冒したくない人びとが、良心に背かず暮らすことを可能にするのだ。独裁政権下でおびえながら暮らしていても、彼らは実は自分は反逆しているのだと納得することができる。ジョークをささやくことでもしなかったら、彼らは反逆しなければならない。この点で、このようなジョークは内容では反逆的に見えるが、保守的機能を果たしている。ベインやスペンサー、それからある程度はフロイトも考えていたような意味で、圧力を解放するからジョークが起こるのではない。蓄積されたエネルギーを消費するため、ジョークを言うという行為がシステム内の圧力を調整する安全バルブとなる、というようなものではない。このメカニズムは自己説得のメカニズムである。反逆的なジョークは一点の曇りのない良心をもつことを許す。この良心は、反逆がジョークになっていることを知らない。

ユーモアの両義性、特にその道徳的な両義性が、自己説得と自己欺瞞のための十分な余地を与える。ノーリックの例における母親は、娘たちにではなく自分に、ジョークをコントロールしていると説得することができる。そうする以外、何をしても彼女は納得できないだろう。道徳性の問題が関わる場合に自己説得の可能性がますます高くなる。ささやきジョークを言う人は、自分が本心から反逆していると確信することができる。彼らは独裁者の精神的欠点を本当に信じられなくても、ジョークにする。いたずらをする者たちは自分たちを、退屈な大人にはまだなっていないことを無邪気に見せる、いたずら好きの少年たちのように感じることができる。今日ユーモアが望ましいものであるのが自明とされているので、反逆的ユーモアに想定されているいたずらっぽさを好ましいとする偏りがある。子どもを嘲笑う親であるよりも、親を嘲笑う子どもである方に価値がある。これが、いたずら好きの反抗的な少年という独裁者のイメージが非常に不穏な理由である。

自己説得がうまくゆくかどうかは、自己をよく見せる主張と説明の形成次第である。人が独裁者や権力者についてのジョークを実際に笑っても笑わなくても、また笑う時に人がどのようなことを実存的に経験しようと、ユーモアの瞬間自体は重要ではない。重要なのは、その笑いの道徳的核心部が何であると人が考えるかだ。これが、機能の概念が関わるところである。反逆的な笑いをしているとの考えは反逆感を強めることができるが、反逆者として強められたこの自己感は、反逆から社会秩序を守ることができる。このことは、反逆的ユーモアが規律機能を果たすことができるがために可能となるのだ。ここでもポジティブなものとネガティブなものとが、はっきりきれいにそれぞれの場所に収まるというわけではない。

社会秩序の力

ユーモアの懲罰的側面が社会生活にとってどれほど重要か示すためには、ユーモアから話題を変える必要がある。いくつかの形のユーモアがどのように働くのか問う代わりに提起されるべき、より広い問題がある。社会生活が毎日毎日、刻々と続く理由は何か？　これへの大まかな答えは、人間は社会的動物で、集団で生活する必要があるということだ。慣習や社会規範が集団生活には必要である。さらに、そうした慣習や社会規範ががっしりした客観的な実在であるかのように社会行為者たちが振る舞うことをしないなら、そうしたものはすぐに崩壊してしまうだろう。これは言語でも同じである。もし話者たち一人一人が言語の規範や慣例のどれも勝手に無視するなら、どの言語も生きたものとして存在し続けることができない。「牛」や「アヒル」や他のものにどの語が使われるべきかについて合意がないなら、言語はすぐにばらばらになってしまうだろう。文法や語彙や、適切な話のための実践について特定の規範を有するある言語を使うのを突然全員がやめるなら、その言語は滅亡言語の長いリストに加えられることになるだろう。言語が生きたものであるためには、その言語の規範に意識しないで決まりきったように従うように、話者たちの心をその規範で満たし、話者たちの思考と反応を形成する必要がある。そして言語のあらゆる共有された規範が崩壊するなら、言語が滅びるだけでなく、社会生活の基盤も滅びるだろう。

したがって、少し異なる質問をすることができる。社会行為者に日常生活の社会的リアリティを受け入れ続けさせるよう促すものは何か？　バーガーとルックマン（Berger & Luckmann, 1967）が古典的な著作『現実の社会的構成』で論じたように、私たちの暮らす世界は社会的に構成されているかもしれないが、私たちはその世界ががっしりとした現実であるかのように日々行為している。「私たち」の世界はたんなる「私たち」の世界として経験される以上のものである。それは客観的な「そこにある何かという性質」を伴う、「世界そのもの」として経験されるのであり、バーガー（1997）は三十年後に、これはユーモアについても言うことができると主張した。慣習や社会制度が私たちに現実のものとして立ちはだかるのと同じように、私たちは客観的な、「現実に」おかしいものがあると考えている。それはまるで滑稽なものが、個人的な好みを超えた「そこにある」現実の決まり事でもあるかのようだ。

社交世界の真面目さとその滑稽さという二つの現象は、不可分に結びついているのかもしれない。ユーモアがある社会的状況でどのように働くのかをさらに詳細に調べるだけでは、この結びつきの社会的基盤を見ることができない。そうではなく、いわゆる真面目な世界とそれが社会行為者に及ぼす力を広く見ることが必要だ。この点で、ユーモアの社会理論は真面目さの社会理論を必要とする。

ここに社会的影響力としての当惑の概念が関係してくる。社会生活の維持のためには規範に従う必要があると述べることは、そのような服従が求められている場合であっても、社会行為者が実際に決まりきったように規範に従っている理由にはならない。規範を守らせ、日常の社会的服従を確かなものにする内的な力があるに違いない。社会行為者を行動させるものは、恥をかきそうだとの感覚や、当惑することの恐怖であると主張した社会科学者がいた。そのような懲罰的な恐怖によって社交世界が動かされているとの考えはもっともである。しかし後に見るように、そのような理論にはギャップがある。当惑の考えで社交世界の力の説明を試みる理論家は、当惑の恐怖がどのようにして社会的影響力を発揮するようになるのかも説明しないといけない。これをするためには笑いと関連させなければならず、そうすることでユーモアの理論と当惑の理論の両方に欠けていたものを与えることができる。

社会生活の根底にはある種のジレンマがあり、このことがフロイトを悩ませた。社会的慣習、社会規範、社会制度が人間を社会的に生きることを可能にし、社会的動物としての人間の性質を開花させる。しかし、社会生活は私たちを拘束もする。それは人間から自由を奪う。このことは、ベインが拘束と仕事と真面目さを要求する生活について記述した際、彼によって認識されていた。フロイトは『文化の中の居心地悪さ』（[1930] 1987）で同様のことを指摘した。彼によると、社会生活は人間から自由を強制的に奪うことで、幸福になるための可能性を縮小させる。人間は望むようには振る舞うことができない。赤ん坊は好きなように、キャーとかギャーとか泣いたり、満足してアーとか言ったりするかもしれない。けれども大人は社会の重要部分でいたいと望むなら、そうすることができない。乳児と大人の間のどこかで、社会化されるために自由が放棄される必要がある。

特に人の社会生活の瞬間瞬間がこの放棄の証拠を、少なくとも社会生活の強制の証拠を与える。ミクロ社会学者とディスコース心理学者が近年、日常生活における人びとの実践と会話が、共有された規範によっていかに縛られているのかの証拠を提供している（たとえばEdwards, 1997；Edwards & Potter, 1993；Potter, 1996参照）。会話の実践ほどこれをうまく示すものがない。会話における発話は、適切さという要求なしには済まされない。社会行為者には丁寧さの要求があり、彼らは他者への気づかいを示さなければならない（Brown & Levinson, 1987）。丁寧な言葉が直接的にではなく間接的に発せられる必要があり、言葉の上での努力がもっと要求されることがときどきある。

英米社会においては、ソクラテスが『メノン』で奴隷の少年にしたような直接的な要求を普通しない。たとえば食事中の人たちが、「塩」といったような直接的な要求をすることは誰も当然と思っていない。その代わり、食事している人は余分な語をつけ、適切なスピードと適切なイントネーションで、「お塩を取ってくれませんか？」と申し出るようにすることを、すでに教わっている。会話分析の研究者は、要求がどのようにして受け入れられたり拒否されたりするのかを分析してきた（Bilmes, 1987；Heritage, 1984；Nofsinger, 1993；Pomerantz, 1984）。招待や要求が受け入れられる場合は、非常に簡潔なのが典型的である。しかし拒否される場合には、「ごめんなさい、そうしたいんだけど、もう別件の約束をしてるんで、ごめんね」といったように、陳謝、正当化、言い訳といった余分なものが必要となる。直接的で飾りのない「ノー」の一言で要求や招待を断るのは、やり取りの継続性を脅かす恐れがある。ただしこのことはすべての文化に当てはまるわけではない（Katriel, 1986；Holtgraves, 2001も参照）。

社会が要求するものの力を順番取りの規範に見ることができる。これはすでにふれたように、あらゆる言語が会話を進行させるために必要としているものである。ゴフマンが述べたように、あらゆる会話上のやり取りにおいて、「メッセージの流れを導き組織化する手段として働く、慣習と手続き上のルールが作用している」（1967：33）。何よりも、話者が自分の番の終わりが来たことや、他の者が発言権を得る番であることを示す規範がないといけない。対話における社会的圧力の存在を、会話分析の研究者が「隣接ペア」の第一部分と呼ぶものに見ることができる。質問が発せられた時、聞いた者は何らかの答えを言うことが期待される位置に置かれる。「答えません」ときちんと述べる場合も、答えになるかもしれない。頭を振るので十分な場合がある。けれども質問をまったく無視する完全な沈黙はめったになく、一対一でじかに質問される場合特にそうである。そのような反応の不在は、対話を続けることの拒否を示すだろう。二〇〇二年、イギリスで悲惨な幼児殺害事件があった。容疑者は警察での尋問中、どの質問にも答えるのを拒否したと報道された。この殺人犯に有罪判決が出てから、警察での尋問を撮影したビデオテープが公開された。質問されるたびに容疑者が、「ノーコメント」と答えているのがテープに映っていた。これが数時間続いていた。もちろん「ノーコメント」はコメントである。容疑者は何度も何度も「ノーコメント」と言うのが面倒でなかったのか、疑問に思う人がいるかもしれない。なぜ彼は完全黙秘したまま座っていなかったのだろう？　この反応こそが、質問の影響力を如実に示すのである。それは反応を内側から引っ張り出すように思える。聞き手が応じたくなくても、この引き出された反応が反応なしであっても、引っ張り出すのだ。

人が対話上の規範を習慣的に行う時に社会的なやり取りにおける圧力がどのように拘束するのかを、会話分析の研究者が示してきた。話者たちは自分たちが従っている規範の細部まで意識していないかもしれない。公的な原理としてルールをはっきり言うことができないのが普通だ。しかし他の話者が、たとえばぶっきらぼうすぎたり打ち解けすぎたりするとか、声が小さすぎたり大きすぎたりするとか、声の調子が高すぎたり低すぎたりするとかするなら、そうした規範を破っていることにすぐに気づく。話し始める前にこうした規範に、言うことを意識的に合わせることは普通しない。習慣的に、質問は答えられ、要求は応じられ、隣接ペアは完成され、話す順番が待たれ、期待される瞬間正確に順番が取られる。このミクロな規範を義務的に、決まりきったように満たして、私たちの言葉があふれ出るのである。対話が続けられるなら、話すことの完全な自由というものはない。

フロイトの観点から言うなら、社会生活の複雑な全体像は個人的欲望の利己性によって脅かされている。フロイトは社会生活の根底に横たわるこの緊張を認識していたかもしれないが、個々の行為者があの可能性の縮小状態の中で、なぜ毎日安楽にしていられるのか言うことができなかった。7章で考察した彼の理論が言うには、個人は幼児期のある決定的な瞬間に、社会秩序を脅かす欲望を抑圧し始める。しかしフロイトは、そのような抑圧が大人の社会的やり取りのあらゆるところできめ細かく繰り返されている様子を、実際に即して記述しなかった。社会秩序は私たちが習慣的な服従を確実に行うよう、何らかの懲罰的な力をもたねばならない。この力が正確には何なのか、またどのようにしてそれが習慣的に行使されるのかを、フロイトは言うことができなかった。心の内部に水力学的なメカニズムのようなものがあって欲動エネルギーをせき止めるが、それでも欲動エネルギーはジョークや夢の中に漏れ続けると彼は想像した。実際、彼は間違った場所で見ていた。彼は日常的なやり取りを見るのではなく、個人の内部に隠れた心理的力を探していた。ユーモアを調べる際、真面目な生活の束縛状態を維持するその懲罰的な力を追い求めるようなことがなかったのは確かだ。

ゴフマンと当惑

おそらく日常生活の決まりきった行動や規範を検討したもっとも著名な社会学者が、アーヴィング・ゴフマンである。彼は一連の著作と試論で、日常生活がどのように社会的に組織化されるのか探求した。職場、レストラン、精神医療施設等のような、制度的ないし半ば公的な状況で起こる社会的なやり取りに、彼は特に興味をもっていた。彼は家族のような公的ではないやり取りには興味がなく、また発達的なテーマにも関心がなかった。彼の文章にはしばしば皮肉たっぷりのユーモアが伴い、また私たちが毎日当然視している生活上の細々としたことをほとんど描かないが、彼の非凡さは注目に値する。ゴフマンによると多くのやり取りが構成されるのは、社会行為者が自分自身を他者に受け入れられるように提示し、そうすることによって「面目を保つ」欲求に基づいてである。面目を脅かすものは社会秩序を脅かすものである可能性があり、そのためやり取りの規範があることで、社会行為者は面目を失なわずに日常生活のパターンに参入することが可能になる。「社会生活はどのようにして続くのか?」という大きな問題をゴフマンは提起した。社会行為者は面目を失うのを恐れるので、自分がいると考える状況の社会的要求に従う、というのがそれへの大まかな解答だった。

ゴフマンの著作『儀礼としての相互作用』(Goffman, 1967)に収められている一試論が当惑の問題を扱っている。ゴフマンはこの試論を、当惑を示すサインの記述で始めた。彼が言うには、人は自分自身のサインも他人のサインも容易に認めることができる。このサインには、赤面する、口ごもる、汗をかく、言葉に詰まる、等が含まれる。当惑することとは狼狽の感じであり、「どの場合も不快なように思われる」（ibid.：101）。それは誰もが避けたいものである。一般に当惑は「予期が満たされないこと」（ibid.：105）と結びついている、とゴフマンは言う。社会生活はすべて予期に基づいている。他者がどのように振る舞うのかの予期なしには、私たちは店やレストランや職場で直接人と対面することができない。予期された行動の規範に違反する行動を誰かがした時に、当惑が起こりやすい。ゴフマンが述べるように、この意味で当惑に関係する予期は道徳的なものである。状況にとってふさわしくないし、またそう判断されるであろう行動をその人はしているのである。当惑は一般に道徳性という大テーマとは関係ないが、「社会的出会いを行う」（ibid.：105）人の日常的な道徳性には関係する。罪悪ではなくエチケットの道徳性をゴフマンは扱っているのだ。

日常生活を維持するのに当惑がどのように貢献するのかを、ゴフマンは検討したかった。この点で彼の分析は心理学的ではなく社会学的である。当惑することは不快であると彼は考えたが、ちょうどベルクソンが笑いの経験ではなく機能を考察することを選んだように、彼は当惑の感情の性質を調べようとしなかった。むしろ彼は、その社会的機能を示そうとした。当惑の社会規範があり、それはどのような時にどう示されるのか、と彼は考える。この目的のため彼の小論は二つの論点を出しているのだが、これらは明確に分けられていない。まず彼は、当惑を社交世界の規律をもたらすものとして位置づける、という一般的論点を出す。その一方で彼はより限定された議論もする。それは組織内の緊張を克服するために当惑を示すことが必要な状況である。第一の論点ではゴフマンはユーモアと笑いの役割を無視する。第二の論点では彼はユーモアの役割を考察するのだが、それは物事の楽しい側面に楽観的に焦点を当てる議論の一部になっているように思われる。

第一の論点は一般的なものである。ゴフマンによると当惑とは、社会的な何かである。人は一人でいる時に当惑を感じることがない。大勢人がいる前で見当違いのことをしたような時に当惑が起こる。後の研究者たちはこの議論をさらに展開させた（すなわちMarcus & Miller, 1999；Parrott & Harré, 1996；Tangney, 1992, Tangney et al., 1996）。たとえば赤面は、隠したいものが他人に顕わになった時に起きやすい、と主張されている（Crozier, 2001）。当惑が社会的評価や面目の喪失と関係しているなら、このことは驚くことではない。家で一人でいる時に皿を落としたり服のボタンを外したままにしていても、面目を失うことはあり得ない。興味深いことに、親しい友人や家族の前よりも、知らない人や顔見知りの前の方が当惑を感じやすいという証拠がある（Miller, 1996：42f）。成人した娘に話した時に文法的に間違ったことを言った母親は、当惑のサインを示さなかった。もしも彼女が店員や職場の上司やテレビのインタビュアーに同じように話して間違いを指摘されたなら、当惑した狼狽のサインを示しただろうと予測するのは難しくない。

ゴフマンは当惑を人と人のやり取りにおける日常的な道徳性と結びつける際、暗黙のうちに当惑の感じと恥の感情を区別する。人は一人でいる時恥ずかしく思ったり罪悪感を感じたりすることがあるが、それは当惑を伴わずに起こる（Tangney et al., 1996）。恥は無価値な自己という全般的で持続的な感覚を伴うが、これに対して当惑はもっと一時的で、特定の状況に結びついている、と言われている（Tangney et al., 1996, 1998）。しかし、恥と当惑の区別は質的な違いであると共に量的な違いでもあるかもしれない。恥について広範囲にわたって書いたトーマス・シェフによると、当惑は「激しくない、短時間の、公然と経験される形の恥である」（Scheff, 1990：18）。

どのような社会的出会いも当惑の可能性を秘めている、特に公的状況や半公的状況で演じられる出会いがそうである、というのがゴフマンの一般的主張である。適切な振る舞いのための規範と期待がある。いつでも無作法や失態が起こる可能性があり、これが当惑の瞬間を生じさせる。ゴフマンによると、このように、「少なくともわれわれの英米社会においては、一人かそれ以上の関係者を当惑させるような恐れのない社会的出会いはない」(1967：99)。ゴフマンはここで不必要なほど慎重だったかもしれない。当惑が起こるのは英米社会に限らない。ダーウィンが『人及び動物の表情について』で示唆したように、あらゆる国の人びとに当惑を見つけることができる。当惑する可能性は普遍的なものであると推測することができるかもしれないが、ある文化でたんに当惑させるだけの社会規範違反が別の文化では恥ずかしいものと経験されることがある (Imahori & Cupach, 1994)。

それならば当惑は、日常生活の道徳的秩序を支える普遍的な役割をもっていると考えることができる。その道徳的秩序の性質がどのようなものであっても。これが示唆するのは、当惑という社会様式が社会生活の維持という大問題に対する答えを与えるかもしれないということだ。手短に答えを言うなら、当惑することへの恐怖が私たちを予期通りに行動させる、ということだ。当惑を研究するある研究者が述べるように、「私たちの多くにとって、当惑を避ける、静かな、しかし強制的な衝動が、私たちの日常生活にしみわたっている」。そしてこの観察が「社会生活についての重大な結論」(Miller, 1996：164；Modigliani, 1968も参照)を導く。この「結論」はゴフマンの仕事とかなり一致するものだ。素晴らしい小論「面目―行為」でゴフマンは、人びとは面目を失うかもしれない社会状況を避ける傾向がある、と論じた。社会行為者たちは社会的に困難な状況に近づかない傾向があり、自分たちの面目を保つために協力し、「あえて何もしないことから得られるものが多いことを知っている」(1967：42)。

トーマス・シェフは一連の重要な著作でゴフマンの基本的な洞察を発展させて、恥じることへの恐怖が「社会的絆」を守ると言った（Scheff, 1990, 1994 & 1997）。シェフによると恥とは、個人的なものやプライベートなものであろうとなかろうと、あらゆる社会関係に広がっている「社会生活の主要な感情」である。先に記したように、シェフは当惑をはっきりと小さな形の恥としている。ゴフマンが述べていることと関わる社会的やり取りは、恥ではなく当惑によって律せられるのではないかと言う人がいるかもしれない。当惑は激しくないものかもしれないが、それでも激しく経験されることがあるので、一種の分裂が指摘できるかもしれない。当惑と結びついた感情の激しさは、しばしばそれを引き起こした原因と不つり合いなように見える。知り合いの名前を間違えて呼ぶ、服のチャックを閉めるのを忘れる、コーヒーをこぼす、これらは皆世の中の仕組みといった大きなことからすれば些細な無礼である。しかしその時の当惑、そして絶えず思い出してしまうその後遺症は、誰にも見られずに不道徳な行為をした後感じる罪悪感と同じくらい、激しく不愉快な場合がある。

ゴフマンの「当惑と社会組織」の論理は重要な結論を指摘している。それは、社会行為者が行動規範を常に振り捨てることがないのはなぜかを説明する。人がいつも拘束を受け入れるのはなぜかを説明するのに、精緻な精神分析理論を組み立てる必要はない。社会生活の構造の中に社交上の当惑のメカニズムが組み込まれていて、社会行為者が適切な振る舞いの規範を忘れるたびに、一種の社会的な死に処すると脅かすのである。しかしこれには、後に見るように、決定的な何かが考慮に入れられていない。

ゴフマンの小論は意気揚々と重大な結論へ進むのではなく、些末な結末へ向かって漂っているように思える。その兆候は最初からあった。「当惑の語彙」と彼が呼ぶものを考察する時、失態や無作法は当惑の典型的なケースではない、とゴフマンは言う。この主張について説得力のある議論を彼はまったくしない。後の研究者たちは調査で回答者に、どのような状況に当惑を覚えるか尋ねた。サビーニら（Sabini et al., 2000）によるある研究によると、当惑する状況には大きく三つのタイプがある。無作法、面倒な状況、それに注目の的になることである。これらの中で注目の的になることは他の二つのタイプと異なる、と彼らは言う。無作法とは、社会行為者がいつもの社会的やり取りをうまく遂行するのに失敗した場合を意味する。場違いな服を着たり、場に合った服でも間違った着方をしたりというように、誤った処置が講じられたということだ。面倒な状況とは、事態が悪くなっていることが判明しつつある場合を意味する。もっとも間の悪い時に、前の配偶者や親や通っている教会の牧師が現れる、というようなことだ。その時社会行為者は、「そのやり取りにおける他の誰かの行動の信用を失わせる」（2000：216, Parrott & Smith, 1991 も参照）何らかのことをしないといけない。

ゴフマンはこの小論の第二部で、無作法ではなく微妙な状況に焦点を当てる。彼は社会学的に決定される微妙な状況という特殊な一タイプに関心を寄せる。予期される事柄に葛藤のある状況にいる時の、関係者たちの感じる当惑をゴフマンは考察する。職場には経営者と労働者とがやり取りするための規範がある。やり取りを支配するその規範が地位の違いを目に見えるようにする。その一方で、たとえば従業員が噴水式水飲み器の周りに集まったりエレベーターの中に入ったりした時のような、平等な行動が期待される状況がある。このような平等主義的状況で経営者が労働者と出会うと、ゴフマンによると、手持ちぶさたや当惑の表出が生じる。実際にそれらが予期されると言った方がいいかもしれない。こうした表出は社会秩序の崩壊を示しているのではなく、社会秩序の維持に役立っている。なぜならそれは、社会行為者があの特別な瞬間に示すものとは異なる自己を、それぞれがもっていることを示すからだ。ゴフマンはいつものように、当惑の性質についてのきらめくような警句でこの小論を締めくくる。「社会構造は柔軟性を得る。個人は落ち着きを失うだけである」(1967：112)。

この論文でゴフマンは、終わり近くのある脚注を除き、ユーモアを当惑と結びつけない。その脚注は、対等さが期待されている状況で上役と地位の低い者との間に生じる当惑にふれている。ジョークを言うことがこの瞬間の緊張を和らげるのに役立つ、とゴフマンは言う。その場の関係者は互いに「からかい」、ふざけて侮辱的なことを言ったり要求を言ったりするかもしれない。ジョークとからかいは参加者に感じられる葛藤する状況の重苦しさを弱める、とゴフマンは述べる。狼狽していることや当惑していることを示す表出も、同じように機能する可能性がある。ゴフマンによると、このように、「したがって当惑とジョークは調和すると考えるのは自然なことである。というのは、どちらも同じ現実を打ち消すのに役立つからである」(ibid.：112n)。

ゴフマンのこの脚注は、意味深長なものの存在と不在の両方を含んでいる。意味深長なものの存在とは、特殊なタイプの当惑にユーモアを結びつけたことである。微妙な瞬間をユーモアが切り抜けさせるやり方を、彼は述べている。ポジティブ・イデオロギーの用語を使うなら、ゴフマンは共有されるユーモアのポジティブな役割を見ている。この考えを支持する後続研究を引用するのは難しくない(たとえばBeck, 1997；Du Pré, 1998)。意味深長なものの不在とは、ユーモアを無作法や社交上の失態による当惑と結びつけないことである。特に、失態で当惑しているのを傍観者が見て喜ぶ可能性や、ポジティブ・イデオロギー支持者がネガティブと呼ぶこの種のユーモアが「ポジティブ」な機能も有するかもしれないことを、考察しないことである。ゴフマンの意味深長なものの存在と不在は、広範なパターンにうまく合致している。当惑に関する現代の社会科学のもっとも影響力のある論文の一つが、ユーモアとの関連をただの脚注の中に限定している、という事実も同様である。

当惑を笑う

当惑するのを社会行為者が恐れなければならない理由を、特に社交上の失態を見られるのを恐れる理由を、ゴフマンは説明しないし説明しようともしない。彼は心理学的な説明をするのを避けたし、概して発達の問題に関心がなかった。まるで当惑は「自然に」生起する生理学的症候群のようである。やっかいな状況に人を入れるなら、周囲への生理的反応であるがごとく、赤面、口ごもり、等という結果となる。ユーモアを笑いと結びつけるが、後者の反応を「自然な」所与として扱う各種のユーモア理論との類似性を認めることができる。おかしいものと社会的に認められているものを笑うことを、子どもがどのようにして学ぶのか検討していない。

ユーモアと当惑の類似性をさらに考えることができる。幼児がユーモアのセンスをもっていると言えないように、非常に幼い子どもが当惑を示すと言うことはできない。実際幼児は赤面のような当惑に特徴的な生理反応を示すことがない（Buss, 1980）。年長の子どもなら当惑するような状況に幼児はいつも置かれている。その身体は常に調べられ、養育者に触られる。当惑というものが社会的反応なら、それは学習される必要がある。社会化されていない幼児は社会的に適切な振る舞い方を知らないため、不適切なマナーで振る舞った時にまごついていることを示す適当なサインを示すことができない。もしやっかいな社会的状況で当惑を示すことが予期されていて、またそのような表出が傍観者からの非難の反応を減らすよう働くなら（Manstead & Semin, 1981）、子どもはこのような表出の適切な出し方を学習しなければならない。もしそうなら、ジョナサン・スウィフトの言葉を脚色して、マスターされるべき赤面と伏し目の軍隊式取り扱いとでもいうべきものがある。

幼児がするあらゆることは実際、年長の子どもがしたなら社会的に不適切と見なされることだろう。その途中のどこかで、子どもは社会的な適切さについての知識を獲得しなければならず、その中には当惑についての知識が含まれる。排泄欲求の世話がされる時から子どもは恥ずかしくなくても、排泄が人目にさらされているなら当惑を感じることを学ばなければならない。当惑の発達についての心理学的証拠は乏しい。少ない証拠が示唆するには、九歳以下の子どもはほとんど当惑の反応を示さない。当惑の感覚は社会的自己の感覚とともに現れる（Buss, 1980）。意味深いことに、当惑を示すサインは最初、嘲りへの反応に現れる（Bennett, 1989；Bennett & Gillingham, 1991）。子どもが不適切に振る舞い、他者が笑う。そのような笑いはもちろん、懲罰的なものだ。それはその子どもに不適切な振る舞いについて教えている。「このように振る舞うと、他の人たちはお前を笑うよ」と言うのだ。興味深いことにこうした研究は年長児の笑いにふれるが、親の笑いにはふれない。親、特に母親が、トイレット・トレーニングの一部として幼児を笑うかどうかは、心理学者によって研究されていない。しかしその子どもは尻を拭くのを学ばなければならないだけでなく、それに失敗したことを恥じることも学ばなければならない。養育者がどれだけ的確に、この必要でデリケートな課題を成し遂げているのか、よくわかっていない。

年長児の嘲りに対する子どもの最初の反応は、完全な当惑といったものではない。九歳以下の子どもは原当惑（proto-embarrassment）を示すことがある。社交上の適切さが関係しているとの十分な認識のないまま、表面的なまごつきのサインが生まれる（Bennett, 1989；Bennett & Gillingham, 1991）。しかしこうした初期の嘲りのレッスンは、その子どもにとって当惑の性質を学ぶのに大いに役立つものになる。その子どもは、もし人が当惑するようなやり方で振る舞うなら、それを見ている者たちはたぶん笑う、ということを学んでいる最中なのである。そしてここに、ゴフマンが見逃した笑いと当惑の結びつきの中核部分がある。

この問題を簡潔に述べることができる。当惑している人にとって当惑はつらいことかもしれないが、それを見ている人にとってはおかしいのが普通だ。このため微妙な状況が喜劇的場面になる。ボスたちがまるで下っ端であるかのように何気なく呼びかけられる、将来義理の親になるはずの人が初対面の詮索好きの人のように根掘り葉掘り聞き出してくる、以前の恋人が一番来てほしくない時に現れる、親が子どもに思わず根拠のない見栄を張る、その逆、等々と可能性はつきない。観客は登場人物たちの不愉快さを楽しむ。これは失態でも同じである。ウィリアム・ハズリットが述べたように、「われわれは、われわれが参加者ではなく目撃者である場合の不幸を笑う」（1987：70）。

ユーモアと当惑の繋がりは当惑の研究者の知見に見つけることができるが、彼らの理論においてこの繋がりが率直に述べられることがあまりない。そのような研究者らが自身の知見のこの面に特別注意を払うことがあまりないことは興味深い。ミラーとタングニイ（Miller & Tangney, 1994）は学生たちに、当惑を引き起こした状況と羞恥心を引き起こした状況を思い出すよう求めた。彼らは二種類の状況を区別するものに関心があった。主たる違いの一つは、恥ずかしい状況ではなく当惑する状況をユーモラスなものと回答者たちが述べたことだった。パロットとスミス（Parrott & Smith, 1991）もこれと似た知見を報告している。彼らの研究では、当惑する状況を述べた回答者の四〇パーセント以上が、他者が彼らを笑ったことに触れた。

こうした研究者たちはしばしば当惑する状況の例を使って、自身の理論を説明したり、質問項目に入れたりする。そうした例は他者による嘲りを含んでいることが多いのだが、後に見るように、研究者たちの理論は嘲笑の重要性を軽視する傾向がある。サビーニら（2000）が使った無作法な話の一つは、新学期の初日の講堂での出来事を描いている。誰も知り合いのいないある学生が講堂の席に座り、上の空でペンの端を噛んでいた。突然、学生の何人かが見つめ出し、「数人が笑い始めた」（ibid.：238）。彼女は目を伏せ、両手が青くなっているのに気づいた。彼女はトイレに飛んでいった。彼女の顔はペンから出たインクで真っ青だった。

他の例を挙げることができる。パロットとハーレ（Parrott & Harré, 1996）は、当惑させるものに分類されるさまざまなエピソードの「家族的類似性」を検討し、互いに重複する三つのテーマがあることを強調した。それらは、（一）社会的役割を演じることの失敗、（二）自尊心の喪失、（三）社会不安、である。これら三つの要素すべてを含む一例を、彼らは提示している。化学の授業中、ある学生がビーカーを割り、このことがカタストロフィーの連鎖をスタートさせ、水がはね、温度計が割れ、化学薬品がひっくり返り、部屋が煙でいっぱいになった。パロットとハーレが詳述するには、「彼女のクラスメートたちは彼女を笑い、そして、驚くことではないが、彼女は当惑を感じた。……彼女は汗をかき、震え始め、そしてわっと泣き出した」（ibid.：44）。

パロットとハーレがこの話を語る中で、他者の笑いを当惑の感情とどのように繋げているのかに注意してみよう。クラスメートがなぜ笑ったのかを説明する必要を彼らは感じていない。「驚くことではないが」の語句は、当惑と笑いの繋がりが「自然な」ことと彼らが想定していることを示している。同様にサビーニら（2000）も、場違いに青い手と顔をした若い女性が一人で座っているのを見て、傍観者たちがおかしく思った理由を説明しない。この説明の不在は、この当惑させるシナリオがおかしい理由を読者たちが理解しているだろうと、著者たちが予想していることを示している。

ミラー（Miller, 1992, 1996）は当惑する状況の分類法を提供している。当惑する状況のもっとも一般的なタイプは、彼が「標準的公共性欠如」と呼ぶものを行為者が示すというものである。この欠如が身体的なものであることが時にあり、社会行為者がコントロールを失って、催し物の最中に笑ったり、咳をしたり、大きすぎる音で放屁したりするような場合がこれである。身体からこのような音が出ても、誰か見ている可能性のないプライベートなところでなら、それに続いて当惑が起こることはない。ミラーは「一時的魯鈍《ろどん》」の語を使って、それ以外の時は十分能力のある社会行為者が、友人の名前を忘れたり、適切でない服を着たり、間違った言葉を目立つように言ったりするような、認知的間違いをする状況を述べている。たとえばジョージ・ブッシュ（父親）が合衆国副大統領の時、レーガン大統領と七年半の間ともに仕事をしてきたと言い、それから、「私たちは勝利を収めた。私たちはいくつか過ちを犯した。私たちはいくつかセックスを、あー、挫折《セットバックス》をした」（Miller, 1996：54 に引用）と言った。

百年前のアイルランドの政治家ボイル・ロッシュ卿は、不適当なコメントをするためよく笑われていた。彼がいつも話の要点をつかみそこねていることを、彼のコメントが示していた。ある時アイルランド議会で彼はそれ相当の真剣さで、われわれは子孫のために努力すべきではないと主張した。彼はレトリカルな問いを発した。「子孫がわれわれのために何をしたのか?」。だんだんと高まる笑い声をものともせず、彼は自分の言葉の釈明をしようとした。言わんとしたのは直接の子孫のことであって遠い子孫のことではない、等と。どの真面目な釈明も笑いを増幅させるだけだった。ある観察者が述べたように、彼の釈明を聞くと「半時間の間、真面目な仕事が何もできなかった」（Davies, 1990 : 142に引用）。

ボイル卿やジョージ・ブッシュのような失態は、静粛な公の場で身体から大きな音が出るのに似ている。それは傍観者たちに笑いを起こしやすい。ボイル卿の例が示すように、失態を犯した者が真面目に反応すればするほど、またジョークを言うのに失敗した姿を見せれば見せるほど、しばしばおかしさが大きくなることがある。ジェイムズ・サリーが書いたように、一般に、少なくとも「極端な条件においては、当惑させるもの、ルールに反するものが」、傍観者を笑わせることを「示す十分な証拠がある」（1902 : 114）。極端な条件とは、生じた失態が道徳規範をひどく逸脱しないことであり、換言するなら、その失態が当惑すべきものであっても恥ずべきものではないことである。

おそらく当惑とユーモアの関係についてのもっとも強力な証拠がユーモア研究にある。当惑の研究者たちは調査の回答者に、自分自身に起こった当惑するエピソードを述べるよう求めるものだ。これとは対照的にユーモアを研究する研究者たちは回答者に、それまでの人生の中でおかしかった出来事を尋ねることがあまりない。そのような数少ない研究の中で、ヴァン・ギフェンとマハール（Van Giffen & Maher, 1995）は人びとに、自分を笑わせた出来事を尋ねた。彼らは特に回答者たちに実際の出来事に限定し、ジョークや、テレビや映画の場面を除くよう求めた。ヴァン・ギフェンとマハールは結果を簡潔に提示しているが、それにもかかわらず一つ明白な事実がある。回答者たちがおかしかったと述べる状況は、当惑に関する研究で回答者たちが当惑したと述べる状況に非常に似ているのである。

ヴァン・ギフェンとマハールは、おかしかったエピソードのいくつかを附録に載せている。そのいくつかは、ミラーが当惑する出来事を述べるのに使った「標準的公共性欠如」のカテゴリーに一致することが明白である。食事をしていたら別の客が皿からデザートを膝の上に落とし、それを見て笑う友人たちの話がある。あるグループが顎の大きさのことである女性をからかう話がある。このジョークの的になった女性は鏡を見て顎をチェックし、そして「これがみんなを（ジョークの的を除き）さらに笑わせ、笑い声が大きくなった」（Van Giffen & Maher, 1995 : 49）。

ヴァン・ギフェンとマハールが報告した出来事の中には、ミラー（1996）が「一時的魯鈍」とした当惑の話のタイプに一致するものがある。たとえば、スーパーマーケットで合計金額を払い忘れた人の話がある。隣の家の人たちがガレージから自動車を慎重に出し、手を振り、そのまままっすぐ塀にぶつかる話がある。この話をした回答者はこう回想する。「妹は笑ってどうしようもなくなっていたので、車の中に押し込めなければなりませんでした。私は少し微笑んで同情の表情を見せながら、笑いを押さえ込んで車に乗ろうとしました」（Van Giffen & Maher, 1995 : 50）。

この話は、ベルクソンが強調し、6章で考察した、共感と笑いの葛藤を示唆している。この話をした人は、同情の表情を示そうとしながら、同時に笑いを抑えようとしたと話す。これが意味するのは、同情を示すことが期待されたが、これは制御不能な笑いによって一蹴される危険性があったということだ。この表情を生み出すことができなかった妹は、視界から急いで消された。この話を聞いた者が、笑うのと、隣人の怪我はひどくなかったのかと尋ねるのを、同時にすることはあり得ない。この質問は笑いの後に起こるかもしれないが、笑いと同時には起こり得ない。同様に、アイルランド議会の議員たちは腿を叩いてボイル卿の語法違いをやじっていた時、一息ついて彼を傷つけていないかどうか考えたりしなかった。ジョージ・ブッシュが夜中に目を覚まして、間違えて入れた単語を思い出してうろたえて冷や汗をかいたりしてないか、と気にする人がいるだろうか？　パジャマを着た副大統領が「セックス」の語を言ったことを悩んでいるという考えは、ジョークを一つつけ加えることになるのが現実だ。そのような大喜びの瞬間を楽しむ人、他人の失態や社交上の愚かな行為を喜ぶ人は、共感という拘束から一時的に逃れている。その間、笑いの対象は本当にただの物になる。

当惑する出来事と共感的反応

当惑は傍観者にとっておかしいものであり得るという議論に、珍しいものは何一つない。ゴフマンのような人間のちょっとした欠点を鋭く見抜く観察者がこの面を見逃すとは、奇妙なことのように思う人がいるかもしれない。彼はまるで珍しい動物種の儀式的ディスプレイを観察する動物行動学者のように、日常生活上の決まり事から一歩退く。しかし彼のこの超然とした姿勢には限界がある。当惑に関する小論で彼はユーモアに、ポジティブな健康証明書を与えているようだ。はたして人間性について楽観的な見解をするポジティブ・イデオロギーが、現代の社会生活に関するこの偉大な観察者の仕事にまで手が届いていたのだろうか？

ここでの論点はゴフマン当人を超えて広がっている。問題は、社会科学者たちがこれまで一般に、懲罰的な笑いと当惑の結びつきを考察したがらなかったのではないか、ということだ。当惑を研究する心理学と社会学の研究者たちはしばしば、理論と説明の間に不一致を見せる。例においては嘲りの役割が明らかで、傍観者は他人の当惑を楽しんでいるのがわかる。しかし理論は傍観者を、当惑の犠牲者に共感を示し、嘲笑をしない「いいやつ」と描きがちだ。

当惑のこの「いいやつ」的見解には二つの要素がある。第一に、傍観者は当惑の犠牲者に同情し、当惑の二次的な感情を共にすると主張する。この点で共感が自発的な反応と見なされている。第二に、やり取りを繕い、彼らが陥った恐ろしい社交上の裂け目から失態を犯した者を救うためにできることを傍観者がすることを、理論が示唆する。この見解によると、人間は社交上の故障を修理する同情的な修理人である。

この「いいやつ」的見解の要素を両方ともゴフマンの著作に見つけることができる。他者が当惑するのを見る場合、同情が習慣的な反応であると彼は言った。社会行為者はしばしば共同で当惑している人の面目を保とうとする、と彼は主張した。「ある人が赤面すべき状況にある時、そこにいる他者たちは通常、彼に赤面するものである」（1967：99–100）と彼は書いた。ボイル卿は自分の発言の語法違いに赤面したかもしれない。けれども聴衆たちは彼を笑い、彼に赤面しなかった。視界から急いで消されたあの妹は、隣人の愚かな運転に赤面しなかった。

当惑する状況における行動についてのゴフマンの観察は、社会行為についてのより一般的な見解の一部である。人間の有用さと仲間感情に関する楽観的な見解を見つけることができる。ゴフマンは、「自尊心のルールと思いやりのルール」について書いた。このルールは行為者に、自身の面目と「他の関係者」（1967：11）の面目を保つためにできることをさせる。失態が生じたなら、思いやりのルールが傍観者に状況の修復を試みさせ、「他者の面目を保つ保護的オリエンテーション」（ibid.：14）を示す。

後の研究者たちもゴフマンに従う傾向を見せ、当惑の伝染性の性質と、傍観者の修復作業に従事する傾向の両方を強調した。モディグリアニ（Modigliani, 1968）は、当惑は「非常に感染的な形態の不快感である」（ibid.：314）と書いた。ミラー（1987）は共感的な当惑に関する実験を行った。被験者はペアになって異なった役割をするように求められた。一人は、米国国歌を歌うというような当惑する課題を行い、もう一人の被験者はこの実演を観察する。観察者たちは当惑している被験者への共感を報告したことを見出して、ミラーは当惑の感情は共有されると主張した。メッツとキューパック（Metts & Cupach, 1989）は、当惑する行為者と、当惑させる状況にいる傍観者の両者によって使われる修復戦略を検討した。修復戦略には、謝罪、弁解、正当化、それにユーモアが含まれる。ゴフマンが当惑の小論を締めくくる脚注で示唆したように、当惑する行為者と傍観者は両者とも、ジョークを言ってその状況を軽くし、真剣さを引き下げることがある。ドゥ・プレ（1998）は、当惑させる状況でユーモアがどのようにして面目保護作業を行うのかに触れている。彼女はユーモアと当惑に関する過去の研究を再検討して、「概して、人は普通、面目を傷つける状況を切り抜けるためにユーモアを使うことを、研究が示唆している」（ibid.：24）と結論づける。

「いいやつ」理論は社会心理学の教科書にも居場所を見つけている。当惑の研究者であるジョン・サビーニは、自身の書いた教科書に当惑を考察する一節を含めている（Sabini, 1992）。彼は、ミラー（1987）の共感の実験を引用し、共感的当惑ないし二次的当惑についての短い文章を入れている。フランゾーイ（Franzoi, 2000）は自身の教科書『社会心理学』で、当惑の感情がどれだけ不快かを示す研究を概括している。当惑の経験の不快さについての悪いニュースを知らせた後でフランゾーイは、一般法則を提示するかのようにこう述べる。「良いニュースとは、当惑させる状況は傍観者にとっても不快であり、そのため彼らはしばしばわれわれの自己呈示を修復するのを助けてくれる、というものである」（ibid.：78）。

「いいやつ」的見解が何か見落としているように感じるのは難しいことではない。ミラーの実験では傍観者が米国国歌を歌う被験者に当惑を感じたと報告したため、共感的当惑の証拠を生み出したかもしれない。そのような報告は内的な不快感を反映したものか、共感を示すようにという社会的要求を反映したものなのか、はっきりしない。しかしミラーの結果は当惑している行為者とは対照的に、傍観者が実験に参加しているのを楽しんでいることも示した。他人の当惑を見ていなかったらこの楽しさが生まれただろうか？ しかしこの楽しさは率直に認めることができるものではない。傍観者が他人の感じる当惑の程度を低く見積もる傾向があることを示唆する他の実験室研究の証拠も、確かにある（Marcus & Miller, 1999）。

この二冊の社会心理学の教科書がミラーの知見を同情の証拠として考察する時、観察者がこの実験を楽しんでいることに関する知見には触れない。サビーニの共感的当惑についての部分は、「それほどいいやつでもない」側面をどのようにしてこじつけることができるかを示している。サビーニは、テレビ番組『アイ・ラブ・ルーシー』がいつもルーシーをひどい当惑に陥らせようとするパターンで描くので、この再放送を見ることができない友人について触れる。「私の友人が見ることができない理由は、見ると非常に当惑するので、見るのがつらいということなのだ！」（1992：253）。この逸話は共感的当惑のリアリティを説明するために書かれたのだが、別のことも明らかにしている。サビーニの教科書には「当惑を見る楽しみ」と題された節がない。また彼は、『アイ・ラブ・ルーシー』を見て、当惑する状況にいる主人公を笑う何百万人もの人がいることに触れない。実際、わざと他人を当惑させて楽しむこともあるかもしれない。この要素は新入りに対してするようないたずらには必須である。シャーキイ（Sharkey, 1992）が述べたように、これは多くの研究で研究対象になっていない。社会心理学者は、人間行動のこのいい面でない部分を探求したがらないし、触れることすらしないできた。

もちろん、そのような共感は存在しないとか、人は当惑させられる状況を取り繕う作業をするものだとかと反論するのは間違いだろう。問題はそのような反応の生起ではなく、そのような反応を規範にまで格上げすることである。まるで共感は社会生活の背後にある支配的な感情であるかのようなのだ。大統領とセックスするといったありそうにないことを言う副大統領には同情よりも、公の場でばかなことをした政治家を見る悪意のこもった快感の方があり得る。社会行為者がする親切なことのみに焦点を当てるのは、特に当惑という社交上の強制力に関して説明されない事柄をあまりにも多く残してしまう。もし社会生活を継続させるのに当惑が決定的な役割を果たすのなら、その中心部では社会的動機の音が調和して鳴り響いているとは限らない。当惑の典型的な状況では不協和音が鳴っているかもしれない。傍観者たちは懲罰的ユーモアの残酷な快楽に加わる時、共感という社会的責務を果たすのではなく、その責務から一瞬解放されるのを楽しむのかもしれない。当惑する個人は社会的な死を迎え、他方、傍観者たちは生の喜びに満たされる。

ハンス少年の当惑

そのような不協和音が背後にあるなら、否認と自己欺瞞の可能性があるのも当然かもしれない。同情的ないいやつかつ良質のユーモアの愛好者であることが期待される年齢では、自分の快楽にそのような残酷さを認めるのは非常に危険なことである。これは冷静な社会科学者の間にさえ広がっている可能性がある。彼らはポジティブなものに目を向けるのと同じように、ネガティブなものに背を向ける。もしそうなら彼らの結論は、彼らに見えるものと彼らが見るのを避けたものを反映することだろう。ゴフマンでさえこの影響を受けた。現段階で必要なのは理論的な記述ではなく、詳細な例である。

その例はフロイトの有名なハンス少年からの引用である。この幼い男の子は両親がフロイトの初期の弟子で、父親のマックス・グラーフが息子の行動の記録を取ってフロイトに渡していた。このケースは先に7章で考察している。ハンスが四歳半の時、当惑を学ぶことに関係する一つのエピソードが起きた（Freud, [1909] 1990：181–2）。グラーフ家の家族は休暇中で、毎日あるレストランに昼食を取りに出かけていた。八歳くらいの少女も家族と一緒にそこへ来ていた。ハンスがその子と友達になりたいのが誰の目にも明らかだった。ハンスの父親はあるエピソードを述べた。彼が言うにはそれは、「私たちをとても楽しませてくれた。というのは、大人になった者が恋に落ちたようにハンスが実際に振る舞ったからだ」（ibid.：181）。

> ここ数日間、私たちが昼食を取っているレストランに八歳ほどのかわいい少女が来るようになった。もちろんハンスはただちに恋に陥った。彼はいつも椅子を回して彼女を密かに見つめる。食事が終わると彼は彼女の近くに身を置いていちゃつこうとする。しかし見られていることに気づくと、真っ赤になる。少女から眼差しが返されると、すぐに恥ずかしそうな顔をして目をそらす。（ibid.：181）

ハンスの振る舞いは「レストランで昼食を取っている皆を、自然ととても楽しくさせる」（ibid.：181）とのコメントで、グラーフはこの記述を締めくくる。

この話は当惑と笑いに関するものの一つである。父親と、それからこの話を再録したフロイトによると、この少年は欲望が顕わになったので当惑している。見つめられていることがわかった時、彼は狼狽のサインを示す。彼は赤面する。恥ずかしそうな顔をして目をそらす。この子どもの振る舞いを見る大人たちはそれが面白い。なぜ大人たちがそれほど面白がるのか、グラーフもフロイトも説明する必要を感じなかった。読者もわかるだろう、と想定された。ハンスの振る舞いが誰にとっても楽しいのは「自然な」ことだ。グラーフとフロイトによると、この楽しさを与えるのは、とても幼い子どもにおける大人の恋愛感情の表情である。

そのため表面上これは当惑と恋愛と笑いの話である。愉快で、可愛らしくて、楽しい。昔からずっと読者はこの感情を自然に共有している。しかし別の側面がある。フロイトとグラーフによって語られるこの話では、大人たちは受動的な観察者である。彼らは、本来的におかしいものを、つまり恋愛に陥ったようだがその欲望を恥じる少年の振る舞いを、見ている。この受動的な大人と欲望する子どもの記述は、フロイトのエディプス物語にうまく合う（7章参照）。分析的な眼差しがその子から大人の食事客たちに移るなら、あのレストランでの出来事が一変する。快楽の場所が子どもから大人たちに変わる。否認の実践も同様である。

幼い男の子を見て、笑い、彼の不快さを楽しんでいる大人たちが見える。おそらく大人たちはそれぞれの席で互いに視線を合わせ、この楽しさを共有している。食事が始まった時、ハンスはドアをじっと見つめてあの少女が現れるのを願っているのと同じように、大人たちはハンスをじっと見つめて滑稽な振る舞いが始まるのを願っている。彼が赤面するたびに、彼は楽しませてくれる人になる。これが、彼の大人のような恋愛感情が不適切であるさらなる証拠である。そのため彼が当惑すればするほど、大人たちはさらに笑う。グラーフの報告はこのおかしさが「自然な」ものであると述べている。この報告の最初の読者であるフロイトはこの場面に代理で招待され、楽しんでいる。フロイトが出版した事例研究でこの話を再録した時、彼の読者も時間と場所を越えて招待され、このおかしみに加わる。これをするために読者は、大人に笑われて当惑する幼い男の子ではなく、恋に落ちた幼い男の子に微笑まなければならない。

また聞きでこのおかしみに加わるためには、この話のありそうもない面をいくつか無視しなければならない。私たちはハンスが恋に陥ったと確信するだけでなく、彼は彼の欲望に当惑していると確信する必要がある。しかし、彼が父親とだけいる時は、彼は当惑のサインを示さないようだ。「あの子、今日来ると思う?」と彼はパパに、率直に、恥ずかしがらずに聞く。別の日彼は父親に、あの子が滞在しているところを見つけたと話す。あの子がある家に入って行くのを見たのだ(ibid.:191)。しかしレストランでは、すっかりしおれて赤面する。グラーフとフロイトはこの違いの原因を、彼の欲望の対象である少女がレストランにいつかやって来る可能性の有無にしている。大人たちの存在、彼らの笑いの存在という観点から違いを説明しない。

大人たちの笑いは懲罰的側面を含んでいたが、それはあの楽しさの瞬間には隠されていた。ハンスはレストランで不適切に振る舞っていたから、彼がおかしいのは「自然な」ことだった。世紀末のオーストリアでは、中産階級の若い男性はまともな若いレディーをレストランで見つめてはいけなかった。非常に幼い子どもはそのように規制される必要がなかった。礼儀正しさの行動規範を破るハンスは、子どもっぽく振る舞っていると理解されているのではない。彼の振る舞いはまるで恋に落ちた若い男性であるかのように、年齢以上のものとして解釈されている。子どもの身体と、彼に想定される大人の感情とのズレが、滑稽なものであると考えられている。大人の笑いはハンスに、このように振る舞うのは、つまり椅子を回して見つめるのは、不適切に振る舞うことになるのだよ、と告げている。望んでいないのに注目の的になるかもしれないのだよ、とも。あの笑いは彼に、公共の場でどう振る舞うべきかを教えているのである。

この教えにはさらに別の面がある。礼儀正しさを教えることが何が失礼になるかを示すのを伴うのと同様に、懲罰的な笑いには暗黙の結果がある。それは、不適切な振る舞いがおかしいのは「自然な」ことだと言うだけでなく、そうすることで懲罰のモデルを提供する。社交上不適切なことは社交上のおかしみを誘う恐れがあることを、ハンスは学ばなければならない。彼はレストランでどのように振る舞うべきかを学ぶレッスンを受けているだけではなく、どのように嘲笑うのかの教えも授けられている。社会における社会化されたメンバーになるには、公の場での振る舞い方を学ぶ以上のことを意味する。それには不適切に振る舞った者への笑い方も含まれている。というのは、礼儀正しい大人は社交上の逸脱者を、情け容赦ない一瞬の嘲笑で罰することができないといけないからだ。

しかしこの懲罰は、これを行使する人には意識されずに起こるようだ。いつもレトリカル・スプレイが使われる。大人たちは、「ただ」笑っているだけさ、と主張することができる。しかし、「ただ」笑っているだけと思う場合に特にそうなのだが、彼らは「ただ」笑っているだけではない。「ただ」笑っているだけと思うのは、「ただ」笑う以上のことをしている。それは、思うことと笑うことなのだ。懲罰的な笑いの場合、そう思うことが笑いの残酷さを隠すので、人を安心させる。あのレストランにいた大人たちは、自分たちが幼い男の子を不快にさせていると思う必要がなかったし、彼に何かを教えているとも思う必要がなかった。彼らはただ無邪気に笑っているだけだし、あるいはそう思いたいのかもしれない。

ハンスは利口な少年である。いつか嘲笑することを学ぶことだろう。また、「ただ笑っているだけさ」とか「ただのジョークさ」と主張することも学ぶことだろう。そのような主張が彼から自分の笑いの何らかの側面を隠すものであるなら、彼は抑圧をつくる自己欺瞞を学んでいることになる。この抑圧の技術がどのように学ばれるのかをフロイトが正確に説明したことはなかった。それは教えることのできない、エディプス期の子どもの内部で自発的に生じる深部に隠れた内的過程であると彼は仮定した。もちろん大人たちは抑圧の仕方を直接教えることができない。大人たちが子どもに直接、「もし君がこのように考えてあのようなことをするなら、大人がする抑圧というものをするのに成功するのだよ」と言ったりすることなどできない。しかし知らず知らずのうちに大人たちは抑圧を見せることがある。あの夏休みの日、レストランで笑い、解釈をした大人たちは、抑圧のモデルを与えていたのである。

この話にはさらに別の見方がある。大人たちの懲罰的な笑いは、彼らがハンスを当惑させる行動をするのを可能にしている。私たちにはその場面を想像することができる。彼らは椅子を回して見つめた。ハンスをだ。彼らは笑う時、見知らぬ者同士互いに視線を合わせている。少女の目に留まりたかっただけのハンスを嘲笑することに加わる時、まともな男たちは隣の席の女性たちに微笑する。要するに、大人たちは禁じられたことをする自由を楽しんでいるのだ。

ここに、懲罰的な笑いの中心にある多義性の一つがある。それは笑う者たちに、表向き公認されているものを楽しむのを許す。このことをいたずらに見ることができる。いたずらは社会秩序を乱し、同時に強める。グループの新メンバーがその集団の習慣を知らずに乱す時、社会秩序が強められる。それを見ている者たちは、その結果生じた混乱と当惑を陰から見て笑う。彼らは怒るのではなく、楽しむ。彼らはこの混乱を自分のことのように楽しむことができる。この楽しみには、社会秩序の再生産を確実に行う嘲笑だけでなく、社会秩序が乱れるのを見るという反逆的な喜びも見つけることができる。傍観者たちは自分自身や他者に強いられている拘束から自由になる。そのためハンスを見る大人たちは懲罰的な嘲笑で彼の自由を拘束する時でさえ、彼の自由さを楽しむのである。

後で笑える

当惑させられる状況は笑いを招くものであることを子どもが学ばなければならないなら、自分自身の当惑にも当てはまるようでないといけない。当惑のいいやつ理論は根拠がないわけではない。当惑している社会行為者はその間中笑みを浮かべることがあるが、このことは必ずしもジョークに加わり、傍観者たちのユーモアを共にしていることを意味しない。当惑している人は苦笑いをしているかもしれないが、それは自分の立場が他者の目には笑えるものと映っていることを知っているからだ。そのような笑いは嘲笑している者たちの笑いとは異なる。苦笑いをしている者は視線を避けるかのように、笑いから目をそらす。これは基本的に、笑いのさらなる爆発を防ぐために、他者の笑いに合わせて行われる、なだめの笑いである（Keltner, 1995；Keltner et al.；恥と微笑みの検討には Retzinger, 1991 を参照）。これは、自分を笑っていると思われる人と一緒の笑顔、ないしは笑いを見せることである。

当惑する瞬間はその時はつらいものかもしれないが、当惑した人には後にユーモラスな話となる。フロイトは一九二二年、ハンス少年の事例史補遺を書き加えた。彼は最近、大人になったハンスに会ったのだ。ハンスはフロイトに、自分の事例史を読んだ時、出来事を何も思い出せなかったと語った。おそらく彼もレストランで真っ赤になった子どもの振る舞いに微笑んだことだろう。公の場での礼儀正しい振る舞いを知っている一人の大人として、彼は今や以前の自分のおかしさを理解することができる。これをする中で、彼はまったくありふれたことに関わることになる。つまり、自分自身の当惑を、後で語る楽しい話に変えることだ。

当惑を研究する研究者は「後で笑える」ことの意味にふれることがあまりないが、このことがよく起こっていることが、彼らが提示する例に示されている。ミラー（1996）は著作『当惑』の最初の章で、当惑した出来事の一例を挙げている。四一歳の大学院生が仕事に遅れそうになってあわてて服を着たので、昔の大きな妊婦用のスリップを着てしまった。仕事へ行く途中、にぎやかな通りを渡らねばならなかった。彼女のため交通がストップした。渡り始めた時、スリップがずり落ちるのを感じた。運転している人たちが彼女を見ていて、スリップが地面にまでずり落ちた。彼女はスリップを脱いで歩き続け、当惑の気持ちでカーとなり、傘で顔を隠した。ミラーはこの話を「当惑の典型例」（ibid.：3）と述べる。彼はこの話の二つの側面にふれるが、それらに特別な注意を払っているわけではない。「この出来事はこれを見ていた運転手には面白いもので、またこの不運な犠牲者は後でこのことを笑うことができた」（ibid.：3；他の「後で笑える」話の例として、Miller, 1996：201n も参照）。もちろん「後で笑える」ということは、その時は笑えなかったことを意味している。この言い方がすぐに理解されることが、大多数の人に共通するものであることを示唆している。

当惑したエピソードを人はどのようにして、どのような状況で笑うのかという疑問があるかもしれない。言語学者のヘルガ・コトフ（Kotthoff, 1999）は、話者が自分たちにユーモラスな話をする会話の詳細な分析をした。こうした話はほとんど当惑する状況に関連していた。後で語り直す時に、こうしたエピソードがユーモラスな話になるのだった。数名の話者が和食レストランで食事を取っていた時の話をしていた。隣のテーブルに有名な女優がいた。話者の一人が突然醤油の瓶をテーブルの上に倒した。この話が語られる時、笑いの挿入の増加がある（トランスクリプトでは挿入された笑いは太字のへ、**ホ**で示されている。声が通常より大きいのも同様）。主な話者が続ける。「**テへーブルにねへへへへへ**、それで**へへへ**食事がぃ**ヒ**っしゅ**フ**んち**フ**ゅうだんされちゃって**へ**」（ibid.：71）。このエピソードの場にいなかった別の話者が「どうして？」と尋ねる。これに笑いがないことは、彼女がこのジョークがわからないことを示している。その場にいた別の話者が答える。「たまたまね、すべったの。**へへ**」。ジョークがわからなかった質問者は笑い出し、笑いを増大させ、「**ハハハ**なんてこと」。これによって彼女が今やユーモアを理解したことが示される（コトフのトランスクリプトでは**ハハ**は**へへ**よりも大きな笑いを意味する）。そしてその場にいた別の話者が笑うことなしに、「私たちほんと悪い印象与えちゃった」とつけ加える。

この話では何が起きているのか、悪い印象を与えることがなぜ笑えることになるのか、と疑問に思う人がいるかもしれない。この話は当惑についての率直な話ではない。この話は関係者の気持ちを言って終わったり、たとえば「それでとても照れくさかったの」と一人が結末をつけて終わるのでもない。話者たちは聞き手から要求されていることを話すよう、先に伝えられていた。つまり笑いについてである。この話は文字通り笑うために語られている。このようにして話者たちはこの過去の出来事を、当惑したものではなくユーモラスなものと思っていることを示すことができる（Norrick, 1993：39）。「どうして？」と尋ねる聞き手の反応は、笑いを見せていたにもかかわらずユーモアの根拠が明らかでなかったかもしれないことを示している。コトフが述べるように、「部外者にとってこのエピソードはおかしみのあるものではない。『あなたはそこにいるべきだった』の一例である」（1999：71）。これはフロイトが言った、ウィットとは違って見出されるがつくられない「滑稽なもの」の一例かもしれない。話者が「私たちほんと悪い印象与えちゃった」と言う時、聞き手はなぜおかしかったのか聞く必要がない。彼女は笑いに加わることができる。話の語り手と聞き手は、有名な女優に悪い印象を与えることがユーモアとして十分なことだと考えている。

この話の「あなたはそこにいるべきだった」の性質は、決してわかりやすいものではない。話し手たちは「あなたがそこにいたなら笑ったはずだ」ということを確信しているわけではない。笑いは話の内容の重要な部分ではなく、この話を語る語りのモードである。話者は、「そして私たちはみんなで笑い出しました」といった効果をもつ言葉を言って、話を終えているのではない。「後で笑える」話は一般に、その時は語り手にとって楽しいものではなかったが、語り直す際におかしいものになる出来事の話である。それはウィットをつけ加えることなく再現される。なぜならあるタイプの出来事を、つまり当惑した出来事を語る話だからで、それはおかしいものと、少なくとも傍観者にはそのように、社会的に認められているのである。語り直しの際、その話の聞き手は過去の出来事の観察者になる。語り手もそうである。

その話の内容に笑いがないなら、それは二重の意味で不在だ。こうした例では語り手は、傍観者が笑っていたとか語り手自身が嘲笑の対象になったとか言わない。あの有名な女優は受動的な傍観者にすぎない。彼女は隣席の不器用な客たちを嘲笑した、とは述べられていない。また私たちはダブダブのスリップを着た歩行者が自分の話をどのように話したか知らない。二つの異なる表現法を考えることができる。一つ目は受動的な傍観者を含んでいる。それは「スリップを脱ぎ捨てて歩き続ける私を見てどんなに驚いたことか」についての話になる。語り手が「彼らはみんなで私を笑った。私は歩き続けなければならなかったけど、彼らの笑いを感じた」と話すなら、話の調子は異なったものになる。この笑いについての話は笑いのための話になりそうにない。同情を誘う話として語られそうだ。

「後で笑える」話においては、笑いは今やもとのエピソードの目撃者ではなく、語り手と聞き手のものでないといけない。この点で、この物語は「私ないし私たちが社会的やり取りを乱した」ことについての話になる可能性がある。私たちは食事時を乱した、私たちは運転手を驚かせた、そしてあなた、つまり話の聞き手は、社会生活の一時的な乱れを笑うよう誘われる。語り手は当惑して恥をかいた犠牲者ではなく、他者の驚きを笑う、型破りなヒーローないしヒロインになる。

「後で笑える」話に含まれるユーモアは、社会生活の性質について重要なことを明らかにする。ある水準ではこのような話を、当惑したエピソードというつらい思い出に対処する方法として理解することができるかもしれない。話は過去のつらさを現在の快楽に変え、人を集めて話を聞かせ、この変容を妥当なものとする。さらに重要なことは、この共有された笑いが、その時は痛いほど力があると感じられた社会秩序を乱すという考えの楽しさを示していることである。スリップが落ちるとか醤油の瓶が床に落ちて割れるといった話におけるユーモアは、社会の決まり事を乱すことから生じる。話の語り直しにおいて、驚いた傍観者や、時には怒る傍観者が必要である。テーブルから落ちた醤油の瓶は、その時誰も見ていなかったら全然おかしい話にならない。悪い印象を与えたとか、有名人がいるようなレストランで予期される普通の振る舞いを破棄した、との考えを聞き手は喜び、笑うのである。このように、後での笑いは普通さを破棄する快楽と、当惑への嘲笑に対する復讐を表している。

規律と反逆のパラドックス

当惑のメカニズムが社会秩序の要求するものを強制する力を得てそれを保つために、傍観者の嘲笑を必要としているのかもしれない。しかし、無作法なことをしたり、社会生活上の規範を思わず破ったりする人への笑いは、決してわかりやすいものではない。確かに、懲罰的な嘲笑も含めて笑いは自発的に起きるので、それは懲らしめるという意識的な目的の邪魔になることがよくある。傍観者の快楽は秩序を乱した者にはつらいものと経験されるかもしれない。このことはレストランでのハンス少年の事例に見ることができる。しかし、パラドックスが一つある。社会的服従を確実にするのと同じメカニズムが、秩序破棄の快楽も表現することだ。

このパラドックスを理解するためには、フロイトの基本的見解へ戻るのが役に立つかもしれない。フロイトは『文化の中の居心地悪さ』ではっきりと、文明生活は快楽の断念を必要とすると論じた。個人の快楽と社会秩序の要求との間に葛藤がある。この見解によると、ポジティブなもの同士は調和しない。人間が責任をもって倫理的に行為すればするほど、いっそう抑圧されるべき誘惑が生じてくる。先に述べたように、礼儀正しさに関する会話上の規範が話者たちに絶えず要求をしていて、話者たちは日常会話でそうした規範に習慣的に、考えることなく従っている。習慣的な礼儀正しさというものは失礼なことをする可能性なしにあり得ないから、礼儀正しくあれとの要求は隠れた快楽的誘惑として失礼さを生み出し、この誘惑は日常的に抑圧されるか意識から追い出される必要がある。子どもは成熟した、平凡な適切な話者へと成長するために、この日常的抑圧の技術を獲得しなければならない。このことについてゴフマン（1967）は小論「アクションのあるところ」で多くのヒントを与えている。社会生活は危害が与えられたり身体が傷つけられたりする機会を提供する、と彼は言う。彼が書くところによると、幼児が「そうした容易な破壊の機会において破壊を自重する」だろうと周りは信用することができないし、発達とは「こうした機会において自発的に自重することを学ぶプロセスである」（ibid.：169–70）。ゴフマンはいかにも彼らしく、どのようにして子どもはそうした容易な破壊の機会をあきらめるようになるのか、何も言わない。またそうした断念が日常生活の行為内に残したかもしれない心理的残留物を見つけることもしない。

抑圧は決して完全なものではない、というのがフロイトの見解である。彼が言ったように、抑圧された欲望は、夢や神経症や、そして何よりもジョークの形を取って戻ってくる。多くのユーモアが社会規範の破壊を伴うのは偶然ではない。コメディアンは言ってはいけないことを声に出し、そうする時しばしば他人に失礼なことをし、侮辱する。ザイデルフェルドが述べたように、伝統的な道化師は真面目な世界をひっくり返すものだ。現代社会では何百万人もの人びとがいつも純粋な楽しみのために、社交上の決まり事が乱される映像を見せてくれるシチュエーション・コメディを観ている。ときどき『アイ・ラブ・ルーシー』のシーンに当惑しすぎて観ることのできない視聴者もいるようだが。

フロイトが認めたように、傾向的ユーモアは秩序の要求するものに反逆する場合、しばしば攻撃性の要素を伴う。醤油の瓶の話の面白さは、有名な女優の食事を乱したところにある。その時の当惑と後で話した時のユーモアは両方とも、傍観者が有名人で、社会秩序の破壊者より高い地位にいるため増大したものとなる。悪い印象を与え、そうすることで有名人に普通払われるべきことを破棄するという大胆なことをしたことに、話の語り手は大喜びすることができる。しかしハンス・スパイアー（1998）が鋭く見抜いたように、反逆的な政治的ジョークはそれが嘲笑う社会秩序をしばしば支えるものだ。反逆的ユーモアの快楽には保守的機能がある可能性がある。あの有名な女優は、あの話が十分に面白いものであるために有名でないといけない。この話の語り手たちは、彼女らのつつましく無名な人生が一瞬、そしてかなりばかばかしく、あの有名女優に悪影響を及ぼした時のことを思い出して喜んでいる。このようにこの話は、有名人と普通人の間に変わることなく存在する社会的な境界線に依拠しているのであり、これを破棄しているようなのだ。

当惑とユーモアの結びつきには両面性がある。それは社会秩序を守り、社会行為者たちを社会通念に従わせるよう機能することがあるが、同時に同じ秩序を破棄する快楽を表現することもある。あらゆる文化に見つかるほどユーモアが普遍的である理由を、このことが全部理解させる。嘲りは社会化の手段としても、当惑という懲罰によって日常的な社会秩序を維持する手段としても、普遍的に有用であると考えてよい。同様に、あらゆる文化はそのメンバーに要求をするものだ、と予想することもできる。したがって破壊的な誘惑を抑圧する必要性は普遍的であるが、誘惑の正確な中身は文化によって異なるだろう。このため、秩序が乱されることや権威者がまごつくのを見て快楽を覚える可能性も、普遍的なものに違いない。社会生活の条件そのものが他人に共感し、また他人に従うことの必要性を生み出しているのかもしれないが、同時にそれが他人を嘲り、秩序を乱す快楽も可能にしている。この両面性は人間の本性を反映しているのであると言いたいなら、その理由は、人間の本性とは社会的なものであり、またそうに違いないからだ。

10章 おわりに二、三言

ユーモアの批判的アプローチのさまざまな議論を概説し、またその歴史上の先行者たちを検討した。ユーモアとは社会的であり反社会的、普遍的でありかなり特殊的という点で、パラドキシカルなものかもしれない。これまで論じてきた議論にもパラドキシカルな特徴があり、中には矛盾した特徴もある。簡潔にだが、注目に値する二つの特徴を挙げよう。第一に、ユーモアはしばしば考えられているよりも重要でありかつあまり重要でないことを、これまでの議論が示唆しているようだ。第二に、これまでの議論は非常に一般的な観点で提起されてきたが、同時にユーモア理論はそれが形成される特殊な状況という観点から理解されねばならないことも示唆している。

まず、ユーモアの重要性と非重要性というパラドックスがある。嘲りという形のユーモアが社会生活の中心部にあるという議論をした。ユーモア理論の大家の中ではアンリ・ベルクソンと、ある程度は十八世紀のシャフツベリー伯爵だけが、少なくとも体系的にこの考え方をしていた。嘲りの社会的重要性の正当な理解に近づくかのように見えた理論家が、最終地点に達するのを尻込みすることがしばしばあった。ベルクソンでさえ、人間性の理解にこれが含意するものを率直に考えようとしなかったようだ。フロイトはユーモアの反逆的側面を強調しながらもその規律機能を見逃したので、彼の仕事は回避のしるしを帯びている。

ゴフマンの当惑の分析は、洞察と回避が同時に起きているもう一つの例である。当惑することへの恐れが私たちを社会秩序に従わせる、と彼は言う。それは社会生活の接着剤である。つまり社交世界をまとめさせる実体である。ゴフマンは発達の問題を扱わなかった。乳児は決して当惑しないし、幼い子どもは大人のもっている自意識などなしに走り回ることができる。成長途上のどこかで、人間は当惑の仕方を学ぶ必要がある。これがユーモアの関わるところ、あるいは少なくとも嘲りの関わるところである。当惑が学ばれるのは嘲りを使ってである。当惑することのへの恐れは、他人から笑われるだろうという恐れと関係をもち続ける。ゴフマンが言ったように社会生活の中心部に当惑があるなら、嘲りの見かけをしたユーモアも同じはずだ。したがって、ユーモアは社会生活を維持するのにそのような重要な役割を演じるので、それは社会理論家たちがしばしば想定していたよりもかなり重要である。

その一方で、ユーモアはしばしば考えられているより重要ではない、とこれまでの議論が言っていた。今日、ユーモアの望ましさを自明のこととする広範に広まっている考えがある。これが、本書でポジティブ・イデオロギーと呼んだものの一般的見解の重要部分である。ポジティブ・イデオロギーが想定しているものが、常識的な考えや専門的治療、セルフヘルプの治療、それに学術的な心理学理論に現れている。ポジティブ・イデオロギーの送るメッセージはユーモアに関して規範的かつ記述的である。大衆作家と学術的な著作家は、ユーモアの一見ポジティブな利益を記述する。笑いは心身の健康に良いと主張される。この大ざっぱな効能書きは用心して扱う理由があるにもかかわらずだ。それから規範的な勧めがある。人は逆境の時も笑みを浮かべることを知らねばならない。緊張を和らげるために笑わねばならない。職場で部下とジョークを言わねばならない、等。ユーモアのセンスがあるなら人びとはより良い心身の健康をエンジョイするだろうし、また人間関係がよりスムーズに運び、仕事がより生産的になるだろう。このイメージにおいてユーモアはこの世をポジティブなより良い場所にするための、たくさんの重要な可能性を提供する。

こうした想定が大衆心理学や学術的心理学で表現される場合特に、批判的アプローチはそれを疑問に付す。したがって本書で展開した批判的アプローチは、ユーモアの支持者たちがしばしば提唱するような、ユーモアは重要であり心温まるものであるとの考えに警告を発する。それはユーモアが社会生活において周辺的な役割を演じているからではない。逆にユーモアが社会生活の維持にとって不可欠な懲罰的役割を果たしているからであり、ポジティブ・イデオロギーがユーモアに与える意義においてはこのことが重視されていない。ポジティブ・イデオロギーにとって問題なのは、ユーモアのひどくネガティブな側面である嘲りが、社交上不可欠な役割を果たしていることだ。ポジティブ・イデオロギーが二義的な側面の重要性を過大評価して主要なものを軽視するなら、物事を逆にしようとするのが批判的な議論というものだ。ポジティブ・イデオロギーが重視しないでときどきまったく見すごすものが、この批判的アプローチの中心的要素になるのである。

ポジティブ・イデオロギーの楽観主義を用心して扱うべきだ、と批判的な議論は主張する。ポジティブ・イデオロギーのある種のものは、人間性のポジティブなものを実現することで世界を変革することができると言う。この変革において役割を果たすことができるのが、ユーモアの改善の方策である。まるで内的な心理変化が根本的な社会変革よりも優先するかのようだ。ハーバート・マルクーゼに由来する必要抑圧の考えがこの楽観主義に疑問を投げかける。マルクーゼは『エロス的文明』の終わりに、いかなる未来のユートピアも死の影あるいはタナトスを避けることができない、と注意を促した。未来の死の避けがたさとは自由の可能性に投じられた影であるだけではない。幼児期からの影もある。子どもが言語と社会的慣行のしつけを受けるなら、抑圧を避けることができない。そして笑いはそうしたしつけからの逃避を示しているのではなく、しつけの内部に紛れ込んでいる。

第二のパラドックスは本書で述べた批判理論の一般性に関係するものである。この理論はユーモアを特定の社会状況と結びつけない。むしろこれは、あらゆる社会生活は嘲りの懲罰的な力を必要とすると主張する、一般理論である。このことが、ユーモアがあらゆる文化で見つかる理由である。この議論はユーモアを懲罰と結びつけ、したがって権力と結びつける。親が子どもにジョークを言うような場合には、権力のミクロなダイナミックスでさえ関わってくる。このユーモアのもつ力のダイナミックスを理論家たちはあまりに見すごしてきた。特に大人が子どもの振る舞いを見て喜ぶ際に起こる力のダイナミックスが見すごされてきた。人間の自己欺瞞を大いに暴露したフロイトでさえこれを見すごした。彼自身が欺かれた。というか、親の笑いの無邪気さを性急に仮定した。

この議論が示唆するものの一つは、権力は社会秩序の中に必然的に含まれているということだ。確立された意味体系を若い世代に大人が教え込もうとしなければ、言語は存在することができないだろう。子どもの発する片言の言葉と大人の言語習慣は、発達的に対等ではない。後者が前者に取って代わらなければならない。子どもは適切な一人の話者として対話の世界に入るために、言語の訓練を受け入れねばならない。ロラン・バルトが独特な誇張表現で、言語は「まったくファシスト的だ」（Barthes, 1982 : 461）と言ったのはこの意味においてである。もし意味というものが社会的な取り締まりを受けなければならないなら、嘲笑と笑いは元気よく秩序を保つ優しい近所のお巡りさんだ。ときどき罰するために警棒を振るうのだ。

このことを普遍的な理論として提起したにしても、しかし同時に歴史的な議論も展開した。ユーモア理論はその特定の知的・社会的背景から抽象されるのではない。ユーモア理論はいずれも、真面目な意味についての理論でもある。主たる理論の多くは一般的・普遍的理論である。たとえば優越理論は優越感を、特定の時代、特定の文化に限定しなかった。ホッブズの理論は、誰が笑い、どこで笑いが起こるかに関係なく、あらゆる笑いに及んでいる。どのような場合でも笑いは突然の優越感の症状である、と彼は主張した。同様にズレ理論は普遍的な心理学の観点から典型的に表現されている。ある種のズレのパターンが知覚されるならいつでも笑いの反応がそれに続いて生じやすい、とズレ理論は主張する。これは人間行動の普遍的法則として提唱され、この普遍性が古典的な公式化だけでなく、ズレ理論の現代版の特徴となっている。

しかしこうした一般理論は特定の状況で生まれる傾向があったし、それらを形成するより広い哲学的・政治的背景から意味を得ている。この意味でこうした一般理論が行う分析は、それ自体が特殊的であり歴史的だった。ホッブズの笑いに対する恐怖は、政治的に自由になった者たちの束縛されない感情に対する彼の全般的な恐怖の重要部分だった。ズレ理論は紳士的な趣味と階層の優越性というイデオロギーの重要部分だった。そして今日ユーモア理論は、ポジティブ・イデオロギーという広範な風潮とポジティブ心理学の影響を受けている。

これと同じ批判的な姿勢の焦点を、反省的にこの企て自体に向けることが可能だ。この理論と、それが提起した特殊な状況との一般的な関係はどのようなものか、と人は問うかもしれない。この理論はユーモア理論について専門的な指摘を行うために提起されたのではないが、その途中で特定の理論的見解を改善するための示唆があることが期待されていた。ベルクソンの見解はフランスの多くの古い農家と同じように、修繕と、現代的な便利な道具類の導入を必要としている。ゴフマンの当惑理論は新しく拡張される必要がある。しかし、年代物のシャフツベリー邸や十分現代的なスペンサー風住宅から今日のアイディア市場で儲けを上げることを期待して、理論の古跡を修繕するのが本書執筆の基本的な原動力ではない。理論化のための原動力は、ポジティブ・イデオロギーとの議論から来ている。この議論は、ハッピーユーモア邸宅のパンフレットが木材の腐敗や構造上の弱点の疑いを掲載し忘れていないか、ということではない。またこの議論はユーモアという特定の話題に限定していない。というのはユーモアについてポジティブ・イデオロギーが想定しているものは、もっと広い観点の一部だからだ。

本書の理論的見解は、一般的な、普遍的な用語で提起した。それは、文化差、ジェンダーによる違い、エスニシティによる違いなどといった、ユーモアの違いを探求することには向けられなかった。そのような普遍的アプローチに関して二つの互いに関連する問題に言及することができる。第一に、そのような普遍主義は、差異の重要性をしばしば強調する今日の社会理論においては、いささか時代遅れである。普遍的な理論化は時に、人間性は固定した特徴を有するとの印象を与える。差異の強調は人間性の多様さを示すし、また人間は特定の固定した行動パターンを再生産することになっているわけではないと言う。そうではなく、人間は自身の性質をつくり出し、そしてつくり直すことができると言う。しかし、小さな差異が大量破壊の理由になる差異だらけのこの分割された世界では、人間性が一様であることを強調するのが有益なことが時にはある。この一様性が生じるのは、私たちがただの生物学的な意味で固定した人間性を所有しているからではない。ユーモアに関して言うなら、私たちは同じものを笑うよう生物的に義務づけられているのではない。文化間にどのような差異があっても、人間は文化の内部および言語の内部で生きているという事実が、人間の共通性を生み出す。文化が文化であるゆえにあらゆる文化がユーモアをもつなら、文化的差異、政治的差異、個人的差異が何であろうと、私たちはユーモアの可能性によって一様にされている。こうして私たちは、同じ人間性を共有しているのである。

普遍的アプローチの第二の欠点は、今日の社会状況を検討する仕事に取りかかることができないことだ。ポジティブ・イデオロギーとそのユーモア理論を生み出した特定の社会状況を、本書の分析は検討しなかった。これとは対照的に、優越理論やズレ理論や放出理論を生み出した歴史的条件については検討した。明らかに後期資本主義の構造とユーモアについての現在の常識的見解の関係について、多くのことを言うことができたはずだ。この重大で重要な問題は本研究の範囲を越える。ここで試みたのはより限定されたものだった。その目的は、いくつかのユーモアの理論的考察に特徴的な混乱と回避に光を当てることだった。ユーモアの批判理論に達したと主張することではなく、それを目指して行くことが本書が望んだことである。もちろん完全な批判理論ができたなら、今日のさまざまなユーモアの特殊性を分析することだろう。

その代わり非常に簡潔な所見をいくつか述べて、そのような分析が先に考察したいくつかの考えとどのように関係するのかを示唆しよう。反逆的ユーモアは規律機能をもつことがあるので、一見反逆的なユーモアは実のところ実際の反逆性を示す必要がないことを主張した。権威を嘲笑することは現存の権力関係を弱めるのではなく、それを維持するのに役立つ可能性がある。今日の文化では、カーニバルのために特別に区分され、用意された時間というものがない。その代わり巨大な準独占企業が毎晩、富める者の家にも貧しい者の家にもカーニバルを運んでくれていて、各家庭はたんなるパンとサーカスよりも多様な献立を期待している。大衆向けメディアは絶え間ない無礼な風潮で特徴づけられる。テレビで毎日演じられるカーニバルの中には、現在誰もが知っている人物をパロディにし、風刺するコメディアンがいる。有名なコメディアンが有名人を嘲笑うことは、有名人文化をますます強めている。そのことはメディアの中でパロディの的となる人物がパロディに値するのに十分なほど重要人物であることを保証し、そして同じメディアがコメディアンの名声を絶えず生み出している。

この日常的なカーニバルは、国家指導者の死や恐ろしいテロ事件のような悲劇を契機に起こる、例外的な短い中断期間によって妨害される。イギリスにおけるダイアナ妃の死や合衆国における世界貿易センターの崩壊の後、短い間テレビでユーモラスな番組を放映するのが不適切とされた。そうした短い集団的な真面目さの時間は、以前の時代なら真面目な日常性を中断させていた短い集団的カーニバルの時間を反対にしたものだ。その違いは、現代の集団的な真面目さの時間は不定期的で、予測できない突然の出来事であるということであり、起きるべきでない時間として経験されるということだ。それはカレンダーに印刷されていない。

絶え間ない楽しいカーニバルとそれを生み出す社会システムとのイデオロギー上の関係はどのようなものか、と尋ねる人がいるかもしれない。これは重大な問題である。一般的に言うなら、絶えず革新せねばならない今日の資本主義の経済システムに、そうした絶え間ないカーニバルはうまく合っている。いわゆる「市場」で利益を上げることを望む会社は、社会生活の進歩に必須とベルクソンが考えたあのしなやかさを見せる必要がある。いかなるものも静止したままではいられない。生産過程も市場システムも製品も、常に最新のものにされねばならない。消費者は終わりのない欲望状態にされ、いつでも昨年の製品を捨てて最新のアイテムを購入しようとするようでないといけない。時代遅れになったものは、少なくとも最新の「レトロ」調として再ブランド化されるほど十分時代遅れになるまでは、嘲笑されなければならない。こうした商業的風潮が、進取の精神と、無礼さと、実験精神を求めている。市場の進展に遅れをとった人や、絶え間ない支出を惜しんで所有物の最新化をしない人は、商業的に望ましいしなやかさを示すように嘲笑されねばならないのだ。

このような文化的風潮においては、古くさい時代遅れと思われたい人はほとんどいないし、清教徒のように厳格な人と思われるなんてとんでもないことだ。この文化に「幼稚症」のような要素がもしあるなら、それは、ユーモアのない厳しい親よりもいたずら好きの子どもの立場の方が一段と心地よく、望ましいとされていることに明らかだ。若者以外の誰もが若くあらねばならない。高齢者の顔にしわがあればそれは特別な製品を使って消せるし、しわがなくても「気は若く」保つことが望まれている。最大の権力をもつ政治家でさえ、このいたずら好きの若者の立場に簡単に陥ることがある。合衆国大統領だったジョージ・W・ブッシュは、保守主義の知識人ウィリアム・バックレイを主賓にした晩餐会で演説をした。彼はエール大学でともに過ごした日々を思い出して語った。「過去に遡ると私たちには共通点が多いのです。ビルはエール大学で一冊本を書きました。私はそれを読みました」(Vulliamy, 2003)。もしこの現代の政治家がこのジョークをひっくり返して、一冊本を書いたらなんとそれを読んだ人がいたのさとでも言ったなら、受けなかっただろう。今はプラトンの時代ではない。傲慢さではなく、いたずら好きの方が魅力的な性質なのだ。

どうやら反逆的ユーモアは保守的機能を果たすので、左派の批評家はユーモアに関して難しい立場にいると知らされることがある。「市場」への順応が絶え間ない革新を命じている場合、順応主義者たちの方がラディカルなジョークをするようだ。今日、度が過ぎるコメディアンに対する異論の多くは、左翼的なコメディアンについてのものではない。ある意味、会話の規範を守るよう強く主張し、身体障害や非異性愛的嗜好や外国の市民権をもつ人たちを表現する伝統的な用語を使うのが許されないことを指摘しようとしているのが、左派である。こうした状況では、平凡なコメディアンが簡単に勇気ある反逆者の立場を採ることができ、彼らは言ってはならないことを口に出し、伝統的なカーニバルの道化師のようにずけずけ話し、世間体という制限規範を逸脱する。彼らはユーモアを欠く権威者の正統性に抵抗するいたずら好きの子どものように見えることがある。そしてこうした侵害がそれほど目に余るものでないなら、社会が制限するものを嘲笑することに加わるようにとの誘惑はかえって魅力的でさえある。ただのジョークさ。笑いなさい。笑いなさい……でもその楽しさは強制されていない。

このことが左派を守勢の側に置きかねないのは滑稽なことだ。右派とは基本的にユーモアを欠くものだ、と左派の人たちは長い間聞かされてきた。けれども今日の右派は、最高によくできた、そして最高にふざけたジョークのいくつかをもっている。大統領が自分を嘲笑して金持ちや権力者から拍手をもらっている時に、誰が彼の言い間違いを嘲笑うることができるだろうか？　もちろん、映画制作者で作家のマイケル・ムーアが非常に効果的にやって見せたように、もっと鋭い嘲笑の余地はある。しかしショッキングな動きは他のところからもやって来る。ラジオの「ショック・ディスク・ジョッキー」は合衆国で、笑うために誰かを傷つけたい膨大なファンを獲得している。そこには嘲笑以外の話題はないようだ。ジョッキーたちはあらゆる社会のしきたりに反抗する生意気な少年たち（とたまに生意気な少女たち）であり、特にリベラルな感性のしきたりに反抗している。彼らはそのようなことをする過程で名声と富を獲得することができる。「政治的な正しさ」に反抗しているのだ、と彼らは何度も主張するだろう。そのような主張が彼らのユーモアといたずら好きの反逆者としての仮面を保証するかのように。

本書の執筆の時点で、エスニック・ジョークを言うことで有名な、保守的な政治性をもつ著名なアメリカ人コメディアンがイギリス国内を巡業中だ。彼のショーは「政治的に正しくない」というタイトルで宣伝されている。思うに、制限コードに対する、勇気あるが保守主義の立場からは安全な反逆性を期待して、観客がやって来ると広報担当者は予想したのだろう。これと対照的に、ショック・ディスク・ジョッキーや右翼の番組司会者の影響を阻止するために設立されたのが、進歩的なラジオ局エアー・アメリカ・ラジオである。どうもこのラジオ局は成功していないようだ。たんにおかしみが足りないからだ。ある評者がコメントしたように、「他人への同情を求める人を野次るのは、その逆よりずっとたやすい」(Anthony, 2004：5)。ベルクソンが理解していたように、野次るという行為は同情の欠如を、つまり心情の麻痺状態を必要とする。

もし左派的な滑稽なものは不利だというのが真実なら、これは技術上の問題ではない。また左翼のコメディアンのユーモアが不十分だというのでもないし、右派が最高のギャグを盗んだというのでもない。問題はユーモアそれ自体にではなく、道徳的に望ましいものは面白いはずだ、また反逆的に経験されるユーモアは実際にも反逆的なはずだとの仮定にあるのかもしれない。労働者階級はラディカルなコメディアンからなる党幹部により指導される必要がある、などとマルクスは考えなかった。しかし彼の著作は多量のユーモアを含んでいる。『ドイツ・イデオロギー』の最初の数段落には、ほとんどの哲学者が著述人生において生み出すものにはない、痛烈なウィットがある。マルクスのウィットの爆発は彼のメッセージの真面目さを弱めるものではなかった。真面目な政治性とはもともと真面目なものだ。楽しさの文化においては、そのような真面目さは不利になるのかもしれない。ラディカルな者は、歓迎されない清教徒の客に似ているかもしれない。その客は昔、あらゆる社交上の軽率さを減らそうとした。その客がついに旅立つ時、続いて安堵の大きなため息と笑いの爆発が起こるだろう。

本書の批判が目的としたのは、笑いを犠牲にして真面目さを増やすことでもその逆でもない。二つは反対のものではないし、したがってまるで真面目な神経エネルギーとユーモラスな神経エネルギーの総量があらかじめ決まっているかのように、片方の増加が必然的にもう一方の減少を伴うのではない。ユーモアと真面目さとは必然的に結びついていることは、先の議論で強調した。真面目な意味の世界は嘲笑の懲罰的な使用法を必要とする。そのお返しに、嘲笑が反逆的に真面目さに向けられることがある。どちらも元から価値のあるものではない。フロイトの分析が強調したように、ユーモアはその外見上の見かけゆえにさまざまな傾向的な目的に役立つことができる。道徳性はユーモアそれ自体ではなく、それに与えられた目的に由来するのである。

マルクーゼは『エロス的文明』(1972)で、歴史の変化を「文明化の弁証法」として描いた。自由と必然性との間の絶え間ない揺れ、快楽と義務との間の絶え間ない揺れ、そして何よりも愛情と攻撃性の弁証法に彼は触れる。これにユーモアと真面目さ、笑いと笑ワズの弁証法をつけ加えることができるかもしれない。こうした弁証法の大事なことは、対立する語の片方を選んでも弁証法が最終的に解決されることが決してないことだ。対立するもの同士が一瞬でも優位に立とうと争っているとしても、それぞれはその存続のために他方を必要とする。これと同様の弁証法が、身体のぎこちなさと精神の生命力との闘いについてのベルクソンの説明を支えている。この見解では、ユーモアは身体に対する精神の武器である。しかし、もちろんそれは身体から逃れることができない。なんといってもユーモアは笑いという身体反応を必要とし、その反応が反復運動となってある種の身体的なしなやかさの欠如になるなら、ベルクソンによるとユーモアはそれを罰しようとする。

それゆえユーモアと真面目さは分けがたく結びついている。一方が他方を絶滅させることはできない。そうするなら一方は自滅することになるし、あるいは社会秩序を脅かすことになる。笑うことだけを知っているユートピアを探すのはほとんど意味がない。笑いのユートピアや笑いだけのある場所は、ユーモアの場所ではあり得ない。その代わりあるのは笑いと真面目さの間の絶え間ない運動であり、一方か他方の最終的な安らぎの場はない。慣習上定められた終了時点で区切られる特殊な状況では、ユーモアや真面目さの最後の瞬間がある。演芸場が盛況だった頃のスンタンダップ・コメディアンの中には、称賛の笑いの真っ最中に舞台を降りることができるように、もっとも頼りにする最高のジョークを最後まで取っておく者がいた。また、センチメンタルな歌を厳粛に歌って出し物を終える者もいた。ユーモアを分析する真面目な著作にも終わりがあるのは、かつての演芸場の芸人と同じだ。ピーター・バーガーやサイモン・クリチュリイのように、人間のユーモアを生み出す才能を讃えて書き終える理論家がいる。彼らは明るい調子で終えるのが好きなのだ。そうでない者もいる。

訳者解説

本書はマイケル・ビリッグ（Michael Billig）著 *Laughter and Ridicule : Towards a Social Critique of Humour*（Sage, 2005）の全訳である。一言で言うなら、ユーモアの残酷なダークサイドを論じた著作ということになろう。ユーモアには嘲りという不快な面がある、と指摘するだけではなく、それは社会生活の中心にある、と著者は主張する。なぜなら人は他人から笑われることを恐れるため、嘲笑は規範違反をした人を罰する懲罰の力をもち、社会の規範を維持するからである。笑いがあらゆる文化にあるように、この嘲笑のもつ力もあらゆる文化にある。嘲りは人間が社会生活を送る以上、普遍的であり、人間社会にとって不可欠なのである。

二、三の訳語についてコメントする。本書のキーワードの一つが、ユーモアのもつ「規律機能」であるが、これの原語は'disciplinary function'である。「懲罰機能」や「制裁機能」の訳語も候補に上がったが、笑いのこの機能は直接的な対人場面で働くだけでなく、より広い社会の秩序維持のためにも働くため、「規律機能」がふさわしいと判断した。これ以外にも形容詞'disciplinary'とその名詞'discipline'は本書でさまざまに使われていて、一つの語で表現するのは難しいため、文脈に応じて「懲罰（的）」「しつけ」等とした。'ideological positivism'も本書のキーワードの一つで、論理実証主義（logical positivism）にかけた著者の造語である。原語のニュアンスを生かした訳語をつくるのは困難と思われたので、著者の許しを得て「ポジティブ・イデオロギー」とした。フロイトの著作や論文の日本語タイトルは、岩波書店の『フロイト全集』に合わせた。

著者について簡単に解説しよう。ビリッグは現在、イギリスのラフバラ大学（Loughborough University）社会科学部の教授である。彼はヘンリ・タジフェルの指導を受けて実験社会心理学者としてキャリアを始めるが、その後、イデオロギー、ナショナリズムといったテーマに関心が移り、社会心理学の枠を越えた学際的な活躍を始める。それとともに研究アプローチも実験的・量的なものから質的なものに変わる。非常に多作な研究者で、論文や編著内の章を多数書いているが、すべてを紹介する紙面がないので、彼が単独で書いた著作を発表順にリストにする。

Social Psychology and Intergroup Relations（Academic Press, 1976）

Fascists：*A Social Psychological View of the National Front*（Academic Press, 1979）

Arguing and Thinking：*A Rhetorical Approach to Social Psychology*（Cambridge University Press, originally published in 1987, new edition published in 1996）

Ideology and Opinions（Sage, 1991）

Talking about the Royal Family（Routledge, 1992）（野毛一起・浅見克彦訳『イギリス王室の社会学』社会評論社　一九九四）

Banal Nationalism（Sage, 1995）

Freudian Repression：*Conversation Creating the Unconscious*（Cambridge University Press, 1999）

Laughter and Ridicule : Towards a Social Critique of Humour（Sage, 2005）（本書）
The Hidden Roots of Critical Psychology（Sage, 2008）

これらの学術書以外にも彼は、ユダヤ人とロック・ミュージックの関わりの歴史を描いた *Rock'n Roll Jews*（Five Leaves, 2000）という楽しい本も著している。

ビリッグの膨大な研究、広範な関心事の中から本書に関係の深い二つのテーマを取り上げることで、読者の理解の一助としよう。

一つ目はレトリカル・アプローチである。一九八〇年代、イギリスの社会心理学者たちが当時の社会心理学の認知主義的な方向性に不満を募らせる中、ビリッグは古代の修辞学から新しいアプローチのためのヒントを得る。それは社会生活における人間の言語活動を、他人を説得したり他人に反論したり、自己の立場を正当化したりするためのレトリカルな活動であると仮定する立場である。このアプローチは、人間の言語活動を内的な認知活動の現れとする認知心理学と対照的である。

ビリッグはレトリカル・アプローチの提唱後すぐに、心理学におけるディスコース分析の潮流と合流する。ラフバラ大学で、ジョナサン・ポッター、デレク・エドワーズらとともにディスコース・アンド・レトリック・グループ（DARG）を創設し、そこはディスコース分析の研究者たちが集うセンターとなる。彼自身、ディスコース分析とレトリカル・アプローチは似たようなものと説明することがあり、両者を厳密に区別する必要性を感じていないようだ。しかし、実のところ前者が多くの追随者を生む一方で（訳者もその一人）、後者を採用する研究者は訳者の知る限り他に誰もおらず、このアプローチは常にビリッグの名前に結びつけられている。卑見では、ディスコース分析はその提唱以降、方法論が確立されてゆき、現在関心をもった者は学ぼうと思えば学ぶことができる。これに対してレトリカル・アプローチは一つの見方であり、この立場に立って研究しようとする場合、具体的にどうすればよいのかわかりにくい。

さて、本書では表立ってレトリカル・アプローチを採用していると表明していないが、笑いをレトリカルなものとして捉え、笑いの内的な原因よりも対人的な機能に注目する点で、従来からの一貫した立場に立っている。また、笑いが期待されている時に笑わないこと（笑ワズ）も笑いと同じくらい意味がある、子どもは最初大人から嘲笑され、そしてある時期に嘲笑することを学ぶ、といった指摘は、笑いをレトリカルなものと仮定することから生まれた洞察と言えるだろう。先に訳者はレトリカル・アプローチに批判めいたことを言ったが、このような多彩な洞察を生み出す力には目を見張るものがあると思っている。

二つ目は批判心理学である。批判心理学とは大まかに言うなら、現在の主流の心理学に対する批判的な諸勢力の総称である。現在の主流の心理学が人間を一種の情報処理機械と見なし、実験室における実験結果を実験室外にも一般化しようとしているなら、批判心理学は人間の文化・社会的側面を強調し、日常生活における人間行動をそのままデータとして扱おうとする。そのため概して量的研究よりも質的研究、実験室研究よりもインタビューやフィールドワークを重視することになる。また、心理学に知らぬ間に入り込んでいる社会の常識的な考え方や価値観にも自覚的であろうとする。

ビリッグの諸研究は多かれ少なかれ批判心理学的であり、彼自身が影響力のある批判心理学者の一人に数えられている。そして彼の著作の中でも、本書はかなり批判心理学的な色彩の強いものである。彼自身が本書の中で述べているように、本書執筆の動機はユーモアを無批判に良いものとするポジティブ・イデオロギーを批判することである。そしてこのイデオロギーが知らず知らずのうちに入り込んでいるポジティブ心理学にも、彼は疑いの眼差しを向ける。

彼の批判心理学のユニークな点は、心理学的概念を歴史的に捉えようとするところである。本書では全体の約半分を使って笑いの理論の歴史を概観し、そうすることで嘲りがどのように扱われてきたのかを探っている。このアプローチは次作に当たる *The Hidden Roots of Critical Psychology* で批判心理学自体に向けられ、シャフツベリー、トーマス・リードの著作に批判心理学のルーツを探ろうとする。なんと彼は、批判心理学にも批判的なのである。

訳者が本書の翻訳を思い立った理由の一つは、わが国において批判心理学の書物がほとんどないため、その良い手引きになると考えたためである。もちろん本書は批判心理学を概説するものではない。しかし、アカデミックな研究動向にイデオロギーを読み取る姿勢や、心理学的概念を普遍的・固定的なものではなく、歴史的・流動的なものとして捉えることなど、批判心理学的研究の具体例になっている。アカデミックな心理学者が本書を読んで、心理学をこれまでとは違った角度から眺めるようになったら、訳者にとって望外の喜びである。

もう一つの理由は、意外に思われるかもしれないが、いじめについての議論の深化のためである。何らかの対策をすればいじめは根絶できるという主張を聞くたびに訳者は、そうした主張は人間性に関する理解が浅いのではないかという疑惑を感じずにはいられなかった。本書によれば、子どもは成長のどこかで人を嘲笑したりからかったりすることを学ばねばならない。そうすることで大人社会の一員になる練習をする。もしそれが事実なら、子どもはいつか、からかいや冷やかしを、仲間に向けることも仲間から向けられることも経験しなければならない。一方で、からかいはその言葉の軽さとは裏腹に、それを受けた者には過酷であることも指摘されている。本書がいじめ対策のために直接役に立つとは思わないが、いじめについて理解を深める助けになることを期待したい。

本書の翻訳作業において、ベルクソン哲学と精神分析学に造詣の深い片山文保先生、ディスコース分析と批判心理学に詳しい五十嵐靖博先生からは貴重な意見をいただいた。菅屋遥介さんからはビリッグの仕事の全体像を教えていただいた。また新曜社の塩浦暲さんには今回も大変お世話になった。心から感謝を申し上げる。

鈴木　聡志

二〇一一年一月

著者紹介

マイケル・ビリッグ（Michael Billig）

イギリス、ブリストル大学博士課程修了。1985年よりラフバラ大学社会科学部教授。実験社会心理学者としてキャリアを始め、現在は、批判的社会心理学の発展に尽力している。また、イデオロギー、ナショナリズム、精神分析学、ユーモアの研究にも精力的に取り組み、社会心理学の枠を越えて学際的に活躍している。多数の学術論文や著作以外に、ユダヤ人とロック・ミュージックの関わりの歴史を描いた *Rock'n Roll Jews* も著している。邦訳書として、本書の他に、『イギリス王室の社会学』（野毛一起・浅見克彦訳）社会評論社，1994がある。

訳者紹介

鈴木聡志（すずき　さとし）

1961年秋田県生まれ。筑波大学大学院博士課程心理学研究科を中退し，豊田短期大学講師，松蔭女子短期大学助教授を経て，現在，東京農業大学教職・学術情報課程准教授。専門は，教育相談，心理学史，ディスコース分析。大正期から昭和初期にかけての教育相談の理論，および色覚異常の社会史が現在の研究テーマである。主要著書に，『会話分析・ディスコース分析』新曜社，2007年，訳書に，バニアード『心理学への異議』新曜社，2005年，マクマホン『遊戯療法ハンドブック』ブレーン出版，2000年（共訳）ほかがある。

新曜社

笑いと嘲り

ユーモアのダークサイド

初版第1刷発行　2011年7月5日©

著　者　マイケル・ビリッグ

訳　者　鈴木聡志

発行者　塩浦　暲

発行所　株式会社 新曜社

〒101-0051　東京都千代田区神田神保町2-10

電話(03)3264-4973・FAX(03)3239-2958

e-mail info@shin-yo-sha.co.jp

URL http://www.shin-yo-sha.co.jp/

印刷　三協印刷　Printed in Japan

製本　イマヰ製本所

ISBN978-4-7885-1240-5　C1010

人名索引

ア行

アーウィン　Erwin, E.　260
アーヴィン＝トリップ　Ervin–Tripp, S. M.　277, 291, 328, 367
アケンサイド　Akenside, M.　112, 113, 135, 140
アタード　Attardo, S.　116, 214, 315, 324, 363, 367, 368
アディソン　Addison, J.　103, 104, 119–124, 130, 139, 144, 155, 236
アデイマントス　Adeimantus　70, 71
アニトゥス　Anytus　71, 72
アプト　Apte, M. L.　213, 326
アマダ　Amada, G.　35, 53
アリストテレス　Aristotle　65, 66, 68, 74–80, 85, 87, 89, 100, 104, 107, 108, 124, 132, 134, 152, 153, 157, 195, 317
アリストファネス　Aristphanes　72, 91, 141
アルソップ　Allsop, D.　364, 365
イーデルマン　Edelman, M.　55
ヴァイニンガー　Weininger, O.　249, 250, 293
ヴァン・ギフェン　Van Giffen, K.　397, 398
ヴィクトリア女王　Victoria, Queen　341, 342
ウィックバーグ　Wickberg, D.　20, 21, 23
ウェブスター　Webster, R.　260, 272
ヴォルテール　Voltaire　317
ウッドハウス　Wodehouse, P. G.　342
ウルフ　Wolf, M. P.　364
エピクテトス　Epictetus　81, 82
エリオット　Eliot, G.　157
エリオット　Eliot, T. S.　195
オースチン　Austin, G.　236
オーブリ　Aubrey, J.　91
オリング　Oring, E.　114, 263

カ行

カプランド　Coupland, J.　335
カプランド　Coupland, N.　335
カーペンター　Carpenter, W. B.　161
カント　Kant, I.　11, 100, 145, 167
キケロ　Cicero　76
北爪佐知子　Kitazume, S.　i, iii
キャンベル　Campbell, G.　104, 105, 111, 124, 125, 127–129, 132, 133, 166, 202
キューパック　Cupach, W. R.　401
キルケゴール　Kierkegaard, S. A.　11
ギルバート　Gilbert, W. S.　342
ギルレー　Gillray, J.　369, 370, 375, 376
クインティリアヌス　Quintillian　76
クセノフォン　Xenophon　340
クライン　Klein, A.　28, 29, 32, 37, 52, 58
グラハム　Graham, E.　214
グラーフ　Graf, M.　256, 404–406
クリス　Kris, E.　369

クリチュリイ　Critchley, S.　66, 67, 278, 429
クルーズ　Crews, F.　260
グルナー　Gruner, R.　31, 277, 328, 359, 360, 371
クロムウェル　Cromwell, O.　92, 94
ケイムズ長官　Kames, Lord　105, 107, 111, 113, 115, 116, 122, 135, 153, 155, 228
ケストラー　Koestler, A.　113
コーエン　Cohen, T.　15, 116
コーザー　Coser, L.　212
コトフ　Kotthoff, H.　79, 335, 368, 410, 411
コフカ　Koffka, K.　321
ゴフマン　Goffman, E.　13, 14, 229, 357, 382, 385–392, 394, 399–401, 404, 415, 418, 422
ゴルギアス　Gorgias　75, 76
コルテス＝コンド　Cortés–Conde, F.　282
ゴンブリック　Gombrich, E. H.　369

サ行

ザイデルフェルド　Zijderveld, A. C.　7, 271, 376, 377, 415
サックス　Sacks, H.　334, 335, 368
サビーニ　Sabini, J.　390, 395, 396, 401, 402
サラミ　Salameh, W.　30, 31, 35
サリー　Sully, J.　67, 74, 113, 117, 153, 167, 181–191, 218, 262, 300, 309, 321, 324, 326, 346, 347, 368, 397
サルトル　Sartre, J. P.　371
シェイクスピア　Shakespeare, W.　117
ジェイムズ　James, C. L. R.　7
ジェイムズ　James, W.　153, 179, 195, 201, 205
ジェイムズ二世　James II, King,　101
シェバリエ　Chevalier, J.　198
シェフ　Scheff, T.　387, 389
ジェファソン　Jefferson, G.　333–337
ジオラ　Giora, R.　114–116, 203, 265
シフリン　Schieffelin, B. B.　349, 361
シメル　Schimel, J. L.　31
シャーキイ　Sharkey, W. F.　402
シャフツベリー伯爵　Shaftesbury, Earl of　vi, 11, 93, 100, 130–144, 153, 155, 212, 228, 230, 307, 308, 355, 358, 417, 422
シャルコー　Charcot, J. M.　244
ジャレット　Jarrett, D.　329
ショー　Shaw, G. B.　195
ショーペンハウアー　Schopenhauer, A.　27, 100, 144–148, 177, 202
ジョーンズ　Jones, E.　243, 255, 260, 293
ジョンソン　Johnson, K.　321, 323, 360
ジョンソン　Johnson, S.　111, 126, 147, 148
ジルマン　Zillman, D.　277, 280
シンプソン　Simpson, T.　374
スウィフト　Swift, J.　128, 272, 282, 333, 335, 393
スクリーク　Screech, M. A.　82, 84
スチュアート　Stewart, D.　105, 110, 113, 116, 132, 135, 158, 159, 228, 275
スティール　Steele, R.　103
ステッドマン　Steadman, R.　242
ストレイチー　Strachey, J.　260, 261
ストレイチー　Strachey, L.　341

スパイアー　Speier, H.　114, 326, 369, 377, 416
スペンサー　Spencer, H.　11, 12, 27, 134, 149–165, 169–182, 186, 187, 192–196, 199, 202–205, 211–213, 217, 221, 225, 261, 280, 297, 298, 301, 378, 422
スマイルズ　Smiles, S.　55
スミス　Smith, S.　111, 122, 126, 137–139, 142–144, 208, 275, 345
スミス　Smith, S. F.　390, 395
スルタノフ　Sultanoff, S. M.　53
スワリンゲン　Swearingen, J.　81
セリグマン　Seligman, M. E. P.　49, 50, 52–54
ソクラテス　Socrates　69–73, 75, 76, 78, 126, 141, 164, 196, 340, 371, 382

タ行

ダーウィン　Darwin, C.　150, 152, 156, 159, 162–164, 175–177, 194, 225, 310, 317–319, 388
ダン　Dunn, J.　322, 350, 351, 366
タングニイ　Tangney, J. P.　387, 394
ダンデス　Dundes, A.　270, 367, 368
タンネン　Tannen, D.　335
ターンブル　Turnbull, C. M.　326
チェスターフィールド伯爵　Chesterfield, Lord　25, 275
チクセントミハイ　Csikszentmihalyi, M.　49, 53
チャップリン　Chaplin, C.　327, 328
チャールズ二世　Charles II, King　91, 93, 107
デイヴィス　Davies, C. ii, 116, 208, 262, 277, 290, 294, 365, 371, 397
ディオゲネス・ラエルティオス　Diogenes Laertius　72
デカルト　Descartes, R.　11
デ・シヴリ　de Sivry, P.　25
デュガ　Dugas, L.　26, 149, 180, 181, 191, 262, 346
デュ・プレ　Du Pré, A.　45, 46, 52, 67, 95, 214, 215, 337, 338, 391, 401
ドゥルーズ　Deleuze, G.　198
ド・クインシー　De Quincey, T.　iv, 167, 265

ナ行

ノーリック　Norrick, N. R.　90, 115, 116, 174, 208, 214–216, 262, 276, 322, 323, 341, 363, 364, 367, 368, 378, 411

ハ行

ハイネ　Heine, H.　19, 264
ハーヴェイ　Hervey, G. H.　84–86
ハウシャー　Heuscher, J. E.　44
バーガー　Berger, P.L.　7, 33, 41, 69, 74, 82, 84, 99, 216, 266, 271, 281, 323, 346, 368, 380, 429
バス　Buss, A. H.　349, 392, 393
パスカル　Pascal, B.　327
ハズリット　Hazlitt, W.　330, 331, 345, 365, 394
ハチソン　Hutcheson, F.　94, 102, 103, 105, 111, 116, 118, 123–129, 133, 134, 136, 365
バトラー　Butler, S.　117, 128
ハートレイ　Hartley, D.　105, 111, 159, 347
パーパ　Papa, M.　214
バフチン　Bakhtin, M.　82, 236, 354,

355, 359, 368, 370, 372
バルト　Barthes, R.　420
ハーレ　Harré, R.　387, 395
パロット　Parrott, W. G.　387, 390, 395
ビーティ　Beattie, J.　27, 33, 34, 104-106, 116-118, 124, 126-129, 144, 208, 309, 317
ヒトラー　Hitler, A.　372, 373
ヒューム　Hume, D.　132, 158, 159
ビリッグ　Billig, M.　iv, 15, 48, 78, 218, 257, 263, 278, 294, 338, 344, 362, 366, 372
ピール　Peale, N. V.　54, 55, 57
ファイン　Fine, G. A.　213, 215, 344, 364
ファーガソン　Ferguson, A.　106
ブッシュ（父親）　Bush, G. H. W.　396, 397, 399
ブッシュ　Bush, G. W.　425
フライ　Fry, W. F.　30, 31
ブラウン　Brown, J.　140-144, 230, 358
プラトン　Plato　65, 66, 68-77, 80, 82, 85, 86, 89, 132, 307, 359, 371, 425
フランゾーイ　Franzoi, S. L.　401
フリース　Fliess, W.　245, 246, 248-250, 255, 266, 291
ブリル　Brill, A. A.　261
プルースト　Proust, M.　195
ブルックス　Brooks, G.　214
フレドリクソン　Fredrickson, B. L.　50-52, 54
ブロイアー　Breuer, J.　244, 245
フロイト　Freud, S.　iii-vi, 4-7, 11, 12, 15, 19, 26, 27, 65, 95-97, 129, 145, 164, 169, 178, 191, 192, 196, 223, 232, 233, 241-303, 308, 309, 328, 348, 354, 355, 357-359, 368, 378, 381, 384, 404-406, 408, 409, 411, 414, 415, 418, 420, 428
プロヴァイン　Provine, R.　5, 6, 20, 38, 68
プロタークス　Protarchus　69
フロム　Fromm, E.　18, 51, 55, 57
ヘイ　Hay, J.　214, 216
ヘイゲセス三世　Hagaseth III, C.　28-30, 32, 36, 37, 40, 52, 57, 215
ベイン　Bain, A.　11, 149-156, 158-162, 165-171, 173, 174, 177-182, 184, 185, 199, 200, 202, 204, 223, 224, 261, 280, 297, 301, 308, 368, 378, 381
ベーコン　Bacon, F.　25
ヘフヂング　Höffding, H.　178
ベルクソン　Bergson, H.　vi, 4, 5, 7, 11, 12, 75, 178, 186, 191-201, 203-208, 210-212, 215-217, 219-239, 241-244, 254, 259, 262, 274, 293, 297, 301, 302, 307, 308, 344, 346, 353-355, 386, 398, 417, 418, 422, 424, 428, 429
ベルルスコーニ　Berlusconi, S.　311-316, 323, 324, 327, 331, 339, 359
ボイル卿　Roche, Sir Boyle　396-398, 400
ホガース　Hogarth, W.　127, 135, 223, 329, 330, 339, 342, 369
ボクサー　Boxer, D.　282
ボズウェル　Boswell, J.　104, 105, 133, 147
ホッブズ　Hobbes, T.　10, 27, 65, 66, 68, 86-97, 99-102, 113, 114, 116, 119-121, 123-130, 143, 149, 155, 158-160, 165, 166, 170, 177, 178, 180, 186, 202, 234, 241, 251, 263, 280, 301,

308, 421
ポパー　Popper, K.　195
ポープ　Pope, A.　117, 128, 166, 172
ホームズ　Holmes, J.　79, 214, 336, 358, 368
ポール　Paul, N. M.　198
ホワトリイ司教　Whately, R.˙　75

マ行

マーヴィス　Marvis, C. B.　321, 323, 360
マクドゥーガル　McDougall, W.　186, 188, 317
マハール　Maher, K. M.　397, 398
マハール　Maher, M.　44
マルクス　Marx, G.　203
マルクス　Marx, K.　217, 427
マルクーゼ　Marcuse, H.　18, 19, 35, 51, 55, 57, 58, 217, 251, 419, 420, 428
マルケイ　Mulkay, M.　7, 26, 203, 208, 320, 324, 334, 336, 368
マルティアリス　Martial　121
ミード　Mead, G. H.　207
ミラー　Miller, R. S.　387, 388, 394, 396, 398, 401, 402, 410
ミル　Mill, J. S.　152, 154, 155, 167, 200
ムーア　Moore, M.　426
メッツ　Metts, S.　401
メノン　Meno　73, 78–80
メルッシ　Melucci, A.　213, 274
メレディス　Meredith, G.　24, 25, 63
モアマン　Moerman, M.　334, 340
モディリアニ　Modigliani, A.　388, 401
モリオール　Morreall, J.　65–67, 310, 320, 346, 368
モンボド卿　Monboddo, Lord,　106

ラ行

ライク　Reik, T.　22, 246, 260, 261, 270, 286, 288
ラッセル　Russell, B.　195–197
ランパート　Lampert, M. D.　277, 291, 328, 367
リップス　Lipps, T.　187
リヒテンベルク　Lichtenberg, G. C.　268, 269, 274
リボ　Robot, T.　179, 180, 346
リュー　Ruhe, A.　198
ルイス　Lewes, G. H.　157
ルエガー　Lueger, K.　248, 295
ルター　Luther, M.　84
ルックマン　Luckmann, T.　380
ル・ロア　Le Roy, E.　196
レグマン　Legman, G.　286, 287
レフコート　Lefcourt, H. M.　31–33, 37, 40–42, 45–48, 51, 114
ロゴフ　Rogoff, B.　348–350
ローゼンバウム　Rosenbaum, R.　372
ロック　Locke, J.　11, 101, 102, 105, 109–111, 113, 115, 116, 119, 121, 122, 124, 129, 130, 133, 137, 142, 145, 149, 158, 159, 177, 202
ローランドソン　Rowlandson, T.　369, 370

事項索引

あ行

アイデンティティ　56
嘲り　4, 5, 8-14, 39, 41, 42, 45, 51, 58, 64, 69, 77, 82, 85, 86, 89, 90, 100, 112, 116, 118, 122, 123, 125, 128, 130-139, 141, 143, 173, 181, 192, 207, 212, 222, 235, 254, 307, 308, 310, 314, 342, 343, 345-347, 349-352, 354-357, 393-395, 399, 416-420
アジラスト　24, 25
イク族　326, 327
いじめ　282
一時的魯鈍　396, 398
ウィット　5, 25, 27, 31, 77, 88, 90, 91, 96, 100, 103-118, 120-125, 127-129, 131-133, 135, 137, 139, 143, 144, 146, 166, 202, 236, 237, 246, 260-262, 264, 265, 272, 274, 275, 285, 312, 314, 411, 412, 427
打ち明け話　337, 344
エスニック・ジョーク　47, 208, 277, 290, 294, 365, 371, 427
エスニック・ユーモア　40, 53, 371
エディプス・コンプレックス　254, 255

か行

関わり断ち　214, 363
カーニバル　23, 68, 71, 82, 121, 236, 355, 423, 424, 426
からかい　44, 45, 72, 77, 120, 125, 131, 133, 135-137, 139, 140, 167, 184, 185, 272, 282, 290, 345, 347-350, 391
——スプレイ　45, 282, 347, 348
カルリ族　349, 350
機能主義　213
共感　207, 208, 398-400, 402, 403
キリスト教　82-86, 90
規律機能　11-13, 86, 130, 137, 138, 192, 207, 221, 222, 227, 229, 238, 374-376, 379, 418, 423
クー・クラックス・クラン　278, 294, 372
傾向的ジョーク　267, 269-271, 273-275, 278-280, 282-284, 289, 292
傾向的ユーモア　368, 415
ゲシュタルト心理学　187, 321
子どもを笑う親（大人）　189, 299
コーヒーハウス　103, 104, 106, 110, 119-121, 132, 151

さ行

ささやきジョーク　369, 377, 378
自己欺瞞　3, 64, 68, 95, 133, 185, 235, 241, 352, 359, 360, 378, 403, 408, 420
システム論　163
下向きのズレ　171-173, 175, 177, 187, 203, 205, 297
資本主義　55-57, 218, 370, 376, 423, 424
社会ダーウィニズム　156, 178
社会秩序　13, 14, 67, 78, 81, 92, 93, 96, 251, 252, 254, 288, 316, 332, 352,

354-356, 379, 384, 385, 390, 408, 413-416, 418, 420, 429
社会的機能　11, 12
洒脱な文句　117, 239, 261, 262, 264, 265, 285, 325
順番取り　382
常識　131, 132, 137, 139, 142, 143, 200, 356
冗談関係　213, 216
剰余機能と必要機能　217-219, 222, 353
ジョーク　i, iii-v, 2, 12, 15, 26-28, 31-33, 35, 44, 45, 47, 48, 73, 79, 80, 85, 90, 114-119, 123, 126, 129, 141, 147, 150, 164, 167, 173, 174, 208, 209, 214-216, 226, 238, 241, 242, 246, 248, 250-254, 259-297, 301, 303, 309, 312, 314-317, 320, 323-327, 330, 331, 333-335, 338, 340-342, 344, 358, 363-365, 367-372, 374, 375, 377, 378, 384, 391, 401, 409, 415, 419, 420, 425, 426, 429
——の作業　264, 265, 267, 278-281, 283, 358
——のターゲット　277, 280, 281
エスニック・——　47, 208, 277, 290, 294, 365, 371, 427
傾向的——　267, 269-271, 273-275, 278-280, 282-284, 289, 292
ささやき——　369, 377, 378
性的——　271, 284
無害な——　267-269, 274, 275, 289, 301
ユダヤ・——　244, 246, 247, 250, 265, 266, 288-293, 295
進化論　11, 150, 162-164, 177, 179, 180-182, 194, 225, 310, 320
人種差別的ユーモア（ジョーク）　282, 283, 287, 290, 294, 295, 359, 372
新フロイト派　18, 19, 55, 57, 58
心理療法　18, 30, 31, 35, 43, 44, 46
——家　19, 45, 58
ステレオタイプ　47, 289-291, 294, 371
ストア派　81, 82, 85, 86
『スペクテイター』　103, 104, 119-121, 130
ズレ理論　10, 12, 65, 66, 99-101, 106, 108, 111, 113, 114, 116, 119, 129, 130, 133, 142, 144, 149, 151, 165, 169, 170, 180, 181, 201, 220, 221, 223, 225, 235, 236, 276, 308, 309, 344, 421, 423
清教主義　84-86, 141
政治的な正しさ　360, 426
精神分析理論　95, 244, 263, 280, 287, 298, 301, 389
セルフヘルプ、セルフヘルプ本　18, 28, 30, 32, 54-57, 418

た行

だじゃれ　iii, iv, 90, 114, 122, 155, 170, 173, 174, 236, 238, 268, 276, 320, 321, 325, 367
タブー　270, 271, 277, 362, 367, 368
——とユーモア　270
懲罰的役割　11, 419
ディスコース分析　264
当惑　13, 356, 380, 381, 385-405, 409-411, 414-416, 418
徒弟制　348-351

な行

ニューラルネットワーク　150

認知過程　108, 115

は行

反逆機能　13, 229
ハンス少年　256, 259, 299, 404, 409, 414
『パンチ』　365
反ユダヤ主義　96, 197, 198, 247, 248, 250, 290, 291, 295, 371
必要機能と剰余機能　217-219, 222, 353
皮肉　ii, iii, 5, 14, 53, 77, 79-81, 123, 128, 238, 312-316, 323-325, 331, 385
偏見　2
放出理論　10, 65, 66, 149-151, 178, 180, 190, 298, 299, 301, 308-310, 344, 423
ポジティブ・イデオロギー　9, 10, 12, 14, 18, 37, 39, 42, 56-59, 64, 67, 94, 100, 184, 192, 216, 217, 242, 301, 307, 310, 343, 346, 352, 354, 356, 391, 399, 418, 419, 421-423
ポジティブ・シンキング　19, 54, 55, 58
ポジティブ心理学　49-54, 67, 182, 310, 313, 343-345, 421

ま行

ミソジラスト　24, 25, 63-65, 71, 77, 81, 85, 90, 101, 143
無害なジョーク　267-269, 274, 275, 289, 301

や行

唯物論心理学　87
唯物論哲学　149
優越理論、面目つぶし理論　10, 65-69, 74, 75, 80, 81, 85, 86, 95, 149, 151, 165, 170, 181, 186, 201, 220, 221, 223, 308, 309, 344, 421, 423
勇敢な笑い　337
夢の作業　252, 264
ユーモア：
——と健康　37
——（または笑い）の社会的機能　173, 175, 211, 223, 353
——のセンス　i, ii, 3, 20-24, 26, 27, 29-31, 33, 37, 38, 50, 64, 84, 99, 114, 146, 192, 272, 282, 309, 314, 318, 320, 326, 327, 331, 351, 372, 376, 392, 419
——のパラドックス　308, 325, 417
——のメタディスコース　314, 322, 323
——批判、——の批判的アプローチ　1, 3, 6, 9, 14, 17
エスニック・——　40, 53, 371
傾向的——　368, 415
懲罰的——　185, 358-360, 362, 366, 368, 373, 403
反逆的——　174, 358-360, 366-376, 378, 379, 416, 423, 425
抑圧　18, 48, 145, 244, 245, 251, 252, 254-256, 258, 415

ら行

楽観主義　52, 53, 58, 67, 419, 420
レトリカル・スプレイ　45, 139, 407
レトリック　36, 43, 45, 66, 75, 79, 84, 140, 144, 184, 227, 259, 263, 267, 282, 284, 296, 311, 316, 333, 335, 336, 338, 343-346, 351, 360

わ行

笑う動物　207, 317, 318, 327, 330
笑ワズ　13, 279, 311, 339-342, 344, 370, 372, 428

参考文献

Adamson, J.（1973）*Grucho, Harpo, Chico and Sometimes Zeppo*. London：W. H. Allen.

Addison, J.（1711）*The Spectator*, 47, 24 April.

Addison, J.（1965）*The Spectator*, ed. D. F. Bond. Oxford：Clarendon Press.

Akenside, M.（1810）*The Pleasuers of Imagination：A New Edition.* London：T. Cadell and W. Davies.

Allsop, D.（1997）*Kicking in the Wind：The Real Life Drama of a Small-Town Football Club*. London：Headline.

Amada, G.（1993）'The role of humour in a college mental health program', in W. F. Fry and W. A. Salameh（eds）, *Advances in Houmour and Psychotherapy*. Sarasota, FL：Professional Resource Exchange.

Andreski, S.（1971）*Herbert Spencer*. London：Nelson.

Anonymous（1963）*Joe Miller's Jests or the Wit's Vade-Mecum*（1739）New York：Dover.

Anthony, A.（2004）'Why does the devil have all the best gags?', *The Guardian* G2, 15 April, 5.

Apte, M. L.（1983）'Humour research, methodology and theory in anthropology', in P. E. McGhee and J. H. Goldstein（eds）, *Handbook of Humour Research*. New York：Springer-Verlag.

Apter, M. J.（1982a）*The Experience of Motivation*. London：Academic press.

Apter, M. J.（1982b）'"Fawlty Towers"：a reversal theory analysis of a popular comedy series', *Journal of Popular Culture*, 16, 128-38.

Aristophanes（1973）*The Clouds,* in *Lysistrata, The Acharnians, The Clouds*. Harmondsworth：Penguin.

Aristotle（1909）*Rhetoric*. Cambridge：Cambridge University Press.

Aristotle（1926）*The Nicomachean Ethics*. London：William Heinemann.

Aristotle（1963）*The Poetics*. London：Dent.

Aristotle（1968）*On the Parts of Animals*. London：Loeb Classical Library.

Attardo, S.（1993）'Violation of conversational maxims and cooporation：the

case of jokes', *Jourrnal of Pragmatics*, 19, 537-58.

Attardo, S. (2000) 'Irony as relevant inappropriateness', *Journal of Pragmatics*, 32, 793-826.

Attardo, S. and Raskin, V. (1991) 'Script theory revis(it)ed : joke similarity and joke representation model', *Humor*, 4, 293-347.

Aubrey, J. (1999) 'The Brief Life : An abstract of John Aubrey's notes', in T. Hobbes *Human Nature and De Corpore Politico*. Oxford : Oxford University Press.

Audi, R. (ed.) (1995) *Cambridge Dictionary of Philosophy*. Cambridge : Cambridge University Press.

Austin, G. (1806) *Chironomia : or a Treatise on Rhetorical Delivery*. London : T. Cadell and W. Davies.

Bacon, F. ([1625] 1902) *The Essays*. London : J. M. Dent.

Bain, A. (1865) *The Emotions and the Will*, 2nd edn. London : Longmans, Green and Co.

Bain, A. (1868a) *The Senses and the Intellect*, 3rd edn. London : Longmans, Green and Co.

Bain, A. (1868b) *Mental and Moral Science*. London : Longmans, Green and Co.

Bain, A. (1877) *English Composition and Rhetoric*. London : Longmans, Green and Co.

Bain, A. (1879) *Education as a Science*. London : C. Kegan Paul and Co.

Bain, A. (1882) *J. S. Mill : A Criticism*. London : Longmans, Green and Co.

Bain, A. (1899) *The Emotions and the Will*, 3rd edn. London : Longmans, Green and Co.

Bain, A. (1904) *Autobiography*. London : Longmans, Green and Co.

Bakhtin, M. (1981) *The Dialogic Imagination*. Austin, TX : University of Texas Press.

Bakhtin, M. (1986) *Speech Genres and Other Late Essays*. Austin, TX : University of Texas Press.

Banerji, C. and Donald, D. (1999) *Gillray Observed*. Cambridge : Cambridge University Press.

Barsoux, J.-L. (1993) *Funny Business : Humour, Management and Business*

Culture. London : Cassell and Co.

Barthes, R. (1982) 'Inaugural lecture, Collège de France', in R. Barthes, *Selected Writings*. London : Collins.

Bauman, Z. (1995) *Life in Fragments*. Oxford : Blackwell.

Beattie, J. (1779) 'Essay on Laughter and Ludicrous Composition', in J. Beattie *Essays : On Poetry and Music*. London : E. and C. Dilly ; Edinburgh : W. Creech. (facsmile edition : London : Routledge/Thoemmes Press, 1996).

Beattie, J. (1783) 'The theory of language', in J. Beattie, *Dissertations Moral and Critical*. Dublin : Exshaw, Walker, Beatty, White, Byrne, Cash and McKenzie.

Beck, C. T. (1997) 'Humour in nursing practice : a phenomenological study', *International Journal of Nursing Studies*, 34, 346-52.

Beck, U. (1992) *Risk Society : Towards a New Modernity*. London : Sage.

Bell, M. B. and Gardner, M. (eds) (1998) *Bakhtin and the Human Sciences*. London : Sage.

Bennett, M. (1989) 'Children's self-attribution of embarrassment', *British Journal of Developmental Psychology*, 7, 207-17.

Bennett, M. and Gillingham, K. (1991) 'The role of self-focused attentions in children's attributions of social emotions to the self', *Journal of Genetic Psychology*, 152, 303-9.

Benton, G. (1988) 'The origins of the political joke', in C. Powell and G. E. C. Paton (eds), *Houmour in Society : Resistance and Control*. Basingstoke : Macmillan.

Bergen, D. (1998) 'Development of the sense of humour', in W. Ruch (ed.), *The Sense of Humour : Explorations of a Personality Characteristic*. Berlin : Mouton de Gruyter.

Berger, P. L. (1997) *Redeeming Laughter : The Comic Dimention of Human Experience*. Berlin/New York : Walter de Gruyter.

Berger, P. L. and Luckmann, T. (1967) *The Social Construction of Reality*. London : Allen Lane.

Bergson, H. (1900) *Le rire : essai sur la signification du comique*. Paris : Félix Alcan.

Bergson, H. (1911a) *Laughter : An Essay on the Meaning of the Comic*. Lon-

don：Macmillan and Co.
Bergson, H.（1911b）*Creative Evolution*. New York：Henry Holt.
Bergson, H.（1911c）*Matter and Memory*. London：Swan Sonnenschein and Co.
Bergson, H.（1913）*Time and Free Will：An Essay on the Immediate Data of Consciousness*. London：George Allen.
Bergson, H.（1920）*Mind-Energy：Lectures and Essays*. London：Macmillan and Co.
Bergson, H.（1946）*The Creative Mind*. New York：Citadel Press.
Billig, M.（1996）*Arguing and Thinking*. Cambridge：Cambridge University Press.
Billig, M.（1998）'Dialogic repression and the Oedipus Complex：reinterpreting the Little Hans case', *Culture and Psychology*, 4, 11-47.
Billig, M.（1999）*Freudian Repression：Conversation Creating the Unconscious*. Cambridge：Cambridge University Press.
Billig, M.（2000）'Freud's different versions of forgetting "Signorelli"：rhetoric and repression', *International Journal of Psychoanalysis*, 81, 483-98.
Billig, M.（2001）'Humour and hatred：the racist jokes of the Ku Klux Klan', *Discourse and Society*, 12, 267-89.
Billig, M.（2005）'Violent racist jokes：an analysis of extreme racist humour', in M. Pickering and S. Lockyer（eds）, *Beyond a Joke*. London：Macmillan.
Billig, M.（2008）. *The Hidden Roots of Critical Psychology*. London：Sage.
Billig, M., Condor, S., Edwards, D., Gane, M., Middleton, D. and Radley, A. R.（1988）*Ideological Dilemmas：A Social Psychology of Everyday Thinking*. London：Sage.
Bilmes, J.（1987）'The concept of preference in conversation analysis', *Language in Society*, 17, 161-87.
Boskin, J.（1987）'The complicity of humour：the life and death of Sambo', in J. Morreall（ed.）, *The Philosophy of Laughter and Humour*. Albany, NY：State University of New York Press.
Boswell, J.（1950）*London Journal*, *1762-1763*. London：William Heinemann.
Bowne, B. P.（1912）*Kant and Spencer*. Boston：Houghton Mifflin.
Boxer, D. and Cortés-Conde, F.（1997）'From bonding to biting：conversational joking and identity play', *Journal of Pragmatics*, 27, 275-94.

Boyle, G. J. and Joss-Reid, J. M. (2004) 'Relationship of humour to health : a psychometric investigation', *British Journal of Health Psychology*, 9, 51-66.

Bremner, J. (1997) 'Jokes, jokers and jokebooks in Ancient Greece', in J. Bremner and H. Roodenburg (eds), *A Cultural History of Humour*. Cambridge : Polity.

Brown, J. (1751) *Essays on the Characteristics*. London : C. Davis.

Brown, P. and Levinson, S. C. (1987) *Politeness : Some Universals in Language Use*. Cambridge : Cambridge University Press.

Burke, P. (1993) *The Art of Conversation*. Ithaca, NY : Cornell University Press.

Buss, A. H. (1980) *Self-Consciousness and Social Anxiety*. San Francisco : W. H. Freeman.

Campbell, G. ([1776] 1856) *The philosophy of Rhetoric*. New York : Harper and Brothers.

Carpenter, W. B. (1879) *Principles of Mental Physiology*, 5th edn. London : Kegan Paul.

Carver, C. S., Lehman, J. M. and Antoni, M. H. (2003) 'Dispositional pessimism predicts illness-related disruption of social and recreational activities amongst breast cancer patients', *Journal of Personality and Social Psychology*, 84, 813-21.

Caudron, S. (1992) 'Humour is healthy in the workplace', *Personnel Journal*, 71, 63-8.

Chapman, R. (2001) '"Am I doing it right?" : A discursive analysis of cancer narratives', unpublished PhD thesis, Loughborough University.

Chevalier, J. (1928) *Henri Bergson*. London : Rider and Co.

Clancy, P. M. (1986) 'The acquisition of communicative style in Japanese', in B. B. Schiefflin and E. Ochs (eds), *Language Socialization across Cultures*. Cambridge : Cambridge University Press.

Cohen, E. (1953) *Human Behaviour in the Concentration Camp*. New York : Grosset and Dunlap.

Cohen, T. (1999) *Jokes : Philosophical Thoughts on Joking Matters*. Chicago : University of Chicago Press.

Colley, L. (1992) *Britons : Forging the Nation1707-1837*.New Haven, CT : Yale University Press.

Conte, Y. (1998) *Serious Laughter : Live a Happier, Healthier, More Productive Life*. Amsterdam : Berwick Publishing.

Coser, L. (2003) 'Functionalism', in W. Outhwaite (ed.), *The Blackwell Dictionary of Modern Social Thought*. Oxford : Blackwell.

Coupland, J. (1996) 'Dating advertisements : discourses of the commodified self', *Discourse and Society*, 7, 187-207.

Coupland, N. and Coupland, J. (2001) 'Language, ageing and agism', in W. P. Robinson and H. Giles (eds), *The New Handbook of Language and Social Psychology*. Chichester : John Wiley.

Crews, F. (1995) *The Memory Wars : Freud's Legacy in Dispute*. New York : New York Review.

Crews, F. (ed.) (1998) *Unauthorized Freud : Doubters Confront a Legend*. New York : Penguin.

Critchley, S. (2002) *On Humour*. London : Routledge.

Crozier, W. R. (2001) 'Blushing and the exposed self : Darwin revised', *Journal for the Theory of Social Behaviour*, 31, 61-72.

Crozier, W. R. and Dimmock, P. S. (1999) 'Name-calling and nicknames in a sample of primary school children', *British Journal of Educational Psychology*, 69, 505-16.

Danner, D. D., Snowdon, D. A. and Friesen, W. V. (2001) 'Positive emotions in early life and longevity : findings from the nun study', *Journal of Personality and Social Psychology*, 80, 804-13.

Darwin, C. ([1872] 1896) *The Expression of the Emotions in Man and Animals*. New York : D. Appleton.

Davies, C. (1990) *Ethnic Humour around the World*. Bloomington, IN : Indiana University Press.

Davies, C. (1998) 'The dog that didn't bark in the night : a new sociological approach to the cross-cultural study of humour', in W. Ruch (ed.), *The Sense of Houmour*, Berlin : Mouton de Gruyter.

Deleuze, G. (1988) *Bergsonism*. New York : Zone Books.

Diogenes Laertius (1972) *The Lives of Eminent Philosophers*. London : Loeb Classical Library.

Donald, D. (1996) *The Age of Caricature : Satirical Prints in the Reign of*

Geroge III. New Haven, CT : Yale University Press.
Drew, P. (1987) 'Po-faced receipt of teases', *Linguistics*, 25, 219-53.
Dugas, L. (1902) *Psychologie du rire*. Paris : Félix Alcan.
Duncan, D. (1908) *The Life and Letters of Herbert Spencer*. London : Methuen.
Dundes, A. (1987) *Cracking Jokes : Studies of Sick Humour Cycles and Stereotypes*. Berkeley, CA : Ten Speed Press.
Dunn, J. (1988) *The Beginnings of Social Understanding*. Oxford : Blackwell.
Du Pré, A. (1998) *Humour and the Healing Arts*. Mahwah, NJ : Lawrence Erlbaum.
Edelman, M. (1977) *Political Language*. New York : Academic Press.
Eder, D. (1990) 'Serious and playful disputes : variations in conflict talk among female adolescents', in A. D. Grimshaw (ed.), *Conflict Talk*. Cambridge : Cambridge University Press.
Edmonds, D. and Eidinow, J. (2001) *Wittgenstein's Poker : The Story of a Ten Minute Argument between Two Great Philosophers*. London : Faber and Faber.
Edwards, D. (1997) *Discourse and Coginition*. London : Sage.
Edwards, D. and Potter, J. (1993) *Discursive Psychology*. London : Sage.
Eisenberg, A. R. (1986) 'Teasing : verbal play in two Mexicano homes', in B. B. Schieffelin and E. Ochs (eds), *Language Socialization across Cultures*. Cambridge : Cambridge University Press.
Ekman, P. (1984) 'Expression and the nature of emotion', in K. S. Scherer and P. Ekman (eds), *Approaches to Emotion*. Hillsdale, NJ : Erlbaum.
Ekman, P. (1992) 'An argument for basic emotions', *Cognition and Emotions*, 6, 169-200.
Epictetus (1910) *The Moral Discourses*. London : J. M. Dent.
Erwin, E. (1996) *A Final Accounting : Philosophical and Empirical Issues in Freudian Psychology*. Cambridge, MA : MIT Press.
Fairclough, N. (2003) '"Political correctness" : the politics of culture and language', *Discourse and Society*, 14, 17-28.
Ferguson, A. ([1767] 1966) *An Essay on the History of Civil Society*. Edinburgh : Edinburgh University Press.
Ferrand, L. and Nicolas, S. (2000) 'L'œuvre de Ribot à travers les sommaires de ses ouvrages', *Psychologie et Histoire*, 1, 82-130.

Ferris, P. (1997) *Dr Freud : A Life*. London : Sinclair-Stevenson.

Feuer, A. C. (ed.) (1977) *Tehillim, with a Commentary Anthologized from Talmudic, Midrashic and Rabbinic Sources*. New York : Mesorah.

Fife, G. (1999) *Tour de France : The History, the Legend, the Riders*. Edinburgh : Mainstream.

Figgou, E. (2002) 'Social psychological and lay understandings of prejudice, racism and discrimination : an exploration of their dilemmatic aspects', unpublished PhD thesis, Lancaster University.

Fine, G. A. (1983) 'Sociological approaches to the study of humor', in P. E. McGee and J. H. Goldstein (eds), *Handbook of Humor Research*, vol.1.New York : Springer.

Forbes, W. (1824) *An Account of the Life and Writings of James Beattie*. London : W. Baynes and Son.

Forrester, J. (1991) *The Seductions of Psychoanalysis*. Cambridge : Cambridge University Press.

Fotheringham, W. (2003) *Put Me Back on My Bike : In Search of Tom Simpson.* London : Yellow Jersey Press.

Franzoi, S. L. (2000) *Social Psychology*, 2nd edn. Boston : McGraw-Hill.

Fredrickson, B. L. (1998) 'What good are positive emotions ? ', *Review of General Psychology*, 2, 300-19.

Fredrickson, B. L. (2000) 'Cultivating positive emotions to optimize health and well-being', *Prevention and Treatment*, 3, http://journals.apa.org/prevention/volume3/toc-mar07-00.html

Fredrickson, B. L. (2003) 'The value of positive emotions', *American Scientist*, 91, 330-5.

Fredrickson, B. L. and Branigan, C. (2005) 'Positive emotions broaden the scope of attention and thought-action repertoires', *Cognition and Emotion*, 20, 313-332.

Fredrickson, B. L. and Joiner, T. (2002) 'Positive emotions trigger upward spirals toward emotional well-being', *Psychological Science*, 13, 172-5.

Fredrickson, B. L., Tugade, M. M., Waugh, C. E. and Larkin, G, (2003) 'What good are positive emotions in crises? A prospective study of resilience and emotions following the terrorist attacks on the United States on September 11th,

2001', *Journal of Personality and Social Psychology*, 84, 365-76.

Freud, S. ([1900] 1990) *The Interpretation of Dreams*, Penguin Freud Library, vol. 4. Harmondsworth : Penguin.

Freud, S. ([1901] 1975) *The Psychopathology of Everyday Life*, Penguin Freud Library, vol. 5. Harmondsworth : Penguin.

Freud, S. ([1905a] 1977) Three essays on the theory of sexuality', in *On Sexuality*, Penguin Freud Library, vol. 7. Harmondsworth : Penguin.

Freud, S. ([1905b] 1991) *Jokes and their Relation to the Unconscious*, Penguin Freud Library, vol. 6. Harmondsworth : Penguin.

Freud, S. ([1909] 1990) 'Analysis of a phobia in a five-year-old boy ("Little Hans")', in *Case Histories 1*, Penguin Freud Library, vol. 8. Harmondsworth : Penguin.

Freud, S. ([1913] 1990) 'Totem and Taboo', in *The Origins of Religion*, Penguin Freud Library, vol. 13. Harmondsworth : Penguin.

Freud, S. ([1914] 1993) 'On the history of the psychoanalytic movement', in *Historical and Expository Works*, Penguin Freud Library, vol. 15. Harmondsworth : Penguin.

Freud, S. ([1920] 1991) 'Beyond the pleasure principle', in *On Metapsychology*, Penguin Freud Library, vol. 11. Harmondsworth : Penguin.

Freud, S. ([1921] 1985) 'Group psychology and the analysis of the ego', in *Civilization, Society and Religion*, Penguin Freud Library, vol. 12. Harmondsworth : Penguin.

Freud, S. ([1925a] 1993) 'An autobiographical study', in *Historical and Expository Works,* Penguin Freud Library, vol. 15. Harmondsworth : Penguin.

Freud, S. ([1925b] 1993) 'Resistances to psychoanalysis', in *Historical and Expository Works*, Penguin Freud Library, vol. 15. Harmondsworth : Penguin.

Freud, S. ([1927] 1990) 'Humour', in *Art and Literature*, Penguin Freud Library, vol. 14. Harmondsworth : Penguin.

Freud, S. ([1930] 1987) 'Civilization and its discontents', in *Civilization, Society and Religion*, Penguin Freud Library, vol. 12. Harmondsworth : Penguin.

Freud, S. (1985) *The Complete Letters of Sigmund Freud to Wilhelm Fliess, 1887-1904*, ed. by J. M. Masson. Cambridge, MA : Harvard University Press.

Freud, S. (1993) '"Wir und der Tod" : a previously unpublished versions of a

paper given by Sigmund Freud on the attitude towards death', in D. Meghnagi (ed.), *Freud and Judaism*. London：Karnac Books.
Freud, S. and Breuer, J. ([1895] 1991) *Studies on Hysteria*, Penguin Freud Library, vol. 3. Harmondsworth：Penguin.
Fry, W. F. (1987) 'Introduction', in W. F. Fry and W. A. Salameh (eds), *Handbook of Humour and Psychotherapy*. Sarasota, FL：Professional Resource Exchange.
Fry, W. F. and Salameh, W. A. (eds) (1993) *Advances in Humour and Psychotherapy*. Sarasota, FL：Professional Resource Exchange.
Garfinkel, H. (1967) *Studies in Ethnomethodology*, New York：Prentice Hall.
Gay, P. (1995) *Freud：A Life for our Time*. London：Papermac.
Gergen, K. J. (1991) *The Saturated Self*. New York：Basic Books.
Giddens, A. (1991) *Modernity and Self-Identity*. Cambridge：Polity Press.
Giora, R. (1991) 'On the cognitive aspects of the joke', *Journal of Pragmatics*, 16, 463-85.
Goffman, E. (1967) *Interaction Ritual*. New York：Pantheon Books.
Goffman, E. (1981) *Forms of Talk*. Philadelphia, PA：University of Pennsylvania Press.
Gombrich, E. H. and Kris, E. (1940) *Caricature*. Harmondsworth：Penguin.
Graham, E., Papa, M. and Brooks, G. (1992) 'Functions of humour in conversation：conceptualization and measurement', *Western Journal of Communication*, 56, 161-83.
Grice, H. P. (1975) 'Logic and conversation', in P. Cole (ed.), *Syntax and Semantics*, vol. 9. New York：Academic Press.
Grinstein, A. (1990) *Freud at the Crossroads*. Madison, CT：International Universities Press.
Gruner, R. (1997) *The Game of Humour：A Comprehensive Theory of Why We Laugh*. New Brunswick, NJ：Transaction.
Gundelach, P. (2000) 'Joking relationships and national identity in Scandinavia', *Acta Sociologica*, 43, 113-23.
Gurjeva, L. (2001) 'James Sully and scientific psychology 1880s-1910', in G. Bunn, A. D. Lovie and G. D. Richards (eds), *Psychology in Britain*. Leicester：British Psychological Society.

Hageseth III, C. (1988) *A Laughing Place : The Art and Psychology of Positive Humour in Love and Adversity*. Fort Collins, CO : Berwick.

Hartley, D. ([1749] 1834) *Observations on Man, his Frame, his Duty, and his Expectations*. London : Thomas Tegg.

Hay, J. (2000) 'Functions of humour in the conversations of men and women', *Journal of Pragmatics*, 32, 709-42.

Hazlitt, W. (1987) 'Lectures on English comic writers', in J. Morreall (ed.), *The Philosophy of Laughter and Humour*. Albany, NY : New York State University Press.

Hepburn, A. (1997) 'Teachers and secondary school bullying : a postmodern discourse analysis', *Discourse and Society*, 8, 27-48.

Hepburn, A. (2000) 'Power lines : Derrida, discursive psychology and the management of accusations of teacher bullying', *British Journal of Social Psychology*, 39, 605-28.

Heritage, J. (1984) *Garfinkel and Ethnomethodology*. Cambridge : Polity Press.

Hervey, G. H. (1854) *The Rhetoric of Conversation*. New York : Harper and Brothers.

Herzog, T. R. (1999) 'Gender differences in humour revisited', *Humor*, 12, 411-23.

Herzog, T. R. and Bush, B. A. (1994) 'The prediction of preference for sick humour', *Humor*, 7, 323-40.

Herzog, T. R. and Karafa, J. A. (1998) 'Preferences for sick versus nonsick humour', *Humor*, 11, 291-312.

Heuscher, J. E. (1993) 'Kirkegaard's humour and its implication for indirect humorous communication in psychotheray', in W. F. Fry and W. A. Salameh (eds), *Advances in Humour and Psychotherapy*. Sarasota, FL : Professional Resource Exchange.

Hill, D. (1966) *Fashionable Contrasts : Caricarures* by James Gillray. London : Phaidon.

Hitler, A. (1988) *Hitler's Table Talk*. Oxford : Oxford University Press.

Hobbes, T. (1996) *Leviathan*. Cambridge : Cambridge University Press.

Hobbes, T. (1999) *Human Nature and De Corpore Politico*. Oxford : Oxford University Press.

Höffding, H. (1892) *Outlines of Psychology*. London : Macmillan.

Hogarth, W. (1955) *The Analysis of Beauty* (1753) Oxford : Clarendon Press.

Holmes, J. (2000) 'Politeness, power and provocation : how humour functions in the workplace', *Discourse Studies*, 2, 159-85.

Holmes, J. and Marra, M. (2002) 'Having a laugh at work : how humour contributes to workplace culture', *Journal of Pragmatics*, 34, 1683-710.

Holtgraves, T. (2001) 'Politeness', in W. P. Robinson and H. Giles (eds), *The New Handbook of Language and Social Psychology*. Chichester : John Wiley.

Husband, C. (1988) 'Racist humour and racist ideology in British television or I laughed till you cried', in C. Powell and G. E. C. Paton (eds), *Humour in Society*. Basingstoke : Macmillan.

Hutcheson, F. (1758) *Thoughts on Laughter*. Glasgow : Robert and Andrew. (facsimile edition, Bristol : Thoemmes, 1989)

Hutcheson, F. ([1775] 1969) *A System of Moral Philosophy*. Hildersheim : Georg Olms.

Imahori, T. T. and Cupach, W. R. (1994) 'A cross-cultural comparison of the interpretation and management of race : United States American and Japanese responses to embarrassing predicaments', *International Journal of Intercultural Relations*, 18, 193-219.

James, C. L. R. (1964) *Beyond a Boundary*. London : Sportsmans Books Club.

James, W. (1890) *The Principles of Psychology*. London : Macmillan.

James, W. (1909) *A Pluralistic Universe*. London : Longmans, Green and Co.

James, W. (1911) *Memories and Studies*. London : Longmans, Green and Co.

Jaret, C. (1999) 'Attitudes of Whites and Blacks towards ethnic humour : a comparison', *Humor*, 12, 385-409.

Jarrett, D. (1976) *England in the Age of Hogarth*. St. Albans : Paladin.

Jefferson, G. (1984) 'On the organization of laughter in talk about troubles', in M. Atkinson and J. Heritage (eds), *Structures of Social Action*. Cambridge : Cambridge University Press.

Jefferson, G. (1985) 'An exercise in the transcription and analysis of laughter', in T. A. van Dijk (ed.), *Handbook of Discourse Analysis*, vol. 3. London : Academic Press.

Johnson, K. E. and Marvis, C. B. (1997) 'First steps in the emergence of verbal

humour : a case study', *Infant Behaviour and Development*, 20, 187-96.

Johnson, S., Culpeper, J. and Suhr, S. (2003) 'From "Politically Correct Councillors" to "Blairite Nonsense" : discourses of "political correctness" in three British newspapers', *Discourse and Society*, 14, 29-47.

Jones, E. (1964) *The Life and Work of Sigmund Freud*. Harmondsworth : Penguin.

Kames, Lord (Henry Home) ([1762] 1854) *Elements of Criticism*. New York : F. J. Huntington and Mason Brothers.

Katriel, T. (1986) *Talking Straight : Dugri speech in Israeli Sabra Culture*. Cambridge : Cambridge University Press.

Kelly, F. D. and Osborne, D. (1999) 'Ego states and preferences for humour', *Psychological Reports*, 85, 1031-9.

Keltner, D. (1995) 'Signs of appeasement : evidence for the distinct displays of embarrassment, amusement and shame', *Journal of Personality and Social Psychology*, 68, 441-54.

Keltner, D., Young, R. C., Heerey, E. A., Oemig, C. and Monarch, N. D. (1998) 'Teasing in hierachical and intimate relations', *Journal of Personality and Social Psychology*, 75, 1231-47.

Kitazume, S. (2010). Do the Japanese have a sense of humour? *Society*, 47(1), 35-37.

Kitzeinger, C. (2000) 'How to resist an idiom', *Research on Language and Social Interaction*, 32, 121-54.

Klein, A. (1989) *The Healing Power : Techniques for Getting through Loss, Setbacks, Upsets, Disappointments, Difficulties, Trials, Tribulations and All That Not-So-Funny Stuff*. New York : J. P. Tarcher.

Klein, A. (1998) *The Courage to Laugh : Humour, Hope, and Healing in the Face of Death and Dying*. New York : J. P. Tarcher.

Koestler, A. (1964) *The Act of Creation*. London : Hutchinson.

Koffka, K. (1928) *The Growth of the Mind*. London : Kegan Paul, Trench, Trubner.

Kotthoff, H. (1999) 'Gender and joking : on the complexities of women's image politics in humorous narratives', *Journal of Pragmatics*, 32, 55-80.

Kotthoff, H. (2003) 'Responding to irony in different contexts : on cognition in

conversation', *Journal of Pragmatics*, 35, 1387-411.

Kuhlman, T. L. (1985) 'A study of salience and motivational theories of humour', *Journal of Personality and Social Psychology*, 49, 281-6.

Lambourne, L. (1983) *An Introduction to Caricature*. London：Her Majesty's Stationery Office.

Lampert, M. D. and Ervin-Tripp, S. M. (1998) 'Exploring paradigms：the study of gender and sense of humour near the end of 20th century', in W. Ruch (ed.), *The Sense of Houmour：Explorations of a Personality Characteristic*. Berlin：Mouton de Gruyter.

LaRoche, L. (1988) *Relax-You May Only Hava a Few Minutes Left：Using the Power of Humour to Overcome Stress in Life and Work*. New York：Villard Books.

Lefcourt, H. M. (2001) *Humour：The Psychology of Living Buoyantly*. New York：Kluwer Academic/Plenum.

Legman, G. (1969) *Rationale of the Dirty Joke：An Analysis of Sexual Humour*. London：Jonathan Cape.

Le Roy, E. (1913) *A New Philosophy：Henri Bergson*. London：Williams and Norgate.

Levesque, G. (1973) *Bergson：Vie et mort de l'homme et de dieu*. Paris：Les Éditions du Cerf.

Lewis, P. (1997) 'The killing jokes of the American eighties', *Humor*, 10, 251-83.

Locke, J. ([1690] 1964) *An Essay Concerning Human Understanding*. London：Dent.

Lockyer, S. and Pickering, M. (2001) 'Dear shit-shovellers：humour, censure and the discourse of complaint', *Discourse and Society*, 12, 633-52.

Macmillan, M. (1997) *Freud Evaluated：The Completed Arc*. Cambridge, MA：MIT Press.

Maher, M. (1993) 'Humour in substance abuse treatment', in W. F. Fry and W. A. Salameh (eds), *Advances in Humour and Psychotherapy*. Sarasota, FL：Professional Resource Exchange.

Manstead, A. S. R. and Semin, G. R. (1981) 'Social transgressions, social perspectives and social emotionality', *Motivation and Emotion*, 5, 249-61.

Marcus, D. K. and Miller, R. S. (1999) 'The perception of "live" embarrassment : a social relations analysis of class presentations', *Cognition and Emotion*, 13, 105-17.

Marcuse, H. (1972) *Eros and Civilisation*. London : Abacus.

Martin, R. A. (2001) 'Humour, laughter and physical health : methodological issues and research findings', *Psychological Bulletin*, 127, 504-19.

McDougall, W. (1923) *An Outline of Psychology*. London : Methuen.

McGhee, P. E. (1983) 'Humour development : Toward a life span approach', in P. E. McGee and J. H. Goldstein (eds), *Handbook of Humour Research*. New York : Springer-Verlag.

McNamara, P. (1996) 'Bergson's "Matter and Memory" and modern selectionist theories of memory', *Brain and Cognition*, 30, 215-31.

Mead, G. H. (1962) *Mind, Self and Society*. Chicago : University of Chicago Press.

Melucci, A. (1996) *The Playing Self*. Cambridge : Cambridge University Press.

Meredith, G. (1897) *An Essay on Comedy*. Westminster : Archibald Constable.

Merryman, R. (2003) 'The Tramp was somthing within me', *Guardian Review*, Nov.1, 16-17.

Metts, S. and Cupach, W. R. (1989) 'Situational influence on the use of remedial strategies in embarrassing predicaments', *Communication Monographs*, 56, 151-62.

Middleton, D. and Brown, S. D. (2005) *The Social Psychology of Experience*. London : Sage.

Miller, P. (1986) 'Teasing as language socialization and verbal play in a white working-class community', in B. B. Schieffelin and E. Ochs (eds), *Language Socialization across Cultures*. Cambridge : Cambridge University Press.

Miller R. S. (1987) 'Empathic embarrassment : situational and personal determinants of reactions to the embarrassment of another', *Journal of Personality and Social Psychology*, 53, 1061-9.

Miller, R. S. (1992) 'The nature and severity of self-reported embarrassing circumstances', *Personality and Social Psychology Bulletin*, 18, 190-8.

Miller, R. S. (1996) *Embarrassment*. New York : Guildford Press.

Miller, R. S. and Tangney, J. P. (1994) 'Differentiating embarrassment and

shame', *Journal of Social and Clinical Psychology*, 13, 273-87.
Mindess, H., Miller, C., Turek, J., Bender, A. and Corbin, S. (1985) *The Antioch Humour Test*. New York : Avon Books.
Modigliani, A. (1968) 'Embarrassment and embarrassability', *Sociometry*, 31, 313-26.
Moerman, M. (1988) *Talking Culture : Ethnography and Conversation Analysis*. Philadelphia, PA : University of Pennsylvania Press.
Monk, R. (1997) *Bertrand Russell*. London : Vintage.
Morreall, J. (1983) *Taking Laughter Seriously*. Albany, NY : State University of New York Press.
Morreall, J. (1987) 'Introduction', in J. Morreall (ed.), *The Philosophy of Laughter and Humour*. Albany, NY : State University of New York Press.
Morreall, J. (1997) *Humour Works*. Amherst, MA : HRD Press.
Mosak, H. and Maniacci, M. (1993) 'An "Adlerian" approach to humour and psychotherapy', in W. F. Fry and W. A. Salameh (eds), *Advances in Humour and Psychotherapy*. Sarasota, FL : Professional Resource Exchange.
Mulkay, M. (1988) *On Humour*. Cambridge : Polity Press.
Nevo, O. (1998) 'Do Jews in Israel still laugh at themselves ? ', in A. Ziv (ed.), *Jewish Humour*. New Brunswick, NJ : Transaction.
Nicolas, S. and Murray, D. J. (2000) 'Le founateur de la psychologie "scientifique" française : Théodule Ribot (1839-1916)', *Psychologie et Histoire*, 1, 1-42.
Nofsinger, R. E. (1993) *Everyday Conversation*. Newbury Park, CA : Sage.
Norrick, N. R. (1993) *Conversational Joking*. Bloomington, IN : Indiana University Press.
Norrick, N. R. (2003) 'Issues in conversational joking', *Journal of Pragmatics*, 35, 1333-59.
Oring, E. (1984) *The Jokes of Sigmund Freud : A Study in Humour and Jewish Identity*. Philadelphia, PA : University of Pennsylvania Press.
Oring, E. (1989) 'Between jokes and tales : on the nature of punch lines', *Humor*, 2, 349-64.
Parkinson, B. (1995) *Ideas and Realities of Emotion*. London : Routledge.
Parrott, W. G. and Harré, R. (1996) 'Embarrassment and the threat to character'

in R. Harré and W. G. Parrott (eds), *The Emotions*. London : Sage.

Parrott, W. G. and Smith, S. F. (1991) 'Embarrassment : actual vs. typical cases, classical vs. prototypical representations', *Cognition and Emotion*, 5, 467-88.

Peale, N. V. (1987) *You Can If You Think You Can*. New York : Simon and Schuster.

Peale, N. V. (1990) *Six Attitudes for Winners*. Wheaton : IL : Tyndale House.

Peale, N. V. (1996a) *Tough-Minded Optimist*. New York : Ballantine Books.

Peale, N. V. (1996b) *Power of Positive Thinking*. New York : Ballantine Books.

Pearsall, R. (1975) *Collapse of Stout Party : Victorian Wit and Humour*. London : Weidenfeld and Nicolson.

Peterson, C. (2000) 'The future of optimism', *American Psychologist*, 55, 44-55.

Piddington, R. (1933) *The Psychology of Laughter : A Study in Social Adaptation*. London : Figurehead.

Plato (1925) 'Philebus', in *The Statesman and Philebus*. London : William Heinemann.

Plato (1974) *The Republic*. Harmondsworth : Penguin.

Plato (1982) 'Meno', in *Protagoras and Meno*. Harmondsworth : Penguin.

Pomerantz, A. (1984) 'Agreeing and disagreeing with assessments : some features of preferred/dispreferred turn shapes', in J. M. Atkinson and J. Heritage (eds), *Structures of Social Action*. Cambridge : Cambridge University Press.

Popper, K. (1984) *The Open Society and its Enemies* vol. 2. London : Routledge.

Potter, J. (1996) *Representing Reality*. London : Sage.

Provine, R. R. (2000) *Laughter : A Scientific Investigation*. London : Faber and Faber.

Psathas, G. (1995) *Conversation Analysis*. London : Sage.

Raskin, V. (1985) *Semantic Mechanisms of Humor*. Dordrecht : Reidel.

Raskin, V. (1998) 'The sense of humour and the truth', in W. Ruch (ed.), *The Sense of Humor*. Berlin : Mouton de Gruyter.

Reik, T. (1956) *The Search Within*. New York : Farrar, Straus and Cudahy.

Reik, T. (1962) *Jewish Wit*. New York : Gamut Press.

Retzinger, S. (1991) *Violent Emotions*. Newbury Park : Sage.

Ribot, T. (1870) *La psychologie anglaise*. Paris : Ladrange.

Ribot, T. (1897) *The Psychology of Emotions*. London : Walter Scott.

Rizzo, S. (2000) *Becoming a Humour Being : The Power to Choose a Better Way*. Lindenhurst : Full Circle Publishing.

Rogoff, B. (1990) *Apprenticeship in Thinking : Cognitive Development in Social Context*. New York : Oxford University Press.

Rosenbaum, R. (1998) *Explaining Hitler:The Search for the Origins of his Evil.* London : Papermac.

Ruch, W. (ed.) (1988) *The Sense of Humour*. Berlin : Mouton de Gruyter.

Ruhe, A. and Paul, N. M. (1914) *Henri Bergson : An Account of his Life and Philosophy*. London : Macmillan.

Sabini, J. (1992) *Social Psychology*. New York : W. W. Norton.

Sabini, J., Siepmann, M., Stein, J. and Meyerowitz, M. (2000) 'Who is embarrassed by what ? ', *Cognition and Emotion*, 14, 213-40.

Sacks, H. (1992) *Lectures on Conversation*, vol. 2. Oxford : Blackwell.

Salameh, W. A. (1993) 'Introduction : on therapeutic icons and therapeutic personae', in W. F. Fry and W. A. Salameh (eds), *Advances in Humour and Psychotherapy*. Sarasota, FL : Professional Resource Exchange.

Salovey, P., Rothman, A. J., Detweiler, J. B. and Steward, W. T. (2000) 'Emotional states and physical health', *American Psychologist*, 55, 110-21.

Sartre, J. P. (1948) *Portrait of the Anti-Semite*. London : Secker and Warburg.

Scheff, T. J. (1990) *Microsociology : Discourse, Emotion and Social Structure*. Chicago : University of Chicago Press.

Scheff, T. J. (1994) *Bloody Revenge : Emotions, Nationalism and War*. Boulder, CO : Westview Press.

Scheff, T. J. (1997) *Emotions, the Social Bond, and Human Reality*. Cambridge : Cambridge University Press.

Scheff, T. J. (2000) 'Shame and the social bond : a sociological theory', *Sociological Theory*, 18, 84-99.

Schieffelin, B. B. (1986) 'Teasing and shaming in Kaluli children's interaction', in B. B. Schieffelin and E. Ochs (eds), *Language Socialization across Cultures*. Cambridge : Cambridge University Press.

Schieffelin, B. B. (1990) *The Give and Take of Everyday Life : Language Socialization of Kaluli Children*. Cambridge : Cambridge University Press.

Schieffelin, B. B, and Ochs, E. (eds) (1986) *Language Socialization across Cultures*. Cambridge: Cambridge University Press.

Schimel, J. L. (1993) 'Reflections on the function of humour in psychotherapy, especially with adolescents', in W. F. Fry and W. A. Salameh (eds), *Advances in Humour and Psychotherapy*. Sarasota, FL: Professional Resource Exchange.

Schopenhauer, A. (1987) 'The World as Will and Idea (1819): extracts from Book 1', in J. Morreall (ed.) *The Philosophy of Laughter and Humour*. Albany, NY: New York State University Press.

Screech, M. A. (1997) *Laughter at the Foot of the Cross*. London: Allen Lane.

Seligman, M. E. P. (1990) *Learned Optimism: How to Change your Mind and your Life*. New York: Knopf.

Seligman, M. E. P. (2002a) 'Positive psychology, positive prevention and positive therapy', in C. R. Snyder and S. Lopez (eds), *Handbook of Positive Psychology*. Oxford: Oxford University Press.

Seligman, M. E. P. (2002b) 'Positive clinical psychology', in L. G. Aspinwall and U. M. Staudinger (eds), *A Psychology of Human Strengths*. Washington, DC: American Psychological Association.

Seligman, M. E. P. and Csikszentmihalyi, M. (2000) 'Positive psychology: an introduction', *American Psychologist*, 55, 5-14.

Shaftesbury, Third Earl ([1711] 1999) *Characteristics of Men, Manners, Opinions, Times*. Cambridge: Cambridge University Press.

Shapiro, J. P., Baumeister, R. F. and Kessler, J. W. (1991) 'A 3-component model of children's teasing: aggression, humour and ambiguity', *Journal of Social and Clinical Psychology*, 10, 459-72.

Sharkey, W. F. (1992) 'Use and response to intentional embarrassment', *Communication Studies*, 43, 257-75.

Simpson, R. (1994) *Sir John Tenniel: Aspects of his Work*. London: Associated University Press.

Smiles, S. (1882) *Self-Help*. London: John Murray.

Smith, P. K. (ed.) (1999) *The Nature of School Bullying*. London: Routledge.

Smith, P. K. and Sharp, S. (eds) (1994) *School Bullying: Insights and Perspectives*. London: Routledge.

Smith, S. (1864) *Elementary Sketches of Moral Phylosophy: Delivered at the*

Royal Institution in the Years 1804, 1805 and 1806. New York : Harper and Brothers.
Speier, H. (1998) 'Wit and politics : an essay on laughter', *American Journal of Sociology*, 103, 1352-401.
Spencer, H. (1851) *Social Statics*. London : John Chapman.
Spencer, H. (1861) *Education : Intellectural, Moral and Physical*. London : G. Manwaring.
Spencer, H. (1864a) 'The physiology of laughter', in H. Spencer, *Essays : Scientific, Political and Speculative* (Second Series). New York : D. Appleton.
Spencer, H. (1864b) 'Bain on the emotions and the will', in H. Spencer, *Essays : Scientific, Political and Speculative* (Second Series). New York : D. Appleton.
Spencer, H. (1864c) *First Principles of a New System of Philosophy*. New York : D. Appleton.
Spencer, H. (1881) *The Principles of Psychology*, 3rd edn. London : Williams and Norgate.
Spencer, H. (1893) *The Inadequacy of 'Natural Selection'*. New York : D. Appleton.
Spencer, H. (1897) *The Study of Sociology* (1873). London : Kegan Paul, Trench, Trübner.
Spencer, H. (1904) *An Autobiography*. London : Williams and Norgate.
Sperber, D. and Wilson, D. (1986) *Relevance : Communication and Cognition*. Oxford : Basil Blackwell.
Steadman, R. (1979) *Sigmund Freud*. London : Paddington Press.
Stewart, D. ([1792] 1814) *Elements of the Philosophy of the Human Mind*. London : T. Cadell and W. Davies.
Stewart, D. ([1793] 1808) *Outlines of Moral Philosophy*. Edinburgh : William Creech.
Strachey, J. (1991) 'Editor's introduction', in S. Freud, *Jokes and their Relation to the Unconscious*, Penguin Freud Library, vol. 6. Harmondsworth : Penguin.
Strachey, L. (1928) *Queen Victoria*. London : Chatto and Windus.
Strack, F., Martin, L. L. and Stepper, S. (1988) 'Inhibiting and facilitating conditions of the human smile : a non-obtrusive test of the facial feedback

hypothesis', *Journal of Personality and Social Psychology*, 54, 768-77.

Sullivan, E. (2000) 'Gallows humour in social work practice : an issue for supervision and reflexivity', *Practice*, 12 (2), 45-54.

Sully, J. (1895) *Studies of Childhood*. London : Longsmans, Green and Co.

Sully, J. (1902) *An Essay on Laughter*. London : Longsmans, Green and Co.

Sully, J. (1918) *My Life and Friends : A Psychologist's Memories*. London : T. Fisher Unwin.

Sultanoff, S. M. (1999) 'Where has all my humour gone ; long time passing... Humour from children to adults', *Therapeutic Humor*, 13 (4), 2.

Surkis, A. A. (1993) 'Humour in relation to obsessive-compulsive processes', in W. F. Fry and W. A. Salameh (eds), *Advances in Humour and Psychotherapy*. Sarasota, FL : Professional Resource Exchange.

Sutherland, J. (ed.) (1987) *The Oxford Book of Literary Anecdotes*. Oxford : Oxford University Press.

Swales, P. J. (1982) 'Freud, Minna Bernays and the conquest of Rome : new light on the origins of psychoanalysis', *New American Review*, 1, 1-23.

Swales, P. J. (2003) 'Freud, death and sexual pleasuress : on the psychical mechanism of Dr. Sigm. Freud', *Arc de Cercle*, 1, 5-74.

Swearingen, J. (1991) *Rhetoric and Irony*. New York : Oxford University Press.

Swift, J. (1909a) 'A Complete Collection of Genteel and Ingenious Conversation - in three dialogues', in J. Swift, *A Tale of the Tub and Other Satires*. London : J. M. Dent.

Swift, J. (1909b) 'Hints towards an essay on conversation', in J. Swift, *A Tale of the Tub and Other Satires*. London : J. M. Dent.

Tangney, J. P. (1992) 'Situation determinants of shame and guilt in young adulthood', *Personality and Social Psychology Bulletin*, 18, 199-206.

Tangney, J. P., Miller, R. S., Flicker, L. and Barlow, D. H. (1996) 'Are shame, guilt and embarrassment distinct emotions? ', *Journal of Personality and Social Psychology*, 70, 1256-69.

Tangney, J. P., Niedenthal, P. M., Covert, M. V. and Barlow, D. H. (1998) 'Are shame and guilt related to distinct self-discrepancies? A test of Higgins's (1987) hypotheses', *Journal of Personality and Social Psychology*, 75, 256-68.

Tannen, D. (1989) *Talking Voices*. Cambridge : Cambridge University Press.

Tave, S. M. (1960) *The Amiable Humorist : A Study in the Comic Theory and Criticism of the Eighteenth and Early Nineteenth Centuries*. Cambridge : University of Chicago Press.

Taylor, S. E. (1991) *Positive Illusions : Creative Self-Deception and the Healthy Mind*. New York : Basic Books.

Taylor, S. E. and Brown, J. D. (1994) 'Positive illusions and well-being revisited : separating fact from fiction', *Psychological Bulletin*, 116, 21-7.

Terasahjo, T. and Salmivalli, C. (2003) '"She is not actually bullied". The discourse of harassment in student groups', *Aggressive Behaviour*, 29, 134-54.

Timpanero, S. (1985) *The Freudian Slip*. London : New Let Books.

Turnbull, C. M. (1972) *The Mountain People*. New York : Simon and Schuster.

Uglow, J. (1997) *Hogarth : A Life and a World*. London : Faber and Faber.

Vaid, J., Hull, R., Heredia, R., Gerkens, D. and Martinez, F. (2003) 'Getting a joke : the time course of meaning activation in verbal humour', *Journal of Pragmatics*, 35, 1431-49.

Valentine, E. (1999) 'The founding of the Psychological Laboratory, University College, London : "Dear Galton...Yours truly, J. Sully"', *History of Psychology*, 2, 204-18.

Van Giffen, K. and Maher, K. M. (1995) 'Memorable humorous incidents : gender themes and setting effects', *Humor*, 8, 39-50.

Vilaythong, A., Arnau, R. C., Rosen, D. H. and Mascaro, N. (2003) 'Humour and hope : can humour increase hope ? ', *Humor*, 16, 79-89.

Voltaire (n. d.) *Philosophical Dictionary*. London : E. Truelove.

Vulliamy, E. (2003) 'The President rides out', *Observer Review*, January 26, 1-2.

Wade, N. J. (2001) 'The Bains of psychology', *Perception*, 30, 777-83.

Watson-Gegeo, K. A. and Gegeo, D. W. (1986) 'Calling-out and repeating routines in Kwara'ae children's Language socialization', in B. B. Schieffelin and E. Ochs (eds), *Language Socialization across Cultures*. Cambridge : Cambridge University Press.

Webster, R. (1996) *Why Freud Was Wrong*. Hammondsworth : Penguin.

Weininger, O. ([1903] 1906) *Sex and Character*. London : William Heinemann.

Whately, R. (1860) *Elements of Rhetoric*. London : John W. Parker.
Wickberg, D. (1998) *The Senses of Humour*. Ithaca, NY : Cornell University Press.
Wierzbicka, A. (1995) 'Emotion and facial expression : a semantic approach', *Culture and Psychology*, 1, 227-58.
Wilkes, A. L. and Wade, N. J. (1997) 'Bain on neural networks', *Brain and Cognition*, 33, 295-305.
Wilkinson, S. and Kitzinger, C. (2000) 'Thinking differently about thinking positive : a discursive approach to cancer patients' talk', *Social Science and Medicine*, 50, 797-811.
Wistrich, R. S. (1989) *The Jews of Vienna in the Age of Franz Joseph*. Oxford : Oxford University Press.
Wolf, M. P. (2002) 'A grasshopper walks into a bar : the role of humour in normativity', *Journal for the Theory of Social Behaviour*, 32, 330-43.
Wyer, R. S. Jnr and Collins, J. E. (1992) 'A theory of humour elicitation', *Psychological Review*, 99, 663-88.
Xenophon (1910) 'Symposium, or Banquet', in A. D. Lindsay (ed.), *Socratic Discourses by Plato and Xenophon*. London : J. M. Dent.
Yedes, J. (1996) 'Playful teasing : kiddin' on the square', *Discourse and Society*, 7, 417-38.
Young, R. M. (1990) 'Herbert Spencer and inevitable progress', in G. Marsden (ed.), *Victorian Values*. London : Longman.
Zijderveld, A. C. (1982) *Reality in a Looking-Glass : Rationality through an Analysis of Traditional Folly*. London : Routledge and Kegan Paul.
Zillman, D. (1983) 'Disparagement humor', in P. E. McGee and J. H. Goldstein (eds), *Handbook of Humor Research*, vol.1.New York : Springer.
Ziv, A. (ed.) (1998) *Jewish Humour*. New Brunswick, NJ : Transaction.

邦訳文献

異なる版からの訳や、英語以外の言語（フランス語、ドイツ語、ギリシア語等）からの訳もあるので、必ずしも本文中で引用された文献に正確に対応しているわけではない。訳書が複数ある場合は新しい方を記載した。

Aristophanes（1973）『雲』高津春繁訳（1977）岩波書店.

Aristotle（1909）『アリストテレス 弁論術』戸塚七郎訳（1992）岩波書店.

Aristotle（1926）『アリストテレス　ニコマコス倫理学』高田三郎訳（2009）岩波書店.

Aristotle（1963）『アリストテレース 詩学・ホラーティウス 詩論』松本仁助・岡道男訳（1997）岩波書店.

Aristotle（1968）『動物部分論・動物運動論・動物進行論』坂下浩司訳（2005）京都大学学術出版会.

Bacon, F.（[1625] 1902）『ベーコン随筆集』神吉三郎訳（1935）岩波書店.

Bain, A.（1868b）『倍因氏著 心理学』矢島錦蔵訳（1886）忠愛社

Bakhtin, M.（1981）およびBakhtin, M.（1986）に収録された論文の一部は、『叙事詩と小説』川端香男里・伊東一郎・佐々木寛訳（1982）新時代社と『ことば対話テキスト』新谷敬三郎・佐々木寛・伊東一郎訳（1988）新時代社に所収.

Berger, P. L.（1997）『癒しとしての笑い —— ピーター・バーガーのユーモア論』森下伸也訳（1999）新曜社.

Berger, P. L. and Luckmann, T.（1967）『現実の社会的構成 —— 知識社会学論考』山口節郎訳（2003）新曜社.

Bergson, H.（1900）『ベルグソン全集3《新装復刊》笑い　持続と同時性』鈴木力衛・仲沢紀雄・花田圭介・加藤精司訳（2001）白水社.

Bergson, H.（1911a）『ベルグソン全集3《新装復刊》笑い　持続と同時性』鈴木力衛・仲沢紀雄・花田圭介・加藤精司訳（2001）白水社.

Bergson, H.（1911b）『ベルグソン全集4《新装復刊》創造的進化』松浪信三郎・高橋允昭訳（2001）白水社.

Bergson, H.（1911c）『ベルグソン全集2《新装復刊》物質と記憶』田島節夫

訳（2001）白水社.
Bergson, H.（1913）『ベルグソン全集1《新装復刊》時間と自由　アリストテレスの場所論』平井啓之・村治能就・広川洋一訳（2001）白水社.
Bergson, H.（1920）『ベルグソン全集5《新装復刊》精神のエネルギー』渡辺秀訳（2001）白水社.
Cohen, E.（1953）『強制収容所における人間行動』清水幾太郎ほか訳（1957）岩波書店.
Colley, L.（1992）『イギリス国民の誕生』川北稔監訳（2000）名古屋大学出版会.
Darwin, C.（[1872] 1896）『人及び動物の表情について』浜中浜太郎訳（1931）岩波書店.
Deleuze, G.（1988）『ベルクソンの哲学』宇波彰訳（1974）法政大学出版局.
Diogenes Laertius（1972）『ギリシア哲学者列伝 上・中・下』加来彰俊訳（1984, 1989, 1994）岩波書店.
Edmonds, D. and Eidinow, J.（2001）『ポパーとウィトゲンシュタインのあいだで交わされた世上名高い一〇分間の大激論の謎』二木麻里訳（2003）筑摩書房.
Epictetus（1910）『人生語録』佐久間政一訳（1949）文修堂.
Ferguson, A.（[1767] 1966）『市民社会史』大道安次郎訳（1954）河出書房.
Freud, S.（[1900] 1990）『夢判断 上・下』高橋義孝訳（2005）新潮社.
Freud, S.（[1901] 1975）「日常生活の精神病理学にむけて ── 度忘れ, 言い違い, 取りそこない, 迷信, 勘違い」高田珠樹訳（2007）高田珠樹責任編集『フロイト全集7　1901年　日常生活の精神病理学』岩波書店.
Freud, S.（[1905a] 1977）「性理論のための三篇」渡邊俊之訳（2009）渡邊俊之責任編集『フロイト全集6　1901-06年　症例ドーラ・性理論三篇』岩波書店　pp.163-310.
Freud, S.（[1995b] 1991）「機知 ── その無意識との関係」中岡成文・太寿堂真・多賀健太郎訳（2008）中岡成文責任編集『フロイト全集8　1905年　機知』岩波書店.
Freud, S.（[1909] 1990）「ある五歳児の恐怖症の分析〔ハンス〕」総田純次訳（2008）総田純次責任編集『フロイト全集10　1909年　症例「ハンス」・症例「鼠男」』岩波書店　pp.1-174.
Freud, S.（[1913] 1990）「トーテムとタブー」門脇健訳（2009）須藤訓任責

任編集『フロイト全集12　1912-13年　トーテムとタブー』岩波書店　pp. 1-206.
Freud, S.（[1914] 1993）「精神分析運動の歴史のために」福田覚訳（2010）道籏泰三責任編集『フロイト全集13　1913-14年　ナルシシズム・モーセ像・精神分析運動の歴史』岩波書店　pp.41-114.
Freud, S.（[1920] 1991）「快原則の彼岸」須藤訓任訳（2006）須藤訓任責任編集『フロイト全集17　1919-22年　不気味なもの・快原理の彼岸・集団心理学』岩波書店　pp.53-125.
Freud, S.（[1921] 1985）「集団心理学と自我分析」藤野寛訳（2006）須藤訓任責任編集『フロイト全集17　1919-22年　不気味なもの・快原理の彼岸・集団心理学』岩波書店　pp.127-223.
Freud, S.（[1925a] 1993）「みずからを語る」家高洋・三谷研爾訳（2007）本間直樹責任編集『フロイト全集18　1922-24年　自我とエス・みずからを語る』岩波書店　pp.63-133.
Freud, S.（[1925b] 1993）「精神分析への抵抗」大寿堂真訳（2007）本間直樹責任編集『フロイト全集18　1922-24年　自我とエス・みずからを語る』岩波書店　pp.325-337.
Freud, S.（[1927] 1990）「フモール」石田雄一訳（2010）加藤敏責任編集『フロイト全集19　1925-28年　否定・制止、症状、不安・素人分析の問題』岩波書店　pp.267-274.
Freud, S.（[1930] 1987）「文化のなかの不安」吉田正己訳（1970）吉田正己訳『文化論』日本教文社　pp.1-133.
Freud, S. and Breuer, J.（[1895] 1991）芝伸太郎訳（2008）芝伸太郎責任編集『フロイト全集２　1895年　ヒステリー研究』岩波書店.
Gay, P.（1995）『フロイト１・２』鈴木晶訳（1997, 2004）みすず書房.
Giddens, A.（1991）『モダニティと自己アイデンティティ ── 後期近代における自己と社会』秋吉美都・安藤太郎・筒井淳也訳（2005）ハーベスト社.
Goffman, E.（1967）『儀礼としての相互行為＜新訳版＞ ── 対面行動の社会学』浅野敏夫訳（2002）法政大学出版局.
Hitler, A.（1988）『ヒトラーのテーブル・トーク 1941-1944（上）・（下）』吉田八岑訳（1994）三交社.
Hobbes, T.（1996）『リヴァイアサンⅠ・Ⅱ』永井道雄・上田邦義訳（2009）中央公論新社.

Höffding, H.（1892）『心理学』石田新太郎訳（1897）弘文堂.
Hogarth, W.（1955）『美の解析 ── 変遷する「趣味」の理念を定義する試論』宮崎直子訳（2007）中央公論美術出版.
James, W.（1909）『多元的宇宙』吉田夏彦訳（1961）日本教文社.
Jones, E.（1964）『フロイトの生涯』竹友安彦・藤井治彦訳（1969）紀伊国屋書店.
Klein, A.（1989）『笑いの治癒力』片山陽子訳（1997）創元社.
Klein, A.（1998）『笑いの治癒力Ⅱ ── ユーモアと死と癒し』片山陽子訳（2001）創元社.
Koestler, A.（1964）『創造活動の理論 上 芸術の原泉と科学の発見』大久保直幹ほか訳（1966）ラテイス／『創造活動の理論 下 習慣と独創力』吉村鎮夫訳（1967）ラテイス.
Koffka, K.（1928）『発達心理学入門』平野直人・八田真穂訳（1943）前田出版社.
Locke, J.（[1690] 1964）『人間知性論 全四巻』大槻晴彦訳（1972-77）岩波書店.
Marcuse, H.（1972）『エロス的文明』南博訳（1958）紀伊国屋書店.
Mead, G. H.（1962）『精神・自我・社会』稲葉三千男・滝沢正樹・中野収訳（2005）青木書店.
Melucci, A.（1996）『プレイング・セルフ ── 惑星社会における人間と意味』新原道信・長谷川啓介・鈴木鉄忠訳（2008）ハーベスト社.
Meredith, G.（1897）『喜劇論』相良徳三訳（1953）岩波書店.
Morreall, J.（1983）『ユーモア社会をもとめて ── 笑いの人間学』森下伸也訳（1995）新曜社.
Peal, N. V.（1987）『できると思えばあなたはできる』上田敏晶訳（1975）ダイヤモンド社.
Peal, N. V.（1996a）『楽天の知学 ── こころは奇跡に満ちている』田中孝頼訳（1997）騎虎書房.
Peal, N. V.（1996b）『積極的考え方の力 ── ポジティブ思考が人生を変える』桑名一央・市村一夫訳（2003）ダイヤモンド社.
Plato（1925）『ピレボス』山田道夫訳（2005）京都大学学術出版会.
Plato（1974）『国家（上）・（下）』藤沢令夫訳（1979）岩波書店.
Plato（1982）『メノン』藤沢令夫訳（1994）岩波書店.

Popper, K.（1984）『開かれた社会とその敵　第2部』小河原誠・内田詔夫訳（1980）未来社.
Psathas, G.（1995）『会話分析の手法』北澤裕・小松栄一訳（1998）マルジュ社.
Schopenhauer, A.（1987）『意志と表象としての世界』斎藤忍随ほか訳（2004）白水社.
Seligman, M. E. P.（1990）『オプティミストはなぜ成功するか』山村宣子訳（1994）講談社.
Smiles, S.（1882）『自助論』竹内均訳（2003）三笠書房.
Smith, P. K. and Sharp, S.（eds）（1994）『いじめととりくんだ学校 ── 英国における4年間にわたる実証的研究の成果と展望』守屋慶子・高橋通子監訳（1996）ミネルヴァ書房.
Spencer, H.（1851）『社会静学』山田隆夫訳（1960年代）山田隆夫.
Spencer, H.（1861）『教育論』島田四郎訳（1981）玉川大学出版部.
Spencer, H.（1864c）『社会科学大系第7巻　第一原理（上）』澤田謙訳（2008）日本図書センター／『社会科学大系第8巻　第一原理（下）』澤田謙訳（2008）日本図書センター.
Sperber, D. and Wilson, D.（1986）『関係性理論 ── 伝達と認知』内田聖二ほか訳（1993）研究社出版.
Steadman, R.（1979）『フロイト』井口大介訳（1985）ブレーン出版.
Strachey, L.（1928）『ヴィクトリア女王』小川和夫訳（1981）冨山房.
Sutherland, J.（ed.）（1987）『作家のシルエット ── 立ち話の英文学誌』船戸英夫編訳（1979）研究社出版.
Taylor, S. E.（1991）『それでも人は、楽天的な方がいい ── ポジティブ・マインドと自己説得の心理学』宮崎茂子訳（1998）日本教文社.
Turnbull, C. M.（1972）『ブリンジ・ヌガグ ── 食うものをくれ』幾野宏訳（1974）筑摩書房.
Voltaire（n. d.）『哲学辞典』高橋安光訳（1988）法政大学出版局.
Weininger, O.（[1903] 1906）『性と性格』現代性科学研究会訳（1981）美学館.
Xenophon（1910）『ソクラテスの弁明・饗宴』船木英哲訳（2006）文芸社.